КУЛЬТУРА ПОВСЕДНЕВНОСТИ

Новое
Литературное
Обозрение

Александра Архипова,
Анна Кирзюк

Опасные советские вещи

Городские легенды и страхи в СССР

Новое литературное обозрение
Москва
2020

УДК 316.65(47+57)«19»
ББК 63.3(2)6-7
А87

Редактор серии Л. Оборин

Рецензенты:

доктор филологических наук А. А. Панченко,
доктор филологических наук С. Ю. Неклюдов

Исследование проведено при поддержке
Российского научного фонда (проект № 16-18-00068).

Архипова, А.; Кирзюк, А.

А87 Опасные советские вещи: Городские легенды и страхи в СССР / Александра Архипова, Анна Кирзюк. — М.: Новое литературное обозрение, 2020. — 536 с.: ил. (Серия «Культура повседневности»)

ISBN 978-5-4448-1174-0

Джинсы, зараженные вшами, личинки под кожей африканского гостя, портрет Мао Цзедуна, проступающий ночью на китайском ковре, свастики, скрытые в конструкции домов, жвачки с толченым стеклом — вот неполный список советских городских легенд об опасных вещах. Книга Александры Архиповой и Анны Кирзюк — первое антропологическое и фольклористическое исследование, посвященное страхам советского человека. Многие из них нашли выражение в текстах и практиках, малопонятных нашему современнику: в 1930-х на спичечном коробке люди выискивали профиль Троцкого, а в 1970-е передавали слухи об отравленных американцами угощениях. В книге рассказывается, почему возникали такие страхи, как они превращались в слухи и городские легенды, как они влияли на поведение советских людей и порой порождали масштабные моральные паники. Исследование опирается на данные опросов, интервью, мемуары, дневники и архивные документы.

УДК 316.65(47+57)«19»
ББК 63.3(2)6-7

В оформлении обложки использовано изображение репродукции
спичечного коробка фабрики «Демьян Бедный».
Экспонат предоставлен Музеем международного мемориала.

Предисловие
О ЧЕМ ЭТА КНИГА?

«Ну и зачем вы, девочки, изучаете такую ерунду, кому это нужно?» — спросил нас на российской конференции один историк. У нас достаточно самоиронии, чтобы задать себе тот же самый вопрос, а заодно и вспомнить Николая Васильевича Гоголя, который в заключении к повести «Нос» написал: «Но что страннее, что непонятнее всего, — это то, как авторы могут брать подобные сюжеты. Признаюсь, это уж совсем непостижимо, это точно… нет, нет, совсем не понимаю. Во-первых, пользы отечеству решительно никакой; во-вторых… но и во-вторых тоже нет пользы».

Сюжеты, о которых пойдет речь в этой книге, выглядят не намного более правдоподобными, серьезными и значительными, чем «необыкновенно странное происшествие», рассказанное Гоголем. Мало того, если одни наши собеседники, бывшие жители СССР, наперебой вспоминают истории о жвачках, коварно отравленных иностранцами, или об американских джинсах со вшами, то другие с недоумением пожимают плечами и говорят, что никогда не слышали подобной чуши. Некоторые даже считают, что все эти истории мы выдумали сами, как, например, наш респондент 1952 года рождения:

> У меня как и у многих моих сверстников было счастливое советское детство, все ваши вопросы страшилки из настоящего, а по отношению к прошлому они антиисторичны, антинаучны и мифологичны[1,*].

К сожалению, такие «антиисторичные, антинаучные и мифологичные» истории действительно существовали, но к написанию этой книги нас побудил не всплеск эстетической любви к страшным историям. Рассказ, который в 1980-х годах слышала наша московская собеседница, — будто бы соседка ловит детей, сцеживает из них кровь и наполняет ею стержни для шариковых ручек, чтобы их продать[2], — кажется нелепой детской страшилкой. Однако ее истоки — это легенда о «кровавом навете» (обвинение евреев в ритуальном убийстве детей), и она совсем не такая безобидная. В советское время легенда теряет свою религиозную составляющую — в секуляризированной версии похищение детей происходит, потому что евреям просто «так надо» или они преследуют свои корыстные интересы. В 1950 году в Москве толпа собралась линчевать несуществующую банду евреев, которые ловят детей, сцеживают кровь для «таблеток от омолаживания», а мясо продают на рынке[3]. В 1958 году в литовском городе Плунге, после того как шестилетний ребенок рассказал ту же самую легенду о похищении девочки для получения крови, толпа в шестьсот человек чуть не растерзала соседа-еврея, на которого указал мальчик[4]. Сейчас, в 2017–2019 годах, мы постоянно видим в соцсетях предупреждения об опасном американском или израильском парацетамоле с проволокой внутри: «Сейчас производят и продают в аптеках парацетамол

[*] Здесь и далее орфография и пунктуация источников сохранены, за исключением очевидных опечаток.

производство Израиля. Который содержит в себе железную ядовитую проволоку. Которая приводит к смерти»[5]. Но этот сюжет совсем не нов: в феврале 1953 года сразу в нескольких украинских городках люди штурмовали больницы, требуя наказать врачей, которые будто бы дают им таблетки с проволокой внутри, а также заражают детей болезнями через прививки и снабжают аптеки ватой, зараженной тифом (см. подробнее с. 355–363).

В 1937 году советских граждан преследовал плохо понятный нашему современнику страх: они повсюду — то на срезе колбасы, то на зажиме для пионерского галстука — видели свастику или профиль Троцкого. Сейчас это тоже кажется нам нелепостью, но тогда этот слух стал поводом для закрытия фабрик, увольнения и ареста многих людей.

Хорошо, такие истории действительно существовали, — скажет наш воображаемый оппонент. Однако, возвращаясь к Гоголю: в чем польза отчеству? Зачем изучать подобные «страшилки»? И зачем их изучать именно антропологам и фольклористам?

Фольклористы называют такие истории — фактически ложные, но правдоподобные для рассказчика — *городскими легендами*. Их действие разворачивается в настоящем, в недалеком прошлом или в недалеком будущем, в привычных для аудитории реалиях. Не будет большим упрощением сказать, что городская легенда — это тот же слух. Если кратко (детали описаны в первой главе), то различие между ними состоит в том, что слух представляет собой короткое сообщение, а городская легенда — более или менее развернутый рассказ. Для нас это различие между слухом и легендой в целом не важно. Наша цель — ответить на вопрос о причинах возникновения и популярности таких историй, поэтому мы спрашиваем себя в первую очередь о том, почему сама *идея*, например о существовании иностранцев-отравителей, оказалась важной для распространения.

Конечно, историки тоже изучают советские слухи, но для них такие тексты являются, как правило, прямым отражением общественных настроений. Например, антиколхозные слухи 1920-х годов («в колхозе жены общие», «всем ставят печать Антихриста») рассматриваются как прямое свидетельство массового нежелания крестьян идти в колхозы. В подобном ключе с советскими слухами работают, в частности, авторы сборника «Слухи в истории России» под редакцией Игоря Нарского[6]. Однако если антиколхозные легенды и поддаются такому прямолинейному объяснению, то легенды о черной «Волге», ворующей детей, или о красной пленке, которая позволяет видеть людей голыми, невозможно прямо объяснить отражением массовых протестных настроений.

Мы же, антропологи и фольклористы, считаем, что легенда не просто отражает реальность, но позволяет человеку (рассказчику или слушателю) совершить некую «работу» с этой реальностью, артикулируя наличие проблемы или символически решая ее.

В 2004 году американский фольклорист Дайан Голдстейн, изучая легенды о ВИЧ-инфицированных иголках, которые будто бы поджидают ни о чем не подозревающих людей в креслах кинотеатров или в ночных клубах, замечает, что во всех таких рассказах заражение происходит без сексуального контакта, в общественном пространстве, а антагонистом является анонимный чужак. В то же время современная этим историям медицина убеждает горожан, что источником заражения ВИЧ может стать сексуальный партнер (в том числе и постоянный). Таким образом, истории об опасных иголках экстернализируют риск и утверждают нечто прямо противоположное тому, что утверждается специалистами: «опасность исходит от общественных мест и анонимных чужаков». Подобные легенды дают возможность обществу сопротивляться власти официальной медицины и изобразить реальность такой, какой бы ее хотела видеть аудитория легенды[7].

Таким образом, для нас связь события и текста легенды не всегда такая прямая, как это кажется историкам. Если житель СССР был недоволен происходящим, он необязательно распространял «порочащие слухи о руководителях партии и правительства» (как написали бы в приговоре сталинской эпохи). Так, в 1953 году один тракторист был недоволен происходящим в стране (голодом, нищетой, произволом начальства и социальным неравенством), но верил родной партии и лично товарищу Сталину, поэтому виновниками всех бед послевоенного СССР он назначил евреев. Он послал в Политбюро (Политбюро de facto являлось верховным государственным органом) анонимное письмо, в котором рассказал о тайной еврейской жене Сталина, которая «на самом деле» подчинила себе вождя и всем заправляет, и о евреях, которые хотят погубить русский народ[8]. Такие легенды помогли нашему трактористу (который недолго оставался анонимным) решить сразу две задачи: они дали понятное и непротиворечивое объяснение ситуации и одновременно указали, на какой объект можно направить накопившийся гнев.

Слухи и городские легенды, в том числе и *страшные истории*, возникают и распространяются потому, что люди в них нуждаются. Вся наша книга по сути посвящена трем вопросам: как в СССР возникали тексты об опасных вещах, объектах и явлениях, по какой причине они становились популярными и как они влияли на поведение людей. Поэтому читатель не найдет в ней историй про «красную руку», хватающую спящих детей, или про наделенный способностью к самостоятельному передвижению «гроб на колесиках». Подобные объекты, о которых многие слышали в детстве во время обмена страшилками в летних лагерях, отличаются от «опасных вещей» из нашей книги своей сверхъестественной природой: никто никогда не видел на городской улице «гроб на колесиках», но все жители позднесоветского города сталкивались с черной «Волгой». Мы будем говорить об опасности тех вещей и явлений, с которыми советский человек регулярно имел дело в своей повседневной жизни — будь то зажимы для пионерских галстуков или автоматы с газированной водой.

Конечно, мы не первые в мире изучаем городские легенды и объясняем причины их возникновения и бытования. Но другие исследователи задавали вопросы применительно к другим, не советским текстам, и делали это, как правило, не на русском языке. Именно поэтому мы решили не ограничиваться кратким теоретическим обзором, а написать отдельную главу (она открывает нашу книгу) — о том, как антропологи, социологи и фольклористы пытались и пытаются объяснить, почему существуют городские легенды.

Остальные пять глав — тематические*, но выбор тем не случаен. Вторая и третья главы рассказывают о городских легендах, распространение которых было инициировано «сверху». В главе «Опасные знаки и советские вещи» речь идет о сюжетах, которые появились благодаря официальной пропаганде эпохи Большого террора, призывающей граждан разоблачать происки вездесущих «врагов», а в главе «Как легенда стала идеологическим оружием» говорится

* Анной Кирзюк написаны разделы на с. 25–36, 217–249, 292–322, 364–371, 375–398, 428–437, а Александрой Архиповой — на с. 150–217, 250–291, 323–363, 438–465, 467–471, остальной текст книги написан совместно. С. 74–124 — это переработанный и дополненный вариант статьи Александры Архиповой и Елены Михайлик (Архипова, Михайлик 2017).

о том, как советские пропагандисты начали использовать слухи и легенды для влияния на «настроения населения».

Четвертая, пятая и шестая главы рассказывают о городских легендах, которые появлялись и распространялись между советскими гражданами на «горизонтальном уровне», не по воле властных институтов. Иногда эти легенды подкрепляли утверждения официальной пропаганды, иногда — творчески перерабатывали и дополняли их, а иногда прямо оспаривали. Читатель узнает, какие реалии городской жизни становились предметами пугающих рассказов (глава «Свои чужие опасные вещи»), какие слухи и легенды предостерегали от взаимодействий с чужаками в разные периоды советской истории (глава «Чужак в советской стране»), а также какие недетские страхи нашли отражение в легендах советских детей (глава «Взрослые страхи и детские легенды»).

Конечно, отдельные сюжеты городских легенд оказываются в самых неожиданных местах книги, поэтому мы сделали краткий (и надеемся, что довольно веселый) перечень сюжетов советских городских легенд с отсылками к основному тексту. И, кроме того, в конце книги вы найдете список научных терминов.

Мы старались писать книгу так, чтобы исследования антропологов и фольклористов были понятны всем, а не только узким специалистам. Добились ли мы этой цели — судить вам, дорогой читатель.

БЛАГОДАРНОСТИ

Эта книга писалась долго и не могла бы состояться без помощи многих людей. В первую очередь мы должны сказать спасибо всем нашим собеседникам, которые терпеливо заполняли опросники и делились с нами своими воспоминаниями о советской жизни письменно и устно. Также мы благодарны участникам семинаров «Фольклор и постфольклор» в Центре типологии и семиотики фольклора (РГГУ, Москва) и «Литература и фольклор» в Пушкинском Доме (Санкт-Петербург) за обсуждение нескольких частей этой книги.

Отдельную признательность мы выражаем Сергею Неклюдову, Галине Юзефович, Алексею Титкову, Александру Панченко, Иэну Броди, Дмитрию Козлову, Александру Фокину, Иосифу Зислину, Израилю Шустерману, Алексею Попову, Никите Петрову, Лете Югай, Ольге Беловой, Вадиму Лурье, Надежде Рычковой, Льву Оборину, Илье Беру, Анастасии Жупахиной, Елене Михайлик за указания на источники и ценные замечания, высказанные по поводу отдельных фрагментов книги. Огромная благодарность Валерию Дымшицу, который прочитал несколько глав и сделал ряд крайне ценных замечаний и добавлений, а также Международному Мемориалу (Москва) и его сотрудникам Наталье Дашевской и Анне Булгаковой за предоставление иллюстраций.

Многие части этой книги не были бы написаны, если бы не бесценная помощь сотрудников архивов в разных странах, в первую очередь — Габриэля Суперфина, создателя Исторического архива в Институте исследований Восточной Европы в Бремене (Германия); Вениамина Лукина, заведующего Восточноевропейским отделом Центрального архива истории еврейского народа (Иерусалим); архивиста Центрального архива истории еврейского народа Анастасии Глазановой и архивиста Архива Яд-Вашема в Иерусалиме Полины Идельсон, создателя проекта «Зикарон» («Память») Анны Невзлиной.

Мы признательны Фонду Михаила Прохорова, благодаря которому один из авторов этой книги начал работу над проектом по изучению советских слухов и городских легенд (Карамзинская стипендия — 2015).

И конечно, большая признательность Российскому научному фонду, который поддерживал это исследование в 2016–2018 годах (проект № 16-18-00068 «Мифология и ритуальное поведение в современном российском городе», Московская высшая школа социальных и экономических наук).

Глава 1

ЧТО ТАКОЕ ГОРОДСКАЯ ЛЕГЕНДА И ЗАЧЕМ ЕЕ ИЗУЧАТЬ?

Прежде чем перейти к советским легендам об опасных вещах, мы должны сказать о том, что вообще такое городская легенда и почему ее важно изучать. Несмотря на кажущуюся несерьезность текстов, которые мы сегодня называем городскими легендами, фольклористы, антропологи, социологи и социальные психологи из Европы, Великобритании и Северной Америки изучают городскую легенду вполне серьезно и довольно давно. Зачем и как они это делают — об этом мы и расскажем в этой главе.

Новое рядом: как открыли городскую легенду

Иногда не надо ехать в дебри Африки или на Северный полюс, чтобы открыть что-то новое и удивительное. Веками поэты и интеллектуалы восхищались древнегреческими эпическими поэмами «Илиада» и «Одиссея» и относились к ним как к единственному известному образцу подобных текстов. Но в XIX веке неожиданно произошло открытие новых эпических памятников, причем не письменных, а устных и живых, и буквально под боком: свой эпос был обнаружен у тюркских и монгольских групп, у карелов и финнов, у южных и восточных славян (для фольклористов и этнографов это примерно то же, что для палеозоолога, который всю жизнь изучал вмерзших в лед мамонтов, а потом обнаружил, что они живы-живехоньки и топчут твой газон ночью).

Примерно такая же история произошла с городской легендой. Ведь она была совсем рядом — ее рассказывали за чашкой чая или кружкой пива, ее приносили молочники и почтальоны, а иногда ее публиковали в газете в хронике происшествий под видом реальных случаев. Но ее не замечали, а заметив — презирали. Почему? Причиной тому стали ее близость и обыденность: этнография и фольклористика XIX века предпочитали изучать нечто «далекое» — или то, что есть у других народов, или то, что есть в отдаленных уголках собственной страны. В романтической традиции под фольклором понимали тексты экзотические, красивые и непременно содержащие в себе «подлинный дух народа», который, как считалось, сохранился только там, где люди не знакомы с высокими литературными образцами. Естественно, тексты, появляющиеся в утренней газете в разделе «Слухи» или «Городская хроника», рассказанные светской дамой или ее модисткой, под это определение не подходили. Но неожиданно в 1852 году в британском журнале Notes and Queries появляется статья «Газетный фольклор». Такой заголовок тогда звучал странно (какой такой еще дух народа в газете?) — а речь шла о том, какие удивительные и *повторяющиеся* истории присылают в газету образованные читатели (например, о змее, которую можно обнаружить на своей груди и которая будет тебе помогать). Почти через сорок лет, в 1888 году, во французском журнале Mélusine, посвященном сказкам и мифам, открыли постоянную рубрику, где стали собирать и анализировать устные истории о современных политиках. Назвали ее «Современные легенды».

Спустя сто лет после появления термина канадский фольклорист Пол Смит дал развернутое определение современной легенды:

> [Она] не имеет устойчивой текстовой структуры, формульных зачинов, концовок и сложно развитой формы. <…> Распространяясь устно, легенды передаются преимущественно в неформальном разговоре, хотя также они встраиваются в другие типы дискурса (анекдот, меморат, слух) и оказываются в самых разных контекстах — от новостного репортажа до застольной речи. <…> Рассказывая о событиях так, будто бы они произошли недавно, эти истории фокусируются на обычных людях и знакомых местах. Они изображают ситуации… в которых рассказчик и его аудитория оказывались или легко могут оказаться. <…> Как правило, современные легенды рассказываются так, будто они описывают реально произошедшие события[1,*].

Еще одно важное свойство современной легенды, о котором не сказано в определении Смита: ее действие происходит именно *в городе*. Отсюда и возникает второй, гораздо более распространенный термин для этого явления: «городская легенда»[2]. Но повторим еще раз — почти целый век потребовался на то, чтобы осознать и описать, что такое городская легенда. В чем же трудность определения?

Дело в изменении оптики восприятия. Понимание того, что городская легенда — совершенно новое явление, стало вырабатываться благодаря двум концептуальным поворотам.

Сначала в середине XX века вместо экзотических сказок, песен и мифов из далеких стран западные исследователи

---

[*] Здесь и далее перевод цитат наш.

стали обращать внимание на то, какие тексты рассказываются в собственном обществе. Американские исследователи один за другим начали писать (первая подобная работа вышла в 1942 году[3]) о легенде об исчезающем автостопщике, которую рассказывал каждый второй житель США: ты подбираешь на дороге ночью молчаливого странного хичхайкера, который потом исчезает из машины, иногда сделав перед этим полезное пророчество. Затем американские профессора и студенты — Эрнест Боман, Ричард Бердсли, Ричард Дорсон, Розали Хэнки — начинают записывать истории, гуляющие по университетским кампусам[4]. Эти истории преимущественно «жуткие» — о призраках, проклятых местах или маньяках, хотя иногда попадаются и смешные рассказы, как, например, «Мертвый кот в мешке» — история о незадачливом воре, который по ошибке унес из супермаркета сумку с трупом кота. В это время такие истории называют «небылицы» (tall tales) или современные сказки (modern tales и modern folk tales), поэтому типичное название работ этого периода — «Небылицы от студентов университета Индианы».

Как вы, наверное, уже заметили, фольклористы 1940–1950-х годов собирают по сути своей вполне традиционные истории про сверхъестественные силы (призраков, например). Их особенность только в том, что события, о которых они повествуют, происходят здесь и сейчас, в своем городе, а не в удаленном поселке. Однако в 1970-х годах произошел второй «поворот». Исследователи новой волны задались вопросом, существуют ли принципиальные отличия городской легенды от традиционной? Или первая — лишь количественное развитие второй?

Чтобы ответить на него, надо увидеть разницу между деревенской и городской коммуникацией. В сельской культуре, где очень сильны личные связи, социальное пространство предельно одомашнено и в некотором смысле общественно: мы знаем соседей всю жизнь (часто они родственники), они помогают нам в беде, мы делимся с ними радостью и горем, вместе празднуем свадьбы, а все мертвые похоронены на одном погосте. В отличие от деревни, город наполнен незнакомцами: в него постоянно прибывают новые люди, причем многие из этих новых незнакомцев — этнически, социально или конфессионально «другие». Личное пространство чрезвычайно сужено, и поэтому границы его так легко нарушаются. Чужак в городе потенциально опасен, и городская культура учит нас общаться с ним. Если в деревне есть «мы», то в городе совершенно точно есть «я», а вот обретение «мы» — это долгий и сложный процесс. Горожанин и сельский житель будут бояться по-разному: истории об отравленной еде, невероятно популярные в советских городах, совершенно отсутствовали в деревнях.

В традиционных фольклорных историях (быличках), которые до сих пор рассказывают в деревнях, помощником или вредителем оказывается, как правило, не кто-то из обычных «нас», но «потусторонний» другой — черт, леший или «один из нас», но обладающий сверхъестественной силой (ведьма или колдун). Легенды в городе говорят об отношении к «нам» со стороны «социокультурного другого» — маньяка в студенческом кампусе, официанта из китайского ресторана, врача-еврея в больнице, тайного соседа-каннибала. Именно об этом в 1982 году написал Рональд Бейкер:

> Мы больше не подозреваем Дьявола или оборотня, теперь мы присматриваемся к человеческому противнику на заднем сиденье машины или в торговом центре. <...> Угрозы современного мира приходят от людей, а не от сверхъестественных сил[5].

Идею Бейкера развивает Джудит Беннет, которая считает, что в основе любой легенды лежит своего рода «когнитивный диссонанс», который формируется благодаря «совмещению привычного нам мира с чем-то совершенно иным или объединению двух культурных категорий, которые нам представляются совершенно разными»[6]. В традиционной легенде культурный диссонанс достигается за счет столкновения повседневных реалий со сверхъестественными: например, Богородица ходит по земле или дьявол вселяется в человека. В современной легенде культурный диссонанс возникает благодаря сочетанию отдаленных друг от друга категорий реального мира. Например, каннибалы существуют и дети тоже существуют, однако в современной легенде каннибалы массово делают из детей пирожки (что в реальности маловероятно). Уже упомянутый Пол Смит предлагал отделять современную легенду от традиционной именно на этом основании: по его мнению, «современные» легенды описывают странные события, в основе которых лежат естественные (а не потусторонние) силы[7].

Приведем пример, хорошо знакомый читателю. «Был храм, стал хлам, а теперь срам» — так москвичи говорили о бассейне «Москва», который был сооружен на месте храма Христа Спасителя, взорванного в 1931 году (храм, в свою очередь, был построен на месте уничтоженного Алексеевского монастыря). После разрушения старого храма в 1930–1950-х годах возникают легенды того самого традиционного типа, где нечто противоестественное вмешивается в жизнь людей. Эти легенды[8] говорили о том, что монахиня разрушенного монастыря новый храм (то есть «хлам») прокляла и поэтому-то большевики его и взорвали. В 1960 году на месте взорванного храма и не построенного гигантского Дворца Советов появляется не менее гигантский открытый бассейн «Москва» (тот самый «срам»). И в этот момент о бассейне «Москва» возникают легенды нового типа, в которых уже не было места сверхъестественному. В этих рассказах бассейн был опасен не потому, что место проклятое, а потому что в нем орудует банда маньяков. В некоторых историях сохранялась еще какая-то связь с религиозной темой. Убийцы в бассейне объявлялись сектантами: «там сектанты орудуют и они, значит, людей хватают за ноги и топят»[9]. В других историях сообщалось о банде топителей: «вообще место проклятое и что, вообще, там люди тонут, и, вообще, там и т.д… и какая-то банда орудует, или люди просто так сами тонут, или еще что-то — это было»[10].

Итак, история о столкновении со сверхъестественным превратилась в рассказ о маньяках — с почти полным исчезновением мистики (ее рудиментом можно считать фразу информанта «или люди просто так сами тонут»), но с сохранением идеи об опасном месте. Так «традиционная» легенда стала «современной» (то есть «городской»).

Современная городская легенда описывает угрозы, исходящие от людей, и ее главными функциями становятся (возможно, наряду с развлекательной) информирование и предупреждение окружающих о возможных опасностях. Установка на достоверность — основной элемент современной легенды, по мнению американского фольклориста Билла Эллиса, который определяет ее как структурированное повествование «о каком-то аспекте современной жизни, правдоподобное для рассказчика, но в действительности ложное»[11]. Если это так, то современная легенда на самом деле может быть «современной» очень условно. Легенда возникает вместе с появлением полиса. Так, в Древнем Риме существовала легенда об осьминогах-вредителях в канализации. А в канализации Нью-Йорка живут аллигаторы-людоеды[12]. «Современная» легенда для жителей викторианского Лондона — это история о цирюльнике

Суинни Тодде, который со своей подружкой делал пирожки из клиентов.

Городская легенда нарушает еще одну установку исследователей классической фольклористики. До недавних пор российских собирателей сельского фольклора учили, что если потенциальный информант имеет хорошее образование, то его тексты малопригодны для исследования, потому что фольклорный текст — это замена знанию, получаемому в процессе институционального обучения. Однако городскую легенду распространяют все, и у нее нет жестких социальных границ: в нашей книге вы не раз прочитаете, что легенды рассказывали и жители коммуналок, и советская номенклатура, их обсуждали на экстренных заседаниях ЦК и обкомов и рассказывали ночью в спальне пионерского лагеря.

Смена оптики во время «поворота» 1970-х годов позволила исследователям увидеть, что в городах массово распространены тексты другого рода, совсем не входящие в класс «ужасных историй» (horror stories) и начисто лишенные сверхъестественной составляющей, в результате чего изменилась терминология: вместо «городских небылиц» или «современных сказок» появились «городские поверья»[13] или «назидательные истории» (histoires exemplaires во французской науке).

Более того, наличие современных реалий и практически полное исключение сверхъестественной тематики привели к тому, что терминологически городскую легенду стало трудно отличить от слуха. Между прочим, слухи стали объектом изучения одновременно с городской легендой, во время Второй мировой войны, хотя такие исследования были в основном отданы на откуп психологам[14] или историкам. И действительно, если и слух, и легенда представляют собой неформульный текст, воспроизводящийся с установкой на достоверность, существующий в нескольких вариациях и основанный на устойчивых представлениях аудитории, то чем тогда они отличаются друг от друга? Основное отличие — это сложность самого текста. Слух — это утверждение, не имеющее развернутой повествовательной структуры. Городская легенда длиннее, имеет сюжет и четкую повествовательную структуру (завязка, кульминация, развязка)[15]. Например, слух о том, что в сточных трубах Нью-Йорка появились аллигаторы, может развернуться в легенду с полноценным сюжетом, и, наоборот, легенда может редуцироваться до слуха[16]. Однако для многих авторов эти различия — только «цеховые». Часто социальные психологи и социологи предпочитают использовать термин «слух», но при этом работают с теми же сюжетами, которые фольклористы или антропологи именуют «городскими легендами».

Итак, в 1970-е годы и фольклористы с антропологами, и социологи с социальными психологами начинают исследовать распространенные городские истории (называя их то слухами, то легендами), которые предупреждают людей о каких-то опасностях в городе и тем самым могут влиять на поведение горожан. Одними из первых появились исследования о правдоподобных источниках угрозы, которые могут повлиять на цены и поведение потребителей. Эти «истории об отравленной еде» (contamination food stories), например о крысиных хвостах в карри, которые предупреждали посетителей этнических ресторанов и ресторанов фастфуд об опасности отравления[17]. Напитком, вызывающим наибольшее количество слухов, оказалась кока-кола (и нет, эти слухи не были заказаны компанией «Пепси-Кола»). Популярные городские легенды, рассказывающие об опасных и чудесных свойствах кока-колы, которая будто бы способна растворять монеты, провоцировать смертельные заболевания, вызывать наркотическую зависимость и служить средством домашней контрацепции[18], стали называть cokelore. Публикуются работы и о других потребительских легендах (их называют mercantile legends или consumer rumours) — например, о змее, которая прячется в покупках, заказанных в магазине импортных товаров[19].

В 1980–1990-е годы этот набор дополняется легендами о «ВИЧ-террористах», которые будто бы оставляют в общественных местах инфицированные иголки, «легендами о краже органов» (organ theft legends) и другими сюжетами о разнообразных «реальных» угрозах. Большую популярность набирают исследования о социальных функциях городских легенд — о поддержании границ сообществ, создании идентичностей, провоцировании массовых паник, наконец. В конце 1990-х и начале 2000-х появляются исследования городских легенд о терактах и катастрофах[20]. В 2010-е годы исследователи городских легенд активно обращают внимание на феномен фейковых новостей.

Способность легенды реагировать на актуальные социальные проблемы и в некоторых случаях — вызывать их (о моральных паниках см. специальный раздел далее, с. 51–57) приводит к тому, что в США и Канаде, а потом и в других странах, интерес — и академический, и неакадемический — к такого рода исследованиям городского фольклора становится необычайно велик и в дальнейшем только растет. В США Центром изучения городской легенды становится университет Индианы — во многом благодаря усилиям фольклориста венгерского происхождения Линды Дег. В Париже в 1984 году был создан Институт исследования слухов (La Fondation pour l'étude et l'information sur les rumeurs), сотрудники которого под руководством Жан-Ноэля Капферера изучали самые свежие французские слухи. А в 2014 году в России появилась исследовательская группа «Мониторинг актуального фольклора», в которую входят оба автора этих строк: одна из ее целей — исследование современных российских слухов и городских легенд.

В 1980-е годы исследователи городской легенды начинают выпускать постоянные периодические издания и проводить регулярные конференции, а широкая публика узнает о городских легендах благодаря книгам Яна Бранвальда, который издает несколько популярно написанных сборников городских легенд[21]. В 1985 году выходит первый выпуск газеты Foaftale New, основанной по инициативе Пола Смита для обмена информацией между исследователями современных легенд. Название газеты образовано от соединения термина folktale (сказка) и аббревиатуры от friend-of-a-friend («друг одного друга» — типичный источник сведений, сообщаемых городской легендой). В 1988 году появляется Международное общество по изучению современных легенд (International Society for Contemporary Legend Research), которое с 1991 года выпускает свой журнал Contemporary Legend и проводит ежегодные конференции.

В это же время в СССР, а потом и в постперестроечной России не происходит ничего подобного. Причины этого заключаются в той самой тесной связи городской легенды с современной реальностью. Советская фольклористика 1930–1950-х годов, следуя марксистской логике развития классов, считала фольклор устной литературой для крестьян, которые еще не достигли нужной стадии развития. С точки зрения советской доктрины образованное городское население слухам не подвержено и никакого городского фольклора, отражающего надежды и страхи образованного населения, быть не может (тем более городская легенда оказывается опасно близка к понятию «критика снизу»). Это привело к тому, что публикации и текстов самих городских легенд, и исследований были почти под тотальным запретом. Хотя давление идеологии на фольклористов сильно ослабевает уже в 1960–1980-е, в постперестроечной России эта тенденция сохраняется[22]. Именно поэтому термин «городская легенда» в российских исследованиях почти не использовался, а термин «легенда» ассоциировался или с рассказами на религиозные темы, или с топонимическими, историческими и утопическими нарративами, но не со светскими рассказами о современности.

Во второй половине 1990-х годов начал свою работу межинститутский семинар «Современный городской фольклор»*, где историки, фольклористы, культурологи впервые столкнулись с необходимостью изучать то, что люди рассказывают сейчас, и отвечать на вопрос, *почему* они это рассказывают. Однако разорванность научных связей и традиционное для отечественной фольклористики внимание к структуре текста в ущерб исследованию социальной функции привели к тому, что работ о городских легендах в нашей стране до сих пор очень мало, и мы старательно не замечаем, какую роль городские легенды играют в нашей жизни. Мы очень надеемся, что наша книга эту ситуацию исправит.

Интерпретативный подход: легенда как симптом или лекарство

В 2004 году я, одна из авторов этой книги, А. А., встречалась в США с очень известным антропологом и фольклористом Аланом Дандесом (как выяснилось потом, незадолго до его скоропостижной смерти). Он попросил меня показать мое последнее исследование, и я дала ему посмотреть нашу коллективную статью о происхождении апокрифического

* Его руководителями и организаторами были С. Ю. Неклюдов и А. Ф. Белоусов. Результаты — не все, конечно, — были опубликованы в томе «Современный городской фольклор» (М.: РГГУ, 2003).

библейского сюжета о Белом Вороне, предателе из Ноева ковчега. «Очень, очень старомодно», — сказал Дандес, весело улыбаясь. Дандес шутил над молодой девушкой, но лишь отчасти. В этой реплике про старомодность коротко передана суть изменения исследовательской концепции среди фольклористов и антропологов, и Дандес был один из тех пионеров, кто такие изменения инициировал.

В 1940–1960-х годах американские фольклористы мало интересовались вопросом, почему возникает городская легенда (или, если уж на то пошло, любой другой фольклорный текст). Такой вопрос даже не приходил в голову — он был вне исследовательской оптики того времени. Исследователи «страшных историй из кампуса» (о которых мы рассказывали в предыдущем разделе) интересовались в основном традиционными для того времени фольклористическими проблемами: как устроена структура текста, кто такие истории рассказывает и откуда они пришли. Но в 1970-е именно Алан Дандес призывает коллег сменить оптику, отказаться от того самого «старомодного подхода». Для него главная задача исследователя — изучать не только то, что фольклорный текст собой представляет и как распространяется, но и интерпретировать его значение, то есть пытаться понять, *почему* он распространяется в данной группе.

После бурной дискуссии, длившейся почти десятилетие, это направление утвердилось очень прочно. Мы в нашей книге назвали этот подход «интерпретативным». Перед сторонниками интерпретативного подхода встал новый вопрос: а как именно мы можем объяснить появление городской легенды? какими теоретическими (и практическими инструментами) мы для этого располагаем? Именно ответы на эти два вопроса привели к тому, что внутри большой группы ученых, использующих эту новую оптику, образовались разные направления — о них мы и поговорим в этом разделе.

Городская легенда как спрятанное сообщение

В 1916 году Зигмунд Фрейд настаивал на том, что «сновидения имеют смысл»[23]. Через несколько десятилетий его последователь и неутомимый интерпретатор Жак Лакан продолжил эту мысль: «главное желание сновидения состоит в том, чтобы высказать сообщение»[24]. Под прямым влиянием Фрейда и Лакана или опосредованно, но почти каждый исследователь городских легенд, отвечающий на вопрос о смысле существования сюжета, действует в некотором смысле как психоаналитик, но вместо снов рассматривает фольклорный текст как скрытое сообщение, руководствуясь характерной для психоанализа «герменевтикой подозрения». Зачем люди рассказывают друг другу нелепые и глупые истории? Потому что, распространяя слухи или легенды, мы, сами того не зная, «на самом деле распространяем другое сообщение, которое не осознаем». Именно такие спрятанные сообщения (messages cachés), как утверждает Жан-Ноэль Капферер[25], обеспечивают эмоциональное удовлетворение, которое мы испытываем, распространяя слух.

И у психоаналитика, и у сторонника интерпретативного подхода присутствует уверенность в том, что смысл спрятанного месседжа принципиально недоступен носителю сюжета. Как пациенты не понимают значения своего симптома без помощи психоаналитика, так и носителям фольклорного текста, говорит Алан Дандес, «…трудно артикулировать свои бессознательные символы, как и грамматику языка, на котором они говорят»[26].

Психоаналитик ищет значение снов и симптомов пациента, выясняя подробности его биографии и реконструируя индивидуальный «язык» его бессознательного, а как искать это «спрятанное сообщение» исследователю городских легенд? Социолог Джеффри Виктор, повторяя мысль Капферера о «спрятанных месседжах», говорит, что их смысл нужно искать, «исследуя социальный контекст данной культуры»[27].

Следуя этому рецепту, сторонник интерпретативного подхода объясняет популярность того или иного сюжета посредством двух операций. Сначала (1) он ищет и находит социальные факторы, создающие в обществе психологический дискомфорт и вызывающие агрессию, состояния страха, тревоги или вины. Затем (2) он обнаруживает связь этих эмоциональных состояний с текстом легенды и показывает, как именно легенда позволяет их облегчить.

Продолжая психоаналитическую логику, исследователи, по сути, приходят к тому, что легенда выполняет терапевтическую функцию, но только не для индивида (как было бы в психоаналитических теориях), а для сообщества. И вот тут начинаются различия (и, заметим в скобках, проблемы с фальсифицируемостью аналитических результатов). Одни исследователи считают, что функция легенды состоит в *артикуляции* дискомфортных эмоциональных состояний. Другие находят, что легенда предлагает аудитории *компенсацию* в виде символического решения проблемы: она не просто выражает страх, но компенсирует его, изображая реальность более простой и безопасной, чем она есть; не только указывает на подавленное чувство вины, но помогает его преодолеть.

Прежде чем мы пойдем дальше, мы хотели бы напомнить читателю, что термины *фольклорная артикуляция* и *фольклорная компенсация* принадлежат авторам этих строк. Исследователи, о которых пойдет речь ниже, не знали, что они, как и герой Мольера, выражаются прозой.

Фольклорная артикуляция и компенсация: два способа ответить на вопрос «почему»

Интерпретация городских легенд как *фольклорной артикуляции* социальных проблем или дискомфортных эмоциональных состояний является наиболее распространенным способом ответа на вопрос «почему». Легенда при таком подходе рассматривается как своего рода язык, помогающий группе артикулировать проблемы и эмоции, которые она не в состоянии сформулировать и проговорить другим способом.

Особенно часто модель фольклорной артикуляции используется при анализе легенд, связанных с человеческим телом, — например, для сюжетов о насилии и болезнях. Например, когда в 1980-х годах в Атланте происходит серия убийств чернокожих подростков, среди афроамериканцев начинают ходить слухи о том, что подростки были убиты для получения некоей субстанции, необходимой белым врачам для исследований интерферона, но содержащейся только в черных телах. Патрисия Тернер считает, что, рассказывая истории про конкретную телесную угрозу, афроамериканцы выражали ощущение более абстрактной угрозы по отношению к ним как к дискриминированной социальной группе[28]. Другой пример подобной интерпретации мы находим в работе Джиллиан Беннетт о легендах про животных, например о «грудной змее», поселившейся в человеческом теле. Такие легенды, говорит Беннетт, становятся языком для описания болезни, способом визуализации болезни — *воплощенной метафорой*, которая позволяет рационализировать этиологию болезни и иногда эффективно лечить ее[29].

Исходя из того что «городская легенда — это выразитель невыразимого», социологи Джоэль Бест и Джеральд

Хориучи пытаются разобраться в истории с анонимными садистами[30], которые якобы раздают детям на Хэллоуин яблоки с лезвиями внутри и отравленные конфеты. Страх перед этими злодеями в Америке 1970–1980-х годов был настолько велик, что детский ритуал хождения по домам и выпрашивания сладостей где-то сокращался, где-то отменялся, а в Калифорнии и Северной Каролине мешки с лакомствами, предназначенными для раздачи детям на Хэллоуин, даже проверяли с помощью рентгеновских лучей. Авторы исследования указывают на то, что легенда становится популярной в США в конце 1960-х — начале 1970-х годов, когда Америка переживала непопулярную войну во Вьетнаме, в стране происходили студенческие волнения, демонстрации и бунты в гетто, американцы столкнулись с новыми субкультурами и проблемой наркомании, и в это же время происходило разрушение традиционных для «одноэтажной Америки» соседских сообществ. Смутная тревога за детей, которые могут погибнуть на войне, стать жертвами городской преступности или наркоманами, соединилась с чувством утраты доверия к хорошо знакомым людям и нашла выражение в простом и понятном рассказе об анонимных злодеях, отравляющих детские лакомства на Хэллоуин. Городская легенда, таким образом, представляет собой форму ответа на социальное напряжение, становится альтернативой формулировке социальных требований (тому, что на английском называется claims-making activity): указывая на вымышленную угрозу, легенда помогает обществу справляться с реальной психологической проблемой — с тревогой, которая до появления легенды была неясной и недифференцированной.

Действием того же механизма, который мы называем *фольклорной артикуляцией*, социолог Джеффри Виктор объясняет популярность слухов о деятельности сатанинских сект, которые вызвали масштабную панику в сельской Америке в конце 1980-х годов. Он перечисляет факторы социальной и экономической депривации, которую испытывали жители сельской местности (закрытие предприятий, увеличение числа безработных и бедных, рост разводов, упадок доверия к традиционным институтам). Легенда о сатанинских сектах, говорит Виктор, стала выражением растерянности и страха, связанных с социально-экономической депривацией. На самом деле эта легенда говорит: «Моральному порядку нашего общества угрожают могущественные и загадочные силы зла, и мы теряем веру в способность наших институтов и властей справиться с ними»[31].

Однако городская легенда может не только заниматься фольклорной артикуляцией, то есть проговаривать невыговариваемое. Уже упомянутый Алан Дандес считал, что в некоторых случаях фольклорный текст становится символической реализацией невыполнимых и этически неприемлемых желаний аудитории. В таком ключе Дандес интерпретирует городскую легенду Runaway Grandmother. По сюжету этой легенды молодая семья едет в отпуск и берет с собой бабушку; в дороге бабушка внезапно умирает, что вынуждает семью отправиться в обратный путь; на обратном пути труп загадочным образом исчезает. Молодые американцы, считает Дандес, терпеть не могут все, что связано со старостью и смертью, они предпочли бы не заботиться о своих живых престарелых родственниках и избежать хлопот, связанных с похоронами мертвых. Однако в реальности это желание невыполнимо и морально неприемлемо. Поэтому появляется сюжет, который его реализует в социально санкционированной форме городской легенды, где внезапная смерть бабушки и последующее чудесное исчезновение ее трупа избавляют молодых людей от неприятных забот и заодно от чувства вины[32].

Одним из частных случаев *фольклорной компенсации* является механизм «проективной инверсии», который, как считает Дандес, помогает группе избавиться от чувства вины. Например, в 1969 году в США распространяется легенда о том, что черные подростки будто бы кастрировали в общественном туалете белого мальчика. Дандес связывает популярность этой истории с общественной дискуссией о преодолении расовой сегрегации через новую систему распределения детей по школам. Исторически, говорит Дандес, белые кастрировали черных, но в легенде благодаря механизму проективной инверсии жертва и агрессор меняются местами: «В результате становится возможным перенести вину за преступление, которое хотели бы совершить белые, на их жертву — чернокожих»[33]. Таким образом городская легенда помогает белым американцам преодолеть чувство вины как за прошлые преступления перед чернокожими, так и за враждебность, испытываемую по отношению к ним в настоящем.

В 1980–1990-е годы в США и Канаде распространяются очень известные российскому читателю слухи об иголках с ВИЧ, которые будто бы поджидают ни о чем не подозревающих людей в креслах кинотеатров и в телефонных автоматах. Американский фольклорист Дайан Голдстейн[34], исследуя этот сюжет, заметила, что, несмотря на то что официальный медицинский дискурс о ВИЧ предупреждал людей об опасности незащищенного секса с любым партнером, в том числе и постоянным, во всех вариантах легенды заражение происходит в общественном пространстве, а злодеем является анонимный чужак. Городская легенда — это своеобразное «сопротивление» современной медицине, которая предлагает справляться с опасностью непопулярными способами. Легенда изображает реальность такой, какой бы ее хотела видеть аудитория (опасны анонимные чужаки, а не тот, кто рядом), и в этом смысле она оказывает такое же компенсаторное действие, как и история о сбежавшей бабушке в интерпретации Дандеса.

Критика интерпретативного подхода

Ничего не приходит ниоткуда. Если явление существует, и не важно, социальное это явление или физическое, значит, существуют причины, благодаря которым оно возникает и которые поддерживают его существование. Несомненная заслуга интерпретативного подхода в том, что его сторонники заставили всех задуматься, почему те или иные городские легенды набирают популярность в определенной социальной ситуации. Однако результаты анализа, основанного на поиске «скрытого значения» легенды, часто оказываются весьма слабо верифицируемыми. Для Алана Дандеса, отца-основателя психоаналитического подхода в фольклористике, вопрос о доказательстве любой интерпретации «маловероятен, когда мы имеем дело с символическим материалом»[35]. Однако время от времени язвительные критики все равно спрашивали: «А как вы будете доказывать свою интерпретацию?»

Кроме вопроса о прямых доказательствах, существенная часть критических работ касалась главной методологической операции сторонников этого подхода — гипотетического мостика между эмоциями сообщества и эмоциями конкретного представителя сообщества. Критики указывали, что исследователи на самом деле реконструируют надындивидуальное скрытое послание, которое не обязательно выводится из суммы всех скрытых посланий, зашифрованных в каждом акте исполнения легенды. В 1991 году Джиллиан Беннетт заметила, что, хотя современные легенды могут выражать желания и страхи тех обществ, в которых существуют, само наличие этих желаний и страхов у каждого *конкретного рассказчика* следовало бы доказать, а не рассматривать как нечто самоочевидное. У легенд могут быть и другие функции — в конце концов, люди, говорит Беннетт, цитируя другого автора, рассказывают истории, «когда им, черт возьми, этого хочется»[36].

Похожую мысль высказывает Билл Эллис. В 1994 году он обращается к американской подростковой легенде «Крюк», в которой действует некий маньяк с крюком вместо руки. Он внимательно изучает записи легенды, собранные в архиве университета Беркли, и приходит к выводу, что бесполезно искать «типичную версию» легенды, которую можно было бы считать вместилищем ее «скрытого значения». Ее не существует: напротив, «легенда заключает в себе ряд дискурсов, которые каждый исполнитель использует для своих собственных социальных нужд»[37]. Вместо того чтобы приписывать легенде те или иные функции, следует спросить у самих носителей — зачем они ее рассказывают и слушают. Согласно исследованию Эллиса, хотя рассказчики этой легенды прямо сообщают, что слышат в ней «моральное предостережение» и чувствуют нечто «действительно страшное», рассказывают они ее обычно в ситуациях, когда этот страх ощущается как условный и ритуальный (посиделки у костра, посещение страшных мест). Значит, говорит Эллис, легенда выполняет в основном развлекательную функцию, а не выражает страх молодых девушек перед первым сексуальным контактом, как (естественно!) считал Алан Дандес.

Однако это замечание Билла Эллиса оставляет без ответа те вопросы, которыми задавались исследователи, работающие в рамках интерпретативного подхода. Существует немало «действительно страшных» историй, и все они в известном смысле в определенной ситуации могут развлечь, однако почему легенда о преследующем маньяке была так популярна именно среди американских (а не советских или гватемальских) подростков именно в 1960–1980-е годы? Переключение внимания исследователя с социальных функций сюжета на анализ коммуникативной ситуации, в которой этот рассказ происходит, оставляет совершенно нерешенным вопрос: а почему, черт побери, этот сюжет вообще возникает и становится популярным здесь и сейчас?

Общее неудовлетворение таким подходом создало два пути решения. Одни исследователи стали прилагать очень много усилий для изучения социального контекста, косвенными методами доказывая наличие в данной культуре плохо выражаемых страхов и скрываемых желаний. Такие усилия давали интересные результаты при анализе культур, где существовали или существуют до сих пор институты подавления прямых критических высказываний со стороны индивидов и, соответственно, возможности прямо высказать свои истинные желания сильно ограничены. Как правило, это исследования о распространении фольклорных текстов во время нацистской оккупации и целая плеяда работ о фольклоре во время советского Большого террора (но, к сожалению, в них исследователи обращали внимание в первую очередь на анекдот, а не на городскую легенду). Так, историк Роберт Терстон тщательно анализирует социальный контекст политического юмора во время Большого террора и доказывает, что, несмотря на аресты за анекдоты, их продолжали активно рассказывать, так как это распространение компенсировало страх и в страшной ситуации ожидания ареста выстраивало доверительные отношения между людьми[38].

Ко второму решению прибегли бывшие сторонники интерпретативного подхода, в середине 1990-х и начале 2000-х годов превратившиеся в яростных противников, и в первую очередь Билл Эллис. Он в 2003 году написал, что применение такого подхода, где результат не фальсифицируется, а исследователи «не считали необходимым подтверждать наличие тех социальных страхов, которые легенда якобы выражает»[39], значительно повредило исследованиям современной легенды в целом. Какой выход тогда видят противники интерпретативного подхода? Мы должны не анализировать текст легенды, а понять его вирусную природу, осознать, что заражаемся легендами и фейковыми новостями вне зависимости от содержания, и искать социальные причины такого заражения. Об этом — следующий раздел.

Меметический подход: легенда как вирус и возбудитель эмоций

С того момента, как Чарльз Дарвин написал «Происхождение видов», умы многих исследователей не покидает идея: а что, если социальная эволюция определяется логикой, близкой логике биологической эволюции? Что, если в развитии человеческой культуры играет существенную роль подобие закона естественного отбора, например выбор половых партнеров у людей строится по тому же «принципу гандикапа», как и размер хвоста у павлинов или красота голоса у певчих птиц? Этими вопросами занимаются исследователи в рамках «теории двойной наследственности», или «теории генно-культурной коэволюции», ставшей очень популярной в 1980-е годы. В 1981 году генетик Луиджи Кавалли-Сфорца публикует книгу «Культурная трансмиссия и эволюция: количественный подход», а через несколько лет появляется ставшая очень популярной работа антрополога Роберта Бойда и биолога Питера Ричардсона «Культура и эволюционный процесс»[40], в которой подробно разбираются механизмы социального «эволюционного отбора» культурных практик. Бойд и Ричардсон показывают, что благодаря процессу научения возникает кумулятивный эффект культурного отбора: накопление изменений в социальных практиках происходит быстрее, чем генный отбор.

В 1976 году биолог Ричард Докинз в своей книге «Эгоистичный ген» проводит знаменитое сравнение: как гены запрограммированы воспроизводить себя (поэтому они и «эгоистичные»), так и в человеческой культуре культурная информация, минимальный элемент которой Докинз называет мемом, тоже стремится к воспроизведению и размножению себя. Гены и мемы переходят от носителя к носителю, могут быть изменены под воздействием внешних факторов и подвержены законам генетического/культурного отбора.

Применительно к текстам городских легенд и слухов этот тезис выглядит следующим образом. Интерпретативный подход предполагает, что люди распространяют легенды, потому что им важно передать друг другу некоторое «скрытое сообщение», которое легенда в себе содержит (именно поэтому так важно понять, *о чем* легенда говорит). Если мы уподобляем легенды мемам, то их «значение» для нас не важно — они распространяются, движимые слепым и «эгоистичным», по выражению Докинза, стремлением к самовоспроизводству, которое ограничивается законами естественного отбора.

Но какую объяснительную модель — если содержание легенды более не важно — предлагает эта новая исследовательская оптика? Представим себе умозрительно некоторую группу людей (например, офис какой-нибудь компании). В нашем мысленном эксперименте исследователь рассказал каждому сотруднику городскую легенду под видом факта. 100% испытуемых узнали эту историю, однако спустя две недели, когда исследователь возвращается в офис, он обнаруживает, что, несмотря на то что это была одна и та же легенда, одни охотно ее рассказывали дома и на работе, сделали репост в социальных сетях и даже отказались от покупки определенного товара, если об опасности этого продукта говорилось в легенде. В то же время другие совершенно ничего не сделали с той информацией, которую им «слил» исследователь. Почему? Почему одни оказались восприимчивы к заражению мемом, или, если хотите, «вирусом» городской легенды, а мозг других оказался устойчив к подобному влиянию? Обратите внимание: какой бы ответ мы ни получили на вопрос «почему легенда стала распространяться», мы должны смотреть не на содержание мема, а на когнитивные особенности самих носителей — почему одни заразились, а другие нет? Дело в возрасте? образовании? гендере? цвете рубашек, наконец? Неудивительно, что при такой постановке вопроса в 1990-е и 2000-е годы происходит мощный «антропологическо-когнитивный поворот» и внимание исследователей переключается с изучения самого текста на исследование когнитивных особенностей, то есть происходит сдвиг от изучения скрытого послания легенды к наблюдению за поведением людей, которые рассказывают или не рассказывают подобные истории. Исследователи начинают активно обращаться к работам в области социальной психологии, эволюционной биологии и генетики, позволяющим описать, какой триггер (вне вопроса о содержании) «запускает» процесс передачи городской легенды или, в биологических терминах, «заражения» ею.

Вирус под названием «городская легенда»

С идеи о *психических микробах*, которые заражают своего носителя так, как и микробы биологические, начинает в 1908 году свою книгу «О природе внушения» известный психиатр и невропатолог Владимир Бехтерев:

> В настоящую пору так много вообще говорят о физической заразе при посредстве «живого контагия» (contagium vivum) или так называемых микробов, что, на мой взгляд, нелишне вспомнить и о «психическом контагии» (contagium psychicum), приводящем к психической заразе, микробы которой хотя и не видимы под микроскопом, но тем не менее подобно настоящим физическим микробам действуют везде и всюду и передаются чрез слова, жесты и движения окружающих лиц, чрез книги, газеты и пр., словом, где бы мы ни находились, в окружающем нас обществе мы подвергаемся уже действию психических микробов и, следовательно, находимся в опасности быть психически зараженными[41].

В 2003 году в книге «Пришельцы, призраки и культы: легенды, которыми мы живем» американский фольклорист Билл Эллис, сам того не зная, практически цитирует идею Бехтерева о *психических вирусах*, уподобляя городские легенды «вирусам сознания» (mind viruses), а культуру того или иного сообщества — информационной системе, которую этот «вирус» захватывает. Как для Ричарда Докинза мем подобен гену, так и легенда подобна вирусу или сбою в системе, и поэтому ее содержание становится неважным: «вирус сознания» не обладает сам по себе социальным или культурным значением, которое может быть реконструировано, он распространяется просто как насморк — вне зависимости от веры людей в содержание легенды. В доказательство этого утверждения Билл Эллис приводит исследование (причем пересказывая его не вполне корректно), проведенное парижским Институтом по изучению слухов под руководством Жан-Ноэля Капферера[42]. В 1991 году по Франции начали интенсивно распространяться анонимные листовки о том, что детские переводные картинки и татуировки с Микки-Маусом будто бы содержат ЛСД.

Чтобы сделать татуировку, ее нужно было лизнуть, и, согласно городской легенде, таким образом наркодилеры распространяли наркотики среди детей. Опрос, проведенный этим институтом, показал, что, хотя в целом чем больше люди верят содержимому листовки, тем больше они склонны передавать ее дальше, зависимость между распространением истории и верой рассказчика в ее содержание не прямая: 26% от числа тех, кто не поверил листовке, тем не менее обсуждали ее с другими, а 8% от числа не поверивших даже распространили саму листовку дальше. Причины такого поведения автор исследования Капферер видит в том, что «получатели» вируса ищут подтверждения своим сомнениям — в ту или иную сторону — и поэтому обсуждают с другими сомнительную информацию. Таким образом, фактором, способствующим распространению, становится не только вера в достоверность информации, но и сомнение со стороны «реципиента».

Вирус городской легенды, согласно концепции Билла Эллиса, сначала распространяется взрывообразно, а потом «зараженная» им социальная группа начинает вырабатывать «антитела» — фольклорные тексты, опровергающие или высмеивающие легенду, или «антилегенды». Сама же легенда (как и биологический вирус), столкнувшись с такими контратаками, выбирает то, что биологи называют «стабильной эволюционной стратегией», то есть продолжает свое существование в формах, защищающих ее от возможных нападок. Всегда найдутся те, кто готов оспорить легенду, указывающую на ту или иную «реальную» опасность, как глупую и лживую. Но вряд ли кто-то станет с аналогичными претензиями нападать на тот же самый сюжет, поданный в форме заведомо вымышленной развлекательной истории. Так, следуя «стабильной эволюционной стратегии», легенда об украденной почке, ходившая сначала в виде предупреждений о реальной угрозе, трансформировалась в сюжеты комиксов, сериалов и пародий и в таком виде продолжает благополучно существовать в информационной системе.

Survival machine: как выживает городская легенда

В 1951 году американский фантаст Роберт Хайнлайн пишет фантастический роман «Кукловоды», наделавший много шума в Штатах. В этом романе пришельцы с Титана захватывают людей и паразитируют на них (в буквальном смысле). Но взамен они убивают в тех людях, кто восприимчив к паразитам, агрессию и внушают им повышенное стремление к кооперации, за счет чего пришельцы очень быстро распространяются по Земле. Возмущенная (и восторженная) критика писала о том, что малозаметные слизняки, порабощающие людей, — это метафора коммунистических идей, вирусно захватывающих Америку. Городская легенда в логике Билла Эллиса — это тоже такой пришелец, который стремится поработить людей — своих «носителей». Главная ее задача — заставить их распространять себя (точно так же как и у «эгоистичного гена» Докинза главная задача — воспроизвести себя).

Если легенда распространяется не благодаря содержанию, в которое верят, тогда из-за чего? В легенде, кроме содержания (то, что Алан Дандес назвал собственно text), есть еще и texture — фонетика, фразеология, стиль и другие элементы, относящиеся к строению легенды (классический формалист texture назвал бы *формой*)[43]. «Встроенные» в «текстуру» свойства легенды, которые заставляют своего носителя пересказывать именно этот вариант, Билл Эллис называет «механизмом для выживания» (survival machine). Как пирожок говорил кэрролловской Алисе «съешь меня», так и *механизм выживания* городской легенды говорит слушателю: «это отличная история, расскажи ее другому». Один из авторов этих строк писал диссертацию об анекдотах о Штирлице, появившихся после выхода на экраны фильма «Семнадцать мгновений весны» (1973). Исследование корпуса текста (1000 единиц) показало, что люди охотнее и быстрее пересказывают анекдоты, чья длина (учитывая только неслужебные слова) варьируется в промежутке между семью и девятью словами: «Штирлиц подумал. Ему понравилось и он подумал еще». Работает эволюционный «принцип экономии усилий»: на длинный анекдот «носитель мема» (то есть рассказчик анекдота) тратит слишком много усилий (во-первых, в процессе запоминания, а во-вторых, в процессе пересказа), и поэтому такой анекдот проигрывает эволюционную гонку[44]. Содержание, как мы видим из этого примера, не играет никакой роли при принятии «носителем» решения, нужно ли передавать анекдот дальше или нет. «Механизм для выживания» в данном случае предписывает текст анекдота сокращать.

Следовательно, эволюционный отбор успешных городских легенд обеспечивается механизмом выживания, который делает текст более коротким, более удобным, более веселым или более страшным для носителя. Но за счет чего создается механизм выживания? Откуда он знает, что предпочтут носители?

Городская легенда как результат эволюционной гонки

И тут мы подходим к очень важному логическому повороту в «меметических исследованиях». Если мы не понимаем из содержания легенды, почему носители предпочитают ту или иную версию, не сможем ли мы понять это, проанализировав поведение носителей? Конечно, для проведения таких исследований в реальности требуется всего ничего: нужна либо огромная база данных, где разные культуры описываются по одним и тем же параметрам (так называемая кросс-культурная база), либо лаборатория и эксперимент.

Помните ли вы сказку «Морозко» — о злой мачехе и доброй падчерице, которая известна более чем в девятистах этнических версиях и является самой распространенной волшебной сказкой[45] (обойдя по этому параметру «Золушку»)? Несколько лет назад один из авторов этих строк вместе с фольклористом Артемом Козьминым задались вопросом — а зависят ли варианты сюжета от какого-нибудь из предпочтений рассказчиков? Выяснилось, что такие параметры есть, но они связаны не с моралью сказки, а с тем, как описывается вознаграждение героини за ее доброту. Для культур, где исповедуются авраамические религии (в первую очередь христианство), с большой вероятностью в качестве награды появится физическая трансформация облика (девушка становится красавицей, сияет, как солнце, у нее волосы, как чистое золото, изо рта падают розы). Наличие в данной культуре религиозного учения о символическом духовном перерождении как жизненной цели заставляет рассказчика акцентировать в сказке именно этот вариант награды — видимо, потому что ему это нравится. Если же этническая группа, у которой записан текст, придерживается более архаических (не авраамических) верований, то физическая трансформация там непопулярна, а рассказчики предпочитают конец истории, где герой получает материальную награду: драгоценности, волшебные предметы или хорошего мужа[46].

Конечно, такие исследования возможно сделать для сказки, потому что существует огромная кросс-культурная база Мёрдока[47], описывающая разные культуры по формальным параметрам, и есть указатели сказочных сюжетов, из которых мы знаем, какой вариант сказки кто и когда рассказывал в каждой этнической группе. Но для городской легенды такие исследования сделать пока невозможно — из-за отсутствия соответствующих баз. Но можно пойти другим путем и провести контролируемый эксперимент. Именно это решили сделать психологи из университетов Стэнфорда и Дьюка Крис Белл, Чип Хит и Эмили Стенберг[48]. Они тоже задались вопросом: почему городские легенды и слухи (а также фейковые новости), которые они называют мемами, так часто становятся успешными среди своих носителей? Авторы исследования считают, что легенды не отражают эмоции людей по поводу «трех С» (crisis, conflict, catastrophe), как это утверждается в рамках интерпретативного подхода, а, наоборот, производят эмоции, причем и положительные и отрицательные. Соответственно, мемы имеют успех, потому что успешно проходят эмоциональный эволюционный отбор. Для доказательства своей «теории эмоционального отбора» Крис Белл и его коллеги провели серию экспериментов, в ходе которых вниманию трех групп испытуемых было предложено три варианта популярной городской легенды о банке с газировкой, в которой некто находит дохлую крысу. Эти три варианта различались по степени отвратительности: если в облегченной версии потребитель обнаруживал крысу по странному запаху из банки, то в наиболее отвратительной версии крыса попадала ему в рот вместе с напитком. Большинство испытуемых выразили готовность распространять именно наиболее отвратительную версию. Данные этого эксперимента были подтверждены анализом сайтов-коллекторов городских легенд: выяснилось, что чем больше «отвратительных мотивов» содержит текст, тем на большем количестве сайтов он оказывается. Спустя тринадцать лет шведские психологи решили проверить эту идею.

Их эксперимент с городской легендой подтвердил теорию эмоционального отбора мемов[49].

Но почему способность пробуждать эмоции оказывается эволюционным преимуществом легенды? Потому что успешные легенды с помощью такого свойства способствуют образованию социальной связи между людьми, которые эти эмоции разделяют. По сути, Крис Белл и коллеги экспериментально подтвердили наличие в обществе «социального клея», о котором писал социолог Эмиль Дюркгейм в начале XX века (правда, Дюркгейм говорил, что таким свойством обладают коллективные ритуалы).

Но возможно, за репостами и пересказами слухов стоят и другие психологические механизмы, не менее важные и не менее древние. В 2017 году исследователи из Массачусетского технологического университета Соруш Возоши, Деб Рой и Синин Арал проанализировали более 126 тысяч цепочек ретвитов («каскадов»), содержащих правдивые новости и фейковые, трех миллионов пользователей за одиннадцать лет наблюдений. Их результаты были ошеломляющими: статья вышла в Science — самом престижном научном журнале. Статистический анализ показал: для того чтобы дойти до 1500 пользователей, настоящим новостям требуется примерно в шесть раз больше времени, чем фейковым. И в двадцать раз быстрее фейковые новости дойдут до десятой по «глубине» цепочки ретвитов. В целом у фейковой новости шанс быть перепощенной на 70% процентов выше, чем у настоящей. При этом наибольшей скоростью распространения и проникающей способностью обладают фейковые новости на политические темы или связанные с темой катастроф.

Но самый важный (для нас) вывод этого исследования — в другом. Его авторы говорят, что желание перепостить новость связано со стремлением людей к новизне, и это стремление настолько сильно, что с легкостью преодолевает сомнения по поводу «истинности — ложности». Кроме критерия новизны (novelty), на распространение фейковых новостей влияет еще и второй фактор — сила негативных эмоций. Чем сильнее негативные эмоции, которые вызывает фейковая новость (авторы замеряли «силу эмоций» по количеству комментариев, типа «ужас», «отвратительно»), тем больше вероятность, что ее перепостят. Эти результаты прекрасно коррелируют с теорией «эмоционального отбора» Криса Белла (хотя авторы обеих статей не читали друг друга).

Возможно, стремление распространять легенды и фейковые новости — это следствие эволюционного отбора? В ходе эволюции Homo sapiens в обществе растет навык кооперации и внимание к предупреждениям соплеменников об опасности: «Внимание, за тем холмом голодный лев». Эволюционный выигрыш, если ты последовал предупреждению и не был съеден, большой. Однако если это был розыгрыш, ничего особо страшного (кроме разбитой физиономии) не случится. Поэтому люди делятся самыми странными слухами и легендами по принципу: «А вдруг это правда и тогда я, первый предупредивший об опасности, — молодец».

Теория эмоционального отбора и теория важности нового знания предполагают, что распространение слухов и городских легенд есть следствие эмоциональных и когнитивных навыков, приобретенных в ходе эволюционной гонки. Однако мы не должны игнорировать тот факт, что даже при таком взгляде на трансмиссию фольклорных текстов очевидно, что люди распространяют слухи и легенды с разной готовностью. От чего могут зависеть личные предпочтения, когда ты думаешь — репостить или нет такой текст: «Максимальный репост!!! В кустах нашли ребенка с вырезанной почкой...»? Относительно недавно социальные психологи Роланд Имхов и Пиа Каролайн Лэмберти[50] провели серию экспериментов, в ходе которых запускали фейковые новости и конспирологические слухи в группы подопытных, а затем отслеживали, кто эти сюжеты распространяет. Исследователи пришли к выводу, что триггером распространения является запрос потенциального рассказчика на «уникальность». Те из подопытных, кто хотел «быть особенным», то есть стремился привлекать всеобщее внимание, но не чувствовал себя достаточно успешным в этом (не писал популярных постов, не мог похвалиться хорошей работой), гораздо активнее распространяли броские тексты, не задумываясь над их истинностью.

На страницах этой книги читатель еще неоднократно встретится с экспериментами когнитивных психологов, которые в течение последних двадцати лет ставили своей задачей понять, как люди распространяют конспирологические тексты (и, соответственно, городские легенды, в которые эта конспирология «завернута», как конфетка в обертку). О них мы будем говорить подробно в главах 2 и 3, а здесь мы бы хотели обратить внимание на крайне важное явление, обнаруженное в экспериментах: можно искусственно (правда, на очень непродолжительное время), за счет снижения чувства контроля, вызвать у людей стремление объяснять случайный набор фактов «теорией заговора»[51]. Другими словами, когнитивистам удалось воспроизвести ситуацию, благоприятствующую потенциальному распространению слухов и легенд.

Критика меметического подхода

Сторонники меметического подхода уподобляют городские легенды биологическим сущностям и, исходя из этой аналогии, утверждают, что стремление воспроизводить себя является имманентным свойством легенд. «Мем» в меметической теории ведет себя как самостоятельная сущность: им двигает слепое стремление к размножению, а люди, сами того не ведая, являются инструментами этого размножения. Для сторонников меметического подхода не важно, почему та или иная история вообще однажды появляется. Тем более они не стремятся понять, почему это происходит в определенное время и в определенном месте.

Вспомним, как теория «эмоционального отбора» объясняет распространение легенды про кока-колу с крысой внутри. Как и многие другие психологические теории, она неявно предполагает существование некоторой общей «человеческой природы»: люди устроены так, что стремятся распространять истории, вызывающие наиболее сильные эмоции. Между тем представления об отвратительном, то есть набор явлений и ситуаций, вызывающих соответствующую эмоцию, могут сильно меняться от одной культуры к другой. Где-то не вызывает отвращения крысиный хвост, а где-то никого не волнуют банки с газировкой. Даже в рамках одной и той же современной американской культуры в одном контексте оказывается более успешной история о крысе в банке с колой, а в другом — не менее отвратительная история о поваре из этнического ресторана, который добавляет в соус свою зараженную сперму.

Известные исследования в русле меметического подхода базируются, как правило, не на анализе живого распространения, а на анализе, сделанном в условиях лабораторного эксперимента. Когда же мы выходим за пределы лаборатории, то по-прежнему ищем естественные триггеры, которые запускают легенды. В условиях лаборатории этим триггером становится действие экспериментатора, который, например, вызывает у подопытных чувство потери контроля, а вот в реальных условиях выяснение *причин существования легенды* вне анализа социального контекста невозможно.

Операциональный подход: как воздействует легенда

В 1994 году политическая элита африканской страны Руанды, почти сплошь состоящая из представителей народа хуту, призвала устроить геноцид в отношении тутси — второй основной народности в республике. Масштабы последующей катастрофы были огромны, по разным источникам погибло от полумиллиона до миллиона тутси. В убийствах, избиениях и изнасилованиях участвовали и армия, и вооруженная милиция, но больше всего нападений было совершено гражданскими лицами. Внезапно взяв в руки мачете, мирные крестьяне шли резать соседей или участвовать в «праздниках изнасилования». Спустя двадцать лет экономист Дэвид Янагизава-Дротт решил выяснить[52], что повлияло на их поведение так сильно. Руандийский геноцид начался с того, что главная радиостанция начала называть тутси «вредителями», «тараканами» и «убийцами» (поводом для таких обвинений послужил сбитый самолет президента). Призывы к «убийству этих насекомых» поддерживались рассказами о том, как тутси только и ждут удобного момента, чтобы напасть на соседей-хуту, как они отравляют детей хуту и продают их на органы. Однако Руанда — горная страна, и хотя радио — это основный способ распространения новостей, далеко не все деревни находятся в зоне приема радиоволн. Янагизава-Дротт сделал карту покрытия руандийских деревень радиоволнами и выделил три категории: деревни, которые очень хорошо принимали радиоволны, деревни, в которых радио не ловилось, но которые находились рядом с теми деревнями, в которых был прием, и деревни, которые находились далеко от любых точек приема радиоволн. Далее он сравнил все три группы с количеством убийств тутси. Ответ был не самым тривиальным. Народное ополчение тех деревень, в которых радиоприемники ловили передачи достаточно хорошо, убивало на 7% больше, чем в глухомани, однако жители из второй группы деревень (где радиосигнал не принимался, но рядом был большой поселок с радиоточкой) убили гораздо больше людей — на 23%. Причина этого — в том, что жители снабженных радио деревень, услышав призывы убивать тутси, при общении со своими друзьями и родственниками из соседних поселков передавали им эти новости. Однако они не просто пересказывали государственную пропаганду, а подтверждали ее ссылками на свои страхи и рассказами про то, какие тутси негодяи и воры. Слухи и легенды о страшных врагах, передаваемые в режиме неформальной коммуникации (friend-of-a-friend), усиливали пропаганду, оправдывали нарушение моральных норм и легитимизировали право на насилие.

Такие случаи не единичны. В марте 1994 года разъяренная толпа в гватемальском городе Сан-Кристобаль до полусмерти избивает ни в чем не повинную американскую туристку[53]. Летом 2018 года жители небольшого мексиканского города Акатлан сжигают двух мужчин, приехавших за покупками из соседнего города[54]. Причиной насилия в обоих случаях послужила классическая городская легенда о краже детей на органы (organ theft legend), которая в первом случае распространялась устно и через публикации в местной прессе, а во втором — через WhatsApp.

Городские легенды многим кажутся забавными историями, которые способны вызвать веселый смех на вечеринке или ритуально напугать кого-то во время Хэллоуина. Но, как следует из приведенных выше примеров, они не всегда так невинны. Городские легенды могут быть очень опасными, поскольку в условиях паники очередной пересказ «достоверной» истории может подтолкнуть человека или группу людей к агрессии. Есть большое количество исследователей, которых не очень волнуют вопросы о том, почему возникают истории об отравленных джинсах или какие эволюционные механизмы в поведении человека отвечают за распространение таких историй. Однако для этих исследователей важен вопрос, *как* слухи и городские легенды воздействуют на социальную реальность и меняют ее. Совокупность работ, изучающих *операционные возможности* городской легенды в воздействии на действительность, мы назвали «операциональным подходом». Под таким «зонтом» мы объединили два направления исследований. Первое из них — это исследование феномена моральной паники социологами, второе — это открытый фольклористами эффект *остенсии*. Ниже мы кратко разберем основные находки, сделанные исследователями обоих направлений, и покажем, чем они важны для изучения советских легенд.

Городская легенда как топливо моральной паники

Милая история о том, как старушка в забывчивости засунула своего кота в микроволновку, чтобы высушить его, вряд ли может привести к массовой агрессии. Тогда в какой ситуации городские легенды становятся опасны и почему они провоцируют насилие?

Ответ, который дают социологи, заключается в следующем. Тревога внутри человеческого сообщества — это вещь естественная. Однако иногда, вместо того чтобы искать реальную проблему, которая является причиной этой тревоги, члены сообщества сосредотачиваются на угрозе, якобы исходящей от этнической или социальной группы. Причем эта группа может быть реально существующей (евреи, хиппи) или вымышленной (например, ведьмы, заключающие договор с Люцифером).

Ощущение «врага рядом с нами» провоцирует панику, и на начальных этапах паники в обществе формируется консенсус по поводу источника опасности и серьезности угрозы: «Максимальный репост!!! Группы смерти убивают наших детей». Обнаружение источника опасности, с одной стороны, усиливает тревогу («они среди нас и завтра могут сделать это снова»), но с другой стороны, в перспективе помогает от нее избавиться, поскольку дает возможность действовать («мы знаем, кого нужно уничтожить или изгнать, чтобы снова почувствовать себя в безопасности»), что, в свою очередь, создает иллюзию контроля над ситуацией. Для предупреждения друг друга о новой угрозе члены сообщества активно обмениваются городскими легендами и слухами. Так общество создает новый *моральный консенсус* по поводу источника опасности, которая грозит обществу. Отсюда и название — *моральная паника* (moral panic).

Моральная паника не способствует выяснению реальных причин тех или иных социальных проблем. Вместо этого энергия общества направляется на борьбу с девиантом — воображаемым врагом. Например, в российском обществе 2016 года обсуждение трагедии — нескольких подростковых самоубийств — свелось не к поиску реальных причин этого явления, а к борьбе с анонимными интернет-злодеями, будто бы ответственными за все подростковые суициды, происходящие на территории страны, и с интернетом в целом (в частности, звучали призывы «пускать в интернет» по паспорту с четырнадцати лет). С этого началась паника по поводу так называемых «групп смерти» в социальных сетях. При этом попытки родителей и учителей предостеречь детей от этой опасности неизменно приводили к росту интереса школьников к «группам смерти». Моральная паника, таким образом, не только провоцирует агрессию, но и подменяет реальные причины проблем воображаемыми[55].

Понятие моральной паники в 1970-х годах впервые было использовано социологом Стивеном Коэном, который изучал страхи английского общества по поводу молодежных группировок модов и рокеров (Mods и Rockers)[56]. Агентом моральной паники, с точки зрения Коэна, стали британские СМИ — именно они рассказывали обывателям о том, как опасны молодежные субкультуры. После того как теория Коэна получила широкое распространение, вопрос о том, кто является агентом, провоцирующим моральную панику, стал очень важен. Всегда ли это СМИ?

Социологи Эрик Гуд и Найман Бен-Йегуда выделили три типа агентов, которые могут спровоцировать моральную панику[57]. Первая, «низовая модель» (grassroots model) предполагает, что моральная паника идет «снизу вверх» и возникает спонтанно как ответ на некоторый социальный стресс. Сначала страх перед реальной или воображаемой угрозой находит выражение в легендах и слухах, и только затем в дело вступают медиа, роль которых, по мнению теоретиков «низовой модели», вторична: они «*только усиливают пламя, но не зажигают огонь*»[58]. Уже упоминаемые Бест и Харучи, анализируя панику о лезвиях в яблоках, которые анонимные злодеи раздают на Хэллоуин детям[59], тоже считают ее причиной «низовую» тревогу среди взрослых, разрушение соседского сообщества, рост детской наркомании и другие страхи американского общества 1960–1970-х годов. Эта тревога выражалась в слухах и легендах, которые только потом попали в СМИ и естественным образом усилили ее.

Во второй, элитистской[60] модели (the elite-engineered model) паника является результатом целенаправленных и вполне сознательных действий политической элиты, которая нуждается в создании мнимой «угрозы», как правило, для отвлечения общества от реальных социальных проблем, решение которых может угрожать ее интересам. Успех паники обеспечивается тем, что элита располагает мощными ресурсами в виде ведущих СМИ и государственных институтов. Эта модель исходит из представлений о всемогуществе элит и тотальной манипулируемости аудитории[61]. Самый известный анализ, сделанный в рамках элитистской модели, — это анализ паники по поводу уличного хулиганства в Англии, его авторы — Стюарт Холл и его коллеги. По их мнению, паника по поводу уличных нападений была инициирована элитой и служила для того, чтобы отвлечь внимание публики от экономической рецессии и общего кризиса британского капитализма. Как сторонники левых политических взглядов, Холл и его коллеги полагают, что капиталистическое государство вообще всегда так делает — защищает свои экономические интересы, отвлекая внимание масс от решения насущных проблем.

В третьей модели (interest group model) паника исходит от «заинтересованных групп», в роли которых выступают различные профессиональные ассоциации, ангажированные журналисты, религиозные группы, общественные движения, образовательные институты и т. п. Распространяя пугающие истории о воображаемой угрозе, активисты заинтересованной группы пытаются привлечь внимание общества к проблеме, в реальность которой они искренне верят. При этом успешное продвижение моральной повестки автоматически влечет за собой повышение символического статуса и материального положения заинтересованной группы. Так, например, латиноамериканские и европейские коммунисты могли искренне верить в реальность слухов и легенд о том, что в США существует тайная преступная организация, похищающая латиноамериканских детей «на органы»[62]. Однако, принимая активное участие в разжигании паники, основанной на этих слухах, коммунисты зарабатывали себе политические очки: их обличения американского капитализма получали, благодаря таким историям, дополнительное обоснование. Поэтому при анализе подобных ситуаций, по мнению Гуда и Бен-Йегуды, ключевым является вопрос qui bono («кому выгодно»).

Гуд и Бен-Йегуда полагают, что «низовая модель» является необходимым условием для возникновения моральной паники, поскольку ни политики, ни медиа, ни общественные активисты не могут сформировать ощущение угрозы там, где его изначально не было. С другой стороны, эти массовые страхи и тревоги обычно остаются довольно неясными и смутными без действий политиков, журналистов и общественных активистов, которые их публично артикулируют. Таким образом, «grassroots обеспечивают топливо для моральной паники, активисты отвечают за ее фокус, интенсивность и направление»[63], а элиты могут использовать ее в своих интересах.

Теория о трех агентах моральной паники крайне важна для понимания того, как городские легенды влияли на события в России в последние два века. Рассмотрим два случая. В 1830 году в Российскую империю пришла холерная эпидемия, начались холерные бунты, приведшие к гибели большого количества людей. Их триггером стало массовое распространение слухов о том, что официальное объяснение болезни — всего лишь прикрытие: либо власти, врачи, военные хотят убить (например, отравить мышьяком) «лишних» в государстве людей, либо болезнь — дело рук «польских агентов», а иногда и евреев. Городские легенды, рассказывающие об этом, распространялись на уровне grassroots, как сказали бы Бен-Йегуда и Гуд: государство отчаянно боролось с этими слухами. Император Николай I лично приказал сыскать мелкого чиновника, который в своем письме коллеге пересказал страшные петербургские слухи[64]. За распространение подобных историй следовало серьезное наказание: в этом случае элита боролась с моральной паникой, идущей «снизу», и относительно успешно. Спустя 120 лет, в 1950–1952 годах, в СССР происходит заметный рост антисемитских настроений (более подробно см. об этом на с. 341), приведший, как мы знаем, к «делу врачей» 1953 года. Но еще за год и за два до этого в советской стране рассказываются истории, что евреи добывают кровь из детей для омолаживания[65], отравляют воду в школах и прививают болезни под видом вакцин от туберкулеза[66], потому что хотят убить «наших детей». Кое-где звучат призывы к расправе и даже начинаются погромы. Моральная паника, идущая от grassroots, никакого одобрения властей не встречала: как мы знаем из спецсообщений КГБ, до 1953 года такие слухи преследовались как антисоветские, а их распространители довольно сурово наказывались. Но все изменилось 13 января 1953 года, когда в главной советской газете «Правда» была напечатана печально известная статья «Подлые шпионы и убийцы под маской профессоров-врачей», в которой группу кремлевских врачей, в основном еврейского происхождения, обвинили в том, что они, работая на американскую разведку, неправильным лечением убили члена Политбюро Жданова и умышленно вредили другим высокопоставленным пациентам. Этой статьей элита в лице товарища Сталина возглавила моральную панику. В результате слухи о том, что чьей-то соседке врач-еврей прописал аспирин, внутри которого оказалась проволока, или что где-то детям врач-еврей под видом прививки против туберкулеза сделал «прививку рака», получили поддержку власти, что легитимизировало любые агрессивные действия по отношению к евреям.

Мы видим, что в обоих случаях агентами, изначально распространяющими слухи и легенды, были люди вне институтов, grassroots. Однако во втором случае элита моральную панику возглавила. Статус слухов в этот момент радикально изменился — они превратились в важную информацию, «одобренную сверху» и, соответственно, способную оказывать еще более разрушительное воздействие.

Теория остенсии: как прожить легенду

Одновременно с социологами, изучающими моральные паники, вопросом о воздействии легенды на человека занялись фольклористы Линда Дег, Эндрю Важони и Билл Эллис, которые в 1980-х годах на материале городских легенд разработали концепцию *остенсии*[67]. В самом общем смысле термин «остенсия» обозначает ситуацию, когда фольклорный текст влияет на реальное поведение людей. Исследователи выделили несколько форм такого влияния: от истолкования непонятных событий в категориях фольклорного сюжета до попытки воплотить его в жизнь.

Предельной, самой «сильной» формой воздействия фольклора на реальность является «собственно остенсия» (ostension itself): человек рассказывает легенду (или любую другую фольклорную историю) не словами, а действиями, то есть буквально воплощает ее в жизнь. Как правило, такое происходит, когда тот или иной сюжет достаточно долго и интенсивно циркулирует в обществе, причем распространяется не только по каналам устной неформальной коммуникации, но и получает медийную поддержку. Широко известные случаи «собственно остенсии» связаны с легендами и слухами о сатанистах. Когда такие рассказы достигают определенной степени популярности, находятся люди (как правило, это подростки), которые решают сами стать «сатанистами» и воплощают в жизнь те «кровавые ритуалы», о которых рассказывают легенды. Линда Дег и Эндрю Важони в качестве примера такой остенсии приводят действия американских подростков, которые, находясь под сильным впечатлением от историй о легендарном маньяке Чарльзе Мэнсоне, пытались подражать ему и нападали на людей, действуя в точности по его сценарию.

Однако случаи чистой остенсии очень редки. Гораздо чаще мы имеем дело с *псевдоостенсией*. Под этим термином американские фольклористы понимают ситуацию, когда фольклорный сюжет (точнее, всеобщая вера в его реальность) используется в каких-то корыстных целях, часто для того, чтобы совершить преступление и остаться при этом безнаказанным, свалив вину на воображаемых злодеев, о которых рассказывает легенда. Во время циркуляции в США слухов об анонимных садистах, подкладывающих лезвия и яд в лакомства, которыми на Хэллоуин угощают детей, двое малышей действительно погибли во время праздника. В 1970 году в Детройте пятилетний Кевин Тостон съел конфетку с героином, а в 1974 году в Техасе такая же судьба постигла Тимоти Брайена после конфеты с цианидом[68]. Однако проведенное расследование в обоих случаях показало, что убийцами были не анонимные злодеи с улицы. Опасность, увы, поджидала детей дома. В одном случае ребенок случайно нашел в доме дяди запасы героина и попробовал его (торговлей занимались то ли дядя, то ли отец мальчика), а семья, желая скрыть факт наркоторговли, спрятала пакетик с героином в яблоке и свалила все на хэллоуиновских злодеев. Второй случай еще более примечателен: мальчика отравил цианидом отец, желая получить страховку (жизнь мальчика была застрахована), а после совершения убийства сообщил, что его ребенок был отравлен теми самыми злодеями, которые отравляют и калечат доверчивых детей каждый Хэллоуин. Как мы видим, в обоих случаях преступления почти удались, потому что вера в анонимных детоубийц была очень сильна, на что преступники и рассчитывали. Другой, современный пример псевдоостенсии: на волне паники в России в 2016–2017 годах по поводу «групп смерти», где некие «кураторы» якобы доводят детей до самоубийства, появились мошенники, которые стали вымогать у младшеклассников деньги, представляясь теми самыми «кураторами».

Наиболее слабой формой остенсивного действия является так называемая *квазиостенсия* — изменение поведения людей под влиянием фольклорных текстов. Например, Марья Ивановна регулярно слышит об иголках с ВИЧ в поручнях метро. Она верит в то, что это делают некие анонимные злодеи. Однако она не перевоплощается в этого злодея, как произошло с подростками — последователями Мэнсона (это была бы полная остенсия). Тем не менее под влиянием этих слухов она меняет свое поведение: она внимательно осматривает поручни эскалатора, боится их тронуть и иногда вообще отказывается ездить на метро. Очень яркий пример квазиостенсии можно найти в перлюстрации писем советских граждан КГБ в 1953 году. Сразу же, как «дело врачей» стартовало и государство обвинило кремлевских врачей еврейского происхождения в попытках убийства членов Политбюро, советские граждане начали сами массово отказываться принимать медицинскую помощь от любых врачей, покупать лекарства и ходить в поликлинику и советовали другим принять такие меры предосторожности:

> [письмо из Башкирской АССР в Киев:] У меня видимо общий ревматизм. Даже страшно идти к врачам после этого процесса. <…> Маринке буду давать только яблоки и морковь — вообще то, куда эти типы не могут всунуть свой длинный нос. <…> Ради бога, не будь ротозеем, не зевай и проверяй[69].

С квазиостенсией мы будем постоянно сталкиваться и в поздних советских сюжетах. Так, например, многие дети поколения 1970-х годов много слышали страшных историй про черную «Волгу», которая ворует детей (см. с. 375), и всячески пытались от нее защититься. Кто-то записывал номера всех встречных черных машин, а кто-то ходил в школу только дворами.

Квазиостенсия — не такое уж безобидное явление. В США в 2017 году прошел судебный процесс по делу «Слендермена»: две девочки двенадцати лет, наслушавшись историй о страшном существе без лица, решили, что оно убьет их близких, если они не принесут ему в жертву другую девочку, и попытались зарезать свою подругу[70].

Практическое следствие: остенсивный заряд легенды

Если мы соединим воедино основные наработки этих двух направлений, то мы получим следующую картину: текст, который провоцирует панику, должен обладать некоторым набором свойств (узнаваемость, шаблонность, краткость). Именно потому городская легенда является топливом моральной паники — она по определению устроена именно так. Однако не любая городская легенда способна на это. Она также должна обладать «остенсивным зарядом», то есть «носитель» фольклорного текста должен считать ее правдой и вследствие этого менять свое поведение под ее воздействием: не трогать поручни в метро, потому что там зараженные иглы, не обращаться к врачам, потому что среди них — евреи-отравители. В современных обществах остенсивный потенциал легенды и ее способность вызывать панику зависит не только от ее содержания, но и от внимания к ней СМИ или элиты. Это хорошо видно на примере «дела врачей» (подробнее об этом речь пойдет в главе 3):

слухи о евреях-отравителях и врачах-отравителях время от времени вызывали панические настроения в масштабе одного города, но массовое «остенсивное поведение» и массовая паника в масштабе страны начались только после того, как образ «убийц в белых халатах» был растиражирован советской прессой и поддержан государством.

Если остенсивный потенциал легенды достаточно силен и она начинает распространяться многими людьми одновременно, это приводит к моральной панике и к изменениям социальной реальности. Однако ответить на вопрос о том, что первично — легенда или паническое поведение людей, — так же непросто, как и на вопрос о курице и яйце. Легенда и паника довольно успешно порождают друг друга.

Как мы анализируем советскую городскую легенду

Представители разных подходов отчаянно спорят друг с другом, мы же стоим на позиции, что продуктивным будет использование всех трех оптик для анализа советских легенд. Во-первых, городские легенды и слухи распространяются как «ментальные вирусы», они легко заражают своих «носителей», часто вне зависимости от пола и возраста (и это объясняется нашими когнитивными особенностями — см. раздел «Меметический подход»). Во-вторых, популярность получают легенды и слухи, которые содержат важное для сообщества скрытое сообщение, а работа антрополога и фольклориста заключается в дешифровке этого сообщения (см. раздел «Интерпретативный подход»). И наконец, скрытое сообщение об опасности может усилить моральную панику или спровоцировать ее и, как следствие, привести к вспышке агрессии (см. раздел «Операциональный подход»).

Как мы собирали городские слухи и легенды

Исследования, о которых шла речь выше, проведены на современном и историческом материале Западной Европы, Северной и Латинской Америки и даже Африки. Однако советский материал (за исключением англоязычной книги Эды Калмре про каннибальскую колбасную фабрику в эстонском городе Тарту[71] и очень немногочисленных записей польского фольклориста Дионизиуша Чубалы[72]) никогда систематически не изучался. Если советские городские легенды и встречаются в научной литературе, то обычно это примеры «народных настроений», которые приводятся в трудах историков.

Исследователи, изучающие советскую культуру, обычно концентрируются или на официальных документах, или же анализируют элитарный и авторский «продукт» — литературные тексты и художественные фильмы. Однако, используя только такие источники, мы узнаем, как был устроен официальный советский канон, но не поймем, на основе каких представлений люди интерпретировали социально-политические события.

Отсутствие исследований, посвященных советским страхам, во многом связано с тотальным запретом в СССР (начиная с конца 1920-х годов[73]) изучать неофициальные тексты, и в первую очередь — городской фольклор. Из учебника «Русский фольклор» под редакцией Юрия Соколова в 1938 году были изъяты разделы «мещанской» и «блатной песни», а раздела «легенда в городе» никогда и не было. Кроме того, каждому, кто читает эти строки, мы советуем помнить, что распространение слухов советскими властями преследовалось, особенно жестоко в сталинское время — впрочем, и в позднесоветский период распространителей альтернативной информации называли «болтунами» и всячески клеймили. Никакой желтой прессы, публикующей городские легенды, в СССР не было. Если какие-то слухи или иные фольклорные тексты и проникали на страницы газет, то только затем, чтобы журналисты могли подвергнуть публичной «порке» и осмеянию их носителей (как правило, это касалось прежде всего религиозных слухов). Никакие телевизионные ведущие их не обсуждали. Не было никаких популярных сборников текстов; а первым художественным текстом, где эти истории вовсю использовались, была детская повесть Эдуарда Успенского «Красная рука, черная простыня, зеленые пальцы», публикация которой в 1990 году в детском журнале «Пионер» вызвала страшный скандал (который мы хорошо помним). И наконец, никакие научные работы, посвященные городским легендам, не были возможны после второй половины 1920-х (и то их было очень немного)[74] и вплоть до середины 1980-х годов.

Как и многие другие вещи, этот запрет негласно был снят в конце 1980-х годов, однако время было упущено. Никаких научных коллекций ни тогда, ни сейчас (до нашей книги) сделано не было. Более того, если эмигрантские и западные собиратели и пытались что-нибудь зафиксировать из современного им советского фольклора, то в основном они тратили свои усилия на сбор и анализ анекдотов (реже — песен), в результате чего на свет появилось несколько прекрасных коллекций[75]. Легенды и слухи ими почти тотально игнорировались — частично, по причине меньшей эстетической привлекательности. Но есть и другая причина: анекдот воспринимался как некоторое вербальное оружие, способ противостоять советскому режиму. Но к тому времени, как западные исследователи выработали некий консенсус, что такое городская легенда, для чего она нужна и как ее анализировать (см. первый раздел этой главы), Советский Союз уже перестал существовать.

Кроме того, мы все должны понимать, что у городской советской легенды, которая, несмотря на все вышесказанное, жила и здравствовала, была специфическая функция, которая присуща фольклору в условиях тоталитарного и авторитарного режимов. Информационное устройство советского общества, где существовали жесткая цензура и идеологический контроль, способствовало тому, что многие советские люди не доверяли советским средствам массовой информации. Несовпадение того, что советские люди слышали по радио, с тем, что происходило в реальности, хорошо отражает анекдот, записанный в предпоследний год войны[76]:

— Радио слушаете?
— Конечно; откуда же бы я знал, что мне живется отлично!

Такое недоверие приводило к тому, что неформальные интерпретации действительности, созданные слухами и легендами, воспринимались многими советскими людьми как более достоверные, чем те, которые предлагались официальными СМИ. В 1947 году американские советологи расспрашивали эмигрантов из СССР, откуда и как они получали информацию в СССР. Согласно ответам «невозвращенцев», 50% опрошенных указали именно на слухи как на *регулярный источник информации*; на слухи как на самый *важный источник* информации указали 32% среди профессиональных групп, 22% среди служащих, 41% среди рабочих, 73% среди крестьян. И наконец, 74% опрошенных обсуждали слухи в разговорах с друзьями[77].

Поэтому, хотя советская эпоха кончилась довольно недавно, описать такую важную, но не вполне «легальную» часть жизни советского человека оказалось не так легко. Чтобы узнать, где и как распространялись городские легенды, мы обратились к разным источникам и собрали репрезентативный корпус текстов, который никто до нас никогда не собирал.

Стоит помнить, что правом собирать городские легенды и слухи в СССР обладала одна организация, известная под именами ВЧК, ГПУ, ОГПУ, НКВД, МГБ, КГБ (правда, партийные органы тоже их собирали, но не так регулярно). Все эти аббревиатуры в разные годы обозначали, по сути, политическую полицию, которая активно занималась внесудебной слежкой за гражданами силами штатных и нештатных сотрудников. Спецагенты записывали, что люди говорят на улице, на собраниях и пишут в письмах (перлюстрация почты), для того чтобы власть знала о реакции людей на различные социально-политические события (от смерти товарища Сталина до судов над расхитителями социалистической собственности). Кроме специальных событий, такие сводки (их называли «спецсообщения») собирались и просто регулярным образом, по «принципу пирамиды»: агенты ГПУ — НКВД на местах собирали сведения, потом посылали сведения «наверх», сводки объединялись и укрупнялись; в конце пути «сводка о настроениях» в СССР ложилась на стол Политбюро. Как правило, агенты были внимательны к фиксации слухов. Эта информация сейчас частично доступна. Благодаря помощи коллег-архивистов[78] сводки КГБ из разных республик СССР — России, Латвии, Литвы, Украины — были использованы в этой книге.

Кроме того, в сталинский период множество людей было осуждено по статье 58-10[79] «Антисоветская агитация и пропаганда» (после 1953 года желание власти наказывать уголовным преследованием за распространение фольклорных текстов постепенно сходит на нет[80]). В формулировке приговоров, как правило, указывалось, что подсудимый «распространял слухи о роспуске колхозов», рассказал анекдот «об одном из руководителей партии и правительства» или «написал анонимное письмо с клеветой на советскую действительность». Этот жуткий материал следственных дел содержит немало примеров городских легенд.

Карательные и партийные органы никогда не забывали обращать внимание на материалы писем советских граждан. Весь советский период НКВД—КГБ занимался перлюстрацией частной переписки, терпеливо и аккуратно вынимая оттуда необходимые сведения. Так, например, в январе 1953 года украинский КГБ рапортует, что за неделю, прошедшую после опубликования в газете «Правда» статьи о «врачах-вредителях», сотрудники просмотрели более 100 тысяч (!!!) писем, 653 письма, по их мнению, содержали особо вредоносную информацию и слухи. Партийные органы для «внутреннего пользования» составляли аналитические обзоры писем, которые возмущенные граждане присылали в редакции газет и органы власти, а также перечни наиболее часто задаваемых вопросов, которые лекторы из Отдела пропаганды ЦК КПСС и общества «Знание» получали в различных аудиториях[81]. Подробнее о взаимоотношениях власти и фольклора написано в главе 3.

Читатель, мало знакомый с советской действительностью, прочитав эти строки, возможно, решит, что советские люди никогда не записывали слухи и городские легенды, раз за их распространение предполагалось наказание. Но это не так. Стремление делиться утаиваемой, но, возможно, правдивой информацией было довольно сильным. Фольклорные тексты во множестве фиксировались в дневниках: количество слухов и городских легенд, которые нам удалось найти в дневниках, опубликованных на сайте проекта «Прожито», — впечатляющий пример этому[82]. Для нашей книги мы использовали выборку из 227 записей слухов и легенд, которые мы нашли в дневниках, опубликованных на этом ресурсе, только за советский период, и еще 58 записей — с 1831 по 1916 год. Отдельный любопытный и нестандартный источник, с которым нам посчастливилось работать, — это тетрадь, в которую Михаил Дмитриевич Афанасьев, директор Государственной публичной исторической библиотеки, в 1979–1989 годах специально записывал слухи, ходившие по Москве*.

В постсоветскую эпоху много бывших советских горожан записали свои воспоминания. Кто-то писал большие мемуары, а кто-то — коротенький абзац воспоминаний. Более того, в последние десять лет на волне ностальгии стали популярны форумы и онлайн-сообщества, объединяющие тех, кто желает поговорить о советском детстве и о жизни в СССР (например, сообщество «1975_1982» в «Живом журнале»), — они стали для нас богатым источником сюжетов.

Но у всех этих источников есть одно общее свойство. Автор дневника или воспоминания запишет то, что интересно ему, составитель спецсообщения — то, что в данный момент интересует КГБ. Кроме того, многие советские люди, даже если и записывали слух или городскую легенду, часто стеснялись того, что предметом их внимания становится «такая несусветная чушь» и «байка, распространяемая пропагандистами из ЦК». Поэтому необходимой частью антропологической работы является интервью с «живыми носителями», которых можно расспросить подробно о том, что они слышали и о чем думали в советское время. Поиск информантов мы проводили методом «снежного кома», когда информант рекомендует интервьюеру другого информанта (своего брата, друга, соседа, коллегу

* Мы очень признательны Михаилу Дмитриевичу за то, что он поделился с нами этими записями.

по работе). Не скроем, что из-за нас пострадали наши коллеги, друзья и друзья друзей. Всего начиная с 2016 года мы взяли 72 интервью у жителей Москвы и ближнего Подмосковья, Санкт-Петербурга, Вологды, Екатеринбурга, Одессы, Харькова и Риги, 1941–1974 годов рождения. Больше половины информантов составили москвичи (39 человек). В процессе каждого интервью мы пытались выяснить, знаком ли информант с некоторым набором сюжетов, однако в целом интервью носили характер свободной беседы и могли длиться от сорока минут до трех часов (антропологи называют такие интервью полуструктурированными). С некоторыми информантами мы встречались не по одному разу. Интервью позволили нам не только зафиксировать новые сюжеты об «опасных вещах», но и понять контекст их бытования, а также узнать много нового о советской повседневности.

Одновременно с интервью мы использовали еще один способ сбора информации. Летом 2016 года мы провели два дистанционных письменных опроса (первоначально анкеты распространялись среди пользователей сети Facebook, но также их заполняли и люди, не имеющие социальных сетей). Заполняя такой опрос, каждый информант видит собранный нами перечень сюжетов или отвечает на одинаковые открытые вопросы. Главное преимущество структурированного опроса заключается в том, что он дает возможность сравнить ответы разных респондентов по одним параметрам. Первым был опрос «опасные советские вещи», состоящий из шестнадцати открытых вопросов. Его заполнили 292 респондента 1947–1994 годов рождения, в основном — жители крупных городов. Результаты показали, что многие слухи об опасных вещах активно циркулировали до, во время и после проведения Олимпиады-80. Поэтому мы провели второй опрос — «Олимпиада-80 в слухах и разговорах москвичей», состоящий из восьми открытых вопросов. На него в августе 2016 года ответили 143 москвича 1943–1975 годов рождения. Кроме того, в процессе написания книги мы неоднократно задавали вопросы своим подписчикам и друзьям в социальных сетях и очень часто в ответ получали множество интереснейших воспоминаний.

Мы решили, что в этой книге мы будем цитировать ответы на вопросы анонимно (кроме тех случаев, когда информант хотел, чтобы мы указывали полностью имя и фамилию), и поэтому указываем инициалы, пол, год рождения и место проживания нашего собеседника в советское время, например: А. С., ж., 1976, Москва. Орфография и пунктуация источников сохранены, за исключением очевидных опечаток.

После того как наши данные, собранные из разных источников, прошли через структурированный опрос, мы увидели, какие варианты информанты вспоминают чаще, а какие — реже. Именно этот факт позволяет нам говорить в книге о популярности или, наоборот, редкости того или иного сюжета в позднесоветское время. Читая дневники или письма, мы узнавали, что какой-то сюжет (например, об отравленных жвачках) вообще существовал, а проведя опрос, мы уже понимали, во-первых, насколько широко он был распространен среди нашей группы респондентов (известен он, скажем, 10 или 60% опрошенных), во-вторых, в каких ситуациях люди с ним чаще всего сталкивались и, в-третьих, по каким каналам этот сюжет распространялся (узнали ли наши респонденты его от одноклассников или от учителей и директора школы). Так, например, респонденты нашего опроса «Олимпиада-80 в слухах и разговорах москвичей» указывали, что они узнавали об отравленных американских джинсах и жвачках с лезвиями как из бытовых разговоров, так и из инструктажей и собраний в школе, в институте или на работе (примерно в равной пропорции). Из этого можно понять, что традиционные объяснения подобных слухов («это все бабкины разговоры» или «все это распространялось КГБ-шниками специально, чтобы запугать народ») несостоятельны. Картина распространения слухов гораздо сложнее.

Будем честны: практически все наши респонденты и информанты (около трех сотен), за очень небольшим исключением, а также авторы опубликованных мемуаров и дневников — жители крупных городов, среди которых москвичи и ленинградцы составляют большинство. Многие из наших собеседников имеют высшее образование. Хотя наша книга называется «Опасные советские вещи: городские легенды и страхи в СССР», мы рассказываем *прежде всего о нас самих, бывших потребителях легенд и слухов большого советского города.*

Был ли плач по Сталину? Как мы воспринимаем истории о советском прошлом

Наш знакомый однажды сделал на своей страничке в Facebook пост, где рассказал об одном эпизоде из детства. В истории фигурировали очередь в хлебный магазин и талоны на хлеб, и обе эти детали (особенно последняя) возмутили некоторых читателей поста. В комментариях началась бурная дискуссия, в процессе которой одни с жаром доказывали, что никаких талонов на хлеб в городе N никогда не было, а другие утверждали, что талоны были. Самое интересное, что носители обеих точек зрения ссылались на свой личный опыт жизни в городе N и собственные воспоминания, обвиняя оппонентов во лжи. В 2016 году издание InLiberty и Сахаровский центр проводили акцию «Антисталин», и там неожиданно возникла дискуссия, был ли народный плач после смерти вождя в 1953 году. С пеной у рта посетители отстаивали две противоположные версии: согласно одной, все искренне рыдали, а согласно другой, это был искусственный траур, потому что никто и не думал плакать по тирану.

Такие споры — совсем не редкость и онлайн, и офлайн. Заметим, что описанная выше дискуссия о талонах касается бытового факта — с ним могли сталкиваться самые разные жители того или иного города. Группа «носителей» воспоминаний о подобных фактах формируется скорее по географическому (жители города N), чем по социальному признаку. Спор о существовании талонов между жителями одного и того же города, видимо, связан с избирательностью человеческой памяти (один помнит одно, а другой — совсем другое). Когда мы вспоминаем не о бытовых фактах, а о тех разговорах, свидетелями которых мы были (или в которых сами принимали участие), в действие вступает еще один фактор — социальный. Реальность, в которой существовали разные социальные группы, была разной. В лояльной советской семье, не пострадавшей от репрессий, в день смерти Сталина действительно могли все плакать. А вот реакция людей, настроенных по отношению к сталинскому режиму критически, могла быть прямо противоположной. Слухи и легенды, которыми обменивались в среде столичной фрондирующей интеллигенции, мало волновали рабочих из провинциального города, и наоборот.

Благодаря неравномерному распределению слухов и легенд и избирательности памяти многие сюжеты, о которых пойдет речь в этой книге, вызывают живое узнавание у одних и недоумение у других. Какую бы тему из представленных в этой книге мы ни разбирали — реакцию на смерть Брежнева, страх ядерной войны, слухи о зараженных джинсах, крадущих детей черных машинах или крысиных хвостиках в колбасе, — мы все время сталкиваемся с тем, что одни информанты говорят, что мы все придумали («и колбаса была самой лучшей, и страшилок никаких не было»), а другие, напротив, рассказывают, как они боялись черных машин или не могли спать, узнав про будущую ядерную войну.

Избирательность памяти приводит к очень интересному эффекту. Людям свойственно не только верить своим воспоминаниям, но и генерализировать свой собственный опыт постфактум: многие, оглядываясь в прошлое, полагают, что все их современники чувствовали и думали то же самое по поводу тех или иных событий, пели те же самые песни, читали те же самые книги и вели те же самые разговоры. Так, один наш информант, родившийся в Ленинграде в семье творческой элиты и вращавшийся в среде, которая характеризовалась высоко критическим отношением к действующему режиму при довольно высоком уровне потребления, долгое время был уверен, что вообще все советские люди в 1970-е годы жили так — глубоко презирая советскую власть и слушая «Битлз». О том, что в других городах и в других социальных средах жили иначе, он с глубоким изумлением узнал уже в эмиграции, подружившись с выходцем из крупного, но провинциального города Горького (сейчас Нижний Новгород). Наши информанты из города Свердловска (Екатеринбурга) с удивлением узнавали от нас истории про иностранцев, угощающих советских детей отравленными жвачками, — что вполне естественно, если учесть, что Свердловск был городом, закрытым для иностранцев, и подобные истории там актуальными быть не могли. А люди, жившие в Ленинграде и Москве, где было много иностранных туристов, как правило, такие истории хотя бы краем уха, но слышали. У каждого был свой собственный Советский Союз.

Несомненно, в этой книге мы тоже прибегаем к генерализации, и это неизбежно для любой науки, ибо любая наука оперирует моделями, чтобы понять мир. Однако мы стараемся не совершать популярную ошибку: не распространять опыт одного информанта на все советское поколение и, приведя одну цитату, говорить «так думали все советские люди». Поэтому эта книга писалась так долго — три года. Не так просто провести опросы и записать интервью. Нам приходилось сравнивать ответы и искать повторяющиеся паттерны (количественные подходы здесь очень помогают), чтобы увидеть основные тенденции в развитии социальных фобий.

Мы хотим закончить первую главу обращением к читателю. Встретив на страницах этой книги невероятную для вас городскую легенду, просто поверьте: другие люди (причем их могло быть очень много) могли воспринимать жизнь в СССР по-другому.

Глава 2

ОПАСНЫЕ ЗНАКИ И СОВЕТСКИЕ ВЕЩИ

Погружение в мир советских страхов мы начнем с истории об опасных знаках, которые повсюду искали советские цензоры и обычные граждане в эпоху Большого террора. Политической причиной этих поисков стало изменение образа «врага» в официальной риторике: если раньше в этой роли выступали представители бывших «эксплуататорских классов», которых можно было легко опознать, то теперь читателям советских газет, методичек и инструкций сообщалось, что враг живет среди них — умело замаскированный и совершенно не отличимый от обычных людей. Эта новая концепция требовала от советских людей большей «бдительности», которая заключалась главным образом в умении распознавать знаки, указывающие на присутствие замаскированного врага. Предполагалось, что этот враг, лишенный возможности действовать открыто, занимается тем, что мы называем «семиотическим вредительством», то есть заражает советские вещи знаками своего присутствия. Ожидание «семиотического вредительства» привело к рождению специфической советской практики — поиску скрытых знаков на самых обычных советских вещах и слухам о том, как их найти. Они приняли настолько массовый и панический характер, что после 1937 года власть, что называется, схватилась за голову и попыталась их остановить. Но сделать это было не так-то просто.

В 1960–1980-е годы идея «семиотической опасности» продолжала жить в городских легендах о домах-свастиках, построенных пленными немцами, и о китайских коврах, на которых будто бы высвечивается портрет Мао Цзэдуна. Мы увидим, что хотя позднесоветские сюжеты носят уже не устрашающий, а по большей части развлекательный характер, само представление о том, что вещь может заключать в себе «семиотическую опасность», оказывается очень устойчивым и благополучно переживает конец СССР.

И наконец, в самом конце главы мы обсудим, какие психологические механизмы отвечают за желание (подчас совершенно неудержимое) искать несуществующие знаки.

*Невидимый враг, скрытый знак и семиотическое вредительство**

История, которую мы собираемся рассказать здесь, *должна была* начаться в 1935 году. Она не могла начаться раньше, как и продолжиться в неизменном виде после 1953 года, когда умер «отец народов». Но чтобы понять все то, что будет рассказано ниже, необходимо вспомнить, что происходило в 1935–1938 годах в СССР. Это период активной борьбы Сталина со своими врагами. Политическая оппозиция уничтожена как явление. Лев Троцкий, главный идеолог социалистического государства, выслан в 1929 году, а к 1935 году становится врагом номер один. Государство рабочих и крестьян уже не первый год держится на системе массовых репрессий против классового врага («попов»,

* Этот раздел и следующий являются расширенной и значительно переработанной версией статьи, написанной в соавторстве с Еленой Михайлик. Предыдущую версию статьи см.: Архипова, Михайлик 2017.

«кулаков», «дворян»). Уже десять лет как в стране работает система лагерей принудительного труда, которую Александр Солженицын позже назовет «Архипелаг ГУЛАГ». Арестовывают за принадлежность к бывшим спецам, за «буржуазное происхождение», за распространение контрреволюционной пропаганды (то есть анекдота), за «вредительство» на производстве и за многое другое. И самые массовые репрессии развернулись в период Большого террора, в 1937–1938 годах.

Образ врага играл важную роль в советской идеологии с самого начала ее существования — он оправдывал внешнюю и внутреннюю политику советского государства (в частности, многочисленные экономические трудности, которые переживало население почти беспрерывно на протяжении 1920–1930-х годов), а также держал общество в режиме постоянной мобилизации. Советский человек привыкал жить в воображаемой «осажденной крепости»: он постоянно читал и слышал, что кругом — враги, внешние и внутренние. С начала 1930-х годов в стране проходили публичные процессы, на которых бывшие члены Политбюро (например, Николай Бухарин, Григорий Зиновьев, Лев Каменев) и известные журналисты (Карл Радек) каялись в совершении немыслимых преступлений: шпионаже, покушениях на советское правительство, подготовке переворота, массовом убийстве советских граждан. Вчерашний лидер сегодня становится предателем и врагом. Задачей любого советского гражданина становится поиск и обнаружение врага: об этом пишут газеты, говорят по радио и предупреждают в учебных заведениях. Поиску врагов были даже посвящены специальные методички (подробнее об этом ниже). Борьба с врагами не прекращается даже после их изобличения. Советских наркомов (современных министров), объявленных врагами, советские граждане, начиная

Ил. 1. Перечеркнутая фотография арестованного наркома Ежова с надписью «Гад!»

со школьников, должны были символически казнить — зачеркивая и уничтожая их портреты (*ил. 1*).

Этот раздел рассказывает об истории одной такой борьбы: о том, как советские власти сами способствовали появлению слухов о вражеских знаках, скрытых в советских вещах, а потом пытались распространение таких слухов остановить.

Пушкин и паника

В 1937 году, в разгар Большого террора, советская страна с невероятным размахом праздновала столетие смерти Пушкина. Задачей этих торжеств было включение поэта в советский символический порядок: из чуждого «буржуазного»

100 ЛЕТ СО ДНЯ СМЕРТИ ВЕЛИКОГО ПОЭТА А. С. ПУШКИНА
10 февраля (29 января) 1837 г. —— 10 февраля 1937 г.

(Рисунок В. Васнецова)

100 ЛЕТ СО ДНЯ СМЕРТИ ВЕЛИКОГО ПОЭТА А. С. ПУШКИНА
10 февраля (29 января) 1837 г. — 10 февраля 1937 г.

(С картины художника Крамского Н. И.)

Ил. 2а, 2b. Иллюстрации на обложках двух тетрадей, выпущенных в 1937 году к 100-летней годовщине смерти А.С. Пушкина. На обложках увидели контрреволюционные послания

явления Пушкин становится элементом нового сакрального пространства советской власти, наравне с партийными вождями и героями авиации. Но в этом заключалась опасность: оказавшись частью советского «пантеона», он немедленно стал лакомым объектом для диверсий со стороны «гнусных троцкистских бандитов», пытавшихся (по отчетам соответствующих органов) сорвать юбилей.

В честь столетней годовщины смерти Пушкина в феврале 1937 года Народный комиссариат местной промышленности выпустил тиражом в 200 (если, конечно, это не опечатка!) миллионов экземпляров специальную серию «пушкинских тетрадей» с портретами поэта и иллюстрациями к его произведениям на обложках (*ил. 2*).

Красивые тетради, изготовлявшиеся на многих фабриках страны, в течение почти всего года радовали школьников. Однако неожиданно 19 декабря школы и торговые точки получили предписания в срочном порядке «изъять тетради, имеющие на обложке следующие изображения: 1. Песнь о Вещем Олеге, 2. У Лукоморья дуб зеленый, 3. Портрет Пушкина, 4. „У моря“ с картины Айвазовского и Репина»[1]. Учеников собирали в актовых залах и объясняли про происки врага и необходимость уничтожать обложку[2]. Многие бывшие школьники[3] 1937 года вспоминают страшную «тетрадочную панику», которая быстро перекинулась и на другие тетради, вообще не имевшие отношения к юбилею поэта. Как красочно написал автор одного из спецсообщений НКВД, саратовские комсомольцы, а также учителя «шарахнулись в к<онтр>р<еволюционные> крайности» и стали уничтожать обложки тетрадок с Некрасовым и Ворошиловым[4]. «Больше года мы пользовались тетрадями без обложек, завертывая их в газеты»[5]. Волна паники коснулась тетрадей, выпущенных в честь беспосадочного перелета Москва — Северный полюс — Ванкувер, что привело не только к уничтожению обложек, но, согласно воспоминаниям очевидца, и к массовым арестам сотрудников одесской фабрики, выпустившей тираж тетрадок[6]. На целых двадцать лет «пушкинская» тетрадь превратилась в опасную вещь, хранение которой могло иметь самые тяжелые последствия при аресте:

> Наконец [энкавэдэшник] сел писать протокол, занес в него все то, что подлежало изъятию: <…> обложки тетрадей с рисунками, считавшимися невесть почему крамольными. Их собрали у учеников и должны были уничтожить. Да вот не успел он это сделать на свою беду[7].

Причиной «тетрадочной паники» послужило спецсообщение, отправленное в ноябре 1937 года «хозяином Куйбышева», первым секретарем Куйбышевского обкома Павлом Постышевым Сталину и Ежову по поводу двух пушкинских тетрадей, выпущенных пензенскими и саратовскими фабриками. Бдительный Постышев нашел на обложке (см. рисунок выше) множество опасных знаков и посланий:

> На первом образце, где воспроизведена репродукция с картины художника Васнецова, на сабле Олега кверху вниз расположены первые четыре буквы слова «долой», пятая буква «И» расположена на конце плаща направо от сабли. На ногах Олега помещены буквы ВКП — на правой ноге «В» и «П», на левой «К». В общем, получается контрреволюционный лозунг — «Долой ВКП».
>
> На второй обложке, где воспроизведена репродукция картины Крамского — в левом углу рисунка лежат трупы в красноармейских шлемах. Затем если повернуть этот рисунок вверх текстом, а вниз заголовком, то в правом углу можно обнаружить подпись, похожую на факсимиле Каменева.

> Кроме этих тетрадок посылаю еще два образца обложек, где на одной из обложек у Пушкина на безымянном пальце помещена свастика, а на другом образце, где воспроизведена репродукция с картины Айвазовского, также имеется свастика на голове Пушкина, в том месте, где расположено ухо[8].

Было начато расследование. Через месяц, в декабре 1937 года, заместитель наркома (то есть заместитель министра) внутренних дел товарищ Бельский послал подробный отчет о деле лично Сталину. Отчет добавлял новые жуткие подробности о раскрытой диверсии:

> Художники СМОРОДКИН и МАЛЕВИЧ, выполняя штриховые рисунки с репродукций картин художников ВАСНЕЦОВА, КРАМСКОГО, РЕПИНА и АЙВАЗОВСКОГО, умышленно внесли в эти рисунки изменения, что привело к контр-революционному искажению рисунков, а именно:
>
> а) в рисунке с картины ВАСНЕЦОВА «Песнь о вещем Олеге» СМОРОДКИН нанес изменения рисунка колец на ножке меча и рисунка ремешков обуви Олега. В результате получился контр-революционный лозунг — «Долой ВКП»;
>
> б) при изготовлении штрихового рисунка с картины РЕПИНА и АЙВАЗОВСКОГО «Пушкин у моря» на лице ПУШКИНА СМОРОДКИНЫМ нарисована свастика;
>
> в) штриховой рисунок с картины художника КРАМСКОГО «У лукоморья дуб зеленый» делал художник МАЛЕВИЧ, который у войнов, лежащих на земле, нарисовал красноармейские шлемы и произвольно изобразил вместо четырех войнов — 6;
>
> г) свастика на безымянном пальце ПУШКИНА, в рисунке с картины художника ТРОПИНИНА «Портрет ПУШКИНА» нанесена уже при печатании в типо-литографии «Рабочая Пенза» на готовое клише <...>.

Наши мероприятия:

1. Из всех типографий, печатавших тетрадные обложки с контр-революционными искажениями, изымается клише.

2. Арестовываем основного виновника контр-революционных искажений СМОРОДКИНА Михаила Павловича, 1908 г. рождения, беспартийного[9].

По результатам расследования художников Петра Малевича и Михаила Смородкина действительно обвинили в совершении диверсии и отправили в «отдаленные места». Согласно воспоминаниям их друга[10], жена Малевича, вооружившись клише для печати, ходила с ним по кабинетам и доказывала, что никакой свастики нет. Через год Малевич вернулся из Воркуты, вернулся с Колымы и Смородкин, потеряв пальцы ног.

Этот пример — один из множества историй, вызвавших в 1937–1938 годах массовые слухи о скрытых тайных знаках, оставляемых врагами на видных местах. Но почему они появились?

Что такое апофения и гиперсемиотизация?

В 1958 году немецкий психиатр Клаус Конрад написал книгу «Начинающаяся шизофрения», которая стала широко известной. Наблюдая за своими пациентами — солдатами вермахта, Конрад описал две стадии, способствующие переходу в психотическое состояние. Во время первой стадии (Конрад называет ее *тремой*) человек немотивированно начинает ощущать повышенную тревожность, его преследует паника, окружающий мир внезапно становится страшным и непонятным. Это еще не психоз, но важная ступень к нему.

После какого-то периода пребывания в *треме* в сознании человека происходит существенное изменение: в его восприятии мира меняются местами *фигуры* (то, что мы привычно считаем знаками) и *фон* (то, что мы воспринимаем как данное). Заболевающий человек внезапно выделяет в окружающем его привычном повседневном мире явлений и вещей, то есть в *фоне*, привычные элементы, но наделяет их новым значением[11]. Например, для нас шелест деревьев в лесу является *фоном*, а для человека, находящегося на этой стадии развития болезни, звук трения листьев друг о друга — не что иное, как новая *фигура* — послание о том, что за ним следят. Один из пациентов Конрада, молодой ефрейтор, начал ощущать повышенную тревожность, находясь на военной службе. После нескольких недель нахождения в таком состоянии ефрейтор понял — точнее, *его посетило озарение,* — что ночной храп (привычный для нас *фон*) его сослуживцев по казарме есть не что иное, как знак, послание, специальное действие, направленное на то, чтобы его разозлить.

Эту стадию Конрад назвал *апофенией*, от греч. «делаю явным». Это уже стадия настоящего психоза. Парадоксальным — на первый взгляд — следствием такого озарения является снижение тревоги, которое следует за обнаружением подлинного значения вещей: больной, входящий в нее, обретает объяснение своей прежней тревоги (на самом деле за мной следили!) и на некоторое время успокаивается. Другой вопрос, что это второе — «подлинное» — значение того или иного знака не совпадает с общепринятым. Ведь обычно мы не думаем, что люди храпят намеренно, чтобы вывести нас из равновесия, а потому не рассматриваем храп как признак тайного заговора.

При развитии психоза, согласно клиническим наблюдениям Конрада[12], эффект апофении начинает расширяться и захватывать все «поле знаков» вокруг человека. Явления, которые обычно воспринимаются как фоновые (шум дождя за окном, шуршание метлы дворника), перестают быть «фоном» и становятся знаками с новым, известным лишь психотическому больному значением, причем они начинают сообщать ему некоторую чрезвычайно важную для него информацию.

И наконец, последнее, что нам нужно знать об этом явлении: в состояние апофении на короткое время можно ввести и здорового человека, и даже компьютерный алгоритм. Популярный и обоснованный страх современного человека — быть увиденным и найденным автоматическими программами распознавания лиц, такими как FindFace. В их основе лежит принцип выделения лица — «фигуры» — из не интересующего механизм «фона». Для противодействия этому алгоритму было придумано крайне изящное решение — поменять местами «фон» и «фигуру». Была создана одежда со специальным орнаментом, который нам кажется абстрактным рисунком, — на самом деле это изображение множества схематичных лиц, идеально соответствующих стратегиям распознавания людей. Алгоритм начинает видеть лица везде, путает «фон» и «фигуру» и быстро сходит с ума.

Но какое отношение апофения имеет к советской ситуации 1930-х годов? Если читатель дочитает эту большую главу до конца, то он насладится большим количеством историй, как, например, член Политбюро, бдительный чекист или внимательный пионер внезапно начинал видеть знаки там, где их нет и, более того, заражал таким «видением» других советских людей: так появились свастики на лице Пушкина, подпись «троцкистско-зиновьевская шайка» на металлическом зажиме для пионерского галстука и профиль Троцкого в статуе рабочего и колхозницы. Перед нами «вчитывание» чужого знака в не принадлежащее ему семантическое поле, то есть поле значений. Вследствие такого действия все прочие элементы изображения или текста-носителя либо меняют свое значение, либо становятся как бы средой обитания нового знака (то есть фоном). Художник Смородкин не рисовал свастику на лице или руке Пушкина, а Малевич не искажал штриховку таким образом, чтобы замаскировать в ней контрреволюционный лозунг. Другими словами, художники не вступали с потенциальным адресатом в отношения семиотической игры и не создавали конструкцию, внутри которой тот мог найти скрытое послание. Тем не менее адресат, «увидев» несуществующий знак, приписывает адресанту (в данном случае художнику) сознательное намерение разместить вредоносное сообщение.

Этот прием мы называем термином «гиперсемиотизация» (этот термин в близком значении впервые использовал семиотик Владимир Топоров[13]). Явление гиперсемиотизации — по сути, разновидность апофении, но не индивидуальная, а коллективная, социальная. При этом, принимая эту аналогию, надо отметить и существенные отличия.

Вполне возможно, что Постышев, обнаруживший контрреволюционные лозунги в пушкинских тетрадях, а кроме того — еще и свастику в разрезе колбасы, сам находился в состоянии повышенной тревожности (кругом враги, желающие разрушить молодое советское государство!). По этому признаку Постышев ничем не отличается от немецкого ефрейтора с его страхом перед храпом сослуживцев. Поведение человека, у которого развивается психоз, аналогично поведению Постышева, который провоцирует гиперсемиотизацию. Но эта аналогия — неполная. У ефрейтора, погружающегося в болезнь, есть только одна цель — обнаружить скрытый замысел врагов и, поняв смысл происходящего вокруг него, через дешифровку различных явлений уменьшить свою тревогу. У Постышева цель гораздо сложнее, и она не продиктована логикой болезни. С одной стороны, обнаружение скрытого знака (пусть несуществующего) есть для него вскрытие тайного вражеского замысла, как и у ефрейтора. Но с другой, выявив тайный знак и указав на новое, никем до того не замеченное значение предмета, Постышев приобретает роль самого первого и ярого разоблачителя всепроникающих и невидимых врагов. Поиск скрытого знака для него также становится способом доказать свою зоркость и неусыпную преданность делу партии. Вместе с этим, становясь первым разоблачителем, он снимает с себя угрозу быть самому обвиненным в попустительстве и идеологической слепоте. Такая мотивация может побуждать все более и более расширять список опасных знаков и тем самым увеличивать список вредителей.

И наконец, самое важное различие между Постышевым и конрадовским пациентом состоит в том, как их идеи о «подлинных» значениях вещей распространялись. Клинический психоз, за редким исключением, не передается другим людям, а социально-индуцированная гиперсемиотизация, наоборот, передается, и очень быстро. Именно это и произошло в 1937–1938 годах: единичные «находки» Постышева и других бдительных граждан привели к тому, что тайные знаки начали искать массово, в разных городах необъятной советской страны.

Почему? Потому что в ситуации индивидуального психоза есть только «возбудитель», он же психотический больной в состоянии апофении, и «заразить» он никого не может. В случае гиперсемиотизации, вызванной коллективной моральной паникой (о значении этого термина см. с. 51–53), ситуация сложнее. Во-первых, есть сам «возбудитель», то есть человек, который увидел скрытые знаки и убеждает окружающих в их опасности. А во-вторых, есть и другие люди, которые знаков этих не видели, хотя находились (или только *могли* находиться) в прямом контакте с опасным предметом, например держали в руках коробок спичек, где кто-то потом углядел «бородку Троцкого». Такие люди принимают готовое сообщение о существовании опасного знака, но воспринимают это сообщение по-разному.

«Активный возбудитель» должен идти по пути нахождения все новых и новых опасных знаков, как и пациент в состоянии апофенического психоза. Получатель готовой интерпретации имеет две возможности распорядиться полученным знанием. Он может воспринять его пассивно и выбрать тактику избегания опасных вещей («я не прикасаюсь к ним»), а может начать убеждать окружающих в наличии опасности и искать знаки в других вещах (и так стать активным «возбудителем»). Может быть и одновременное сочетание двух этих тактик: распространения знания и избегания опасных предметов, например советским школьникам в 1937 году рассказали о «контрреволюционных пушкинских тетрадках» и потребовали их уничтожить.

В случае «незаражения» страхом перед опасными знаками человек выводит себя из тревожного круга, но в условиях Большого террора он рискует попасть под подозрение «активных возбудителей» в том, что он-то и есть опасный враг.

И наконец, важное различие апофении психотической и «гиперсемиотизации социальной» — это динамика состояния. Апофения позволяет человеку в состоянии психоза снизить ощущение тревожности, а гиперсемиотизация не дает возможности ослабить чувство страха: она, наоборот, способствует его дальнейшему усилению — чем больше вражеских знаков обнаруживается, тем более многочисленными и коварными выглядят «враги», которые их оставляют.

Почему произошло заражение гиперсемиотизацией во время Большого террора?

Теперь мы знаем, что при определенных психических расстройствах человек начинает видеть несуществующие знаки. Но такое может произойти и с человеком психически здоровым. Этому способствуют два фактора. Первый из них — наличие стройной и непротиворечивой идеологии (политической или религиозной), а второй — ощущение опасности и потери контроля над ситуацией.

Человек, имеющий в голове стройную идеологическую систему представлений, склонен видеть сообщения там, где их нет. Важно, чтобы эта система предполагала более или менее тотальную осмысленность мира и связность его элементов. В начале 2000-х годов психологом Тапани Рьекки и его коллегами был проведен эксперимент: трем группам испытуемых, состоящим из скептиков (то есть тех, кто идентифицировал себя как скептиков), людей религиозных и тех, кто склонен верить в паранормальные явления, были предъявлены фотографии ландшафта с произвольно расположенными объектами природного происхождения. Участники из второй и третьей групп с большей вероятностью находили изображения человеческих лиц в природных объектах[14]. Это не удивительно: носитель такой картины мира, где все происходящее является результатом целенаправленных действий высших сил, будет чаще видеть чью-то волю в случайном сочетании элементов ландшафта.

Но кроме веры в тотальную осмысленность мира, возникновение гиперсемиотизации связано с потерей контроля над происходящим. В 2008 году в журнале Science вышла статья под названием «Утрата контроля усиливает восприятие иллюзорных паттернов», написанная психологами Дженнифер Уитсон и Адамом Галински[15]. В своих экспериментах исследователи моделировали разные ситуации, в которых люди обычно чувствуют тревогу (например, ситуацию финансовых потерь). В результате было доказано, что участники экспериментов, почувствовав недостаток контроля над ситуацией, начинают видеть знаки там, где их нет, а также искать несуществующие корреляции между событиями. Психолог Моника Гжезиак-Фельдман проводила эксперименты со студентами и выяснила, что стремление видеть несуществующие связи между явлениями или событиями (то, что автор называет *конспирологическим мышлением*) возникает у них в тот момент, когда они нервничают перед экзаменом, и особенно сильным это стремление оказывается у студентов из бедных семей, для которых провал на экзамене имеет гораздо более серьезные последствия, чем для обеспеченных студентов[16]. Из другого исследования, проведенного Шарон Парсонс и ее коллегами среди афроамериканцев[17], стало ясно, что те из испытуемых, кто чаще сталкивался с утратой контроля в реальной жизни, и те, кто располагает меньшими возможностями влиять на принятие политических решений, более склонны к гиперсемиотизации и конспирологии. Другими словами, эта склонность подпитывается ощущением бессилия.

Потеря контроля ответственна еще за один крайне важный для нас эффект.

В 2010 году психологи Дэниэл Салливан, Марк Ландау и Захария Ротшильд опубликовали статью с говорящим названием «Экзистенциальная функция вражды: доказательство, что люди наделяют могуществом своих личных или политических врагов, чтобы компенсировать угрозу потери контроля». Авторы исследования провели три эксперимента: участники, у которых (в отличие от контрольной группы) искусственно вызывали ощущение потери контроля, гораздо легче соглашались с конспирологической идеей о том, что миром управляют невидимые и всемогущие враги. Испытуемые чувствовали настоятельную потребность вернуть контроль, пусть даже за счет создания образа враждебной внешней инстанции[18].

Но вернемся к нашим слухам и городским легендам эпохи Большого террора. Как все эти эксперименты из области индивидуальной психологии связаны с коллективными поисками несуществующих знаков? Дело в том, что во второй половине 1930-х годов большое количество советских людей оказывалось в тех самых условиях, которые, как показали вышеописанные эксперименты, заставляют человека видеть несуществующие знаки. Во-первых, 1930-е годы — это время становления тоталитарного государства, и новая политическая идеология транслируется на самые разные аудитории: от занятий в детском саду до публикаций в заводских многотиражках. А во-вторых, общий уровень тревоги (о котором мы писали в начале главы), и личностной, и социальной, в обществе середины 1930-х годов был очень высоким. Угроза ареста, голод, социальная нестабильность, массовая миграция, военное положение — отличные триггеры паник. Чувство потери контроля над происходящим не только вызывает гиперсемиотизацию, но и побуждает людей видеть в неудачах социалистического строительства (например, в авариях на производстве или в неурожае) злую волю врага.

Так что охота за опасными знаками, о которой пойдет речь в этой главе, была вызвана всей политической ситуацией 1930-х годов, а не только и не столько психологическими проблемами отдельных людей. В эпоху Большого террора складывается замкнутый круг гиперсемиотизации: представители власти, пребывающие в постоянном напряжении, инспирируют и поощряют поиск вражеского знака. Их призыв находит отклик «в массах», и такие знаки начинают обнаруживаться в огромном количестве по всей стране. В свою очередь, успешная находка знака, оставленного врагом, убеждает и представителя власти, и отдельного участника в необходимости продолжения поиска.

Новый советский враг — невидимый враг

Выше мы обсудили, почему советские люди в 1930-х годах оказались так восприимчивы к идее врага, которую им старательно внушала пропаганда. Но откуда в их воображении появился враг, который не просто строит козни, но совершает диверсии именно семиотического свойства? Чтобы понять это, нам придется погрузиться в историю советской идеологии.

В конце 1920-х годов в советской риторике появляется понятие «вредитель». За десять лет оно пережило очень интересную и важную для нас эволюцию. Изначально оно было ограничено «техническим значением» термина — «вредитель на производстве». Врагом считался «старый спец», продукт буржуазного общества, стремящийся вернуться в привычный ему мир посредством разрушения всех проектов советской власти. Иными словами, исходный вредитель имел совершенно определенное «лицо» и действовал в своих классовых интересах, преследуя рациональные, хотя и неприятные для большевиков цели.

В середине 1930-х годов ситуация резко изменилась. 1 декабря 1934 года был убит руководитель Ленинградской парторганизации Сергей Киров. За этим событием последовала волна репрессий. 18 января 1935 года ЦК выпустил закрытое письмо «Уроки событий, связанных с злодейским убийством тов. Кирова», где «зиновьевцы» (то есть вымышленные внутрипартийные оппозиционеры), на которых была возложена моральная и юридическая ответственность за убийство, были названы принципиально новым типом партийной оппозиции — *оппозицией скрытой*, особо вредоносной именно в силу двурушничества и маскировки. В мае 1937 года прокурор СССР (то есть генеральный прокурор) Андрей Вышинский говорит со ссылкой на товарища Сталина, что прежние вредители были «открыто чуждыми нам людьми».

А новые, «троцкистские вредители, как люди с партбилетом, имеющие доступ во все места наших учреждений и организаций», стали еще более опасными[19]. Согласно официальной версии, теперь главной целью «зиновьевцев» (потом «троцкисто-зиновьевцев», потом «троцкисто-бухаринцев») было уже не добиться большинства для своей платформы внутри Коммунистической партии, а уничтожить государство рабочих и крестьян как таковое.

Перед нами качественный сдвиг не только в официальной риторике, но и в официальном образе мыслей. В отличие от прежних врагов — белых, эсеров и оппозиционеров или даже классово чуждых «инженеров-вредителей» — новый агент угрозы — совсем не чужак, вкравшийся извне. Это внутренний враг, он партиен, классово близок и неотличим от обычных советских людей. По словам Сталина, это «беспринципная и безыдейная банда вредителей, диверсантов, разведчиков, шпионов, убийц, банда заклятых врагов рабочего класса, действующих по найму у разведывательных органов иностранных государств»[20].

Такая *неотличимость* пугает рабочего-передовика на заводском собрании: «Нам не страшно бороться с врагом, которого мы видим, но враг, который работает вместе с нами у машины, враг, который одет в ту же спецодежду, как и мы, — этот враг нам страшен»[21].

Высказывания Сталина и Вышинского о явных и скрытых врагах 1937 года практически идентичны по своей логике рассуждениям инквизитора Никола Жакье 1458 года. В своей работе «Flagellum haereticorum fascinariorum» («Бич еретических ведьм») он объяснял читателям, что те женщины-язычницы, о которых канонические источники писали раньше, и нынешние (то есть современные Жакье) еретические ведьмы — это ведьмы разные, ибо первые открыто рассказывали об иллюзорном опыте, а новейшие ведьмы опасны тем, что находятся повсюду, внешне неотличимы от добрых христиан и при этом имеют наглость отрицать факт собственного существования и собственную силу, чтобы еще удобнее творить злодеяния[22]. Опознать еретических ведьм и колдунов, как и новых советских вредителей, можно только по оставляемым ими знакам.

Цензура в поиске невидимого врага

Но кому невидимый враг подает сигналы, кто является адресатом — неизвестно; более того, любой, кто может расшифровать сигнал, окажется в опасности, и поэтому советские цензоры начинают бороться с любыми фрагментами, которые могут быть восприняты читателем двусмысленно[23]. Как следствие, цензоры стремятся читать советские тексты глазами потребителя — в меру своего представления о нем — и заранее истреблять все двусмысленные интерпретации. Сразу же после призыва закрытого письма 1935 года искать «скрытых врагов» появляются специальные циркуляры Главлита. Название этого ведомства, возникшего в 1922 году, расшифровывалось довольно нейтрально — «Главное управление по делам литературы и издательств», но, по сути, это и был главный цензурный орган. «Приказ № 39…» Главлита, адресованный начальникам всех республиканских, областных и районных «-литов», объяснял, *что именно* надо искать:

> Классовая борьба в области литературы и искусства за последнее время принимает все новые и новые формы. В частности, на ИЗО-фронте Главлитом обнаружены умело замаскированные вылазки классового врага. Путем различного сочетания красок, света и теней, штрихов, контуров, замаскированных по методу «загадочных рисунков», протаскивается явно контрреволюционное содержание.

> Как замаскированная контрреволюционная вылазка квалифицирована символическая картина художника Н. Михайлова «У гроба Кирова», где посредством сочетания света и теней и красок были даны очертания скелета*.
>
> То же обнаружено сейчас на выпущенных Снабтехиздатом этикетках для консервных банок (вместо куска мяса в бобах — голова человека).
>
> Исходя из вышеизложенного — ПРИКАЗЫВАЮ:
>
> Всем цензорам, имеющим отношение к плакатам, картинам, этикеткам, фотомонтажам и проч. — установить самый тщательный просмотр этой продукции, не ограничиваться вниманием к внешнему политическому содержанию и общехудожественному уровню, но смотреть особо тщательно все оформление в целом, с разных сторон (контуры, орнаменты, тени и т. д.), чаще прибегая к пользованию лупой. Во всех случаях малейших сомнений — обязываю цензоров консультироваться в аппарате Главлита или сообщать мне и моему заместителю с приложением оригиналов[24].

Общая неопределенность инструкции в сочетании с требованием представлять все сомнительные материалы на суд Главлита и с высокой ценой ошибки естественным образом вызвали поток дел о потенциально вредоносных находках. Решения по этим делам, в свою очередь, часто давали пищу воображению цензоров и граждан, толкая их к новым открытиям.

Так, в начале 1935 года был запущен процесс гиперсемиотизации, пик которого пришелся на 1937 год. Впрочем, к 1937 году способы выявления «скрытого врага» все еще нуждались в доработке. В составе вышедшей огромным тиражом в мае того же года методички, посвященной этому

* Историю с гробом Кирова см. в следующем разделе, с. 101–102.

вопросу, присутствовала статья «О некоторых методах вражеской работы в печати», где весьма подробно разбирались два новых *способа семиотического вредительства*[*]. Первый из них — сочетание изображений, порождающее чужой знак:

> Вредительство… весьма разнообразно. В одних случаях оно проявляется в контрреволюционном сочетании фото и карикатур, аншлагов и фото или карикатур и аншлагов, «шапок», отдельных крупных заголовков[25].

Второй представляет собой искажение внутри изображения, которое порождает портрет врага:

> В других случаях до неузнаваемости искажаются в работе (в ретуши и в цинке) снимки… Нам известны факты, когда вражья рука в обыкновенный снимок ловко и тонко врисовывала портреты врагов народа, которые становятся отчетливо видными, если газету и снимок рассматривать со всех сторон[26].

Цензоры довольно строго следовали этой инструкции, работая с лупой и поворачивая изображения, причем при изучении не только печатной продукции, но и предметов быта и роскоши, одежды, оборудования, скульптур — то есть практически всех вещей советской повседневности. Эта цензурная практика существовала все сталинское время и прекратилась только в 1950-е: «В „Комсомолке“ отменили специального дежурного с лупой, в обязанность которого входило разглядывать фотографии вождя, следить, чтобы среди типографских значков не возникали нежелательные сочетания — в этих случаях клише отсылали в цинкографию на переделку», — пишет в своих воспоминаниях зять Хрущева Аджубей[27].

[*] Термин «семиотическое вредительство» принадлежит авторам статьи.

Итак, в 1937 году гиперсемиотизация была принята на вооружение как средство распознания нового агента угрозы — «скрытого врага». Причем, с точки зрения властей, применять это оружие следовало не только цензорам, но и как минимум всем честным партийцам. Например, инструкция Винокурова, прежде чем попасть в методичку, была опубликована в журнале «Большевик», теоретическом и политическом органе ЦК ВКП(б) — тираж журнала исчислялся сотнями тысяч экземпляров. Фактически был брошен клич: *все на борьбу с семиотическим вредительством*!

Гиперсемиотизация как двигатель моральной паники

Несомненно, само по себе явление «гиперсемиотизации», включающее внимательное отношение к малозначимым вещам и страх перед чужим знаком, — вовсе не уникальная примета советского общества. Например, в 1939 году в Дрездене на Бисмаркплац пришлось срочно поменять расположение дорожек между газонами, потому что кто-то увидел в них рисунок британского флага[28].

Гиперсемиотизация была, есть и будет всегда. Однако, чтобы она вызвала панику масштаба той, которая охватила в 1935–1938 годах СССР, нужны весьма специфические исторические обстоятельства, в частности необходима слаженная работа СМИ (напомним, что в Советском Союзе они были полностью монополизированы государством), которая могла бы донести одновременно до множества людей идею грозящей им опасности.

Как ни удивительно, почти полный аналог описанных выше поисков семиотического вредительства можно найти в работе Сергея Иванова про «адописные иконы». В XIX веке во многих губерниях происходят массовые волнения крестьян, которых не могут успокоить никакие разъяснения, увещевания и кары со стороны представителей церкви и светских властей. Крестьяне разбивают на части иконы, срывают оклады, счищают верхний слой изображения, потому что верят, что иконы «адописные», то есть скрывают в себе дьявольские образы: «Стоустая молва добавляла, что изображения святых на тех иконах нарисованы адской сажей, то есть сажею, взятою из самых челюстей пекла, что стекло тех икон изнутри подкрашено не просто обыкновенною краской, но кровью диавола»[29].

При сравнении советской гиперсемиотизации и паники вокруг «адописных» икон легко заметить один значимый совпадающий элемент и одно существенное отличие. Сходство, несомненно, структурное — вычитывание несуществующего знака и поиск вредителя, который стоит за его появлением. Но нас сейчас интересует парадокс, вытекающий из различия.

Во многих сегментах христианской традиции принята идея тождества между религиозным объектом и символом, его обозначающим. Верующий, молясь иконе Девы Марии, обращается не к идолу, а к существу. Поэтому паника, связанная с появлением скрытых знаков дьявола, понятна — эти знаки захватывают и переадресуют молитву, направляя ее иной, вредоносной сущности. Советская система изначально такого религиозного отождествления не предполагала. Однако логика всего рассказанного выше подсказывает, что коробок спичек, на этикетке которого в изображении пламени кто-то углядел профиль Троцкого, помещал в сферу опасного самого владельца спичек, даже если тот и не «считывал» скрытый символ на этикетке.

В ситуации с профилем Троцкого нет намеренного адресата, получателем сигнала становится любой, кто потенциально может разглядеть вредительское послание. Поэтому и владение коробкой спичек с подозрительным изображением языков пламени, и чтение по ночам «Бюллетеня троцкистов» являются контрреволюционной пропагандой. Но коробок спичек опаснее, потому что «контрреволюционный сигнал» в нем скрыт, что позволяет очень легко вовлечь других людей в коммуникацию и сделать их невольными носителями скрытых знаков, превратив каждого из них в «адописную» икону замедленного действия, семиотическую «мину-лягушку». В какой-то момент знак непременно будет кем-то прочитан, и последствия могут быть какими угодно.

Что важно: эти «опасные знаки» ни исходно, ни впоследствии заведомо не принадлежали никакой реально существующей группе — ни в СССР, ни за его пределами не существовало сообщества, для которого было бы нормальным делом рисовать этикетки на спичечных коробках в виде профиля Троцкого и прятать свастику на портретах Пушкина (о злокозненной манере рисовать плавающие головы на консервных этикетках уже не говорим). В этом смысле советская власть 1930-х годов воистину опередила свое время, ибо фактически оперировала в рамках теории Джеймса Скотта о «скрытых транскриптах» подавляемого класса, сформулированной только шестьдесят лет спустя. Согласно этой концепции (автор которой по своим взглядам во многом близок к марксистам), подавляемый класс, который не может прямо ответить на агрессию, реагирует серией *скрытых транскриптов* (hidden transcripts), канализирующих свое недовольство в социально приемлемых формах. Анекдоты, слухи, прозвища, скрытые знаки — в этой концепции все является скрытыми транскриптами[30]. Советская власть строго «по Скотту» не только рассматривала любые элементы действительности как потенциальные символы сопротивления, но и пыталась отыскать за набором знаков вражескую группу, которая их порождает с вредоносной, но не всегда легко определяемой целью.

Парадоксальным образом, кроме чекистов, существовала еще одна группа, для которой тоже была жизненно необходима фигура могущественного скрытого врага, борющегося с советской властью. Речь идет о той части русской эмиграции, которая отчаянно ждала переворота и была готова видеть признаки скрытых транскриптов в любом намеке из СССР — ровно таким же образом, как и советская власть. Так, в парижской газете «За новую Россию» анонимный автор, описывая историю с пушкинскими тетрадками, объясняет ее как пример скрытого сопротивления, точно следуя логике Постышева:

> И там, где бумажная масса под вальцами превращалась в бумажный лист, — кто-то из того народа, который «безмолвствовал», обрел дар слова: в рыхлую массу вкладывались заранее вырезанные из газет различные слова, составленные в новом порядке; потом масса попадала под вальцы; вырезанные четырехугольнички слов вминались в толщу бумаги и довольно четко просвечивали сквозь тончайший слой бумажных волокон. Так появились на тетрадях «крамольные» лозунги «Долой партию Сталина!», «Да здравствует свобода!» и пр.[31]

На этом можно было бы закончить, если бы примерно в те же годы не существовало системы, где скрытые знаки оказались совсем не выдумкой. Речь идет об оккупированной нацистами Норвегии, где в процессе формирования антинацистского норвежского Сопротивления возникла ситуация символической игры, построенной на тщательно замаскированном использовании знаков королевской династии. Так, например, огромным тиражом были выпущены (и одобрены немецкой цензурой) рождественские открытки, изображающие гномов, которые открывают сундук с подарками. Однако орнамент на крышке сундука складывался в монограмму HVII, отсылавшую к бежавшему королю Норвегии Хокону VII, а цвета одежды гномов указывали на норвежский флаг.

Этот пример похож на описанные в нашей статье — за одним, но весьма существенным исключением: те знаки подрывного характера действительно существовали и были встроены в изображение специально. Немецкая полиция объявила автора рисунка в розыск, хотя весь тираж уже был раскуплен, а сами открытки еще два года служили подобием пароля для участников Сопротивления. И это не единственный инцидент такого рода: участники Сопротивления неоднократно размещали скрытые знаки протеста в публичном пространстве, а нацистская цензура не только пыталась их найти и дешифровать, но даже прибегала к размещению псевдознаков с целью запутать аудиторию[32].

Норвежское Сопротивление было реальным явлением и пользовалось скрытыми знаками для консолидации своего сообщества. А вот «троцкистско-зиновьевская шайка» (с. 114) была сугубо пропагандистским конструктом. Даже если бы такая группа и существовала, вряд ли она назвала бы себя «шайкой» и, соответственно, не была ответственна за возникновение реальных «скрытых транскриптов».

Как увидеть знак, которого нет: три правила гиперсемиотизации

Итак, как видим, гиперсемиотизация сама по себе может возникнуть где угодно, но есть несколько условий (своего рода «питательный бульон»), которые необходимы для того, чтобы она приняла массовый характер и стала частью настоящей, полноценной моральной паники.

Во-первых, у человека должны возникнуть чувство повышенной тревожности и ощущение потери контроля над происходящим: а вдруг за мной следят? А вдруг меня арестуют? А вдруг завтра я окажусь без средств к существованию? Такие чувства способствуют появлению конспирологических представлений о всемогущем враге (с. 89), способном вмешиваться в повседневную жизнь. И с таким врагом приходится как-то бороться.

Во-вторых, стремление распознать и обезвредить врага по оставленным им тайным знакам должно подкрепляться идеей, что оперативное распознавание вражеского знака — это способ избежать серьезной (часто смертельной) опасности.

В-третьих, идея невидимого и могущественного врага, который контролирует нашу жизнь, должна иметь очень широкое распространение и должна быть поддержана элитой, медиа и «низовыми» активистами (с. 51–53). В советском случае, как мы увидим в следующем разделе, этим занимались сначала представители карательных органов и пропагандисты разных уровней, а затем и рядовые граждане.

И только при соблюдении всех трех условий гиперсемиотизация становится массовой и выводит моральную панику на новый уровень, не только увеличивая ее масштаб и интенсивность, но и предлагая множеству людей способ найти и обезвредить врага. Инструкции по поиску врага начинают исходить уже не только «сверху», от чиновников и пропагандистов, но и появляются в «народных» текстах — в слухах и городских легендах об обнаружении вражеских знаков.

В поисках профиля Троцкого: эпидемия гиперсемиотизации 1930-х

Страшный скелет: первая находка

В декабре 1934 года художник Н. И. Михайлов создал набросок «Москва в Колонном зале Дома Союзов прощается с Кировым». Рядом с гробом Кирова, как и положено по регламенту, стояли Иосиф Сталин и Клим Ворошилов, за ними Лазарь Каганович и другие. Однако, когда картину сфотографировали для журнала «Искусство», на черно-белой фотографии между фигурами Сталина и Ворошилова в складках знамени проступил скелет. Стоит ли говорить, что работа была немедленно уничтожена.

Подробности этого дела известны нам из стенограммы экстренного заседания правления Московского союза советских художников, состоявшегося 23 января 1935 года, через пять дней после выхода закрытого письма (с. 91):

> Тов. Сталин, видимо, со всей скорбью прощается со своим другом. Стоит тов. Ворошилов — по намекам. Стоит тов. Каганович. Между ними четко обрисован скелет, череп. Здесь видите плечи, дальше рука. И эта костлявая рука захватывает тов. Сталина, затем этот блик — рука, которая захватывает за шею тов. Ворошилова… Тут может быть очень хитрая механика. Может быть, живопись в общем построена в расчете на то, что когда сфотографируется, то красный цвет перейдет в серый, и тогда совершенно ясно видна пляска смерти, увлекающая двух наших любимейших вождей[33].

Сам злосчастный художник Михайлов позже пытался оправдаться, объясняя в письме к своему патрону Климу Ворошилову:

> Я не стремился к законченности эскиза, а все внимание устремил только на одно, найти ощущение в пятнах красок драматизма настоящего события. То жестокое недоразумение, которое получилось из-за незаконченности моего эскиза и случайных пятен-бликов, вызвало у товарищей впечатление о наличии в группе намеченных фигур стоящего у гроба Кирова какого-то призрака скелета, якобы хватающего тов. Сталина[34].

Альтернативу террористической интерпретации предложил (при этом назвав автора *тупицей*) только Корней Чуковский — правда, не публично, а в своем дневнике. Он объяснил проступающий череп случайностью или намеком художника на опасность, которой подвергают себя другие большевики, в подражание знаменитому художнику-символисту Беклину[35].

Все остальные присутствовавшие на заседании художников и критиков даже не сделали попытки объяснить присутствие скелета соображениями художественного приема. Более того, председатель Московского союза советских художников А. А. Вольтер, ведущий экстренное заседание, с первых строк строил все обвинения в адрес Михайлова с использованием новой риторики о скрытых врагах: «Враг пробрался в нашу среду и использовал это очень умело, умно и тонко»[36].

Для всех участников заседания, кроме, собственно, Михайлова, скелет объективно существовал с того самого момента, как был впервые кем-то замечен. В рамках новой системы поиска врагов уловленное глазом становилось без оговорок действительным — причем как раз в силу того, что изначально оно было неочевидным или скрытым. Именно об этом говорит один из художников, товарищ Ряжский:

> По-моему, у большинства глядевших на эту вещь будет одно и то же впечатление, что между фигурой т. Сталина и т. Ворошилова и т. Кагановича явно замаскированный скелет. Все детали этого скелета налицо, а вывод отсюда, за что эта картина <…> может только агитировать за дальнейшие террористические акты над нашими вождями. *Только такое содержание картины и только такую трактовку можно увидеть в ней*[37].

Скрытое значение становилось доминирующим, если не единственным. Прочие части надписи теряли значимость и низводились до статуса оболочки, важной только тем, какое вражеское послание она скрывает. Они переставали существовать как сообщение, превратившись в «некий пассивный носитель вложенного в него смысла». Другими словами, обнаружение скрытого значения полностью уничтожало исходный текст. И чем дальше, тем чаще — вместе с автором. Михайлов был «вычищен» из Союза художников, сидел в Воркутлаге, потом в Ухте. Умер он в 1940 году, так и не вернувшись в Москву.

Страх перед антисоветским выпадом, который может быть передан настолько тонкими изобразительными средствами, что обнаружится разве что при фотосъемке, так поразил воображение советской цензуры, что три недели спустя вызвал к жизни тот самый цитированный выше «Приказ № 39». Это придало вес и значение *любой* фигуре, узору, орнаменту или сочетанию оных с текстом, которые вообще могут быть обнаружены на любом изобразительном объекте любого типа, класса и размера. Фактически под подозрением оказываются все возможные — и частично невозможные — сочетания. Отныне при цензурном анализе в процесс смыслообразования включаются все элементы целого — и все, что с ними можно сопрячь. Изображение, будь то «плакат, картина, этикетка, фотомонтаж», с неизбежностью превращается в генератор текстов. Задача цензора — отыскать среди множества потенциальных сообщений одно антисоветское.

Так дело художника Михайлова и «Приказ № 39» отправили всю страну на охоту за скелетами.

От пуговиц до маслобойки: заражение скрытыми свастиками

В советской печати до 1935 года свастика в открытую указывала на врага. Например, в 1931 году «Правда» изобразила немецкого социал-демократа с поясом, украшенным свастиками[38], как бы выявляя его подлинную природу. В 1935-м ситуация начинает меняться. Применение приема гиперсемиотизации, о котором пишет «Приказ № 39» («Путем различного сочетания красок, света и теней, штрихов, контуров, замаскированных по методу „загадочных рисунков“, протаскивается явно контрреволюционное содержание»), приводит к тому, что проявившие бдительность граждане начинают видеть замаскированный знак свастики на разных объектах.

25 декабря 1935 года цензоры рассылают сообщение, адресованное республиканским и областным управлениям, об обнаружении свастики на фотографии коммуниста Димитрова рядом со Сталиным: «На снимке пряди волос на лбу тов. Димитрова так переплетены, что получается впечатление подрисованной свастики <…>. Главлит категорически запрещает дальнейшее печатание указанного снимка»[39].

Якобы «подрисованная» свастика на лбу товарища Димитрова — пока еще не чья-то попытка назвать Димитрова тайным или явным фашистом и вообще не обвинение. Для Главлита «подрисованная свастика» на лбу коммуниста — это захват «нашей» символической территории, осквернение «нашего» образа посредством чуждого знака. Поскольку этот знак был в какой-то момент кем-то увиден и опознан, его уже нельзя проигнорировать и отмести как маловажный, а можно только изъять: «Издания, отпечатанные с этим снимком и не разошедшиеся, следует задержать и сообщить в Главлит с приложением образца»[40].

В том же 1935 году московская пуговичная фабрика имени Балакирева стала налаживать выпуск модных тогда в Европе пуговиц дизайна «футбольный мяч». Любой человек, знакомый с дизайном «футбольный мяч», знает, что создать узнаваемый образ мяча так, чтобы в линиях швов не получилось тем или иным образом выделить свастику или какие-то ее элементы, практически невозможно. 15 марта заместитель наркома (то есть заместитель министра) внутренних дел Г. Е. Прокофьев отправил спецсообщение Сталину о том, что на этой фабрике производятся пуговицы «с изображением фашистской свастики»[41]. Товарищ Сталин лично изволил начертать на донесении: «Ну и нечисть. И. Ст.»[42] Подобное выражение было выбрано не случайно: именно таким — демонизирующим противника — обозначением во второй половине 1930-х клеймили скрытого и явного врага. Преступление было отягощено тем фактом, что дизайн был внедрен при помощи немецкого подданного Ф. Элендера (бывшего бойца Красной армии Рура). Производство пуговиц было не просто прекращено — началось массовое изъятие из швейной промышленности и розничной торговли 120 тысяч пластмассовых пуговиц[43] (попробуйте представить себе масштабы мероприятия и то эхо, которое оно породило в массовом сознании).

Если некий гражданин СССР купил рубашку с подобными пуговицами, однако не «вчитывает» в них символическое содержание, все равно он виновен в том, что обладает вещью, содержащей чужой знак, который в любой момент может быть кем-то прочитан. Фактически на этой стадии мы имеем дело с «символической инфекцией»: скрытый знак, как неизлечимая болезнь, заражает своего «носителя», при этом «инкубационный период» может длиться сколь угодно долго, пока знак не будет считан. Как следствие, вещь, в которой может быть прочитан чужой знак, становится «не нашим» объектом долгосрочного действия и подлежит не только изъятию, но и уничтожению. Владелец же такой опасной вещи в лучшем случае становится «контрреволюционером поневоле», потому что он тоже «заражен», а в худшем — проявляет недопустимую для советского человека слепоту или сам является врагом.

С 1935 года начинается активная борьба с «зараженными» и поэтому потенциально опасными вещами. Меру серьезности, с какой советская власть в лице своих представителей относилась к этой угрозе, можно оценить, например, по тому, на каком уровне рассматривались подобные инциденты сугубо семиотического свойства, никак не связанные ни с вандализмом, ни с пропагандой, ни с возможным протестным поведением.

15 декабря 1937 года на заводе № 29 состоялось экстренное заседание Бюро Комиссии партийного контроля при ЦК ВКП(б), посвященное изготовлению маслобоек с лопастями, которые имеют вид фашистской свастики. Суть дела такова: управляющий областной конторы Метисбыта товарищ Глазко предъявил образец маслобойки, «лопасти которой имеют вид фашистской свастики». Проверка установила, что «начальник цеха Краузе», немец по национальности, «добавил вторую лопасть, установив ее перпендикулярно первой. В результате расположение лопастей приобрело вид фашистской свастики»[44]. Вопрос о лопастях для маслобоек потребовал персонального отчета «на министерском уровне» — со стороны наркома оборонной промышленности Михаила Кагановича. Дело было передано в НКВД, причем комиссия особенно упирала на «символическую слепоту» местного руководства: «Несмотря на ряд сигналов, ни руководство завода № 29 <…> ни руководство треста <…> не приняли мер к изъятию маслобоек, лопасти которых имели вид фашистской свастики»[45].

Упомянутые лопасти по конструкции располагаются внутри маслобойки, соответственно, в штатной ситуации их никто не видит, поэтому в виде орудия прямой или косвенной пропаганды они могут зловредно повлиять на очень ограниченное количество людей. Несмотря на это, маслобойки были изъяты, а люди, имеющие к ним отношение, арестованы. Если вещь инфицирована чужим знаком, степень публичности не важна.

Начиная с 1937 года свастики стали находить абсолютно везде. Например, в декабре того же года усилиями Главлита такой знак был обнаружен на пуговице френча Сталина, причем признаком свастики было сочтено то, что пуговица была пришита «крестообразно»[46]. Бдительный Постышев отыскал свастику не только на портретах Сталина и Пушкина[47], но и в саратовской колбасе. Искали ее и инстанции пониже. В 1942-м одна лагерница чуть не получила второй срок за изображение свастики, увиденное надзирателем на самодельной детской распашонке[48].

Слухи вокруг таких случаев постепенно превращались в полноценные городские легенды. В 1937 году жители Смоленска шептались о местном кондитере, который выпек торт в виде запрещенного знака[49]. После войны тема свастики не теряет своей актуальности, например возникают легенды о домах, конструкция которых напоминает этот знак (об этом см. в конце главы).

Профиль Троцкого: послание врага в советских вещах

В 1868 году лингвист, философ, математик Чарльз Пирс написал очень небольшую статью[50], которая в XX веке стала основанием новой науки семиотики. Речь идет о том, что в человеческой культуре существуют разные типы знаков, различающиеся по способу указания на обозначаемый объект. Пирс выделяет в отдельную группу знаки-индексы, которые сохраняют только часть связи (как правило, причинно-следственную) между знаком (означающим) и объектом (означаемым). Однако такой связи достаточно для того, чтобы зритель ее уловил. Дым, поднимающийся над трубой деревенского дома, есть знак-индекс огня в печи.

В 1920 году свастика стала официальным *знаком-индексом* Национал-социалистической партии Германии: любое появление свастики являлось однозначной визуальной отсылкой к фашизму и фашистам. В то же время невидимый внутренний враг, «двурушник», «троцкист-зиновьевец», о котором говорилось в программных статьях Сталина и Вышинского, никакого своего знака-индекса не имел, потому что в реальности никогда не существовало группы вредителей «троцкистов-зиновьевцев», которые ставили бы своей целью совершение диверсий против СССР.

Хотя в предупреждениях Главлита и в нагнетающих панику статьях Вышинского все время шла речь о том, что невидимый внутренний враг будет заражать опасными знаками советские вещи и объекты, советские читатели были в некотором недоумении: что искать? Какие знаки будут внедрять эти самые «троцкисты-зиновьевцы»?

Если знака-индекса у группы врагов нет, то его надо создать. И где-то в пространстве смыслов между высокопоставленными советскими чиновниками и простыми гражданами возникает представление о том, что воображаемый враг «троцкист» будет внедрять в советские вещи некие знаки-индексы, указывающие на самую известную концепцию Льва Троцкого — теорию грядущей мировой революции и на связанное с ней словосочетание «пожар мировой революции» из риторики 1920-х годов.

Спичечная фабрика «Демьян Бедный» в Ленинградской области несколько лет выпускала спичечные коробки с изображением пламени. Дизайн этикетки был радикально изменен в 1937 году[51] — возможно, произошло это из-за распространенных слухов[52] о том, что если перевернуть коробок вверх ногами, то вместо пламени вокруг нарисованной спичечной головки можно увидеть «профиль Троцкого» (*ил. 3*):

Ил. 3. На этикетке спичечного коробка в перевернутом виде можно углядеть профиль Троцкого с бородкой

В моем детстве в радиопередачах не было более страшных слов, чем «Троцкий» и «троцкизм». Я помню, как мой отец, придя с работы, положил передо мной коробок спичек — такой же, как у нас на кухне, — и сказал: «Ильюша, попробуй найти в нарисованном на коробке пламени профиль человека с бородкой». Я повертел и так и сяк, но ничего не увидел. Вошедшая мама заинтересовалась: «Сережа, так в чем смысл твоего ребуса?» Отец поднял глаза и серьезно проговорил: «А в том, что за эту наклейку директора спичечной фабрики на днях арестовали как троцкиста»[53].

Поиск скрытого знака-индекса, который воспринимается как «подпись» врага, становится повседневной практикой. Например, в случае, описываемом ниже, соседка рассказчика ищет, находит и показывает скрытый знак — *бородку Троцкого*, — потому что она *уже* знакома со слухом о его существовании:

— Вы ничего не видите здесь подозрительного? — спросила Мария Никаноровна, показывая маме коробок спичек с очень распространенной тогда этикеткой, на которой было изображено остроугольное пламя горящей спички.

Мама озадаченно вертела коробок.

— Нет, ничего, спички как спички.

— А Вы присмотритесь внимательнее, — настаивала Мария Никаноровна. И наконец, нисходя к маминой неосведомленности, торжествующе произнесла:

— Бородка Троцкого![54]

Появление повседневных практик на основе таких слухов привело к развитию фольклорной остенсии — ситуации, когда люди не просто редактируют свое поведение в соответствии с популярным фольклорным сюжетом, но и воплощают его в жизнь (с. 59). Этот процесс затронул не только обычных жителей Москвы и Ленинграда, но и дошел до Политбюро, о чем наша следующая история.

С мая по ноябрь 1937 года в Париже проходила Всемирная выставка, для которой готовили композицию советского скульптора Веры Мухиной, ставшую известной под названием «Рабочий и колхозница». Огромную скульптуру монтировали в большой спешке на заводе. Когда монтаж был закончен, скульптуру приехала «принимать» правительственная комиссия самого высокого уровня (в нее, например, входили Молотов и Ворошилов). Комиссия осталась очень довольна результатом, но, что характерно, два единственных замечания, высказанных высокими гостями, были вызваны «повышенной семиотической тревожностью». Как мы помним, одной из основных интриг выставки было скрытое соперничество между павильонами нацистской Германии и Советского Союза. Кто-то из правительственной комиссии опасался, что композиция «Рабочий и колхозница» в павильоне создаст неправильное впечатление, и спросил, «нельзя ли повернуть, чтобы она не неслась на немецкий павильон». Вторая просьба принадлежала Климу Ворошилову: он предложил колхознице «убрать мешки под глазами» — скорее всего, для того, чтобы зрители советского павильона видели счастливых и не уставших граждан социалистического государства[55].

Но на этом история не закончилась. Вечером вся рабочая группа, от скульпторов до рабочих-монтажников, собралась для того, чтобы отпраздновать сдачу проекта. Ночное веселье было прервано звонком автора проекта Иофана, который рассказал (со слов перепуганного коменданта завода), что только что на завод приехал Сталин с другими членами Политбюро, скульптуру освещают мощными прожекторами. Сталин постоял двадцать минут, посмотрел на скульптуру и уехал[56]. Можно только представить, что пережила рабочая группа. Но для Веры Мухиной и Бориса Иофана все кончилось благополучно.

В чем была причина такого странного поведения Сталина? Зачем правительственная комиссия приезжала на завод повторно? Ответы на эти вопросы интересовали не только нас. В 1940 году бывший литературный критик Лидия Тоом расспрашивает свою подругу Веру Мухину об обстоятельствах создания скульптуры и записывает ответы. Именно из этих записей мы и знаем всю эту историю. Когда Тоом спросила про причины ночного визита Сталина, Вера Мухина крайне неохотно объяснила его приезд слухами о профиле Троцкого и в подтверждение рассказала две истории, случившиеся перед началом работы над проектом и после возвращения из Парижа в конце 1937 года (в 1960-х годах Лидия Тоом опубликует свои записи в отредактированном виде — конечно, эта история туда не войдет):

Когда я в Торг<овой> палате подписывала договор [о создании скульптуры], подходит главный художник выставки и говорит: Ему кто-то сказал, что одна [парт<ийная>?] организация нашла у моего рабочего профиль Троцкого.

— Что за чушь!

— В. И., такие слухи есть. Я счел нужным вам сказать.

Что делать? Сказать В. М. [Молотову] — но все дело может сорваться из-за глупой сплетни.

После приезда из Парижа я была на приеме в Кремле (прием турец<кого> посла). Ко мне Ив. Ив. Межлаук подвел Булганина и сказал:

— Вот это автор той группы, в складках кот<орой> усмотрели некое бородатое лицо.

Это глупости. Все это пошло. Так можно все смутить и все сорвать[57].

Из этой истории мы узнаем, что в партийных кругах и даже на уровне Политбюро слухи о троцкистском знаке-индексе были распространены, но при этом подвергались частичной табуизации: прямое упоминание имени Троцкого заменялось эвфемизмом «некое бородатое лицо».

Поиск троцкистских скрытых знаков очень быстро вырывается из-под партийного контроля. Самоуправные инициативы «снизу», находящие то свастику на платьях, то образ Троцкого на значках, приводят к массовым отказам носить вещи и использовать объекты, являющиеся важными атрибутами советской идеологии. И тут властные институты оказались в сложной ситуации: с одной стороны, поиск тайных знаков — прямое следствие концепции «невидимого врага», а с другой — он приводит к стихийному уничтожению советских символов. Эта дилемма очень хорошо отражена в деле о зажимах для пионерских галстуков (*ил. 4*).

Ил. 4. Зажим для пионерского галстука с предполагаемой аббревиатурой ТЗШ: «троцкистско-» (перевернутый костер), «зиновьевская» (костер на боку), «шайка» (костер в обычном положении)

В 1930-е годы пионерский галстук не нужно было мучительно завязывать специальным узлом. Для этого у школьников были специальные металлические зажимы, на которых был изображен горящий костер с тремя языками пламени. В ноябре 1937 года школы Москвы и Ленинграда поразила эпидемия слухов об опасности этих зажимов. В гравировке с изображением пламени школьники и взрослые видели вездесущую «бородку Троцкого»[58], его профиль[59], а также подпись злодейской оппозиции:

> Если перевернуть значок вверх ногами, три языка пламени образуют букву Т, что значит — троцкистская. Если повернуть его боком, эти же языки пламени оказываются буквой З — зиновьевская. А если смотреть на рисунок прямо, то получится буква Ш — шайка. Значит, враги изобразили на нем свой символ: троцкистско-зиновьевская шайка[60].

Эта «народная интерпретация» переносит на обозначения врага те негативные номинации, которыми его награждает советское правительство. Если в советской риторике оппозиция постоянно называется «троцкистско-зиновьевской шайкой», в городских легендах воображаемый враг будет называть себя так же и метить советскую атрибутику невозможной аббревиатурой «ТЗШ».

Такие слухи среди школьников не на шутку взволновали Политбюро. Причинам, по которым пионеры не желали носить зажимы, посвящено спецсообщение замнаркома внутренних дел (то есть заместителя министра) товарища Фриновского, направленное лично товарищам Сталину, Молотову, Ворошилову и Кагановичу 31 декабря 1937 года:

> В ноябре месяце 1937 года в Москве, в значительном количестве школ среди пионеров распространились слухи, что на пионерских галстуках, якобы, выткана фашистская свастика, а на зажимах к пионерским галстукам имеются инициалы «Т» и «З», что означает «Троцкий» и «Зиновьев». Это послужило причиной к тому, что пионеры в массовом порядке начали снимать пионерские галстуки и зажимы. Такие же факты снятия пионерских галстуков и зажимов к ним отмечены в Ленинграде, в пионерлагере «Артек», а также во многих городских и сельских школах Крыма. Произведенной проверкой установлено, что ни на пионерских галстуках, ни на зажимах к ним нет ни знаков фашистской свастики, ни указанных инициалов[61].

Фриновский не остановился на описании паники, последовавшей за слухами. Он подробно, на трех страницах, описал ход расследования, призванного установить источник заразы. Согласно его спецсообщению, «первоисточником распространения провокационных слухов среди школьников в гор. Москва является ученик 5 класса 350-й школы

Косовой Борис, 13 лет», который привез их из ленинградской школы, где «вожатая Кочкина Мария 10 ноября предложила всем пионерам школы снять зажимы к галстукам, так как на них, якобы, имеется фашистская свастика». В свою очередь, «Кочкина получила эти указании от работников пионеротдела РК ВЛКСМ», которые выполняли распоряжения «секретарей Ленинградского Обкома ВЛКСМ т. т. Авдеевой и Любина». Они сослались на заведующую отделом пионеров ЦК ВЛКСМ Волкову и инструктора ЦК ВЛКСМ Андреева.

В отношении паники в «Артеке» точно так же показания сошлись на двух комсомольских инструкторах, Иванове и Горлинском, чьи «рекомендации» «через пионервожатых распространились и по другим городам Крыма».

Как следует из документа, прямые инструкции сверху снять зажимы для пионерских галстуков поступали только в двух случаях и оба раза были инициативой комсомольских работников среднего звена. Далее информация распространялась сама. Причем в столице волна слухов началась с одного конкретного ученика пятого класса, Бориса Косового. Фактически достаточно того, чтобы один человек увидел на священном пионерском символе вражеский знак, — и эпидемия начинает переходить из школы в школу, из учреждения в учреждение, из города в город.

Чтобы остановить ее, советская власть была вынуждена прекратить поиски скрытого знака. Для того чтобы исправить ситуацию с массовыми отказами носить советские атрибуты, пришлось даже устроить новую мобилизационную кампанию:

> Однако через неделю опять всех собирают в большой зал. На трибуне учительница физкультуры, партийный секретарь школы, в руке у нее тетрадь и значок: «Ребята, специальная комиссия исследовала эти вещи. В них не нашли ничего плохого.

> Это все придумал враг, который хочет, чтобы вы не носили пионерских галстуков!» Срочно стали выяснять, кто же это придумал первый, но так и не нашли. Враг работал умело![62]

Полного успеха кампания не возымела — зажимы для галстуков резко потеряли популярность.

И в этом заключается главная опасность гиперсемиотизации: запустить действие этого механизма легче, чем остановить его.

Разрушение сакрального объекта: опасность гиперсемиотизации

К концу 1937 года гиперсемиотизация распространилась настолько, что весь рукотворный мир превратился в текст, подлежащий прочтению. Любое изображение или текст могли оказаться результатом «вылазки врага».

До некоторых пор гиперсемиотизация поощрялась властями. «Семиотическая слепота», которая находила время от времени и на самых истовых коммунистов, наказывалась. Естественно, репрессии за отказ от поиска вражеского знака вызывали вал новых «находок». Однако довольно скоро стало ясно, что излишняя ретивость в поиске опасных знаков, а также массовый характер этих поисков приводят к простоям на производстве и экономическим потерям:

> В июле 1938 года на совещании ЦК ВКП(б) работники хлопчатобумажной промышленности жаловались руководителям партии, что приходится браковать выпускаемую годами до того ткань по причинам «идеологической невыдержанности». Перестраховщики через лупу обнаруживали на ней то свастику, то японскую каску, то… портрет Николая I. Ткани, терпя убытки, перекрашивали[63].

Но к концу 1937 года стало ясно, что экономическая убыточность — не единственный «побочный эффект» гиперсемиотизации. Если скрытый знак изображен на пуговицах, колбасе или тетрадках, то их можно уничтожить (даже если это технически сложно и экономически затратно). Но что делать в ситуации, когда вражеский знак проступает на сакральном объекте? Что важнее — скрытый контрреволюционный контекст или изображение вождя?

В декабре 1937 года начальник карельского цензурного отделения (Карлита) сообщил московскому Главлиту о брошюре с портретом Сталина, где «на рукаве отчетливо видно изображение Муссолини. На груди отчетливо видны буквы, составляющие слово „Гитлер“». Возмущенный Главлит ответил:

> Категорически запрещаются всякие попытки к задержанию брошюры т. Сталина «О проекте конституции Союза ССР». Не поддавайтесь на очевидную провокацию. Попытка найти на портрете Сталина особые знаки, по нашему мнению, была попыткой врагов лишить страну этой брошюры во время избирательной кампании[64].

Казалось бы, конфликт исчерпан, но нет. В 1942 году политзаключенного С. Норильского обвинили в хранении *изъятой* брошюры Сталина — ровно из-за профиля Муссолини на рукаве вождя. Норильский указал следователю на высокий статус брошюры, и между ними произошел примечательный диалог:

> Следователь достал из ящика белую брошюру — доклад Сталина на восьмом съезде Советов.
> — А это зачем хранил?
> — Ну, это уж не запрещенная, — усмехнулся я.

— Конечно, не запрещенная, — подтвердил Таранов. — Но издание изъято <…>. А не можешь догадаться, за что тебя арестовали. Ну, зачем советскому человеку хранить вражескую мазню?

— Я берег доклад Сталина, — твердо ответил я[65].

Как мы видим, в практике карательных органов вражеский контекст пересиливал даже сакрализованность объекта. Если для Главлита брошюра Сталина являлась неприкосновенной, то для рядового следователя Таранова (который вовсе не обязательно был знаком с секретным циркуляром другого ведомства) она была «вражеской мазней», которую опасно хранить.

Наша глава началась с описания паники, последовавшей за приказом уничтожить «пушкинские» тетрадки, где, как мы помним, в штриховке якобы проступала надпись «Долой ВКПб». Однако несколько дней спустя, 18 декабря 1937 года, нарком Фриновский разослал по органам НКВД шифротелеграмму, запрещающую изъятие пушкинских обложек: «Ученические тетради, имеющие на обложке клише картины Васнецова „Песнь о Вещем Олеге“ и другие, изъятию из торговой сети не подлежат. Повторяем, не подлежат. Примите меры пресечению антисоветских слов»[66], — видимо, из-за страха перед вспышкой слухов. Однако пресечь «антисоветские слова» в полной мере, видимо, не удалось, а изъятие обложек не было остановлено. Их продолжали уничтожать.

Соответственно, если сначала идеологические установки о скрытом враге и его послании имели целью искоренение всякой потенциальной двусмысленности, то на следующем шаге гиперсемиотизация превратилась в мощный механизм, систематически порождающий не только неприемлемые для власти антисоветские нарративы, но и открытые *остенсивные действия* (отказаться носить пионерский галстук на основе таких слухов, нарисовать свастику после слухов о свастике), обладавшие огромной социальной инерцией. Такие тексты и практики стали весьма опасными, и с ними советской власти пришлось бороться специально.

Советская власть против «народной интерпретации» скрытых знаков

Однажды к нам зашел сосед дядя Тиша Бирюков и, показав на висевший на стене отрывной календарь, сказал:

— Найди-ка, Шурка, листок (он назвал число и месяц). Там Буденный и Калинин нарисованы…

Я отыскал: на рисунке были изображены Буденный и Калинин, сидящие в тележке.

— Вырви этот листок!

Я удивился: зачем? Дядя Тиша шепотом объяснил: в складках согнутого в локте рукава шинели Буденного было нечто напоминающее голову зайца с длинными ушами. На груди Калинина просматривалась телячья голова.

— Вот до чего враги народа додумались! — с осуждением произнес дядя Тиша. — Один, мол, трус, другой — подлиза…

Невольно на каждый рисунок в газете или журнале хотелось посмотреть с подозрением[67].

Перед нами бытовая, «низовая» традиция чтения скрытых изображений, которая в конце 1930-х годов широко распространилась по городам и весям и встречала сопротивление властей. Обратим внимание, что здесь речь уже не идет о профиле Троцкого, шайке, свастике и столичных слухах, эти интерпретации гораздо ближе традиционной картине мира. Заяц, проступающий в Буденном, — устойчивое фольклорное олицетворение трусости.

Школьниками дело не ограничилось.

В 1938 году работники «низового партийного звена» Барсуков и Лившиц вырвали из календаря за 1938 год пять листков с портретами Ленина, Сталина, Калинина и других по той же причине — в изображениях вождей они прочитали «вражескую вылазку»:

> Листок календаря за 22 апреля — портрет товарища Ленина. Его галстук, у них, изображает собачью голову.
>
> Листок за 5 мая — портреты тов. Сталина, тов. Молотова. Тов. Сталин курит трубку — а по их словам, тов. Сталин курит в две трубки. Это значит, что тов. Сталин прокурил весь табак в годы революции, и не было табаку в СССР.
>
> Листок за 9 июля — портрет председателя колхоза имени Ворошилова тов. Бадмаева, который рапортует тов. Сталину о победах в Бурят-Монгольской АССР, по их словам, он изображает, что тов. Сталин, принимая рапорт, передает левой рукой нож.
>
> 8 ноября — портрет тов. Ленина и тов. Сталина, разговор по прямому проводу. В это время, по их словам, тов. Сталин закрывает рот рабочему, чтоб молчал.
>
> Листок 21 ноября — тов. Калинин и тов. Буденный едут на машине. По их словам, тов. Калинин держит на руках телячью голову, что значит, что тов. Калинин съел все мясо, и его не было в СССР[68].

По существу, перед нами — наивная попытка реконструкции гипотетической оппозиционной пропаганды (частично совпадающей с примером выше). По ремаркам и объяснениям можно проследить, как Барсуков и Лифшиц идут от изображений, вылавливая то, что им представляется отклонениями в штриховке, определяя, какой смысл вложили бы в эти отклонения «враги народа» в вернакулярном зеркале официальной пропаганды. Скрытые знаки складываются в реалистичную картину голода, тотального дефицита и взаимного предательства.

Способы интерпретации, согласно показаниям Барсукова, ему объяснила и показала «некая женщина в Минске, приехавшая из Москвы». И в этом случае для того, чтобы запустить механизм эпидемии, достаточно было одного-двух человек — ибо Барсуков и Лифшиц, конечно же, не ограничились частным толкованием календаря, но «явились с вырванными портретами на занятия районного Института заочного обучения партийно-комсомольского актива и провели дискуссию, посвященную большевистской бдительности». Трактовки двух бдительных граждан явно показались заочникам правдоподобными, поскольку в отчете о происшествии мрачно отмечено: «Эта контрреволюционная брехня распространилась по некоторым организациям посредством слушателей заочного образования»[69]. И НКВД, и Главлит отнеслись к инициативе «снизу» крайне отрицательно, и деятельность Барсукова и Лифшица была пресечена почти в зародыше самым жестким образом. Несмотря на попытки остановить такие «народные интерпретации», к 1939 году местные отделения НКВД оказались затоплены показаниями добровольцев, доносящих о вражеской пропаганде в официальных советских изображениях:

> Плакаты содержат в себе грубые контрреволюционные извращения: на лице товарища СТАЛИНА (на флаге) конец уса художником изображен в виде какого-то зверка [так в тексте!]. С правой стороны шеи нарисован вполне ясно топор, упирающийся в шею. С левой стороны шеи нарисован второй топор, направленный на силуэт В. И. Ленина.

Заведующий спецчастью С. Рошель из харьковского издательства жаловался в НКВД на качество избирательного плаката: «Прошу Вашего внимания на разрисовку усов товарища Сталина. Впечатление, что нарисован козел с рогами, лапами и хвостом»[70].

Бдительная аудитория с легкостью превращает штриховку в *зверков*, способна разглядеть *свиные рыла* в пропеллерах[71], а в профиле Сталина на знамени — сатанинского козла «с рогами, лапами и хвостом». «Народная интерпретация» демонизирует вражескую пропаганду. Скрытый знак отныне указывает не на профиль идеологического врага, но на дьявола — отчасти потому, что для людей, транслирующих эти интерпретации, «фольклорный язык» гораздо ближе, чем идеологический, а отчасти потому, что идеологический враг — скрытый, неощутимый, повсеместный, могущественный, распознаваемый только по тому вреду, который он наносит ткани советской действительности, занимает функциональную нишу дьявола — а значит, становится им.

История совершила полный круг. В результате сочетания двух факторов — создания новой концепции невидимого врага и страха советского цензора перед потенциальной двусмысленностью — возникает борьба с опасными знаками, исходящими от врагов. Гиперсемиотизация с 1935 года превратилась в официальную практику, поощрявшую поиск и изъятие вражеских сообщений. Прямым следствием оказалось массовое отчуждение «отмеченных» советских вещей и превращение советского быта в пространство войны, где за каждой штриховкой мог скрываться хищный вражеский знак. Так советская власть, боровшаяся за однозначность интерпретаций, запустила мощный механизм, способствующий прямо противоположному. Встречная лавина порождала уже антисоветские (с точки зрения советской власти) истории и практики, включая снятие пионерских галстуков, уничтожение зажимов, календарей с неправильными листками, тетрадей с неправильными обложками и даже работ основоположников марксизма, в том числе и здравствующих на тот момент. Враг в таких текстах демонизировался и приобретал дьявольские черты, буквализируя метафору о «нечисти», окружающей советского человека. Нельзя описать этот процесс лучше, чем это сделал уже упоминавшийся лейтенант НКВД Ралин в рапорте по поводу паники вокруг «пушкинских тетрадей»:

> Отдельные учащиеся буквально шарахнулись в контрреволюционные крайности, а именно: стали уничтожать тетради с обложками Некрасова, Ворошилова и др., всячески изыскивая и домогаясь на изъятых обложках расшифровать к<онтр>р<еволюционные> лозунги[72].

Гиперсемиотизация оставалась поводом для локальных обвинений и основой городских легенд в период с 1935 по 1952 год. Согласно спецсообщению органов госбезопасности «Об обнаружении фашистских знаков…»[73], на ободках круглых зеркал, изготовленных райпромкомбинатом Кагановического района Одессы, проступают свастика и портреты гитлеровских офицеров. Правда, в 1952 году сотрудники органов дали иное объяснение этому явлению. Согласно отчету, знаки действительно были, но произошло это потому, что ободки делались из старой кинопленки, а вредители — работники комбината, один русский, два еврея, — эмульсию не смыли и таким образом совершили вредительский акт. На примере этого дела видно, что в 1952 году идея «семиотического вредительства» уже не слишком актуальна: работники комбината обвиняются в том, что они «вредительски» пренебрегли своими обязанностями, в результате чего появились вражеские знаки, но никто не говорит о «врагах», которые специально разместили на зеркалах свастики и портреты фашистов.

Боязнь двусмысленности возникает в ситуации жесткого тоталитарного контроля. Сталин являлся главным арбитром в идеологических спорах и главным интерпретатором всех текстов, вследствие чего (как мы рассказывали в начале этой главы) цензоры так отчаянно сражались с любыми потенциально двусмысленными знаками. Когда в 1953 году Сталин умирает и перестает быть общим знаменателем всего[74], полярная вождю фигура всесильного вредителя, чье дело — оставлять скрытые сообщения в вещах, окружающих советского человека, — тоже блекнет. Довольно быстро исчезают и сами цензурные практики, и «народные» поиски скрытых знаков среди читателей, «снабжавших редакцию [газеты] (и не только) разрисованными фото, где они „обнаруживали“ то сионистскую звезду, то фашистскую свастику»[75].

Дома со свастиками: опасные гиперзнаки после Большого террора

Итак, в 1930-е годы практика поиска тайных знаков носила характер настоящей эпидемии: чекисты, цензоры, редакторы и рядовые граждане, следуя призывам к «бдительности», массово искали и находили опасные знаки, оставленные «скрытыми вредителями», — свастику, изображение Троцкого или контрреволюционные высказывания — в самых невинных, на первый взгляд, предметах. Нельзя сказать, что идея скрытого присутствия опасных знаков в советских вещах совершенно исчезла в послевоенные годы. Она продолжала существовать, но уже не провоцировала массовых паник и не имела столь трагических последствий. И функция ее стала совсем иной.

Эта смена функции, о которой и пойдет речь в настоящем разделе, произошла не сразу. В моменты политических кризисов, когда в воображении властей угроза, исходящая от могущественного внешнего врага, становилась реальной, идея «семиотического вредительства» оживала и снова, как и во времена сталинского террора, могла привести к судебным преследованиям невинных людей.

Одна такая трагическая история случилась в 1956 году. Двое украинских колхозников, Николай Доцяк и Иван Зорий, сначала хотели высеять на поле серп, но у них не получилось, поэтому они решили сделать из кривого серпа «на колхозном поле тризуб». Это действие было расценено как проявление украинского национализма: Доцяк и Зорий были осуждены на четыре и шесть лет тюрьмы с последующим пятилетним запретом на проживание на территории Украины. В Министерстве юстиции в правильности такого приговора усомнились — ведь осужденные, по их словам, «высеяли тризуб, не усматривая в этом преступного умысла». Однако прокурор эти сомнения отклонил, замечая, что Доцяк и Зорий совершили преступление во время «возвращения из мест заключения лиц, осужденных за националистическую деятельность, которые в период венгерских событий активизировали враждебную деятельность в Западных областях Украины». Прокурор говорил о Венгерском восстании, которое произошло осенью 1956 года (как раз после того, как Доцяк и Зорий высеяли на колхозном поле злополучный знак), имело антисоветскую направленность и не на шутку встревожило советских руководителей. Между надзорными органами и прокуратурой развернулась дискуссия, суть которой сводится к следующему: если за действиями полуграмотных колхозников стоит могущественный враг — «националистическое подполье», то они заслуживают того наказания, на которое были осуждены. В случае обнаружения связи с этим «подпольем», которое активизировало свою зловредную деятельность именно после Венгерского восстания, будет доказан факт «семиотического вредительства», исполнителями которого и стали колхозники. Поскольку таких связей у осужденных не обнаружилось, они были выпущены из лагеря досрочно, отбыв там почти по три года[76].

Этот случай, как мы увидим дальше, не очень характерен для послесталинского СССР. По мере того как враг теряет свои демонические черты, все менее опасными становятся попытки «семиотического вредительства» с его стороны.

Но такие примеры были редкими. Истории об «опасных знаках» в послевоенном советском мире были, как правило, совсем другими.

«Мне сверху видно все — ты так и знай»: гиперзнак как конструктивистский эксперимент и городская легенда

> Пускай судьба забросит нас далеко, пускай,
> Ты только к сердцу никого не подпускай.
> Следить буду строго:
> Мне сверху видно все — ты так и знай!

Такое обещание дают летчики своим девушкам в невероятно популярном советском кинофильме 1945 года «Небесный тихоход». Родной, но контролирующий взгляд «сверху», о котором «житель снизу» должен быть прекрасно осведомлен, — это по сути «паноптикон» Фуко — ты всегда находишься в поле зрения власти и знаешь об этом. И это представление о взгляде сверху, воспетом в «Небесном тихоходе», имеет свою историю.

В конце 1920-х — первой половине 1930-х годов, незадолго до появления концепции скрытого врага и «семиотического вредительства», в советской архитектуре возникают весьма специфические конструктивистские проекты: здания строят таким образом, чтобы «взгляд сверху», с «высоты птичьего полета», сбоку или с любого другого неожиданного ракурса увидел знак, причем не любой, а означающий победу нового строя: серп и молот, пятиконечную звезду или символ индустриализации. Согласно мнению Владимира Паперного, в этом и заключался конструктивистский эксперимент. Автор проекта, помещая зрителя не в строго отведенное для него место, а в любую произвольную точку (сбоку, сверху) разрушает привычную парадигму «чтения» архитектурного объекта. Зритель теперь необязательно должен находиться рядом со зданием, взирая на него снизу вверх, а может быть помещен куда угодно[77]. Конструктивистские эксперименты были рассчитаны на новые «техники чтения», причем такие же техники чтения предполагалось использовать для дешифровки скрытого знака врага: повернуть листок бумаги или спичечный коробок вверх ногами или, как в случае с якобы скрытым профилем Троцкого в шарфе колхозницы в статуе «Рабочий и колхозница» Веры Мухиной, надо было занять специальную позицию, чтобы увидеть скрытое послание.

Важно отметить, что такой знак (точнее будет называть его «гиперзнаком») мог «прочитать» только взгляд наблюдателя издалека или извне: житель советского города, каждый день проходящий мимо того или иного здания, никак не мог увидеть, что оно имеет форму серпа и молота, это можно было сделать, только посмотрев на здание с высоты птичьего полета. Именно поэтому подобными «гиперзнаками» становились, как правило, не жилые дома, а государственные учреждения, символизирующие новую эпоху: фабрики-кухни, школы, театры. В виде советского символа серпа и молота построили несколько зданий: в Ленинграде школу имени 10-летия Октября[78] (1927) и Академию железнодорожного транспорта* имени товарища Сталина

---

* Архитекторы Г. А. Симонов, П. В. Абросимов, А. Ф. Хряков.

(1933), в Самаре — фабрику-кухню* (1932). В начале и середине 1930-х годов, уже на излете архитектурного конструктивизма, архитекторы используют звезду. Один из примеров таких построек — здание театра Советской армии в Москве, построенное в виде пятиконечной звезды (проект утвержден в 1934 году); годом позже, в 1935 году, в форме звезды был сделан вестибюль станции метро «Арбатская».

Кроме серпа с молотом и звезды большой популярностью пользуются проекты зданий, которые сверху или со стороны выглядят как объекты, символизирующие собой торжество советской техники и индустриализации. Конструктивист Иван Николаев проектирует в 1929 году Дом-коммуну на улице Орджоникидзе таким образом, чтобы воображаемый «читатель сверху» видел самолет. Такую же форму придает дому конструктор Главного павильона Строительной выставки на Фрунзенской набережной (1933) и Центрального научно-исследовательского института туберкулеза на Лосином острове в Москве. В 1929 году** начинается строительство Театра драмы в Ростове-на-Дону в виде трактора. Видимо, той же целью (сделать здание похожим на гигантский трактор) задались авторы проекта Дома Советов в Нижегородском кремле (1929) и кинотеатра имени Пушкина в Челябинске (1935).

В послевоенный период такие конструктивистские эксперименты почти совсем прекращаются. Из поздних проектов можно назвать институт биоорганической химии*** в Беляево, который был выстроен в форме только что открытой цепочки ДНК.

В 1930-е годы в архитектуре начинает утверждаться сталинский имперский стиль. Когда советский человек

* Архитектор Екатерина Мельникова, проект начат в 1929 году.

** Строительство закончено в 1935 году.

*** Строительство закончено к середине 1980-х годов.

1920-х годов подходил к театру в виде трактора или фабрике в виде серпа и молота, то он просто не мог увидеть и «прочитать» в здании идеологически нагруженный символ — его можно было увидеть, только поднявшись в воздух. Имперская архитектура действует более прямо и рассчитана на то, чтобы донести идеологический месседж до рядового зрителя. Здания, выполненные в стиле «сталинский ампир», доходчиво сообщали современникам о мощи советского государства, поражая их своей величественностью и высотой (тот же месседж здания должны были сообщать и потомкам). Многие исследователи отмечают, что стремление заставить архитектуру говорить об идеологии и делать зрителя частью этого процесса было свойственно в равной степени советской и нацистской архитектуре. Именно с дискуссии на эту тему Владимир Паперный начинает свою книгу «Культура Два»[79]. Нацисты, как показывает в своем исследовании Шэрон Макдональд, воспринимали и описывали архитектуру как «слова в камне»[80]. Генриху Гиммлеру, который как глава СС отвечал также и за ввод в эксплуатацию разных зданий, приписывается фраза «когда люди молчат, камни говорят». Архитектурный ландшафт, окружающий человека, должен был представлять собой модель государства и нести месседж о его величии. Именно для этой цели был построен огромный комплекс зданий в Нюрнберге: в нем проходили партийные съезды. При этом ни сталинской «культуре два», ни нацистской архитектуре не было свойственно стремление к созданию сложной игры с неочевидными гиперзнаками — им гораздо ближе по замыслу была гигантская статуя вождя или огромный дом с барельефами, заметный и вблизи, и издали. Возможно, именно поэтому эпоха гиперзнаков закончилась как масштабный архитектурный эксперимент.

Однако знание о таких экспериментах — вместе с желанием присвоить себе новое пространство — продолжало жить и после эпохи 1920–1930-х годов. Так появлялись городские легенды о «домах-знаках», причем количество историй о таких зданиях явно больше реального числа таких домов. Однако эти истории — совсем не просто документально точные воспоминания о странных экспериментах прошлого. Городские легенды меняют прагматику «зданий-знаков». Если реальные проекты предполагали, что изображение серпа и молота должно складываться из частей одного здания, предназначенного для общественных нужд, то фольклор чаще говорит о сокрытии гиперзнака именно в жилых домах. Мало того: городская легенда, как правило, увеличивает силу гиперзнака: в его «производстве» задействовано не одно-два, а много зданий — целые кварталы жилых домов. Так, например, жители Екатеринбурга любят рассказывать о том, что местный памятник конструктивизма — архитектурный ансамбль «городок чекистов» — имеет форму серпа и молота (или, реже, — букв СССР), хотя в действительности это не так. Расположение зданий в жилом комплексе НКВД, построенном архитекторами В. Д. Соколовым, И. П. Антоновым и А. М. Тумбасовым, определяется, согласно историческим источникам[81], «их функциональным предназначением», а не гипотетическим «взглядом сверху». Комплекс домов возле Институтского проезда в Черноголовке, микрорайон «Восток» в Минске, общежитие в Кабульском политехническом университете (построенное советскими специалистами), жилые кварталы в Дзержинске[82] и Харькове — все они, согласно местным городским легендам, тоже построены в виде букв СССР.

Иногда встречается легенда о недостроенном (по недосмотру или по злому умыслу) гиперзнаке. Согласно городским легендам, так случилось с одним домом в Перми:

> «Дом чекиста» начали строить в форме буквы «С», соседний дом стали строить в форме буквы «Т», чтобы дома выстроились в слово «Сталин», но после его смерти второй дом не достроили, осталась верхняя перекладина[83].

Самые частые рассказы такого типа — о якобы недостроенных домах в форме аббревиатуры СССР. Согласно рассказам одних наших информантов, такой дом планировали построить в Ростове-на-Дону: «архитектор задумал надпись СССР, но успел построить только первую С». Другие информанты рассказывают совершенно такую же историю про комплекс домов, которые называются «эсками» в городе Новополоцк Витебской области в Беларуси: здания должны были сверху составляться в надпись «СССР», но букву «Р» не достроили[84]. Несмотря на распространение подобных идей среди горожан, специалисты по архитектуре уверены, что это именно городская легенда, а не факт. Бывший главный архитектор Новополоцка Макс Шлеймович объясняет, что при создании микрорайона проектировщики думали совсем не о создании гигантского знака, а о том, чтобы дома выполняли свои утилитарные функции: «Думали не о виде сверху, а о том, чтобы сделать свободное дворовое пространство, чтобы не мешали машины, а дети могли погонять мяч». Сходство жилого комплекса с тремя буквами «С» также было связано с особенностями ландшафта, на котором возводился микрорайон. Но оно никак не было результатом желания проектировщиков сложить из домов аббревиатуру СССР[85].

Существуют и более экзотические варианты легенды. Так, жители Харькова говорят, что в корпусах здания Госпрома, чье строительство начато в 1926 году, отображены (если смотреть сверху) первые ноты Интернационала[86]. В Смоленске экскурсоводы рассказывают, что некий жилой комплекс был построен (около середины 1930-х) в форме фразы «пятилетка в 4 года» или «5 в 4 года». Согласно исследованию нашего коллеги Демьяна Валуева[87], историка из Смоленского государственного университета, это не соответствует действительности, хотя бы потому, что немецкая аэрофотосъемка времен войны совершенно этого не показывает. При этом в газете «Рабочий путь» за 1934 год эти дома упоминаются уже под таким названием. Скорее всего, официальное название, данное комплексу зданий, было позже переинтерпретировано: его стали воспринимать как гиперзнак, скрытый в этих домах.

Как мы уже подчеркнули выше, очень многие информанты уверены в том, что тот или иной дом-знак существовал на самом деле. Вполне возможно, что на устойчивость таких легенд повлияли не только воспоминания о прошлых архитектурных экспериментах, но и современная этим городским легендам тенденция создавать гигантские надписи «ЛЕНИН» к 100-летию вождя с помощью ландшафта. Известно не менее двадцати таких случаев — все они появляются к 100-летнему юбилею Ленина или к 60-летию Октября, то есть в промежутке между 1967 и 1970 годами. Так, в частности, лесничий Василий Подолинский из деревни Лясковичи в Беларуси в 1962 году высадил березы и сосны таким образом, чтобы к 1970 году, столетнему юбилею вождя, из них получилось слово «Ленин»[88].

И советская практика создания гигантских посланий, сделанных с помощью ландшафтных объектов (вспомним приведенную в начале главы историю 1956 года о невезучих колхозниках, которые высеяли тризуб, за что жестоко поплатились), и легенды о домах-знаках вписывали и рукотворные, и природные объекты в пространство идеологии. Однако у таких практик и легенд была и другая цель. В вышеупомянутой истории с жителями деревни Лясковичи, которые «придумали» (то есть поучаствовали в инициированной властями пропагандистской кампании), есть важный нюанс. Земля, которая им была отдана, не годилась для сельскохозяйственной обработки. Высадив березы и сосны в соответствующем порядке, они надеялись, что более высокое начальство обратит на них внимание и оценит их усердие. Эти надежды не оправдались, однако созданный ими знак «Ленин» стал способом подчеркнуть собственную уникальность: местные жители с удовольствием рассказывают об этой надписи и при возможности стараются ее показать. Так легенды о домах-знаках, которые якобы были построены в виде советских идеологических знаков, становятся для сообщества способом говорить об уникальности и важности советской типовой застройки, подчеркнуть свою идентичность. Последнее было особенно важно в том случае, когда никакой другой причины говорить об уникальности того или иного дома или района не было. Недаром один наш собеседник отметил по поводу жилого комплекса, якобы построенного в виде букв СССР в Новополоцке: «И [было] выражение „живу в первой эске“ — и не надо адреса»[89].

Но слухи и легенды «видели» в архитектурных объектах не только правильные советские знаки.

Скрытый гиперзнак как наводка для врага

Городские легенды о домах-знаках показывают, что сама идея семиотически нагруженного городского пространства кажется жителям советских и постсоветских городов естественной и правдоподобной. Другое дело, что смысл и происхождение знака, «заложенного» в архитектурный объект местными городскими легендами, может быть разным. Как мы видели, архитекторы начинают создавать такие дома в виде знаков раньше, чем начинается борьба против скрытых посланий, оставляемых вредителями. Тем не менее, хотя проекты таких зданий возникают до 1934 года, их возведение и бурное обсуждение приходится как раз на пик семиотической паранойи 1930-х годов. Возможно, именно поэтому появляются рассказы, утверждающие, что спрятанный в архитектурной конструкции знак может не только «говорить» о торжестве советской индустриализации, но также указывать врагу на местонахождение важных объектов.

Легенды первого типа рассказывают, например, про уже упоминавшийся театр Советской армии в Москве, который советский архитектор специально построил в форме звезды, чтобы один его луч указывал на Кремль, а другие — на стратегически важные объекты. Так автор проекта будто бы пытался дать наводку немцам и был за это расстрелян[90]. В действительности архитекторы театра Советской армии Каро Алабян и Василий Симбирцев не пострадали от репрессий и умерли один в 1959-м, второй — в 1982 году.

Но более распространенным был второй тип легенд — о здании в виде свастики.

Еще перед войной знак свастики искали и истребляли везде, где он мог проступить (с. 104). Естественно, что во время войны и после любой намек на это изображение расценивался уже как «пропаганда нацизма» и в СССР, и в послевоенной Германии. Страх перед нацистскими символами продолжал существовать в послевоенном мире. Так, например, в 1945 году в Нюрнбергском дворце съездов, построенном для партийных собраний нацистов, все изображения свастики торжественно уничтожили. Несмотря на это, в 1965 году израильский студент нашел свастику на потолке одного из этих строений — знаменитого Здания Цеппелина. Было большое разбирательство, которое постановило, что студент принял за этот знак пересечение линий совершенно невинного орнамента[91]. Вспомним уже упоминавшуюся историю 1952 года, когда КГБ получил жалобы о появлении свастики на ободках зеркал: это объяснили ошибкой технологического процесса — для ободка зеркала использовали старую кинопленку[92].

И где-то в промежутке между 1944 годом, когда труд пленных немцев начинает активно использоваться при восстановлении зданий, и 1950-ми годами, когда «немецкие дома» уже стали привычной частью городского ландшафта, в разных городах СССР независимо друг от друга появлялись истории о том, что некий архитектурный объект имеет форму свастики (или «фашистского креста», или украшен орнаментом со свастиками):

> Про архангельский лесотехнический рассказывали, что немцы выстраивали его в виде свастики, но не успели. То ли их разоблачили, то ли война началась. А в войну недостроенная свастика стала мишенью для бомбардировщиков. Бомба попала прямо в центр[93].

Очень часто (как и в примере выше) здания в форме свастики объявлялись делом рук немецких инженеров, работавших в СССР до войны (в 1930-е годы в СССР работало много немецких технических специалистов). Таким образом они будто бы создавали ориентир для гитлеровской авиации:

> Говорят, на Автозаводе, в автозаводском районе города Горького [Нижнем Новгороде], до войны немцы строили больницу, и когда началась война, люди удивлялись точности бомбежек автомобильного завода, пока не выяснили, что это здание [больница], построенное немецкими архитекторами по немецкому проекту, оно было построено в форме свастики <...>. Они наводились вот на эту свастику и кидали бомбы[94].

Нашей собеседнице из Нижнего Новгорода эту историю про больницу в конце 1960-х в соседнем городе Павлово рассказывала ее бабушка «как правду»: «Мол, начали строить больницу где-то поблизости, и такое здание сложное получалось, такое сложное! А потом поглядели с самолета, а там — свастика!»[95] Ровно этот же сюжет рассказывают про школу в Москве, располагающуюся по адресу улица Онежская, 7. Посетитель форума, со ссылкой на свою старую учительницу, рассказывает, что школу во время войны строили немецкие военнопленные и чтобы дать фашистским бомбардировщикам ориентир, они стали строить в виде фашистского креста, но наши это заметили и «обрубили» здание[96].

Истории о зданиях-свастиках сообщают, что опасный знак был не только обнаружен, но и обезврежен властями, а виновные в его появлении — наказаны. Эту особенность городская легенда унаследовала от практик поиска опасных посланий 1937 года. Так, согласно городской легенде о симферопольском фонтане, при сооружении которого пленные немцы будто бы рассадили каменных голубей в виде свастики, опасный знак был своевременно обнаружен и демонтирован, а немцы-строители понесли наказание:

> На строительстве [вокзала в Симферополе] точно были задействованы пленные немцы. Во внутреннем дворике вокзала есть фонтан с фигурками голубей на каменной чаще, по городской легенде пленные немцы рассадили голубей в форме свастики (при виде сверху), но охранник увидел с крыши (другая версия — с самолета), немцев наказали, фонтан переделали[97].

Несмотря на красоту легенды, в реальности события развивались не совсем так. По сообщению нашего коллеги, историка Алексея Попова из Симферопольского университета, пленные немцы вообще не участвовали в сооружении фонтана, поскольку работали в Симферополе до 1949 года, а фонтан был построен позже.

Еще более экзотичной кажется нижегородская история про конструктивистский Дом-коммуну на ул. Пискунова. Его, согласно словам одной из наших собеседниц[98], живущей в Нижнем, специально выстроили в виде свастики, однако неизвестно, кто это сделал и зачем.

В 1930-е годы обнаружение профиля Троцкого, спрятанного «врагами» в штриховке газетного рисунка, требовало специальной «техники чтения» — например, газетный лист нужно было рассматривать с лупой, под определенным углом зрения и т. п. Подобные техники распознавания опасного знака зачастую «рекомендовала» и послевоенная легенда о «домах со свастиками». Например, согласно симферопольской легенде, профиль Гитлера на «башне с часами» можно увидеть, если посмотреть на нее *с определенной стороны и в определенное время суток*[99]. Однако между поиском вражеских знаков в 1930-е годы и аналогичной позднесоветской практикой есть одно существенное различие. В сталинское время она была частью целого комплекса практик (в том числе и никак не связанных с вещами и знаками) по обнаружению замаскированного и внешне не отличимого от обычных советских людей врага. Эта практика была нацелена на то, чтобы уничтожить объект, на котором «враг» оставил свой «семиотический след». Обнаружение опасного знака неизменно приводило к физическому уничтожению объекта, а часто — и людей, причастных к его изготовлению и распространению. В позднесоветский период и само наличие «вражеского знака», и его обнаружение становятся частью легенды.

Скрытый гиперзнак как месть пленных немцев

Один из наших собеседников, житель Петербурга, рассказал, что скульптор Клодт изобразил портрет императора Николая I на гениталиях коня не просто так, а потому что хотел отомстить ему то ли за недостойную оплату, то ли за то, что Николай отправил первую пару коней в Берлин в подарок немецкому императору[100]. Наличие «скрытого знака» в этой городской легенде 1960-х годов объясняется местью подчиненного лица. Этот мотив очень распространен, и в случае с домами-свастиками он создает целую группу легенд, где скрытый гиперзнак — это не способ дать наводку врагу, но акт мести за поражение в войне со стороны пленных немцев.

Послевоенная практика строительства пленными различных объектов, в том числе и жилых домов, в легенде подвергается «творческой переработке»: так, легенда часто приписывает свастичную форму архитектурным объектам, проектировкой которых довоенные немецкие специалисты в реальности никогда не занимались; она предполагает, что военнопленные проектировали здания и целые архитектурные комплексы, тогда как в реальности они были заняты лишь на строительстве. Иногда она объясняет «фашистским» происхождением свастичный орнамент на здании, которое было построено задолго до войны. Так, в Ленинграде появилась легенда о том, что пленные немцы-строители, движимые ненавистью и желанием мести, оставили знак свастики на доме № 7 в Угловом переулке. Хотя в орнаменте дома действительно можно рассмотреть знак свастики, построен он был в 1875 году архитектором Г. Прангом[101].

В начале 2000-х годов при аэрофотосъемке немецкие власти обнаружили, что в лесном массиве возле небольшого города Церников (Уккермарк, Бранденбургская земля) проступает свастика, составленная из сочетания лиственных и хвойных деревьев (после этого ее уничтожили). Несколько журналистов провели расследование: согласно одной из версий, эта свастика была высажена лесничим, который решил таким образом сделать подарок фюреру[102]. Такие случаи не часто происходили в реальности, зато о них нередко рассказывают послевоенные городские легенды. Кроме историй о свастиках, спрятанных в домах, легенды указывают на свастики, созданные из соображений мести с помощью «ландшафтного дизайна». Возле поселка Таш-Башат в Кыргызстане есть склон холма, на котором растут хвойные деревья, вроде бы образующие рисунок свастики. Согласно местным легендам, записанным журналистом К. Дж. Чивером, их высадили пленные немцы во время войны, желая отомстить советским гражданам. Автор статьи доказывает, что пленные немцы в этом районе никогда не работали, и приходит к выводу, что эта легенда возникает, скорее всего, десятилетием позже — на основании показаний трех жителей поселка, которые, по их собственным утверждениям, участвовали в высадке этих деревьев в 1950-е годы[103]. Точно такую же историю рассказывал наш собеседник о черноморском побережье, подчеркивая ее достоверность: «Я даже видела в детстве под Новороссийском склон горы, на котором была почти заросшая просека в форме свастики, которую сделали немцы во время оккупации»[104].

Представление о том, что городские объекты и даже ландшафт могут нести в себе тайные знаки, оказалось устойчивым. Именно это представление, связанное с «семиотической тревожностью» 1930-х годов, ответственно за «долгую жизнь» историй о домах-свастиках, благополучно пережививших Советский Союз. Их рассказывали в постперестроечные годы и продолжают рассказывать сейчас: их можно прочитать в региональных СМИ и интернет-путеводителях по разным городам, можно услышать от жителей и экскурсоводов. Сегодня советские истории о домах-свастиках становятся элементом брендирования российских городов.

В последние десятилетия существования СССР страх перед свастикой, уже не очень актуальный для взрослых, постепенно «спускается» в детскую среду, где приобретает отчетливый магический ореол. Многие из поколения 1970–1980-х годов вспоминают, как в детских садах и младших классах у одних возникало неудержимое и навязчивое желание рисовать запрещенную свастику*, а у других — стирать:

> <…> мы старались стереть нарисованную на асфальте свастику. Водой или просто сшаркивали ногой мел с асфальта. Но при этом кто-то всегда рисовал, много было нарисованной свастики повсюду[105].

Многие слышали рассказы сверстников о том, что такой рисунок может принести беду. Одну нашу московскую информантку в 1980 году «в детском саду мальчик пугал, что нельзя рисовать свастику даже на борту фашистского самолета в рисунке про войнушку, а то война начнется!»[106]. Она все равно рисовала опасный знак, но делала это с осторожностью. Примерно в то же время наш информант из Нижнего Новгорода узнал, что «свастику нельзя было рисовать, было ощущение, если нарисуешь, то сразу появится Сатана или демоны. Но особо смелые дети рисовали и сразу стирали»[107]. Это навязчивое состояние рисовать и сразу стирать свастику еще раз нам демонстрирует, что если в культуре есть запрет на совершение какого-либо действия, то немедленно будет возникать его нарушение.

* Такое пережила и я, Александра Архипова, в 1982 году.

...И вдруг проступает звезда Давида: еврейские гиперзнаки

Легенды о домах-свастиках утверждали, что с помощью запрещенного знака враги государства (немцы) подавали сигнал противнику или тайно мстили советским людям за победу в войне. В позднесоветские времена структурно похожие легенды возникали и о других знаках, спрятанных в зданиях (и не только) — если были подозрения, что к их строительству имели отношение евреи.

Евреи в СССР были той группой населения, которая вызывала постоянные подозрения и тревогу. Известная идеологическая антисемитская кампания 1948 года предлагала искать настоящие еврейские имена в литературных псевдонимах. В позднесоветское время появились слухи о якобы «настоящих» еврейских фамилиях известных диссидентов: якобы Сахаров — это «Цукерман», а Солженицын — это на самом деле «Солженицер». Низовые антисемитские настроения 1940–1950-х годов, идеологические кампании по борьбе сначала с «безродными космополитами», а потом — с сионизмом, сложные отношения с молодым государством Израиль, стремление евреев эмигрировать — все это поддерживало представления о евреях как об ущемленной в правах (и нелюбимой) группе, для которой единственный способ высказаться — это оставить некоторый скрытый знак своей религиозной идентичности. Органы госбезопасности всерьез искали следы «сионистской пропаганды» буквально везде: от частных писем до публичных высказываний (с. 341). Неудивительно, что в позднесоветское время появились легенды об опасных «сионистских» знаках, которые евреи будто бы оставляют в архитектурных объектах в качестве «сионистской пропаганды». Так, например, высотные дома на Новом Арбате (так называемые «дома-книжки», построенные в 1960-х годах), как слышал однажды наш информант, были спроектированы «архитекторами-евреями в виде Торы, раскрытой книги»[108]. Согласно другой версии, пять этих домов символизируют собой Пятикнижие. Эта легенда, видимо, объясняет, почему один из наших информантов во время интервью называл дома-книжки на Новом Арбате «еврейские книжки». Городская легенда подмосковного города Фрязино говорит о подобной, но неудачной, попытке: согласно рассказу нашей молодой собеседницы из этого города, во Фрязине в поздние советские времена было запланировано строительство синагоги, однако его остановили, потому что «сверху увидели очертания звезды Давида»[109]. Согласно другим версиям, в конце 1980-х годов образ синагоги углядели в строящемся в том же Фрязине Дворце бракосочетаний[110], что привело к протестам против строительства.

Совершенно не случайно уже в конце советской эпохи поиск подобных скрытых знаков стал практикой антисемитского общества «Память», члены которого были объединены острым ощущением угрозы «сиономасонского заговора» и везде видели знаки тайного еврейского общества. Представители «Памяти» утверждали, что если взять новые жетоны для метро, прозрачные и с буквой М, и наложить друг на друга, то получится звезда Давида. Другой наш собеседник рассказывал, что слышал от сына лидера общества «Память», с которым он учился в школе в 1990-х, следующую историю о скрытом еврейском знаке: «Линии московского метрополитена спроектированы так, что, когда их взорвут, на месте Москвы образуется звезда Давида»[111].

Легенды о гиперзнаках как следствие «семиотической тревожности»

Эпоха 1930-х годов была эпохой повышенной «семиотической тревожности». Архитекторы-конструктивисты наносили на карту советских городов дома в виде гигантских государственных символов, присваивая таким образом пространство. В то же время бдительные чекисты, цензоры и рядовые граждане подозревали, что враги (умело замаскированные и неотличимые от обычных советских людей) коварно вписывают и в обычные, и в сакральные советские объекты свои вражеские знаки.

Эта эпоха оставила нам в наследство два типа городских легенд.

Первый тип городских легенд отражает желание советского человека отметить свою новостройку, завод или район советским знаком с позитивной коннотацией, например рассказать, что они выстроены в форме аббревиатуры СССР.

Легенды второго типа повествуют о происках врагов, которые оставили свои вражеские знаки назло советскому человеку. Такие рассказы о домах-свастиках изображают мир, где вылазки врагов сурово пресекаются властями, при этом фактически описывают реальные практики 1930-х годов, когда предметы — носители «опасных знаков» уничтожались. Легенда может подтолкнуть к поиску «опасного знака» (например, посмотреть на такой-то дом с определенного ракурса, чтобы увидеть свастику), но если такой поиск и практикуется, то исключительно в виде игры. Обнаруженный знак перестает быть по-настоящему опасным.

Легенды обоих типов в позднее советское время приобретают новую функцию — они создают неофициальную историю городского пространства, особенно актуальную в том случае, когда яркой официальной истории нет. И в таком виде позднесоветская легенда о домах-свастиках легко встраивается в широкий ряд подобных ей историй в объектах городского пространства в разных странах. Например, в 1980–1990-е годы во Франции стала популярной городская легенда о пирамиде Лувра, которая будто бы состоит из

666 стекол и потому является знаком сатаны[112], а на Филиппинах говорят, что церкви Свидетелей Иеговы построены в форме самолетов, чтоб подняться в воздух в Судный день[113].

Мао из гроба встает: светящиеся ковры и «китайская угроза»

> В этом городе женщина с сыном жила. Сын уже взрослый был. А квартира у них была двухкомнатная. И потому мать спала в большой комнате, а сын — в маленькой. И вот однажды купила женщина такой большой китайский ковер. Она, конечно, его на стенку в большой комнате повесила и весь день вместе с сыном на него любовалась. А ночью раздался из большой комнаты страшный крик. Сын испугался, вызвал милицию. Заходит милиция в большую комнату и видит: лежит мертвая женщина на постели; и у нее нет никаких ран и синяков, только на лице выражение смертельного ужаса. Никто ничего не понимает, а один милиционер, опытный лейтенант (его потом следователем взяли), догадался свет выключить. Стало темно и все увидели ужасающую картину. На стене гроб светится, в нем лежит Мао Цзэдун. В руках его, на груди сложенных, свечка зеленым огнем горит. А глаза открыты и на людей смотрят. Опытный лейтенант сразу же свет включил. И снова ничего нет, только на стенке ковер висит, разными цветами переливается. Тогда поняли все, что это от страха люди умирали, когда ночью гроб с Мао Цзэдуном видели. А это китайцы специально фосфоресцирующими нитками на своих коврах вышивали. При свете и не видно ничего, а в темноте светится. Так они со своим вождем прощались[114].

Это современный пересказ советской легенды о светящихся китайских коврах, которая возникла на фоне распространенного страха перед «китайской угрозой». Подобные истории появились, предположительно, во второй половине 1960-х годов, когда в Китае началась «культурная революция».

СССР и Китай были большими друзьями до XX съезда КПСС в 1956 году, где Никита Хрущев осудил сталинизм. Это вызвало недовольство Мао и его сторонников, которые обвинили советское правительство в «ревизионизме» (что в данном случае означало пересмотр идеологического канона). После этого отношения между странами стали прохладными. Но особенно ощутимо испортились они с началом китайской «культурной революции» — движения рабочей и крестьянской молодежи (*хунвейбинов* и *цзяофаней*), направленного против старых партийных кадров, представителей научной и творческой интеллигенции. Движение было организовано Мао в рамках борьбы за единоличную власть и, помимо антикультурной и антиэлитарной, имело также антисоветскую направленность, что не могло не вызвать негативной реакции СССР. С середины 1960-х годов советские газеты наперебой печатали материалы, осуждающие «культурную революцию». С особой интенсивностью такие материалы выходили после демонстративно антисоветских акций со стороны Китая. За этой пропагандистской кампанией последовал вооруженный конфликт на острове Даманский, вызванный неоднократными попытками китайцев нарушить советско-китайскую границу. Во время боевых действий на Даманском в марте 1969 года газетная риторика, что неудивительно, стала еще более агрессивной, а многие советские люди стали всерьез опасаться, что локальное столкновение перерастет в масштабную войну. На собраниях «трудовых коллективов» партийным лекторам задавали вопросы о возможной войне с Китаем, причем количество таких вопросов росло: если в 1966 году такие вопросы интересовали 8% присутствующих, то в 1967 году — 14%, а в 1969-м (период столкновений на острове Даманском) — более 20%[115].

Очень неспокойным был 1967 год. 25 января китайские студенты-маоисты устроили беспорядки на Красной площади возле Мавзолея Ленина[116]. В ответ на эту акцию на следующий день студенты были высланы из СССР, а 29 января хунвейбины начали осаду советского посольства в Пекине, о чем сообщила своим читателям главная советская газета «Правда». Еще через два дня, 31 января, в пекинском аэропорту хунвейбины блокировали самолеты с советскими специалистами, возвращавшимися из Вьетнама. В воздухе запахло войной. Одесский композитор Владимир Швец 10 февраля 1967 года записывает в своем дневнике слухи о том, что война уже началась:

> Хотя радио толком ничего не объясняет, но город весь взволнован китайскими событиями. Мне рассказали, что на нашу китайскую границу китайцы двинули сто тысяч солдат. Они нарвались на электрозаграждения и были сожжены. Якобы в Китае вопят о мести, а Мао собирается быть в Москве[117].

Советские люди боялись не только открытого вторжения, но и внутренних диверсий, тем более что маоистские настроения (как и сталинистские) существовали и в самом СССР. Органы госбезопасности стали сообщать о случаях задержания людей, разбрасывающих маоистские листовки. Так, 13 февраля 1967 года, как раз после описанных событий, в Комсомольске-на-Амуре были задержаны два комсомольца и один член партии, которые написали и разбросали маоистские листовки, где глава китайской компартии именовался «красным солнышком в наших сердцах» и содержались призывы к «пролетарским коммунистам»: «Боритесь с шайкой современных ревизионистов, продолжателей Хрущева, антикоммунистов!»[118]

Ситуация накалилась осенью 1967 года, в преддверие празднования 50-летия Октябрьской революции. В сентябре 1967-го историк Натан Эйдельман запишет в своем дневнике: «Перед праздником 50-летия. Нарастание истерических страхов, боязнь выйти на улицу, слухи о „китайских листовках“»[119].

Слух о «китайских листовках», который упоминает Эйдельман, скорее всего, рассказывал о том, что китайцы не просто собираются напасть на СССР, но обещают сделать это именно накануне большого праздника. Сотрудники КГБ едва успевали фиксировать панические слухи о том, что 7 ноября, в «красный день календаря», на СССР одновременно нападут и Китай, и Румыния[120]. 4 сентября 1967 года школьницы 7-го класса, сильно впечатленные этими слухами, разбросали на территории завода в Донецкой области листовки, подписанные именем Алексея Косыгина, который тогда был председателем Совета министров СССР. Листовки предупреждали о том, что война уже началась: «Товарищи! Война! Запасайтесь пищей и водой»[121].

Об этой опасности советские жители активно расспрашивали инструкторов партии, лекторов-пропагандистов и любых представителей власти, о чем те писали в своих отчетах: «Дадут ли китайцы праздновать 50-летие Октября?» или «Правильно ли, что Китай готовится сорвать праздник 50-летия Советской власти путем военного вмешательства?»[122]. Циркулирование слухов и городских легенд о готовящейся диверсии в ситуации такой политической напряженности становилось все значимее, потому что советские жители не находили интересующей их информации в газетах и радиопередачах. Партийных инструкторов завалили вопросами: «Почему в наших газетах открыто не пишут обо всех подробностях китайских событий?», «Будут ли помещаться в печати материалы о разногласиях с Китаем?», «Каковы сейчас взаимоотношения с Китаем? Почему этот вопрос освещается мало в газетах?»[123].

Напряженное ожидание военного вторжения или диверсий держалось весь конец 1960-х годов и все 1970-е годы. Слух о том, что китайцы готовят страшную диверсию под праздник, продолжал функционировать и спустя одиннадцать лет после паники 1967 года. 18 января 1978 года Николай Работнов запишет в своем дневнике: «В Калуге вражеские агенты накануне дня Победы распространили среди воспитанников детских садов (sic!) и учеников младших классов, что 10 мая начнется война с Китаем… представляете коварство»[124]. В это же время становится страшно популярен анекдот: «2000 год. На финско-китайской границе все спокойно»[125].

9 сентября 1976 года умирает Великий Кормчий Мао. Примерно в этот момент (или чуть позже) и возникают рассказы о желанном и опасном китайском ковре. Чтобы понять, как эти легенды возникают, мы должны вспомнить особенности советского потребления.

В то время советский человек получал множество ценных товаров, облегчающих ему жизнь, от восточного соседа: китайские спортивные костюмы, тапочки, термосы и, конечно, китайские полотенца. Многие бывшие граждане СССР вспомнят эти большие махровые, но при этом довольно тонкие, полотенца, размером с небольшой настенный ковер, с ярким рисунком (цветы, тигры, восходящее солнце). Такой необычный внешний вид полотенца расширял возможности его использования: его можно было также использовать в декоративных целях, для украшения квартиры. В частности, его вешали на стену как настенный ковер, что соответствовало советской моде.

Надо сказать, что настенные ковры, которые сейчас воспринимаются как неприятный и подлежащий ликвидации атрибут «бабушкиной» квартиры, в позднесоветское время обладал совсем другим статусом. Ковры были показателем достатка, модным элементом домашнего интерьера, они не только и не столько клались на пол, сколько вешались на стену. Таким образом они и украшали, и одновременно утепляли холодные стены панельных домов. Ковры были дефицитом, поэтому, появившись в продаже в том или ином населенном пункте, они довольно быстро исчезали. Так, одна наша собеседница в 1983 году, когда в нескольких магазинах ее родного города Свердловска (сейчас Екатеринбург) вдруг «выбросили» ковры, купила аж четыре штуки, потому что понимала, что долго они в магазинах не пролежат, а лишними никогда не будут и пригодятся если не себе, так родственникам[126]. В отсутствие ковров на стену могли вешать как раз те самые большие китайские полотенца.

В городской легенде ковер китайского производства (или, как мы понимаем, возможно большое китайское полотенце) оказывается чем-то иным. Советские жители рассказывали, что китайцы вышивают изображение Мао специальными «фосфорными нитками» или наносят его «фосфорными красками», для того чтобы ночью в красивом настенном ковре проступило изображение Великого Кормчего, лежащего в гробу. Но зачем китайцам потребовалось создавать такой скрытый знак? Существовало три варианта этой легенды, которые по-разному объясняли это действие.

Одна версия предполагала, что на китайском ковре или полотенце проступает портрет Мао, и таким образом, китайский товар является скрытой маоистской пропагандой, аналогом маоистских листовок, с которыми боролся КГБ: «Ну так все китайские ковры крашенные шелковые после культурной революции надо было сдать в КГБ — ибо там по ночам светился портрет Мао»[127]. К тому же в то время среди советских жителей ходит история о «полотенечной диверсии». Кто-то с советской стороны закупает партию китайских полотенец (в другом варианте они навязываются в качестве подарка), а когда они прибывают, выясняется, что на каждом полотенце есть еще и портрет Мао. А это уже китайская пропаганда. Что делать? Советский чиновник говорит: «Отличные полотенца! Спасибо! Но вот проблема — вы же понимаете, что советские люди будут вытирать этими полотенцами самые разные части тела». Ну и все, полотенца с позором забрали обратно*.

Согласно второй версии, фосфоресцирующая вышивка на коврах есть акт диверсии: «Ночью высвечивается изображение Мао Дзэдуна, а иногда Мао Дзэдуна в гробу. Эти ковры специально продавали, потому что китайцы — враги»[128]. Вышивая на ковре тайный знак, враги-китайцы напоминают советским людям о себе, или, как в страшной истории, приведенной в начале раздела, пугают советских людей до смерти.

Третья версия заключалась в том, что в Китае есть инакомыслящие, которые, вышивая на ковре «Мао в гробу», делают таким образом протестное высказывание: «Подразумевалось, что в Китае есть инакомыслящие, противники власти. А мы — расхлебываем… Ковра не купить…»[129]

Как мы помним, обнаружение опасного знака в 1930-х годах влекло за собой уничтожение объекта. Здесь, во-первых, нет процесса обнаружения знака и соответствующих техник («опасный знак» в виде портрета Мао сам себя являет изумленным зрителям). Во-вторых, история о китайском ковре ничего не говорит нам о судьбе вещи после обнаружения

* Например, эту историю слышала в детстве одна из авторов этой книги (Александра Архипова).

светящегося портрета. Только один наш информант сообщил (с явно иронической интонацией), что такой ковер следовало «сдать в КГБ». Многим этот рассказ преподносился не в качестве достоверной истории, но в качестве образца глупых слухов, смешного «анекдота» о прошлом, или «байки»: «Про гроб с Мао Цзе Дуном на китайском ковре мама рассказывала. Но скорее в качестве примера нелепых слухов»[130].

К началу 2000-х годов окончательно забывается контекст, благодаря которому в 1970–1980-х годах история о китайском ковре могла восприниматься как рассказ о китайской пропаганде/диверсии/протестном высказывании и сохранять какую-то референцию к реальности. В комедийном фильме 2001 года «Даун Хаус» эта легенда вкладывается в уста героини, вспоминающей свою молодость: «В мою молодость цыгане на рынке продавали китайские ковры, их домой приносишь, вешаешь на стену. Днем вроде ничего, а ночью ковер зеленым начинал искриться и на нем портрет Мао Цзэдуна в гробу появлялся. Такие вот традиции!» Но в контексте фильма, состоящего почти целиком из абсурдистских диалогов и черного юмора, история о ковре с Мао воспринимается как очередная шутка сценаристов.

«Москау, Москау, закидаем бомбами!»: последний всплеск гиперсемиотизации

В 1979 году перед «Евровидением» в ФРГ появляется группа Dschinghis Khan («Чингисхан»), которая записывает первый — и самый известный — одноименный альбом и свою самую известную песню «Moskau». Эта песня в «восточной стилистике» поется от лица монголов (впрочем, похожих скорее на казаков), которые признаются в любви к Москве и рассказывают, какая она загадочная, как в ней много огня, «любовь на вкус словно икра» (единственная «поэтическая метафора» во всей песне), и предлагают плясать на столе, пока тот не рухнет (традиционный стереотип о казаках). Так выглядит буквальный перевод песни:

Москва, Москва!
Бей стаканы о стену,
Россия — чудесная страна.
Москва, Москва!
Твоя душа так необъятна,
Веселимся ночью до упаду,
Москва, Москва.
Любовь на вкус словно икра,
Девушек так и хочется целовать,
Москва, Москва!
Так давайте танцевать на столе,
Пока стол не развалится*.

Несмотря на простоту текста, который можно легко понять со школьным уровнем знания немецкого (напомним, что в школах того времени половина класса или больше учила немецкий, а половина — английский), большое количество наших информантов из последнего советского поколения вспоминают рассказы о том, что «на самом деле» группа «Чингисхан» поет совсем другие слова:

Москау, Москау,
закидаем бомбами!
Будет вам олимпиада,
ох-ох-хо-хо.
Москау, Москау,
не разбили в 41-м, разобьем в 80-м.
На развалинах Кремля мы построим лагеря!
Охо-хо-хо…

* Вот оригинальный немецкий текст куплета: «Moskau, Moskau / wirf die Gläser an die Wand, / Russland ist ein schönes Land, ho, ho, ho, ho, hey! / Moskau, Moskau, / deine Seele ist so gross, /nachts da ist der Teufel los, ha, ha, ha, ha, hey! / Moskau, Moskau, / Liebe schmeckt wie Kaviar, / Mädchen sind zum Küssen da, ho, ho, ho, ho, hey!» Перевод взят со страницы: http://www.perevod-pesen.ru/chingisxan-moscow-dschinghis-khan-moskau/.

Варианты этих воображаемых строчек весьма разнообразны: некоторые пели более редкий вариант «Москоу, Москоу, забросаем бомбами, заровняем танками, уа-ха-ха-ха-ха»[131], а другие исполняли последнюю строчку как «Закидаем бомбами, на развалинах Кремля будем пить кумыс», был даже вариант «Чингис-хан не взял Москву, / Гитлер наш не взял Москву, / Ну а мы возьмем»[132]. Но все эти варианты сводятся к идее грядущего уничтожения Москвы — видимо, сразу после Олимпиады-80. Злорадное обещание испортить событие отсылает к бойкоту Олимпийских игр, который был объявлен несколькими странами после ввода советских войск в Афганистан. Интересно, что в то же время, когда группе «Чингисхан» приписывался такой текст, одному из наших информантов снился сон, где после ядерной войны на обломках СССР возрождается монгольская империя[133]. Не является ли этот сон прямым отражением такого «народного» перевода текста этой песни?

Некоторые информанты рассказывают, что они были уверены, что это и есть оригинальные слова песни и именно таким образом пели ее на дискотеке[134]. Для одних история со скрытым посланием в тексте звучала как анекдот, для других — как история, которой можно доверять:

> В начале 80-х слышал легенду, что в песне немецкой группы Чингис-хан Moskau поется «Moskau, Moskau, забросаем бомбами, будет вам олимпиада, о-хо-хо-хо-хо». <…> Этим «народным» слухам отчасти доверял[135].

Один наш информант рассказывал, что слышал, будто в песнях этой группы есть и другие скрытые послания:

> В припеве последней песни (которая называется «Предатель» по-настоящему) звучит «хай Гитлер»… «Прямо Геббельс какой-то», — сказала моя бабушка тогда.

Тот же информант был склонен думать, что «Чингиз-хан был чьим-то тщательно рассчитанным экспериментом или посланием даже»[136].

Согласно некоторым косвенным данным, в 1980 году песня «Москау» была куплена для показа на Центральном телевидении, но не показана[137] — именно из-за слухов вокруг ее текста и тайного «фашистского послания», которое он якобы содержит[138]. Информация о том, что группа «Чингисхан» поет о чем-то не том и поэтому запрещена, волновала умы советских граждан. В 1982 году среди вопросов, которые жители Киева и Днепропетровска задавали работникам КГБ во время лекций по повышению политической бдительности, был и вопрос: «Почему в СССР запрещены записи ансамблей „Кисс“ и „Чингиз-хан“. Что необходимо делать с ними, если имеются эти записи?»[139] Так или иначе, но в 1984 и 1985 годах эта группа попадает в региональные инструкции ВЛКСМ Украины, в которых приводится перечень зарубежных групп с идеологически вредным содержанием. В 1985 году Николаевский областной комитет ЛКСМ Украины требует «обеспечить этой информацией [о вредности групп] все ВИА и дискотеки» и аккуратно анализирует специфическую опасность каждой группы. Музыкальная группа «Чингиз-хан», по мнению составителей этой записки, пропагандирует «антикоммунизм и национализм»[140]. Поэтому неудивительно, что отношение властей к этой песне, судя по некоторым свидетельствам, было весьма настороженное, хотя эта настороженность и не носила тотального характера: «За „Чингиз-хан“ закрывали дискотеки. Говорят, были случаи конфискации записей „Чингиз-хана“ сотрудниками милиции»[141].

Такая интерпретация песни могла быть вызвана слухами о демонстрациях неонацистов, которые были распространены как раз в 1982 году. Жители Киева на лекции о политической бдительности спрашивали сотрудников КГБ: «Правда ли в Киеве существуют молодежные фашистские группки?»[142] Во многих крупных городах СССР ходили истории, будто бы юные неонацисты (которых, впрочем довольно часто путали с «панками») празднуют день рождения Гитлера, собираясь на главной площади, выкрикивая нацистские приветствия и даже надевая элементы нацистской формы[143]. Вот как эти слухи описаны в дневнике кинодраматурга Анатолия Гребнева:

> У всех на устах — событие 20 апреля в Москве. 20 апреля, в день рождения Гитлера, группы молодых людей со свастиками, с изображением фюрера на значках, молча демонстрировали на площади Пушкина. Говорят, что в сумках у многих были экземпляры «Майн кампф»[144].

Хотя о нацистских демонстрациях писали в самиздатской периодике[145], не очень понятно, было ли у этих слухов какое-то реальное основание. Для нашей истории важно то, что эти слухи создали небольшую панику. Хотя по масштабам своим она была достаточно скромной, тем не менее ее было достаточно для того, чтобы на местах объявить подозрительную песню на немецком языке «нежелательной», а также, вспомнив навыки 1937 года, снова присмотреться к бытовым вещам, например пуговицам.

В 1982 году в ЦК компартии Украины из КГБ Черкасской области было направлено «спецсообщение». Местные оперативники извещали, что в черкасские магазины Облпотребсоюза поступили вельветовые японские костюмы, на пуговицах которых «имеется изображение, схожее с фашистской свастикой». Они рекомендовали изъять из продажи костюмы, а пуговицы на них поменять. Однако на документе стоит примечательная ремарка, поставленная, видимо, в ЦК компартии Украины: «Маразм 1937 года»[146].

Мы видим, что, несмотря на то что идея скрытого послания для кого-то еще была актуальной, а слухи про демонстрацию фашистов многих серьезно тревожили, сама идея семиотического вредительства со стороны незримого врага казалась представителям ЦК компартии Украины нелепым анахронизмом. Именно поэтому единичные случаи гиперсемиотизации, «жертвами» которых чуть было не стали импортные вельветовые костюмы и немецкая песня, не вызвали волны панических слухов и подражаний, зато переделки этой песни стали веселым развлечением.

Когда мы видим знаки там, где их нет?

В феврале 2019 года американская спортивная корпорация Nike переживала очередной скандал[147]. Бдительные мусульмане обвинили изготовителей новой модели кроссовок в том, что отпечаток подошвы оставляет рисунок, похожий на слово «Аллах», и таким образом заставляет носителей спортивной обуви оскорблять бога, причем дважды: воспроизводя его имя всуе и наступая на него. Покупатели «Найка», практикующие такие «поиски знака», начали публично сжигать свои кроссовки и публиковать об этом видео на YouTube.

Этот пример заставляет еще раз задуматься, что способность видеть скрытые знаки, оставленные «врагом», не является уникальным свойством советских людей. Сам механизм поиска скрытых образов, группирование фигуры (особенно опасной фигуры) из точек, линий, пятен и объемов на однотонном (или сливающемся пестром) фоне, способность составить изображение из разрозненных объектов — механизм очень старый. Он много старше человека. Именно таким механизмом пользуются пчелы для обнаружения прячущихся хищников[148]. У приматов и, соответственно, у нашего биологического вида этот механизм борьбы с вражеским камуфляжем включается на ранней стадии зрения (то есть предшествует осмыслению) и подкреплен очень мощной биохимической поддержкой. Активация лимбических структур мозга поощряет внимание на каждой стадии опознания и синхронизирует изображение. Между прочим, именно так возникает способность людей видеть иллюзии[149].

Другими словами, когда в реальности перед нами — случайный набор точек, наш мозг все равно хочет видеть в нем осмысленную структуру, и это когнитивная особенность человека. Поэтому в сознании совершается «прыжок»: непонятная пустота начинает достраиваться, наполняется теми знаками, которых там не было.

Однако гиперсемиотизация поддерживается и усиливается социальными и психологическими причинами. Растерянность и страх, связанные с чувством утраты контроля над ситуацией, заставляют находить скрытые знаки и связи там, где их нет. Неудивительно, что в 2001 году, после терактов 11 сентября, многие верующие американцы увидели на фотографиях горящих башен-близнецов лицо Сатаны, проступающее в дыме[150].

Мы должны понимать, что очень разные на первый взгляд действия имеют в своей основе одни и те же когнитивные и социальные механизмы. Так, например, в 2014 году, в разгар военного конфликта на востоке Украины, когда в каждом выпуске российских теленовостей рассказывали о жестокости «киевской хунты», российские граждане начали видеть украинскую символику в самых обычных объектах городского пространства — например, в расцветке ограды для детской площадки[151]. Подобные всплески гиперсемиотизации можно наблюдать совершенно в другом культурном контексте.

После попытки военного переворота против режима Эрдогана в 2016 году по Турции прокатилась большая волна репрессий. Затронула она и книги: изымались и уничтожались книги с упоминаниями публициста Фетхуллаха Гюлена, обвиненного в подготовке переворота. Среди 300 тысяч уничтоженных книг был учебник по математике, который «провинился» лишь тем, что содержал задачу про движение из пункта Ф в пункт Г[152]. А в конце 2016 года, после того как Дональд Трамп стал президентом США, в опасности себя почувствовали многие американские граждане. Демократические медиа сообщали о росте преступлений на почве ненависти после выборов, а аудитория этих медиа ожидала, что сторонники Трампа будут нападать на представителей различных меньшинств. Многие ощущали эту угрозу как очень реальную и поэтому носили на верхней одежде английскую булавку, которая должна была сообщать предполагаемым жертвам о поддержке (так называемые safety pins). Неудивительно, что носители подобных страхов начали повсюду видеть знаки, оставленные «врагом». Так, однажды известная противница Трампа, актриса Сара Сильверман, приняла знак дорожной разметки на асфальте за свастику и с возмущением написала об этом в своем твиттере[153].

Все перечисленные примеры убеждают нас в том, что когда люди чувствуют угрозу, и неважно, исходит она от «врагов народа», «жидомасонов» или «фашистов», и при этом не понимают, как на нее реагировать и как от нее избавиться, — они с большой вероятностью начнут искать «опасные знаки» в самых обычных вещах, а это, в свою очередь, становится отличным триггером для появления городских легенд.

Глава 3

КАК ЛЕГЕНДА СТАЛА ИДЕОЛОГИЧЕСКИМ ОРУЖИЕМ

Из первой главы читатель уже понял, что основное свойство городской легенды — передаваться из уст в уста, распространяться по каналам «горизонтальной» коммуникации независимо от усилий властных институтов. По этим правилам живет не только городская легенда, но и фольклор в целом. Однако у любого правила есть исключения. И одним из таких исключений стала советская городская легенда, которая начиная с 1960-х годов не только рассказывалась на кухнях и в очередях, но и стала орудием отчаянной идеологической борьбы. Истории о том, каким образом это произошло, и посвящена эта глава.

О распятых мальчиках и подделках «под фольклор»

12 июля 2014 года, в разгар военного конфликта на востоке Украины, в вечернем эфире «Первого канала» женщина по имени Галина Пышняк, уроженка Закарпатья, рассказала об эпизоде, якобы произошедшем после вступления украинских силовиков в город Славянск:

> На площади собрали женщин, потому что мужиков больше нет. Женщины, девочки, старики. И это называется показа-

тельная казнь. Взяли ребенка трех лет, мальчика маленького, в трусиках, в футболке, как Иисуса, на доску объявлений прибили. Один прибивал, двое держали. И это все на маминых глазах. Маму держали. И мама смотрела, как ребенок истекает кровью. Крики. Визги. И еще взяли надрезы сделали, чтоб ребенок мучился. Там невозможно было. Люди сознание теряли. А потом, после того как полтора часа ребенок мучился и умер, взяли маму, привязали до танка без сознания и по площади три круга провели.

Реакция на эту «новость» о «распятом мальчике» была крайне бурной. Слово «новость» мы заключили в кавычки, потому что немедленно проведенные расследования журналистов «Новой газеты», «Слона» и других изданий показали, что этого события вообще не было: жители Славянска не подтвердили факт столь изуверской казни, совершенной якобы на глазах большого количества людей.

Но наше внимание должно привлечь другое. Весьма похожую историю о распятом мальчике рассказывает героиня романа «Братья Карамазовы», написанного в 1880 году:

> Вот у меня одна книга, я читала про какой-то где-то суд, и что жид четырехлетнему мальчику сначала все пальчики обрезал на обеих ручках, а потом распял на стене, прибил гвоздями и распял, а потом на суде сказал, что мальчик умер скоро, через четыре часа. Эка скоро! Говорит: стонал, все стонал, а тот стоял и на него любовался[1].

Федор Достоевский, видимо, почерпнул сюжет о том, как еврей мучает христианского младенца, из современного ему антисемитского фольклора. Форма казни, которую в этом сюжете «жид» выбирает для мальчика, связана с традиционными представлениями, согласно которым «евреи Христа распяли». Однако злодейства, приписываемые этническим чужакам, могут с таким же успехом быть приписаны политическим и военным противникам.

Именно так и произошло с нашим сюжетом во время Первой мировой войны. Весной 1915 года вся Европа обсуждает новое оружие — отравляющий газ, использованный немцами в сражении под Ипром. Жестокость немцев так поражает воображение современников, что документальных свидетельств для ее описания оказывается недостаточно. Требуется сильный художественный прием. И спустя пару недель после этих событий в газетах широко распространяется британский рассказ о молодом канадском солдате, который был распят немецкими военными. Раненого офицера якобы прибили к стене, проткнули руки штыками и долго над ним издевались на глазах других пленных. В некоторых историях число канадцев увеличивалось до трех, а стена менялась на дерево или на крест. В письме одного канадца жене рассказывалось уже о шестерых распятых, к телам которых немцы прикрепили предупреждение: «Канадцы, оставайтесь дома».

Распространение этой истории вызвало большой патриотический подъем — особенно в странах, где не было обязательной военной службы, а приток людей на войну обеспечивался добровольцами. Некоторые исследователи даже считают, что именно это явилось причиной для распространения фейка.

Хотя количество канадских солдат, распятых на оградах и дверях амбаров, все множилось и множилось, и абсолютно все в это верили журналистам никак не удавалось найти прямых свидетельств или тел распятых. Было предпринято несколько попыток. Один армейский капеллан проявил завидное упорство и дошел до «очевидца», который, окруженный толпой людей в госпитале, об этом рассказывал.

Выслушав свидетельство, капеллан вынул Библию и попросил поклясться на святой книге, что это правда. Рассказчик сделал это с видимой неохотой, а позже пал в ноги командиру и признался в лжесвидетельствовании. «Немцы, — заключает капеллан, — совершили достаточное количество доказанных военных преступлений, чтобы мы не нуждались в таких неподтвержденных „свидетельствах“»[2]. А в 1919 году распятому канадцу был поставлен памятник «Канадская Голгофа». Правда, его быстро убрали — за недостоверностью.

С нашим «распятым мальчиком» того «распятого солдата» объединяет не только близость сюжета. И в том и в другом случае история бродила среди обычных людей, не имеющих никакого отношения к журналистике или военной пропаганде, переходя от человека к человеку. Историю про распятого солдатика 1915 года массово рассказывали в госпиталях и письмах родным и до публикации в британской прессе, а про мальчика из Славянска писали в социальных сетях националистов и сторонников «Русского мира» за несколько дней до эфира. Сначала в ростовском лагере беженцев Галина Пышняк рассказала историю про распятого мальчика журналисту «Первого канала» Юлии Чумаковой, после чего Чумакова пересказала ее в эфире. Нельзя исключить, что сама журналистка по-настоящему поверила в реальность трагедии.

Но в тот момент, когда требуется еще бо́льшая мобилизация против внешнего врага (Германии или Украины), журналисты и пропагандисты используют уже существующую легенду как рассказ о подлинном случае, усиливая ее свидетельством «очевидца» и обилием кровавых подробностей.

Перед нами не просто городская легенда, а *агитлегенда*[3]. Так мы называем текст, который распространяется преднамеренно, усилиями властных институтов и часто, хотя и не обязательно, — он и создан ими. Содержательно агитлегенда очень похожа на обычную городскую легенду, но функция ее — другая. У агитлегенд, как правило, есть четкая цель: вызвать негодование граждан и тем самым добиться еще большей военной мобилизации (как в 1915 году), демонизировать врага или заставить людей придерживаться определенных правил поведения. Статус института, стоящего за агитлегендой, усиливает доверие к тексту: «раз говорят по телевизору, то скорее всего правда». При этом, если агитлегенда действительно отвечает тревогам общества, после первоначального «толчка» она начинает циркулировать уже независимо от усилий властных институтов и СМИ, обрастает импровизированными подробностями и постепенно, передаваясь уже не «сверху вниз», но по горизонтальным каналам коммуникации, может стать фольклорным текстом.

Агитлегенда — частный случай более глобального процесса. Чтобы объяснить, что это за процесс, рассмотрим один пример. В 2015 году Москва праздновала годовщину «присоединения Крыма». Во время митинга-концерта на Васильевском спуске мы заметили большой плакат, на котором от руки было написано «Обама, приезжай в Ялту, поговорим» (к этой надписи прилагалась фотография Рузвельта и Черчилля на переговорах в Ялте в 1945 году). Несмотря на то что плакат был сделан подчеркнуто рукописным образом в стилистике пионерской стенгазеты (большие разноцветные буквы, сделанные по трафарету), точных копий этого плаката мы насчитали не меньше шести штук. Мало того, при ближайшем рассмотрении выяснилось, что плакат выполнен совсем не от руки, а типографским способом. Подобные псевдорукописные плакаты мы наблюдали на аналогичном митинге в Петербурге, а также на других уличных акциях, организованных с использованием «административного ресурса» (например, на шествиях 4 ноября, посвященных Дню единства).

Зачем организаторам провластных митингов нужно делать псевдорукописные плакаты? Ответ очевиден. Такие плакаты имитируют «низовую» инициативу, так называемый «голос народа». Цель их была понятна — показать журналистам, что российский народ одобряет политические решения элиты (в случае митингов 18 марта 2015 года — присоединение Крыма).

Термином grassroots (буквально «корни травы») маркетологи, политологи, социологи и антропологи называют низовые инициативы, которые зарождаются спонтанно и развиваются усилиями активистов, а не государственных или коммерческих институтов. Высказывание от лица grassroots воспринимается как выражение независимого мнения «простых» людей, финансово не заинтересованных в продвижении того или иного продукта или политической повестки. Именно поэтому такие высказывания могут использоваться «большими» игроками — институтами и организациями, кровно заинтересованными в продвижении своих продуктов или политических программ. Имитируя «голос народа», корпорация может сделать прекрасную рекламу своему товару (или, наоборот, отвратить целевую аудиторию от продукции конкурентов), а политик — набрать больше голосов на выборах. Имитация низовых инициатив (которая осуществляется, как правило, через распространение текстов от лица рядовых потребителей или избирателей) называется неблагозвучным для русского уха словом astroturfing[4]. Сам термин образован от названия американского бренда, производящего искусственный дерн для газонов Astro Turf.

Распространение «псевдонародных» текстов позволяет подтолкнуть людей к тому или иному выбору, избегая прямых предписаний «сверху», мало того — астротурфинг становится еще более эффективным в условиях, когда официальные предписания были сделаны на чужом для «низовой» аудитории языке и поэтому плохо воспринимаются. Как мы покажем дальше, советская агитлегенда вполне успешно имитировала структуру фольклорного текста и заполняла собой каналы неформальной коммуникации.

Если астротурфинг в коммерческой сфере применяется для получения выгоды, то политический и социальный астротурфинг используется в случаях, когда «народ» надо в чем-то убедить, а не запрещать и не агитировать напрямую. Так, во второй половине 1920-х годов в Советской России была развернута большая работа с населением по разъяснению необходимости вакцинации. Педагоги попытались убедить крестьян с помощью игры. Для этого они использовали игру в пятнашки, которая в оригинале изображала сценарий заражения оспой (об этом также см. с. 212). Тот, кого водящий осалил, оказывался «зараженным». В интерпретации советских педагогов народная игра, которая должна быть заново распространена в деревне, выглядела ровно наоборот: «водящий-врач ловит деревенских школьников, чтобы привить им оспу. Пойманные помогают водящему ловить остальных, непривитых. Таким образом <…> водящий заражает здоровьем»[5]. Такой педагогический проект — порождение популярной в эти годы идеи, что воздействовать на необразованные массы надо с помощью того языка, который они понимают и от лица «представителей народа». Поэтому в середине 1920-х стали появляться идеологически выверенные сборники частушек, которые надо было распространять среди политически незрелого населения, чтобы оно пело правильные песни. Составлены эти сборники были, что характерно, из частушек аутентичных, аккуратно собранных исследователями, но потом измененных для воспитательных целей[6]. Более того, поэтом Родионом Акульшиным в 1924 году был напечатан (и предложен для распространения) якобы «подлинный новый народный заговор», в котором магическое воздействие осуществлялось через «заклятие Лениным и Троцким»[7].

Советский политический астротурфинг (внедрение в народ правильных идей через «правильный фольклор» и от имени «народа») просуществовал недолго и вскоре (в середине 1930-х годов) был полностью заменен проектом советского *фэйклора*. Термин «фэйклор» (fakelore) был введен американским фольклористом Ричардом Дорсоном для обозначения разного рода подделок, имитаций фольклорных текстов[8]. Вообще-то фэйклор может создать любой человек, написав некий текст и выдав его за «народное произведение». Так, молодой шотландский поэт Джеймс Макферсон, отправленный в 1860 году в экспедицию за фольклором горцев, «нашел» песни, якобы созданные древним кельтским бардом Оссианом, сыном Фингала (на самом деле он доработал и дописал народные баллады)[9].

Но, как правило, фэйклор сближается с астротурфингом, когда участвует в политической или национальной мобилизации для демонстрации того, что у нас «был правильный эпос с правильными героями»[10]. Так в первой четверти XIX века в Чехии начался необычайно сильный процесс национального самоопределения, и немедленно появилась «древнечешская» Краледворская рукопись, в которой воспевались подвиги чешских героев, на самом деле сочиненная филологом Вацлавом Ганкой[11]. В середине 1930-х годов, когда Сталин становится единоличным правителем страны и начинается строительство тоталитарного государства, по «заказу сверху» создаются «новины» (новые былины), в которых настоящие сказители вместе с профессиональными фольклористами воспевают эпическим языком подвиги Ленина, Сталина, Чкалова и советского трудового народа в целом[12].

Но мы должны понимать, что между астротурфингом и фэйклором есть тонкое, но существенное различие: фэйклор является имитацией речи на «языке народа», а для астротурфинга важна речь от лица «представителя народа», чтобы убедить сделать что-то, причем само содержание речи не обязательно будет фольклорным. Классическим советским примером астротурфинга был случай (мы еще вернемся к нему в конце главы на с. 194), когда некоего мальчика в качестве «представителя народа» водили по начальным классам с рассказом об отравленной жвачке, которую якобы ему лично подарила «иностранка в темных очках». Сделано это было для того, чтобы убедить советских школьников не принимать иностранные дары, а в идеале — вообще предотвратить любые контакты детей с иностранцами. В современной России астротурфинг создает не фальшивые анекдоты, но армию интернет-троллей, которые могут говорить на том же языке, на котором изъясняются дикторы государственных телеканалов.

Заброшенный проект воспитания народа с помощью методики политического астротурфинга 1920-х годов воскрес в годы хрущевской оттепели: именно тогда работники идеологического фронта начали создавать агитлегенды, которые должны были мотивировать советского человека на отказ от поведения, предосудительного с точки зрения официальной идеологии. Эти позднесоветские легенды доходчиво и для многих очень убедительно объясняли, почему не надо рассказывать антисоветские анекдоты или выпрашивать жвачку у иностранцев.

Именно о таких *агитлегендах* и пойдет речь в этой главе.

Пересборка «государственного контроля»: от уничтожения носителей к коррекции содержания

Первый вопрос, который стоит задать: откуда и зачем в 1960–1980-е годы появляются агитлегенды? Ответ кроется в долгой и непростой истории отношений между государственной властью и фольклором.

Государственная власть (и не только в России) всегда с большим недоверием и опаской относилась к текстам, которые мы бы назвали городским фольклором, в первую очередь к песням, частушкам, слухам, легендам и анекдотам. Она часто воспринимала их как протестное высказывание (несмотря на то что во многих случаях никаких протестных целей эти тексты не имели), которое распространяется независимо и бесконтрольно и тем самым являет собой угрозу. Примеров такого отношения много. При Петре I за исполнение *сказок* с упоминанием императора били кнутом и ссылали. Тогда под «сказкой» понималась именно городская легенда в нашем понимании, причем крайне лояльная к царю (например, переодетый Петр ходит ночью по городу и узнает про коррупцию среди бояр). Несмотря на это, наказание было крайне суровым. Накануне Французской революции парижская полиция сбилась с ног, пытаясь найти «первоначальных авторов» фольклорных песен-памфлетов о королевской семье, но безуспешно[13]. В 1830–1831 годах по Российской империи прокатилась волна холерных бунтов. Вместе с бунтами по стране распространялись истории, что никакой холеры на самом деле нет, а простой народ травят поляки (борцы за независимость Польши)[14], евреи (потому что просто ироды), французы (месть за поражение Наполеона) или врачи вместе с армейскими чинами (потому что правительство не хочет кормить бедных людей, а хочет просто истребить под предлогом эпидемии).

В июне 1831 года некий отставной поручик Гагаев в письме рассказал о холерном бунте в столице. Письмо было перехвачено. Оно вызвало такую серьезную обеспокоенность, что Николай I лично написал на полицейском донесении об этом письме «Надо сыскать»[15]:

> <…> был бунт в Питере, какого не бывало никогда, народ черной осердился на лекарей, [которые] морят людей и говорят, что [это всего лишь] холера, [народ] разбил три больницы, лекарей, фельдшеров, частных приставов, 5 карет побросали в каналы <…> готовы все пасть с оружием на поле брани, а не погибать от рук докторов, кои живых людей в гробы кладут <…> это видно Польша подкупила докторов так морить <…> народ мрет скоропостижно, ужасно валится, где с воды, где с квасу, где с чаю, а где с водки; 25 числа у Глазова кабака была баталия народная; били лекарей и частных [приставов], [там] где все войска собирались, немцов, поляков, французов всех вон из Питера, ловят и на гауптвахту сажают, [потому что они] в квасы мышьяк кидают, [чтобы] за это ни одного [простого человека] чтобы не было [то есть не осталось живым][16].

Как видим из этого письма, такие слухи вызывали погромы и сопротивление властям, потому не удивительно, что губернаторы и начальники гарнизонов грозили населению серьезным наказанием и даже смертной казнью за их распространение.

Советская власть унаследовала подозрительное отношение к слухам. Три фольклорных жанра (песня, анекдот, слух) превратились в объект самого пристального внимания со стороны органов политического надзора, и не только потому, что фольклорные тексты могли спровоцировать реальные протестные действия, но и потому, что именно эти тексты стали основным источником сведений о настроениях «безмолвствующего большинства»*. «Спецсообщения о настроениях» среди населения собирались в каждом городе и в каждой деревне. Без внимания не оставались даже самые нелепые слухи. Например, в декабре 1920 года составитель информационной сводки № 22 Пензенской ВЧК, описывая «контрреволюционные события», к которым он отнес в первую очередь пересказ слухов, возмущенно сообщал, что население верит любым «россказням», в том числе и истории о том, что советская власть будет собирать налог сушеными тараканами:

> …До чего враги Советской власти стараются подорвать власть, характеризует слух, пущенный по крестьянам, т. е. как будто бы на крестьян наложена разверстка по 2 фунта тараканов с души и кто ее не выполнит, с того будут брать хлебом[17].

Политическая полиция не ограничилась сбором информации о «настроениях народа»: за информационными сводками нередко следовали воспитательные и репрессивные меры по отношению к распространителям фольклорных текстов. Власть не только распространяла искусственно созданный «правильный» фольклор (см. примеры выше), но и пыталась бороться с фольклором «неправильным». В 1928 году Главлит начинает возмущаться тем, что граждане очень любят городские баллады, именуемые в официальных текстах «цыганщиной, бульварщиной и музыкальным самогоном»[18]. В 1931 году, дабы искоренить любовь к так называемым мещанским традициям, у работниц на фабриках Донбасса были отобраны и публично сожжены песенники и альбомы[19].

* Такой термин использовали представители «школы „Анналов“». В российской традиции его применял Арон Яковлевич Гуревич, реконструируя взгляды средневековых крестьян (Гуревич 1990).

Довольно быстро воспитание «носителей фольклора» сменилось репрессиями. С началом эпохи Большого террора уже не только с «крамольными» текстами (высказанное вслух недовольство снабжением, упоминание Троцкого или анекдот о Сталине), но и с их носителями начали обходиться очень сурово[20]. Слух о том, что «ГПУ будто бы циркулярно распорядилось преследовать анекдоты, задевающие Советскую власть», был записан в дневнике 13 мая 1929 года[21]. А спустя шесть лет, в 1935 году, распространение антисоветского фольклора уже не только карается во внесудебном порядке, но и выделено Прокуратурой СССР в особую группу преступлений: «...исполнение и распространение контрреволюционных рассказов, песен, стихов, частушек, анекдотов и т. п.»[22]. За такие «преступления» массово арестовывали и судили по статье 58-10 «Антисоветская агитация и пропаганда» на срок, как правило, от 10 до 25 лет (гораздо реже давали 5 лет лагерей). Осужденные по этой статье получали в лагерях прозвище «анекдотчики». И, естественно, никакие записи неподцензурного фольклора не могли просачиваться на страницы печати.

Ситуация резко изменилась после смерти Сталина, благодаря которой система контроля над «настроениями населения», и соответственно советским фольклором, стала меняться. С 1956 года дела по статье 58-10, которые включали в себя обвинения в рассказывании слухов, стали рассматриваться в общегражданских судах, а не «особым трибуналом», а количество обвинительных приговоров резко уменьшилось. Органы надзора все меньше и меньше обращали внимание на то, что советские люди рассказывают на кухнях, а вот неподцензурная письменная продукция (в том числе самиздат) внушала гораздо большую тревогу — возможно потому, что она могла попасть за рубеж. Другими словами, внимание органов надзора окончательно перешло с самого факта выражения крамолы (например, частушки о Сталине, исполненные в пьяном виде) на факт намеренного распространения «клеветы» о жизни в СССР.

В 1966 году появляется статья 190-1, предусматривающая наказание «за распространение заведомо ложных измышлений, порочащих советский государственный и общественный строй». Применялась она следующим образом. Например, в 1971 году группа «еврейских граждан» пришла в здание Центрального телеграфа в Москве и объявила голодовку, требуя свободного выезда в Израиль. Началось очередное дело о происках «сионистской организации». Перед судебным процессом оставшимся на свободе друзьям и родственникам инкриминировали «обращение с заявлениями в зарубежные инстанции» и «распространение провокационных слухов о якобы незаконных арестах»[23]. Здесь под слухами понимается любая политическая крамола, а преступление заключается в информировании западных журналистов.

Итак, распространение слухов считалось опасным, если они привлекали к какой-то проблеме внимание западной общественности. В то же время жесткие репрессивные меры за любую альтернативную точку зрения, высказанную в кругу друзей или коллег, в это время стали заменяться профилактическим воздействием. Жестокость наказания сменилась страхом перед возможным наказанием в будущем, которого человек мог избежать, если высказывал лояльность и готовность прекратить распространение «крамолы».

Само слово «профилактирование» в этом контексте в первый раз прозвучало в речи Хрущева в 1959 году[24]. Профилактированием начали заниматься не только органы КГБ и парткомы, но и профсоюзные организации, милиция, комсомольские ячейки и учителя в школе[25]. Они стали объяснять гражданам, как им надлежит себя вести, что можно, а что нельзя говорить. В эпоху оттепели было изменено общение милиции с населением: блюстители порядка должны были стать гораздо «ближе к народу» (милиция часто встречала это нововведение в штыки), для чего были организованы регулярные личные встречи милиционеров с населением, которые как раз и назывались «профилактированием». В отчете об одном таком мероприятии с большим удовлетворением говорится, что такие встречи «ведут к прекращению слухов» — каких слухов, в документе не уточняется, но совершенно понятно, что автор отчета рисует картину, в которой слухи (например, о продовольственном кризисе) могут возникать в голове у непросвещенного населения, а правильная беседа прекратит их распространение (обратим внимание, что наказывать за слухи больше никто не предлагает)[26].

Профилактирование стали использовать для борьбы с желанием эмигрировать: в 1966 году КГБ предписывал проводить с «советскими евреями», подпавшими под влияние «сионистской пропаганды» (то есть планирующими уехать в Израиль), «профилактические мероприятия с целью разоблачения, переубеждения в несостоятельности их взглядов»[27]. Указом Президиума Верховного Совета СССР от 25 декабря 1972 года эта практика была закреплена законодательно: сотрудникам КГБ предоставлялось право проводить профилактические беседы с подозреваемыми, вынося им предупреждения, в частности по поводу восхваления Запада или особенно активного рассказывания антисоветских анекдотов.

Чтобы понять, как менялась система политического надзора, рассмотрим один пример. 4 февраля 1963 года сотрудники КГБ в Днепропетровске сообщили, что студент Николай Максимович Либ пересказывал в институте «антисоветские передачи Би-Би-Си» и «распространял среди студентов анекдоты, порочащие советскую действительность»[28]. Десять лет назад такого сообщения было бы достаточно для обвинения по статье «Антисоветская агитация и пропаганда», итогом которого стало бы заключение на 5–10 лет, если не было отягчающих обстоятельств. Но в феврале 1963 года сотрудники КГБ решили поступить по-другому. Они проверили своего клиента на предмет наличия «организационных связей», и, когда таковых не обнаружилось, решили, что Либ допускал идеологически «вредные суждения в результате своей политической незрелости». Для пресечения его влияния на других студентов, а также для оказания на Либа «положительного влияния», было решено провести то самое «профилактическое мероприятие». Санкцию на профилактирование, как следует из документа, давал сам прокурор области. Сначала сотрудники КГБ в рамках подготовки профилактирования провели беседы с теми студентами, с которыми Либ хоть как-то пересекался. Потом беседа состоялась и с самим профилактируемым. Но этого было мало. В КГБ Либу сказали, что его «неправильное поведение» будет обсуждено на собрании всего курса. Но тут, видимо, несчастный студент начал сильно возражать: «реагировал болезненно, заявив, что оставит учебу в институте». Это профилактирующим тоже не очень понравилось, и после некоторой торговли они согласились на контрпредложение Либа — он сам, как комсорг группы, выступит на комсомольском собрании и расскажет о беседе в КГБ по поводу его неправильного поведения. На том и порешили.

Таким образом, идеологические работники и сотрудники карательных органов с 1960-х годов стали относиться к городским легендам, слухам и анекдотам иначе. Вместо того чтобы, как в сталинские времена, запрещать их рассказывать под угрозой уголовного наказания, власть начинает «работать» с этими текстами и с их «носителями» по-другому.

Во-первых, можно было убедить «носителей» не распространять идеологически сомнительные тексты. Историк Наталья Лебина вспоминает, что в 1964 году в ее ленинградскую школу пришел лектор из райкома провести политинформацию. В частности, он просил школьников не рассказывать анекдоты о Хрущеве, который только что был снят. Правда, в ответ на предложение привести пример крамолы он с удовольствием продекламировал следующий текст:

Товарищ, верь, придет она,
На водку старая цена,
На закуску будет скидка,
Ушел на пенсию Никитка![29]

Во-вторых, в сами тексты можно было вложить нужные власти смыслы. Труженики «идеологического фронта» в 1970–1980-х годах использовали в целях воспитания агитлегенды. Сначала легенды служили чем-то вроде наглядных пособий, с помощью которых на лекциях, классных часах, уроках мира и во время профилактических бесед объяснялось, почему не следует себя вести определенным образом. Причем запрет мог быть выражен явно, а мог только подразумеваться. Но очень быстро агитлегенды начинают рассказываться в школьных коридорах, спальнях пионерлагерей, во дворах, в такси, булочных и парикмахерских.

«Работой» с фольклором стали заниматься те, кто по долгу службы был причастен к процессу так называемого «идеологического воспитания», то есть лекторы из райкомов, комсорги, сотрудники КГБ и даже учителя в школе. Но кроме них, существовала и еще одна группа, которую называли «помощниками партии» — это пропагандисты из общества «Знание». Историк, академик Исаак Минц, который выступал перед этой «армией пропагандистов» в 1973 году, назвал ее численность: «Я не оговорился, сказав армия: в составе общества 1 миллион 400 тысяч членов и прочитали они за год более 12 миллионов лекций!»[30]

В этой главе вы не раз встретитесь с солдатами этой «армии»: именно они занимались образованием уже взрослого советского человека. Они приходили с лекциями на рабочие места, то есть на фабрики, заводы и в институты, и рассказывали не только о научных открытиях, но и о зараженных джинсах, взрывающихся авторучках, а также о том, кто на самом деле придумывает анекдоты.

Первая агитлегенда: кто автор анекдотов о Чапаеве?

Василий Иванович и Петька моются в бане. Петька:
— Василь Иваныч, а майка-то у тебя грязней моей!
— Ну, Петька, так я и постарше тебя буду!

Петька прибегает к Чапаеву:
— Василий Иваныч, в лесу белые!
— Не до грибов сейчас, Петька, не до грибов…

Эти невинные на первый взгляд детские анекдоты о герое Гражданской войны Чапаеве и его ординарце Петьке знакомы почти всем жителям бывшего СССР. Возникают они где-то после 1963 года, когда на экраны выходит отреставрированный фильм Сергея и Георгия Васильевых «Чапаев». Оригинальный фильм был снят в 1934 году и для поколения детей 1920–1930-х годов он был культовым. Однако в середине 1960-х отреставрированный фильм был воспринят совсем по-другому. И причина этому — изменение канонов изображения Гражданской войны. То, что шло «на ура» в 1930-е, в 1960-е для многих зрителей выглядело нелепым анахронизмом.

Почему фильм о Чапаеве стал вызывать такую юмористическую реакцию? Дело, видимо, в том, что многие советские люди 1960-х годов, причем и работники идеологического фронта, и представители фрондирующей интеллигенции, хотели бы видеть себя не наследниками кровавой и мрачной сталинской эпохи, а прямыми потомками романтических, чистых, неподкупных героев Гражданской войны[31]. Именно об этом желании говорит лирический герой песни Булата Окуджавы «Сентиментальный марш», написанной в 1957 году:

Но если вдруг когда-нибудь мне уберечься не удастся,
какое новое сраженье ни покачнуло б шар земной,
я все равно паду на той, на той единственной гражданской,
и комиссары в пыльных шлемах склонятся молча надо мной.

Романтизация Гражданской войны отразилась в большом количестве известных советских фильмов, выпущенных в 1960–1970-е годы: «Донская повесть» (1964), «Неуловимые мстители» (1966), «Свадьба в Малиновке» (1967), «Служили два товарища» (1968), «Белое солнце пустыни» (1969), «Адъютант его превосходительства» (1969), «Бумбараш» (1971). Герои всех этих фильмов как на подбор чисты, горячи и наивны, а их враги иногда благородны и даже не очень страшны (иногда с ними справляются даже подростки). «Чапаев», повторно вышедший на экран в 1963 году, показывал совсем не такого героя — не умного и тонкого романтика, воюющего на Гражданской и одновременно ведущего свою личную маленькую войну, а героя приземленного и простого, который не стыдится своей необразованности и не имеет никакой сложной личной истории.

Характерное для эпохи 1960-х изображение Гражданской войны — это фильм «Белое солнце пустыни», вышедший на экраны в 1969 году. В некотором смысле это антипод «Чапаева». В «Белом солнце» зрителям показывают никому не известный эпизод конца Гражданской войны. Там почти нет военного пафоса, наоборот: героизм персонажей оказывается вынужденным и никому не нужным, почти все их поступки продиктованы личными отношениями, а на первом плане — монолог Сухова, который все время обращается к своей любимой жене. Все, кто смотрел фильм, помнят начальника таможни Павла Верещагина, бывшего военного с огромными усами, награжденного двумя георгиевскими крестами, который и выглядит как постаревший Чапаев (у того, отметим, было три георгиевских креста), а для сомневающихся на заднем фоне во время известной сцены застолья с Петрухой показан портрет молодого Верещагина, где сходство с Чапаевым поразительно. Да и сам Петруха в «Белом солнце» очень похож на Петьку из «Чапаева» своей молодостью и недалекостью.

Итак, фильм «Чапаев» (вместе с его героями) плохо вписывался в эстетику романтических 1960-х годов, но зато породил множество анекдотов, построенных по модели «общение двух дураков», где глупы и непонятливы оба, но один всегда оказывается глупее другого.

Анекдоты о Чапаеве и Петьке были очень популярны и не всегда так невинны, как примеры, приведенные вначале. Рекордсменом (по количеству записей) в дневниках 1970-х — первой половины 1980-х годов стал анекдот о Чапаеве именно политического содержания:

> «Что пишешь?» — спросил Чапаев Петьку. — «Оперу пишу, Василий Иванович». — «О ком же, Петька?» — «О Вас, Василий Иванович, и еще об Анке-пулеметчице». — «А про себя почему не пишешь?» — «Опер о себе не велел, Василий Иванович»[32].

Чрезвычайная популярность анекдотов о Чапаеве вызвала изрядную обеспокоенность всех служб, которые занимались идеологическим контролем настроений населения. При этом всплеск этих анекдотов совпал по времени с идеологической кампанией против анекдотов и слухов, которая развернулась в 1970-е — в начале 1980-х годов.

Как мы уже сказали, в сталинское время рассказ слуха мог быть легко приравнен к преступлению против государственного строя, и мы знаем много примеров этому. В послесталинское время пересказ слуха мог быть квалифицирован как «пустая болтовня»: он считался признаком «политической незрелости», но не злонамеренности. Однако в 1969 году происходит некоторое изменение повестки: в «Литературной газете» выходит большая статья А. Менделеева про слухи с показательным названием «Козни „мадам молвы“: как возникают слухи»[33], в которой существование слухов внутри СССР объясняется недостаточным доступом советских людей к информации. Этот тезис был для того времени, безусловно, новаторским. Менделеев снимает с советских распространителей слухов стигму врагов, сознательно приносящих вред стране. Однако второй тезис Менделеева был гораздо более созвучен конспирологическим установкам советской пропаганды. ЦРУ, по словам Менделеева, выискивает эти слухи (часто совершенно невинные), усиливает их и делает оружием в психологической войне против СССР. Снимая ответственность за распространение слухов с простых людей, он однозначно перекладывает эту вину на ЦРУ и перемещает рассказчика из категории «сознательно вредящего» в категорию невольного пособника врага.

В последующее десятилетие выходят десятки книг и статей, включая колонки в двух главных советских изданиях, «Правде» и «Известиях», которые доказывают ту же самую идею: Центральное разведывательное управление США (реже — Израиль) ведет психологическую войну против стран социалистического блока[34], а слухи и анекдоты — одно из ее главных «орудий». Согласно таким публикациям, ЦРУ придумывает слухи[35] и даже собирает их через «прослушку» повседневных разговоров советских людей[36]. Собранные врагом слухи затем видоизменяются для «заброски» обратно. Кроме этого, ЦРУ публикует советские анекдоты и создает специальные методички, в которых описывается, как лучше использовать слухи для дискредитации Страны Советов[37].

Слухи, возникающие внутри СССР, теперь можно было объявить результатом тщательной работы западных разведок. Например, в 1978 году, когда по советским городам в очередной раз ходили панические слухи о близкой войне с Китаем (подробнее см. с. 149), некий райкомовский лектор инструктировал будущих идеологических работников объяснять эти слухи действиями врагов и утверждал, что такие сплетни среди «воспитанников детских садов и учеников младших классов» распространили «вражеские агенты»[38]. Такой перенос ответственности за возникновение слуха с советского человека на агента зарубежной разведки работал на «нейтрализацию» опасного сообщения двояким образом. Во-первых, идея вражеского влияния принижала статус сообщаемой информации — показывалось, что слух ложный и верить ему нельзя. Во-вторых, она дискредитировала фигуру распространителя — он изображался марионеткой зарубежных спецслужб. Не случайно райкомовский лектор уверяет своих слушателей, что слухи о войне с Китаем распространялись агентами иностранных разведок среди маленьких детей, в детских садах. В этой модели все распространители слухов по сути своей — неразумные, но не злонамеренные дети. Именно на фоне таких газетных публикаций и инструкций началась борьба с анекдотами о Василии Иваныче, Петьке и Анке.

В анекдотах о Чапаеве герои Гражданской войны выглядели круглыми идиотами, а героическое советское прошлое — набором нелепых историй. Однажды в 1987 году пятиклассник рассказал свой учительнице анекдот, в котором Чапаев плывет через реку Урал с тяжелым секретным планом захвата Пентагона, а потом оказывается, что план — это не карта, а чугунок и картошка (на них в фильме командарм любил показывать план сражений). Учительница страшно рассердилась за этот анекдот и «кривя губы» сказала: «Вот не была бы я учительница, а ты школьник… так дала бы по морде»[39].

С осквернением героического прошлого надо было бороться. 16 января 1978 года уже упоминавшийся «специалист из обкома» рассказал будущим пропагандистам — конечно, не для увеселения, а для дальнейшего распространения и внедрения в массы, — что «анекдоты про Василия Ивановича распространяет израильская разведка»[40]. Годом раньше, осенью 1977 года, студентам исторического факультета Московского педагогического университета (тогда — «ленинского педа») то же самое сообщил некий лектор с межфакультетской кафедры то ли философии, то ли научного коммунизма на лекции по контрпропаганде: «А вы знаете, что все анекдоты про Василия Ивановича приходят к нам из Израиля?!»[41] Важно отметить, что в этом варианте врагом, который придумывает очерняющие СССР анекдоты, становится именно Израиль. Возможно, связано это с тем, что в отношениях СССР с Израилем, которые и так были очень напряженными (в 1967 году дипломатические отношения были разорваны), в 1978 году произошло очередное ухудшение: в частности, был подписан мирный договор между Израилем и Египтом, в результате чего Египет вышел из советской зоны влияния, что вызвало резко негативную реакцию советского руководства. А возможно, причина в другом: Израиль в данном случае становится метонимией еврея, который, согласно «народным» представлениям, не только виноват во всех «наших» бедах, но еще и смеется над ними. Именно этому представлению обязан своим появлением в городской неофициальной культуре образ еврея, который якобы придумал все анекдоты (согласно городскому фольклору 1930–1950-х, политические анекдоты сочинял еврей Карл Радек).

Анекдоты про Чапаева и Петьку были чрезвычайно популярны и среди взрослых, и среди детей (что не так часто встречается). Поскольку виновником в распространении антисоветского фольклора считался не подкованный и принципиальный враг, а «простак», который не ведает, что творит, именно школьники стали главным объектом внимания властей в их борьбе против крамольных анекдотов. В самом конце 1960-х годов в Перми родители услышали от своего семилетнего сына известный и сейчас анекдот «Василий Иваныч, в штаб белого привезли!» — «Отлично, сколько ящиков?» В ответ родители сделали сыну внушение, объяснив, что такие анекдоты выдумывает ЦРУ, чтобы очернить героя Гражданской войны[42]. В середине 1970-х годов директор московской школы сделал такое же внушение своим школьникам: «Анекдоты про Василия Ивановича к нам перебрасывают через Берлинскую стену, чтобы подорвать устои»[43]. Спустя почти десять лет эта тенденция сохранилась. Примерно в 1983 году в школу к нашему коллеге, тогда школьнику в подмосковном Реутове, приходил лектор из райкома комсомола, который сказал детям: «Вы тут анекдоты про Чапаева и Петьку рассказываете, а их сочиняет ЦРУ, чтобы развалить Советский Союз»[44].

Учителя пытались прекратить хождение анекдотов в школьной среде, убеждая детей, что в Америке было изобретено то ли десять, то ли двадцать вариантов анекдотов о Василии Ивановиче и Петьке, а теперь (то есть в 1983 году) «их уже по СССР ходят сотни»[45]. В наставительном рассказе ленинградской учительницы фигурировали целых два американских института, целью которых было создание антисоветских анекдотов[46]. И наконец, тем же самым пугали друг друга и дети, причем даже очень маленькие. Примерно в 1979 году две шестилетние девочки рассказали своей подружке, что анекдоты про Чапаева и Петьку рассказывать нельзя, потому что «каждый раз, когда мы над ними смеемся, американские капиталисты получают деньги»[47].

Таким образом, перед нами — городская легенда, которую можно было бы озаглавить так: «ЦРУ выдумывает анекдоты, чтобы уничтожить СССР». Сюжет полностью воплощает те идеологические установки, о которых мы говорили выше. Тем не менее, несмотря на свое пропагандистское происхождение, он распространялся так, как распространяются «народные» легенды и слухи — не только представителями некоторых институтов (лекторами из райкома), но и горизонтальным образом.

У легенды про изобретение анекдотов о Чапаеве сотрудниками ЦРУ существовала зеркальная версия, которая рассказывала о некотором скрытом Управлении КГБ, которое специально придумывает анекдоты. В реальности, естественно, никакого такого управления не было, а слух стал результатом работы фольклорной «теории разума» (с. 441), проекции идеологических установок, якобы принятых «там, у них», на нашу действительность.

Но в зеркальной версии (назовем ее «КГБ специально придумывает анекдоты, чтобы отвлечь советских людей от важной проблемы») акценты расставлены по-другому. Если первая легенда конформна, то вторая крайне протестна. Сотрудники советских спецслужб, якобы запуская в «народ» слухи и анекдоты, преследовали при этом какие-то свои цели — внушить страх перед иностранцами, скомпрометировать политических противников, отвлечь внимание от экономических проблем, канализировать общественное недовольство и т. д. Именно этому секретному Управлению приписывается честь создания бессмертных анекдотов про Василия Ивановича и Петьку для того, чтобы заглушить волну анекдотов о Ленине в канун юбилея вождя в 1970 году[48]. Эту точку зрения разделяли и разделяют до сих пор люди самых разных взглядов — от бывших диссидентов до горячих поклонников КГБ. В современной повести Олега Нестерова «Небесный Стокгольм»[49] изображена засекреченная группа молодых людей, которая под руководством куратора из КГБ сочиняет смешные, но безобидные анекдоты о советской власти. Как могла бы протекать деятельность такой группы, прекрасно изображено в советском анекдоте:

> Идет Андропов по Кремлю, и слышит: из подвала КГБ доносится смех. Нагнулся к окошку:
> — Товарищи, что смеемся в рабочее время?
> — Ой, Юрий Владимирович, мы сейчас про Вас такой анекдот придумали, завтра за него пять лет давать будем![50]

Вторая агитлегенда: борьба с двойной лояльностью

Вторая агитлегенда ничего не говорила о внешнем авторстве слухов и анекдотов, но боролась с двойной лояльностью, в которой власть подозревала некоторые группы населения, чаще всего — евреев. Показательный пример такой борьбы — это кампания 1960-х годов, которую можно было бы описать как «все на борьбу с мацой!».

Главный «элемент религиозного праздника Песах», как называли этот праздник сотрудники КГБ, — тонкий пресный хлебец, или маца, — стал большой головной болью у религиоведов в штатском. Еще в конце эпохи Сталина в 1949 году в Киеве все объявления о выпечке мацы безжалостно срывались. Но на фоне хрущевской оттепели и общего смягчения нравов мацу начинают выпекать официально (или почти официально). В 1955 году, как пишет львовский уполномоченный Совета по делам религиозных культов, есть твердое указание Министерства торговли по поводу «пока еще не устраненных потребностей верующих этого культа». То есть употреблять мацу можно. Только выпекать мы ее будем сами. Вопросы о выпечке мацы решали местные советы трудящихся, а совсем не синагога. Количество муки (в центнерах и тоннах), использованной для выпечки, аккуратно фиксировалось КГБ, а частники, которые выпекали мацу якобы «для себя», безжалостно штрафовались[51].

Естественно, в 1950–1960-е годы на Песах в советские еврейские семьи шли посылки с мацой, и часто в большом количестве. Каждую весну сотрудники органов, а также прочих служб задавали получателям посылок с мацой вопросы примерно следующего содержания: «А что, вот тут, в Одессе, нельзя было мацу испечь? Зачем ее получать из Израиля, США или Аргентины?» Тем не менее посылки с заграничной мацой приходить не переставали. На вопрос «зачем мацу получать из-за рубежа» раввины высказывали Совету по делам религиозных культов, во-первых, упреки в том, что ее слишком мало, а во-вторых, сомнения в кошерности «советской мацы».

Тем временем, то есть в 1950–1960-х годах, отношения Израиля и СССР стремительно ухудшаются. Советские евреи, посещающие синагогу и получающие посылки из Израиля, все больше и больше начинают восприниматься как граждане с «двойной лояльностью», и, соответственно, как «не свои». Наличие заграничной мацы в посылке — это уже не упрек родной системе торговли в том, что она мало печет, но демонстративная пропаганда чужого государства. В 1964 году сотрудники КГБ в Одессе, просмотрев за шесть месяцев четыре с половиной тысячи посылок из-за границы и в половине случаев обнаружив там мацу, забили тревогу. Наличие мацы в посылках было представлено заместителем председателя КГБ УССР полковником Крикуном как враждебный идеологический акт:

> В связи с предстоящим религиозным праздником иудейской пасхи сионистские организации Израиля и других капиталистических государств для разжигания антисоветской националистической пропаганды в 1964 году значительно увеличили засылку на Украину посылок с мацой[52].

Для исправления этой ситуации Крикун предложил три профилактические меры: еврейские общины должны публично отказаться от посылок; общественности необходимо объяснить вредную идеологическую подоплеку этих посылок и, наконец, попытаться дискредитировать саму мацу, объявляя ее неправильно сделанной и вообще отравленной:

> В целях компрометации этих намерений сионистских кругов, по указанию КГБ при СМ [Совете министров] УССР необходимо подготовить к опубликованию в местной прессе заявления некоторых руководителей религиозных общин и отдельных граждан еврейской национальности об отказе получать посылки с мацой из капиталистических стран. Внести в партийно-советские органы предложение об усилении

разъяснительной работы среди лиц еврейской национальности по поводу попыток использования сионистами религиозного праздника пасхи в клеветнической кампании против СССР. Одновременно с этим, используя возможности и влияние в определенной среде проверенных агентов госбезопасности, распространить среди верующих евреев версию о том, что поступающая из-за границы маца готовится без соблюдения необходимых религиозных ритуалов [некошерная] и [из] некачественной муки, вследствие чего «в прошлом кое-где имели место желудочно-кишечные заболевания»[53].

Полковник Крикун пытается снизить как статус отправителя (обвиняя его в сознательной идеологической диверсии), так и получателя (объясняя, что он, по своей простоте, принимает за акт благотворительности действия коварных сионистов). Вдобавок к этому он маркирует продукт, с одной стороны, как некошерный, а с другой — как опасный для здоровья. Кавычки в последней фразе распоряжения совершенно не случайны: полковник явно рекомендует точные формулировки для распространения слуха, ориентируясь на сюжеты, популярные в 1950–1960-е годы. Напомним, что относительно недавно жители Советского Союза слышали о евреях, отравляющих медикаменты и еду (с. 355), и боялись инфекционных диверсий со стороны иностранных гостей Фестиваля молодежи и студентов (с. 399).

Но меры, предлагаемые полковником Крикуном, не помогли. Советские люди продолжали получать посылки с мацой. Чем больше ухудшались отношения с Израилем и усиливались стремления советских евреев эмигрировать, тем больше маца воспринималась как наглядное свидетельство двойной лояльности. В 1976 году посылки с мацой были окончательно запрещены — после того как в 1975 году глава

КГБ Юрий Андропов подал в ЦК служебную записку, в которой получение посылки с мацой приравнивалось к политическому действию:

> Сионистские круги в странах Запада и Израиле, используя предстоящий религиозный праздник еврейской пасхи (27 марта с. г.), организовали массовую засылку в СССР посылок с мацой (ритуальная пасхальная пища) в расчете на возбуждение националистических настроений среди советских граждан еврейского происхождения. Уже сейчас в Одессе, Риге, Львове и некоторых других городах страны скопилось несколько тысяч посылок, адресованных, как правило, лицам, известным своими националистическими и произраильскими настроениями. Из опыта прошлых лет известно, что доставка адресатам посылок вызывает негативные процессы среди еврейского населения СССР, усиливает националистические и эмиграционные настроения. Учитывая это, а также то, что в настоящее время еврейские религиозные общины полностью обеспечены мацой, выпекаемой непосредственно на местах, Комитет госбезопасности считает необходимым посылки с мацой, поступающие из-за границы, конфисковывать[54].

Важно понимать, что агитлегенда вроде той, что предложил распространять полковник Крикун, могла оказаться полезной во множестве других случаев, когда советского человека нужно было удержать от нежелательных покупок или контактов. Например, советские военные из Афганистана и их жены вывозили в СССР (в основном для нелегальной перепродажи) модные в то время дубленки. Такая практика не встречала понимания со стороны военного и партийного руководства. Военный советник в Афганистане Валерий Аблазов признался в своем дневнике, что в Кабуле в 1981 году слухи о зараженных дубленках специально распространялись для того, чтобы советские специалисты и их жены не везли в СССР этот супермодный товар:

> По «сарафанному радио» в микрорайонах *распустили слух* (выделено нами. — *А. А., А. К.*), что все дубленки на таможне изымаются, т. к. они заражены какой-то страшной инфекцией (чумой, холерой). Это для того, чтобы не тащили с собой это барахло[55].

Возвращаясь к одесской истории, скажем, что нам неизвестно, насколько были успешны попытки распространить слухи об отравленной маце «сверху». Но благодаря этой истории мы знаем, что такие попытки делались.

Третья агитлегенда: борьба с унижающим и обманчивым даром

Изолировать и напугать: идеологическая работа в канун Олимпиады

В июле 1980 года репортер газеты «Чикаго Сан Таймс», освещавший Олимпиаду-80 из Москвы, написал об удивительной советской манере общения с иностранцами:

> 700 000 [советских] школьников были отправлены из города в лагеря, чтобы избежать идеологического заражения, а те, кто остался в городе, были предупреждены не брать жевательную резинку от иностранцев, потому что она заражена и содержит бактерии, которые распространяют болезнь или инфекции. На этой неделе один британский журналист на Красной площади дал маленькому мальчику упаковку жвачки. Отец мальчика грубо схватил его за руку, выхватил жвачку и бросил на землю. «Нет, нет», — закричал он журналисту[56].

Американский журналист стремился продемонстрировать полицейский характер советской власти, которая пресекает контакты своих граждан с иностранцами, изолируя их от гостей Олимпиады и пугая нелепыми историями. И его впечатление было во многом точным.

Советское руководство действительно стремилось «очистить» Москву от детей на время проведения Олимпиады. Почему именно от детей? Видимо, потому, что дети считались наиболее уязвимыми и перед идеологическим, и перед инфекционным заражением (которого, как мы покажем, многие чиновники боялись совершенно всерьез); возможно, также потому, что вывезти ничем не занятых летом детей проще, чем работающих взрослых. Так или иначе, в секретной записке, составленной КГБ в июле 1979 года и адресованной московским городским властям, руководителям различных ведомств, организаций и учреждений предписывалось «принять меры к направлению максимального числа учащихся общеобразовательных школ г. Москвы и Московской области в пионерские лагеря»[57].

Такие меры, как свидетельствуют многочисленные воспоминания очевидцев, были приняты. И нередко они включали в себя распространение текстов, медицинских по форме и мифологических по содержанию. Учителя и директора школ убеждали родителей вывезти детей из города, используя аргументы об инфекционной опасности, якобы исходящей от иностранцев: «Рекомендовали вывезти детей на время Олимпиады. Объясняли, что боятся, что ввиду прибытия большого количества народу из разных мест возможны разные непривычные инфекции»[58]. Подобные «меры» со стороны властей если не запустили слухи на тему «иностранцы распространяют заразу»[59], то точно сделали их циркуляцию более интенсивной.

Однако (псевдо)медицинские аргументы не всегда оказывались действенными. К тому же невозможно было физически изолировать всех детей, отправив их на время Олимпиады за город. Пытаясь как-то минимизировать их контакты с иностранными гостями (о причинах такого стремления будет сказано ниже), представители самых разных властных институтов, от школы до парткома, нередко использовали не просто аргумент «приедут иностранцы, больные холерой», но весьма специфические истории об отравленных дарах. Наш собеседник вспомнил инструктаж, полученный им в школе в мае 1980 года, в котором прямой запрет не контактировать с иностранцами, потому что подарки отравлены, сопровождался в качестве доказательства агитлегендой, построенной по модели совершенно классической городской легенды об «одной девочке»:

> Женщина в милицейской форме приходит к нам на урок математики. Рассказывает, что если вдруг родители не смогут вывезти нас из Ленинграда, то мы не должны ходить по улицам, особенно по центру города. Но уж если и вышли, ни в коем случае не подходить к иностранцам. Но если уж они сами подошли к нам, то забыть накрепко, что мы учимся в английской школе, в контакты не вступать, на вопросы не отвечать и самим вопросов не задавать. Но если вдруг так случится, что контакт состоялся, то ничего иностранцам не дарить и от них ничего не брать, ибо... Вся жвачка будет отравлена. Одна девочка попросила (о, позор!) у иностранца жвачку и отравилась. Она лежит сейчас в больнице, ей уже семь литров крови поменяли, ничего не помогает. Другой девочке насильно подсунули конфету за то, что она показала, как пройти в Эрмитаж. А мама дома эту конфету открыла, разломила и там — толченое стекло[60].

Перед нами — *третья советская агитлегенда*. Она рассказывала о том, как советский гражданин нарушал запрет на контакт с иностранцем и был за это наказан. Этот тип агитлегенды распространялся в 1980 году практически везде, и не только в школе. Их распространяли наделенные институциональным авторитетом учителя, вожатые, лекторы и воспитатели. Например, в одной московской школе истории про иностранные авторучки, которые взрываются в руках, рассказывали учителя «в порядке политинформации»[61]. А в ленинградской школе на Ждановской набережной на уроке политинформации, который школьники готовили под руководством учителей и комсоргов, сообщалось, что «враждебный Запад планирует всякие диверсии, чтобы сорвать нашу чудесную Олимпиаду, что иностранцы будут специально раздавать детям жвачку, в которой скрыты железные лезвия, иголки и прочая дребедень»[62]. Иногда слухи об опасных иностранных дарах возникали в школьной среде естественным образом, но затем получали авторитетную поддержку от школьной администрации и учителей:

> В школе эти слухи подкрепляла одна из учительниц, рассказывая про отравленную жвачку. Еще среди детей ходили слухи про красивую пишущую ручку со взрывным устройством внутри. А вообще строго-настрого запрещали поднимать с земли «все красивое иностранное»[63].

Чтобы убедить слушателей в реальности опасного дара, в некоторых случаях люди, ответственные за идеологическую работу, не ограничивались только распространением текста. Они устраивали целый мини-спектакль, где перед школьниками выступала «жертва» преступлений иностранцев. Фольклорист Линда Дег (о ее теории подробно мы говорили в главе 1), наверное, очень бы обрадовалась такому примеру, ведь перед нами настоящая псевдоостенсия — инсценировка городской легенды с целью вызвать страх:

> К нам в класс приводили мальчика чуть старше (мы были в первом, он по виду лет 9–10), который рассказывал, что его иностранка в темных очках угостила на улице жвачкой, а его мама-химик проверила эту жвачку в лаборатории, и в ней оказался яд. Мы, конечно, всему этому поверили[64].

Поэтому неудивительно, что удачная агитлегенда провоцировала *остенсивное поведение* — например, отказ от лакомств под влиянием таких историй:

> Мне было 5 лет, братьям — по 3 года, мы шли от нашей дачи к бабушкиному дому в деревне, и какой-то человек предложил нам жвачку (голубые подушечки, помню как сейчас). Я у братьев отобрала и выкинула в траву, сказав, что жвачка может быть отравленной[65].

Однако несмотря на усилия идеологических работников по распространению агитлегенд, далеко не всем детям истории об «отравленных дарах» казались такими убедительными. Так, в 1980 году одна учительница рассказала школьникам о лезвиях, спрятанных в американской жвачке. Но дело происходило в Одессе, портовом городе, где все дети были хорошо знакомы с импортными жвачками, поэтому школьники только очень вежливо и с большим недоумением выслушали рассказ учителя и сразу же забыли странный запрет[66].

Другие случаи провала агитлегенд были наполнены гораздо большим драматизмом. Например, когда в 1976 году класс нашего собеседника из подмосковных Подлипок повезли на экскурсию в мавзолей, детям было сказано, что жвачки у иностранных туристов брать не надо, потому что, во-первых, это «недостойно», а во-вторых, опасно, потому что «жвачки могут быть отравленными». Хотя педагоги, как мы видим, использовали сразу два аргумента, сообщив детям одновременно и о «фольклорной» опасности, и об «идейной» недопустимости иностранного дара, их предупреждения не возымели должного эффекта. Когда какой-то иностранец выкинул уже пожеванную (!) жвачку в урну, половина класса в едином порыве кинулась ее поднимать[67]. Такими же малоэффективными оказались истории об опасных жвачках для учащихся одной московской школы с углубленным изучением французского языка. Перед приездом французской делегации учительница рассказала детям историю об «одном мальчике», который «съел иностранную жвачку и умер, второй тоже съел, но потом попил водички, поэтому поболел, но не умер»[68]. Однако, когда французы приехали, дети обступили их и требовали жвачек с такой бесцеремонностью и напором, что ошарашенные гости просто не знали, куда деваться.

«Мы не нищие», или Зачем советской власти агитлегенда

Читатель этой книги, наверное, вспомнит много подобных историй об опасных иностранных вещах из главы 5 (с. 369): о зараженных джинсах, взрывающихся ручках, отравленных жвачках, которые предлагались иностранными злодеями. Распространение и «достраивание» этих историй учителями и пропагандистами накануне Олимпиады совершенно не случайно. Эта агитлегенда боролась с «унижающим даром», то есть желанием советского человека приобрести, выменять, а еще хуже — выпросить у иностранца импортную вещь, которая обладает иллюзорной привлекательностью. Такое желание однозначно осуждалось и, как считалось, было способно нанести стране репутационный ущерб.

СССР периода холодной войны был очень озабочен тем мнением, которое составят о стране иностранцы. Борьба с принятием и выпрашиванием подарков была только одним из проявлений этой озабоченности. Другим ее проявлением была тревога по поводу того, что западный наблюдатель увидит некоторые неприглядные стороны советской действительности. Эта тревога владела представителями советской власти самых разных уровней, начиная с самых первых лет создания СССР и до самого его конца[69]. Именно поэтому вся послевоенная система иностранного туризма в СССР была организована таким образом, чтобы советская действительность представала перед зарубежными гостями в самом выгодном свете. Одни объекты были рекомендованы (и иногда даже обязательны) к показу: архитектурные достопримечательности, музеи, образцовые колхозы и предприятия; другие, наоборот, не должны были попадать в поле зрения иностранца ни в коем случае[70]. Помимо зданий и территорий, представлявших интерес для потенциальных «шпионов», это были объекты, люди или вещи, которые могли создать впечатление экономической или культурной отсталости страны. Так, гиды-переводчики, работавшие с тургруппами из капиталистических стран, должны были пресекать любые попытки туристов сфотографировать помойку, ветхое строение, пьяных людей и т.п.[71] В 1960–1980-е годы авторы пропагандистских брошюр призывали своих читателей внимательно следить за тем, что именно фотографируют в советских городах иностранные туристы, предупреждая, что последние могут пытаться фотографировать не только памятники архитектуры, но и очереди, свалки и ветхие дома, чтобы потом опубликовать снимки в какой-нибудь западной газете и опозорить нашу страну на весь мир. Перечень объектов, запрещенных для фотосъемки, был весьма обширен. В 1960 году американский турист Роберт Критчнер саркастически заметил, жалуясь симпатичному русскому парню (не зная, что это агент КГБ с оперативным псевдонимом «Карузо») на ограничения, налагаемые на западных туристов: «В СССР туристам ничего нельзя фотографировать, только горы и море»[72].

Советские люди — даже если они не имели никакого отношения к системе «Интуриста» — твердо знали, что советская действительность должна представать перед иностранцами «в лучшем виде». О том, что это знание было всеобщим, говорит анекдот, «соль» которого иногда непонятна современному читателю:

> Иностранный корреспондент берет в цеху интервью у передовика производства:
> — Сколько вы получаете?
> — Девяносто рублей в… (гебист мигает рабочему) в неделю.
> — Каковы ваши жилищные условия?
> — Одна комната… (гебист мигает) на каждого члена семьи.
> — А какое у вас хобби?
> — Двенадцать сантиметров… (гебист растерянно мигает) в диаметре[73].

Желание советского человека получить импортную вещь — точно так же как и наличие очередей — свидетельствовало о несовершенстве советской экономической системы и тем самым могло дать западному недоброжелателю повод для злорадства. Поэтому такое желание следовало или искоренить, или хотя бы сделать не таким заметным для внешнего взгляда. В идеале гражданин СССР, столкнувшись с иностранной вещью, должен был действовать как лирический герой известного стихотворения Маяковского — то есть демонстрировать полное равнодушие или даже презрение:

Я в восторге
от Нью-Йорка города.
Но
кепчонку
не сдеру с виска.
У советских
собственная гордость:
На буржуев
смотрим свысока.

Хотя стихотворение «Бродвей» было написано Маяковским в 1925 году, оно могло и в позднесоветскую эпоху служить точной инструкцией к тому, как следует себя вести, столкнувшись с привлекательными продуктами капиталистического мира. Герой стихотворения являет собой образец «советской гордости» — он никак внешне не показывает свое чувство восхищения перед капиталистическим миром и смотрит на него демонстративно «свысока». Так же гордо должны были вести себя советские граждане, большие и маленькие: «Брать лакомства и жвачки у иностранцев не рекомендовалось, потому что мы не нищие»[74].

В реальности, однако, такие образцовые проявления «советской гордости» встречались редко. Гораздо чаще можно было наблюдать свидетельства ее полнейшего отсутствия. В портовых городах существовало огромное количество фарцовщиков, перепродающих импортные вещи, а многие ленинградские и московские школьники атаковали иностранцев возле стоянок автобусов, гостиниц и городских достопримечательностей с целью выпросить, купить или выменять жвачку[75].

Насколько сильным могло быть желание заполучить импортную жвачку, свидетельствует один трагический эпизод, никогда не освещавшийся советской прессой. В марте 1975 года на стадионе «Сокольники» в Москве проходил матч между юношескими командами Канады и СССР. Спонсором игры был производитель жевательной резинки компания Wrigley. После матча советские болельщики, ожидая раздачи жвачки, ринулись к тому выходу из стадиона, возле которого стояли автобусы канадцев. Выход оказался перекрыт, а в помещении стадиона отключили свет, в результате чего образовалась давка, в которой погиб 21 человек (13 погибших были моложе 16 лет). По одной из версий, и закрытый выход, и отключенный свет были результатом намеренных действий администрации стадиона, которая стремилась предотвратить утечку «постыдной» информации — ведь канадцы могли из своего автобуса фотографировать советских подростков, жадно хватающих жевательную резинку[76]. Поскольку советская система в целом прикладывала огромные усилия для того, чтобы создать положительный образ страны для Запада, эта версия не кажется совсем уж неправдоподобной.

Такое очевидное стремление во что бы то ни стало заполучить жвачку или другую западную вещь могло, говоря языком советского официоза, создать «у зарубежных гостей неправильное представление о советской действительности»[77]. Поэтому начиная с 1960-х годов власть вела безнадежную борьбу с попытками выменять или выпросить у иностранца западную вещь и с прочими практиками, красноречиво указывающими на полное забвение принципов «советской гордости». В 1987 году в административном кодексе РСФСР даже появилась статья «Приставание к иностранным гражданам с целью приобретения вещей»[78].

Обманчивая красота западного дара

Но подозрение в опасности иностранных даров было вызвано еще одной причиной. Опасна была сама соблазнительность иностранной вещи, которая в советской идеологии представлялась метафорой западного мира в целом. В соцреалистических романах и советских травелогах западный мир представал таким же притягательным внешне, но опасным по своей сути, как жвачка с толченым стеклом. Идею обманчивой привлекательности советские идеологические работники внушали туристам и командировочным, отправляющимся в капиталистические страны. Так, сопровождающий тургруппу сотрудник «Интуриста» должен был проводить с выезжающими «разъяснительную работу», чтобы «туристы правильным образом поняли фактическую действительность за границей и чтобы им не вскружил голову шик»[79]. Оказавшись за границей, идеальный советский турист не должен был поддаваться на картины товарного изобилия, а должен был видеть их иллюзорную, обманчивую сущность, например разглядеть, что «вся эта роскошь, чистота, порядок созданы для… богатеев, людей, не знающих, куда девать деньги и свободное время»[80]. Точно так же герой соцреалистического романа должен был видеть за красотой женщины-иностранки коварную шпионку. Так, в романе Всеволода Кочетова «Чего же ты хочешь?» американская шпионка Порция Браун наделена «ангельски правильным овальным чистым лицом» и голубыми глазами, но эта обманчиво невинная наружность не мешает советским героям распознать ее подлинную сущность. В художественном мире соцреализма заморская красавица выполняла ту же функцию, что и отравленные джинсы в мире городской легенды: она соблазняла советского человека, но затем обнаруживала свою настоящую, опасную и враждебную суть, и это неприятное открытие убеждало героя в обманчивости западного мира в целом.

Поэтому неудивительно, что агитлегенды третьего типа, особенно в канун Олимпиады, внушали представление об иллюзорности западных благ. Особый упор при этом делался на внешнем виде опасных иностранных вещей, которые характеризовались как «яркие» и «красивые»:

> В Москве в связи с Олимпиадой полно слухов и кривотолков. Девочек (Таню-Олю), прежде чем распустить на каникулы, предупреждали, чтоб не смели братъ-подбирать на улицах, на скамейках жевательную резинку и все прочее, *яркое и манящее* (курсив наш. — *А. А., А. К.*), все будет заражено![81]

«Внедрение» подобных агитлегенд в детскую среду было довольно распространенной практикой. Об этом свидетельствует одна шутка, появившаяся в Ленинграде, предположительно, в конце 1970-х — начале 1980-х. Сотрудник КГБ показывает школьнику жевательную резинку, спрашивает: «Что это?» и получает идеологически верный ответ о подлинном содержании иностранной обманки: «Тертое стекло, куриный помет и сметана»[82].

Именно в силу такой метафорической связи принятие иностранного дара становится политическим действием — принимая в дар иностранную вещь, ты одновременно позволяешь миру капитала соблазнить себя и таким образом совершаешь политическое преступление. Этой связью отчасти объясняется довольно странное (на первый взгляд) предупреждение, которое один наш информант в детстве слышал от бабушки: «возьмешь у иностранца жвачку — посадят в тюрьму по 58-й статье»[83], то есть за антисоветскую агитацию и пропаганду.

Морфология агитлегенды об отравленном даре

Сам сюжет агитлегенды об отравленном западном даре возник не просто так. Он представляет собой сложное переплетение фольклора и назидательной советской литературы. Во-первых, мы видим в этой агитлегенде следы фольклорных представлений о *своем* и *чужом* (с. 307), согласно которым чужак не может быть безобиден. Во-вторых, своим существованием именно в такой форме она обязана идеологической воспитательной литературе, которую читали все советские дети. В таких книгах, будь то советский детектив или пропагандистская брошюра, невинный советский человек сталкивался с западным шпионом или подлым иностранным корреспондентом, который норовит сфотографировать что-то не то. Анализ литературных сюжетов о шпионах и иностранных корреспондентах, с одной стороны, и фольклорных рассказов об отравленных дарах, с другой, показывает, что первые имеют вполне себе фольклорную структуру, а шпионы и корреспонденты просто выполняют ту же функцию, что и фольклорные отравители.

Вернемся еще раз к двум страшным агитлегендам, которые рассказала сотрудница милиции школьникам в 1980 году:

> Одна девочка попросила (о, позор!) у иностранца жвачку и отравилась. Она лежит сейчас в больнице, ей уже семь литров крови поменяли, ничего не помогает. Другой девочке насильно подсунули конфету за то, что она показала, как пройти в Эрмитаж. А мама дома эту конфету открыла, разломила и там — толченое стекло.

Они выглядят похоже, у них одна и та же структура, которая разительно напоминает фрагмент волшебной сказки: царевне запрещено брать яблоко — царевна берет яблоко —

царевна отравлена и крепко спит в смертельном сне — ее мачеха полностью удовлетворена. Структуру этих двух агитлегенд можно было бы изобразить в виде последовательности сюжетных элементов:

1. Запрет на контакт: не брать вещь у иностранца/не заводить знакомства с иностранцем.
2. Нарушение запрета — герой принимает опасный дар.
3. Герой терпит ущерб.
4. Последствия действий врага: смерть, болезнь или наказание.

Фольклорист Владимир Пропп в своей известной книге «Морфология сказки» доказал[84], что все волшебные сказки строятся на подобной жесткой последовательности подобных элементов, которые он называл *функциями персонажа*. Конечно, в волшебной сказке их не четыре, а гораздо больше, однако агитлегенда (как, прочем, и легенда) — это текст короткий, не занимающий внимание слушателя надолго. Его задача — рассказать о трагических последствиях нарушения запрета (и тут все умерли!), а не о том, как главный герой решил задачу, спас принцессу и получил свои полцарства. Кроме того, в агитлегенде первая функция может только подразумеваться, потому что инструктор из райкома или милиционер, как правило, сначала озвучит запрет не общаться с иностранцем, а потом подкрепит его страшной историей. А вот три остальные функции присутствуют всегда.

Однако кое-чем эти две агитлегенды, рассказанные сотрудницей милиции, различаются. В первой из них девочка сама виновата в том, что попросила у иностранца жвачку и тем самым нарушила запрет: «Одна девочка попросила (о, позор!) у иностранца жвачку». Во второй девочка приняла отравленный дар обманом: «Другой девочке насильно подсунули конфету». Мотивировки нарушения демонстрируют два типа преступления советского человека при контакте с западным миром (стремление к его вещам и потеря бдительности), и первое преступление, конечно, гораздо страшнее. Поэтому в первой истории девочка при смерти, а во второй мама отбирает жвачку и находит толченое стекло. Так появляется новая мини-последовательность элементов (хода в терминологии Проппа): появление спасителя и обнаружение обмана.

Точно такую же структуру имеют и литературные истории о дарителях-шпионах. Так, например, в одной из пропагандистских брошюр 1963 года[85] рассказывается история «молодого сотрудника одного Ленинградского института» Рудакова, который завел знакомство с аспирантом из США. Функция запрета («не заводить знакомства с иностранцем») здесь не проговаривается, но подразумевается: читатель уже в курсе, что советский студент не должен приятельствовать с американцем. Со временем аспирант стал «снабжать Рудакова различными западными книжонками, пикантными рассказами и картинками». Так реализуется второй элемент, она же функция: герой нарушает запрет и принимает опасный дар. Что, естественно, приводит к третьей функции (герой терпит ущерб): Рудаков вынужден поставлять секретную информацию для ЦРУ, после чего он «попадает в поле зрения КГБ». Тут появляются последствия действий врага: герой стал предателем Родины и понес за это наказание.

Несмотря на схожесть структуры, литературные или пропагандистские тексты, выдержанные в жанре назидания, отличались от собственно фольклорных качеством того вреда, который наносит враг. В фольклорных текстах, которые рассказывали во дворе, а также в агитлегендах, которые повторяли их практически без содержательных изменений, враг вредит конкретному советскому гражданину, наносит ущерб его здоровью: «Вот тот мальчик взял у иностранца жвачку, съел и умер — в ней были битые стекла»[86].

В пропагандистском или литературном варианте ущерб наносится не только герою, но и стране, которая несет репутационные потери или становится уязвимой перед иностранными разведками. Все жители советской страны являются «вторым телом короля»[87] и несут коллективную ответственность. Просчеты одного оборачиваются стыдом для всех. Недаром школьников, которые пошли клянчить жвачки к «Интуристу», некий «человек в штатском» обвинил в том, что они позорят страну:

> Нас научила наша предприимчивая одноклассница, что за жвачками надо идти к Интуристу, и там просить их у иностранцев. Некоторые, говорит, ходили, и им дали целый блок и еще джинсы подарили! Собрались, пошли, оккупировали крыльцо Интуриста и стали бегать с криками «Гум, гум, гив ми гум!» за выходящими из гостиницы. И между прочим, над нами никто не ржал, все только сурово хмурились, а потом вышел дядька в костюме и начал орать, что мы позорим имя советских школьников, и сейчас нас корреспонденты иностранных газет снимут, а потом напечатают фотографии с подписями «Советские дети просят хлеба», и так мы опозорим всю страну[88].

Один наш собеседник резюмировал эти типы вреда следующим образом: «в иностранных жвачках либо яд, либо взрывчатка, либо вражий журналист сфотографирует и напишет, что мы голодаем и берем подачки»[89]. Либо, добавим мы (помня о поучительной истории аспиранта Рудакова), шпион в обмен на жвачку сделает тебя предателем родины.

Выше мы доказывали, что агитлегенда построена вокруг нарушения запрета с последующим трагическом исходом: мальчик не послушался запрета подходить к иностранцу, взял отравленную жвачку и умер. Однако в некоторых историях смертельного исхода удается избежать. В агитлегенде, которую мы разбирали выше, появился спаситель (мама), который распознал трюк врага (нашла толченое стекло в жвачке) и минимизировал ущерб. Это не единственный пример. Иногда появляется агитлегенда про отравленные дары, где герой разоблачает трюк подлого иностранца. Структура такой агитлегенды следующая:

1. Герой встречается с врагом.
2. Герой подозревает обман.
3. Герой разоблачает обман.
4. Награждение героя (эта функция может отсутствовать).

Примером агитлегенды с такой структурой может послужить рассказ, услышанный 11 июля 1980 года на некой московской фабрике от лектора-пропагандиста:

> В обеденный перерыв застал в сборочном цехе лектора Общества «Знание» — стращал девчонок всякими ужасами, которые нам грозят в дни Олимпиады, и первые якобы уже имеют место. Будто бы только что зафрахтовал на весь день нашего таксиста иностранец, чуть не полста рублей в час посулил. И до вечера катался по разным адресам — развозил красивые свертки, набитые в багажник и на заднее сиденье. Но бдительный советский шофер, заподозрив неладное, оперативно сдал иностранца в милицию. Раструментили (так в тексте. — *А. А., А. К.*) там свертки, а в них — джинсы из США. И оказались те штаны дерюжные, как экспертиза установила, насквозь заражены самым натуральным сифилисом![90]

Структура таких историй также почти в точности повторяет детективные сюжеты, изложенные в самых разных советских текстах пропагандистского толка. В 1939 году поэт Евгений Долматовский написал стихи о поимке шпиона у дальневосточных рубежей. Стихотворение было превращено в песню «Коричневая пуговка», которая стала очень популярной. Довольно быстро советская песня стала фольклорной балладой и с небольшими изменениями бытовала во дворах вплоть до 1980-х годов (один из авторов этих строк часто слышал ее в детстве). При этом некоторые пели ее всерьез, а некоторые воспринимали текст песни как пародию, особенно в позднесоветское время[91]. В этой песне мальчик Алешка, идя по дороге, наступает ногой на странную пуговицу: «И вдруг увидел буквы нерусские на ней». Бдительные дети сообщают об этом пограничникам, которые обнаруживают подозрительного иностранца:

А пуговицы нету
У заднего кармана,
И сшиты не по-русски
Широкие штаны.
А в глубине кармана —
Патроны для нагана
И карта укреплений
Советской стороны[92].

Шпион опознается по скрытому знаку, что роднит оригинальный текст, появившийся в 1939 году, с другими историями о гиперсемиотизации 1930-х годов (с. 85), но сам сюжет не отличим от агитлегенд про бдительного советского разоблачителя.

Но все же, повторим, такие позитивные агитлегенды о бдительном гражданине в 1980-е годы встречались гораздо реже, чем рассказы о страшной рвоте, посинении и судорогах, которые ожидали наивного советского ребенка, все-таки проглотившего иностранную жвачку. Как тут не вспомнить теорию когнитивистов Криса Белла и его коллег об «отрицательном эмоциональном отборе» (с. 44), которую в двух словах можно сформулировать так: «чем более отвратительна и страшна история, тем лучше она запоминается и тем больше нам хочется рассказать ее другому».

Новая агитлегенда и старый страх

Итак, чем отличается история про иностранца, который предложил советскому мальчику жвачку с лезвиями внутри, от американских историй про анонимных отравителей, которые точно таким же способом вредят детям на Хэллоуин (с. 53)? Содержательно — ничем. Да и вообще сюжеты о вещах, намеренно зараженных инородцами, — например, истории о том, что евреи заражают колодцы или отравляют еду, — появлялись в самых разных культурах без всяких усилий властных институтов (и об этом рассказывают главы 4 и 5). Агитлегенды просто-напросто копируют международные сюжеты городских легенд, а также советской идеологической литературы.

Дело не в содержании, а в функции. Агитлегенда использовалась для того, чтобы мягко мотивировать неразумных граждан на идеологически правильное поведение и предотвратить «политически незрелые» поступки с их стороны. Такая стратегия была задействована в 1960–1980-х годах, когда сотрудники органов, ответственные за идеологический контроль, сосредоточились на профилактике «государственных преступлений», к которым раньше относились и рассказывание анекдотов, и распространение слухов. В новые «вегетарианские» времена за слухи и анекдоты почти перестали сажать, однако идеологические работники стали использовать логику распространения городской легенды в своих целях.

И все же, несмотря на приведенные выше (с. 187) документальные доказательства того, что в отдельных случаях представители надзирающих институтов намеренно использовали такие агитлегенды, популярная теория о том, что они все и всегда расчетливо «вбрасывались», не совсем верна. Эта теория предполагает, что представители власти действовали исключительно рационально и что, цинично запугивая доверчивых граждан историями об отравленных жвачках или зараженных джинсах, сами они прекрасно отдавали себе отчет в ложности этих историй. Однако в реальности это далеко не всегда было так. Правильнее будет сказать, что и представители власти, и рядовые люди, и взрослые, и дети часто разделяли общие убеждения об опасности иностранцев и иностранных даров, просто первые считали своим долгом воспитывать с помощью этих текстов. При этом нередко взрослые оказывались более восприимчивыми к таким историям, чем дети, а высокопоставленные чиновники были такими же носителями представлений об «опасном чужаке», как и «простые советские люди», и совершенно искренне боялись быть отравленными или зараженными через «опасные вещи». Так, в 1983 году учительница одной московской языковой школы после визита американской делегации заставила второклассников выбросить в мусорное ведро подаренные американцами жвачки, заметив, что американцы, конечно, милые люди, но вообще «мы не знаем, кто их послал»[93]. Некоторые дети отнеслись к этому аргументу скептически, тогда как учительница, по всей видимости, опасалась американских жвачек совершенно серьезно — по крайней мере, идеологической мотивации «предотвратить контакт детей с иностранцами» у нее быть не могло, так как контакт уже состоялся.

У нас есть и гораздо более близкие примеры восприимчивости чиновников и педагогов к фольклорным сюжетам.

В октябре 2016 года Виктор Грищенко, чиновник из комитета по образованию одного подмосковного города, был очень встревожен городской легендой о «наркожвачках» (красивых жвачках с героином внутри), которые будто бы раздают детям анонимные драгдилеры. Поэтому он распечатал текст предупреждения из родительского чата на официальном бланке, снабдил всеми полагающимися печатями и сослался при этом на некое (разумеется, несуществующее) письмо от «Главного управления МВД», после чего разослал получившийся документ нескольким другим чиновникам — и вызвал панику в региональных комитетах по образованию и родительских чатах. На вопрос журналистов о том, зачем он это сделал, Грищенко ответил, что хотел таким образом привлечь внимание общественности к существующей угрозе, которую лично он воспринимал как абсолютно реальную[94].

Придумал ли Грищенко эту историю? Нет. Городские легенды про привлекательные, но вредоносные лакомства существуют очень давно и распространены по всему миру. Хотел ли чиновник убедить читателей документа в реальности угрозы? Ответ, безусловно: да.

Глава 4

СВОИ ЧУЖИЕ ОПАСНЫЕ ВЕЩИ

В этой главе мы встретимся с такими «приятными» вещами, как зараженные сифилисом стаканчики из автомата с газировкой, колбаса с крысиными лапками, пирожки с начинкой из детей, джинсы, пропитанные ядом, или мыло, сделанное из убитых в концлагере евреев. Такие вещи, напитки и еда, как правило, имели двойную природу. Они, с одной стороны, были «чужими», поскольку производились не нами и вне поля нашего зрения: колбаса делалась на мясокомбинате, пирожки — незнакомыми торговцами с рынка, а американские джинсы привозились из «заграники» и продавали в подворотне. С другой стороны, они были «своими», потому что существовали в нашем, советском пространстве и были предметами повседневного обихода. Но было и еще одно свойство у этих вещей — они воспринимались как источник опасности. Эта глава и посвящена вопросу, как и почему это произошло.

Чистота и опасность по-советски, или Зачем играть в сифака

Почти каждый читатель этих строк, который был советским школьником в 1980–1990-е годы, вспомнит, как он играл «в сифу» или «в сифака́». После звонка с урока кто-нибудь кричал внезапно: «сифа!», и все начинали бросаться грязной тряпкой для пола или доски, мокрой губкой или жеваной бумажкой. Предмет для бросания должен был быть неприятным, в идеале — способным испачкать одежду, а от игроков требовалось увернуться от этого предмета. Если тебе не везло, то ты становился *сифаком*, твоя форма была украшена позорным пятном, избавиться от которого можно было, только «заразив» другого игрока. Слово «заразить» здесь использовано совершенно не случайно. Возможно, в детстве вы не догадывались, что «сифак» и «сифа» — сокращения от слова *сифилис*, но этому есть убедительные доказательства. В Саранске эту игру называют *заразки*, в Новосибирске и Новокузнецке — *параша*, а в Белоруссии, Нарве и Херсоне — *тиф*[1]. Игра изображала реальное заражение «нехорошей» болезнью: результатом этого метафорического заражения (как и реального) становился позорный знак (грязное пятно на одежде). Возможно, именно поэтому во многих школах было нельзя приглашать играть в «сифу» девочек[2].

Грязное пятно, появляющееся на одежде неудачливого игрока, является метафорой заражения, а получивший его игрок моментально и не по своей воле пересекает символическую границу между чистым (здоровым) и грязным (зараженным). Не случайно и тряпка в игре, и сам играющий назывались не только наименованиями заразных болезней (*тиф*, *сифилис*), но и теми диалектными словами, которые обозначали грязь и нечистоты, например во Владикавказе игра в сифака — это *форш* (диалектное «нечистоты»). В других местах в ход пошли слова из блатного лексикона: играющий в Свердловской области назывался *чуханка* («грязнуля»), в Северном Казахстане — *параша*, а в Омске — *шкварь* («презираемый человек»)[3].

Точно такое же, совсем не невинное происхождение имеет один из вариантов «игры в пятнашки» (по своему типу «салочки-догонялочки»), которая изображает на самом деле «заражение оспой». Отсюда и *пятнашки* (то есть оспины). Неудивительно, что такая игра становится популярной во время эпидемий конца XIX века[4].

В «сифака» играли в школах уже на излете советской эпохи, а люди, ставшие школьниками до 1980-х годов, этой игры совершенно не помнят. Почему же вдруг школьники принялись массово играть в нее в конце 1980-х и первой половине 1990-х годов?

Сифилис был по-настоящему опасен в первой половине XX века, а в 1950-е годы, после появления антибиотиков, стал хорошо поддаваться лечению. Исчезли запущенные формы сифилиса, при которых проваливался нос и начинались психозы. Сифилис перестал быть опасным и неизлечимым заболеванием, но остался болезнью постыдной, «грязной», указывающей на то, что человек имел сомнительные контакты. В одной из серий советского культового детектива «Следствие ведут знатоки» (начало 1980-х годов) преступники шантажируют высокопоставленную советскую чиновницу, угрожая ей поддельной справкой, в которой сказано, что ее юная дочь заболела сифилисом после отдыха в советском пансионате. Так злоумышленники заставляют чиновницу идти на должностные преступления.

Поскольку сифилис был знаком, указывающим на «нечистоту», его название стало использоваться в детской игре, которая учила бояться грязного и стыдного, то есть охранять границу между двумя этими категориями вещей.

В 1966 году британский антрополог Мэри Дуглас опубликовала свою знаменитую книгу «Чистота и опасность», где задалась простыми, на первый взгляд, вопросами: почему в разных человеческих обществах возникают такие разные представления о грязном (опасном) и чистом и зачем нам нужны эти представления? Можно есть свинину на Кубе — и это хорошая, чистая, самая достойная еда, но нельзя есть в Израиле, стране с похожим климатом. Согласно Мэри Дуглас, дело не в самом наборе эмпирических знаний о мире. Дело в том, что мышление человека устроено категориально. Наш мозг воспринимает все объекты в мире как относящиеся к жестким категориям, с помощью которых человек описывает мир. Эти категории, как правило, бинарны (мужчина — женщина), а их наполнение зависит от каждой конкретной культуры. Грязное, как неоднократно повторяет Дуглас, — это прежде всего вещь, которая находится «не на своем месте». Проверьте себя сами. Представьте себе мир, где есть две категории вещей — лежащие на столе и на полу (второй класс — это плохой класс). Если салфетка лежит на столе, то это просто салфетка. Если ее случайно скинуть на пол, то она немедленно переходит в разряд мусора, нечистой вещи (даже если пол был чистым), и мы ее выкидываем, хотя свойства самой салфетки при этом не поменялись.

Если вещь становится нечистой, оказавшись не в своей категории, то ее надо очистить. Именно поэтому, согласно Мэри Дуглас и другим когнитивным антропологам, в традиционных обществах постоянно проводятся ритуалы очищения, если кто-то приехал из чужого места, коснулся чужой вещи или просто иногда шагнул не туда. Например, в монгольской юрте ружье висит на мужской половине, и женщине — существу из совершенно другой категории — категорически запрещено касаться его. Естественно, если какая-нибудь женщина захочет навредить мужу-охотнику, то она коснется или даже переступит через его ружье. Если это произойдет, то единственный способ спасти загрязненное ружье — это провести ритуал очищения: окурить можжевельником*.

* Такие истории мы (участники экспедиций, куда входила и Александра Архипова) неоднократно слышали в Монголии в 2006–2010 годах.

Однако если есть правило, существуют и исключения, когда нарушать категориальную классификацию можно и даже нужно. В мирах с четким делением на мужское и женское однополые пары вызывают резкую неприязнь, обвинения в разрушении «традиционных ценностей» и даже физическую агрессию. Однако в традиционных мусульманских сообществах Средней Азии, несмотря на строгое деление на мужское и женское, были мужчины, которые носили женскую одежду и назывались женскими именами. Им было позволено, поскольку они были шаманами. Шаман выпадал из привычных категорий: разговаривая с духами, он пересекал одну границу — границу миров — значит, мог беспрепятственно пересечь и другую — гендерную[5]. Точно такая же логика действует в индийской культуре, где представители касты *хиджра* (трансвеститы, гермафродиты, кастраты и гомосексуалы, находящиеся на границе между двумя полами) наделяются магическими способностями[6].

Нарушение границ между чистым и нечистым и сейчас может вызвать резкое неприятие почти у любого читателя этих строк. В 1986 году когнитивные психологи Поль Разин и его коллеги опубликовали статью[7], описывающую результаты любопытного эксперимента. Они показывали испытуемому мертвого таракана, тщательно его дезинфицировали, а потом на долю секунды опускали в стакан с водой. Выпьете ли вы такую воду? Скорее всего, нет — и в эксперименте пить эту воду отказалось подавляющее количество участников, хотя мертвый продезинфицированный таракан ничем не угрожал их здоровью и не мог загрязнить воду. Тем не менее границы грязного и чистого для нас столь же незыблемы, сколь и нелогичны — с научной точки зрения. Надо сказать, что экспериментаторы не доказывали категориальное деление мира, согласно теории Мэри Дуглас: они проверяли тезис о наличии в мышлении современного человека законов контагиозной и симпатической магии, описанных более ста лет назад антропологом Джеймсом Фрэзером. Если кратко, то, согласно теории Фрэзера, во-первых, первобытный человек считал, что если объект А похож на объект Б, то А и есть Б; а во-вторых, если А касалось Б, то свойства Б передались А[8].

«Тараканий эксперимент» воспроизводим: его с некоторыми содержательными вариациями неоднократно повторяли другие психологи, в результате чего Андреа Моралес и Гаван Фитцсимонс доказали важность символических границ для современного человека: шоколад, лежащий на полке в супермаркетах рядом с прокладками, продаваться будет очень плохо[9].

Итак, произвольное перемещение объектов между категориями не приводит ни к чему хорошему. Объект, оказавшийся вследствие такого перемещения «не на своем месте», становится нечистым и опасным. В игре, которую мы разбирали выше, грязная тряпка случайно перемещает игроков между классами: тот, кого она коснулась, немедленно перемещается в класс зараженных сифилисом. То же самое можно было сделать, если играющий считал кого-то из своего окружения неприятным человеком, и тогда «заражение» переставало быть случайным, а оказывалось способом пометить социально неприемлемых товарищей. Ровно так поступали студенты в Перми в 2010-е годы:

> Нужно было сказать слово «сифа» после того, как кто-то прикоснулся к чему-то неприятному по тем или иным причинам, а затем каждый человек в компании перекрещивал пальцы. И тот, кто становился «сифой», должен был выжидать, пока кто-нибудь не расцепит пальцы, чтобы прикоснуться к нему и сделать «сифой» уже его (иногда проходило несколько дней). «Сифозность» предмета или человека, к которому прикасались, определялась коллективными антипатиями[10].

Советские городские легенды, о которых пойдет речь ниже, говорили именно о результатах таких «невозможных перемещений» — крысиных лапках, которые по недосмотру оказались в колбасе, человеческом мясе, которое в результате злой воли производителя пирожков стало едой, и человеческом жире, ставшем мылом.

Крыса в колбасе: как возникает культура недоверия

> Из автоматов не пила никогда, потому что все стаканы зараженные (чем — не говорили). Когда выросла, подружка говорила, что из нее пьют сифилитики <…>. Квас тоже из бочек пить было нельзя, только из своего кувшинчика. Дети были уверены, что вся бочка внутри в червях (опарыши). Еще была легенда, что нельзя последний квас пить из бочки, потому что со дна будет обязательно с червями[11].

Так описывает в разговоре с нами свои детские страхи по поводу инфраструктуры общественного питания москвичка 1968 года рождения. Это не индивидуальные фобии. Любой представитель какого-нибудь советского поколения, читающий эти строки, может вспомнить подобные истории. Вопрос заключается в том, какие социальные причины отвечали за существование таких рассказов.

От «фордизации» и «стандартизации» к культуре недоверия

В конце 1920-х годов советское правительство берет курс на изменение практик советского питания. Еда в семье, по собственному графику, с учетом собственных вкусов должна быть истреблена или, по крайней мере, вытеснена на периферию советской жизни. Почему? Это связано

Ил. 5. Иллюстрация к фельетону «Машинизация хлебопечения»

с проектом воспитания советского человека, который должен работать, питаться и потреблять товары как часть хорошо отложенного механизма. Поэтому товарищ Сталин, ставший de facto главой СССР в конце 1920-х годов, проявлял самое пристальное внимание к американским технологиям стандартизации и «фордизации» (то есть организации конвейерного производства по методу американского предпринимателя Генри Форда) для создания системы советского питания, так называемого общепита. В конце 1920-х годов в СССР строятся не только рабочие столовые, но и так называемые фабрики-кухни, где еда сразу и производится, и потребляется конвейерным способом: советский рабочий структурирует таким образом свое время, а советская женщина освобождается от «домашнего рабства». Конечно, устройство дешевого конвейерного общепита категорически не нравилось специалистам дореволюционной формации. Повара старой школы, привлеченные к работе на фабриках-кухнях, пытались протестовать против употребления малопригодных, с их точки зрения, продуктов, которые они именовали «дрянью»[12].

Новые практики промышленного приготовления еды становятся объектом нападок со стороны советских сатириков. В 1928 году Михаил Зощенко и Николай Радлов публикуют пародийную книгу «советов от изобретателей» «Веселые проекты», где в коротком фельетоне «Машинизация хлебопечения» высмеивают фордизацию по-советски:

> На многих заводах хлебопечение поставлено правильно. Хотя отсутствует фордизация и стандартизация. Гвозди, тараканы и окурки кладутся в хлеб без всякой системы, отчего одному едоку попадает два гвоздя, а другому ничего. Пора изжить эту несправедливость! Пора механизировать хлебопечение[13].

Советское правительство очень волновал вопрос не только о рационализации и стандартизации питания, но и о создании огромных предприятий по производству пищи. Политбюро решило заимствовать американский опыт. В Москву в конце 1920-х приглашаются американские инженеры для консультации при постройке огромного мясоперерабатывающего комбината (позже его назовут «микояновским»), а в 1936 году нарком пищевой промышленности Анастас Микоян по заданию Сталина отправляется в шестимесячное турне по США, во время которого он знакомится с технологией изготовления и заморозки полуфабрикатов. Его восхищают «стандартные котлеты» (то есть гамбургеры) и «заводы по производству взрывающихся зерен кукурузы» (попкорна). Он закупает соответствующее оборудование и пытается уговорить Сталина начать внедрение стандартной уличной еды. Эта идея не была реализована, но знаменитые микояновские котлеты были сделаны на оборудовании по производству гамбургеров.

В конце 1930-х годов микояновский мясокомбинат стремится сделать из своей продукции своеобразную икону советского потребления, и для этого принимаются самые разные меры. Например, в середине 1930-х годов руководство мясокомбината ставит «сосисочную оперу», представляющую по сути огромную рекламную акцию, в которой все арии поются колбасами и сосисками разных сортов и видов[14].

В некотором смысле Политбюро и микояновский мясокомбинат добились своей цели: советская колбаса на долгие годы стала важным и дефицитным продуктом. Недаром в анекдотах о практиках добывания дефицитных продуктов 1970-х годов очень часто речь идет именно о колбасе:

> Армянское радио спросили:
> — Что это такое — большое, зеленое, извивается и пахнет колбасой?
> — Колбасная электричка.

В конце 1930-х годов советское правительство теряет интерес к созданию фабрик-кухонь для рабочих, и следующая волна рационализации питания в СССР начинается только во второй половине 1950-х. В 1956 году ЦК КПСС и Совет министров принимают постановление «О мероприятиях по улучшению общественного питания», а через три года — еще одно, о дальнейших мерах. Оба эти постановления были направлены на увеличение и улучшение системы внедомашнего питания. Если в начале 1960-х в городе Ленинграде было всего тринадцать кафе, то к концу 1960-х их количество выросло в десятки раз. В то же время появляются кафе-автоматы, кафе самообслуживания (без автоматов и без персонала), автоматы по выдаче еды и напитков, а также знаменитые автоматы с газировкой (об их восприятии см. подробнее следующую главу, с. 247). В 1958 году советское правительство возвращается к идее «домовых кухонь»[15], где продаются полуфабрикаты и готовые обеды. В 1970–1980-е годы домовые кухни из фабрики-магазина при доме превращаются в так называемые кулинарии — по сути, простой магазин, где можно купить полуфабрикаты.

Процесс стандартизации и деперсонализации питания происходил, разумеется, не только в СССР. Во многом он был аналогичен тем процессам, которые на несколько десятилетий раньше начались в Европе и США. «Макдональдизация» питания, описанная американским социологом Джорджем Ритцером[16], построена на эффективности производства, контроле продукта, предсказуемости и калькулируемости. Эти принципы производства призваны успокоить потребителя, дать ему чувство защиты: чизбургер везде производится одинаково, имеет примерно похожую стоимость, ты знаешь, через сколько времени тебе его принесут и на сколько минут ты должен запарковать машину.

Однако этот процесс встретил неожиданное сопротивление.

Американские и советские потребительские слухи: сходства и различия в культуре недоверия

И успешная «макдональдизация» на Западе, и советская «механизация» вызывали сильное беспокойство потребителей, потому что в обоих случаях сама сфера производства еды была выведена «за кулисы» и отдана на откуп государству в советском случае и крупным частным компаниям — в американском. Однако эти меры, которые должны были облегчить труд домашней хозяйки, не всеми и не всегда были встречены с восторгом. Советские люди часто противопоставляли свою еду, приготовленную дома или полученную от родственников и знакомых, пище, приготовленной вне поля их зрения на каком-то комбинате или в столовой. Поколения бабушек и мам рвались привезти в пионерский лагерь в «родительский день» что-нибудь «домашненькое, вкусненькое, свое». Многие хозяйки, не доверяя советской пищевой промышленности, предпочитали долгий и трудоемкий процесс приготовления котлет из мяса покупке полуфабрикатов в кулинарии — ведь «неизвестно, из чего они их там делают».

Антрополог Жанна Кормина, исследуя гастрономические тревоги современных российских потребителей, связывает их с *культурой недоверия*. Под этим словосочетанием она понимает «комплекс социальных страхов и предубеждений, возникающих в результате работы обывательского критического мышления»[17]. Объектом культуры недоверия современной России выступают «государство и связанные с ним институты власти и контроля: наука, медицина, образование, система средств массовой информации»[18].

Однако *культура недоверия* в постиндустриальных и индустриальных обществах различается: если ее современные носители борются с намеренным замалчиванием «подлинного» знания о самых обычных пищевых ингредиентах (по сути, это конспирология), то советских и американских потребителей 1960–1980-х годов волновали детали производственного процесса, в результате которого в конечный продукт попадают ингредиенты заведомо несъедобные и отвратительные.

Такая культура недоверия по отношению к товарам, произведенным промышленным образом, породила массовые потребительские слухи. В англоязычной литературе их называют consumer rumors, mercantile legends или manufacturing tales, а также «истории об отравленной еде» (contaminated food stories). Эти истории открывают потребителям «страшную правду» о продуктах питания: гамбургеры делаются из земляных червей, в курице KFC есть крысиные хвосты, кока-кола растворяет монеты, а пищевые добавки вызывают рак[19]. Массовость этих слухов и их способность влиять на реальное потребление привлекли к ним внимание американских и европейских фольклористов и социологов.

На первый взгляд, капиталистическая и социалистическая культуры недоверия удивительно похожи: и там и тут несъедобные и неприятные предметы встречаются в самых разных продуктах питания. Как и в американском случае, советская культура недоверия транслировалась через набор слухов и городских легенд о продуктах промышленного производства, в которых находят инородные предметы. В первую очередь это слухи о колбасе, о бочке с квасом, о котлетах, то есть о любой еде не домашнего происхождения, которая покупается на улице в ларьке, в магазине или в кулинарии.

Однако, поскольку экономика и потребление в этих системах были устроены по-разному, то эти слухи не могли быть совершенно идентичными, и разница связана с тем, кому именно не доверяет потребитель.

Мексиканский соус и цыганский леденец: еда от этнического чужака и частника

В капиталистических странах среди потребительских страхов существенное место занимала еда, приготовленная этнически «чужими». Так, например, в США ходили многочисленные истории о том, как работники китайских или мексиканских ресторанов добавляют свои отвратительные телесные выделения в еду «для белых»[20] — в частности, была очень популярна легенда про белых студентов, которые были отравлены острым мексиканским соусом со спермой. В Европе в 1970–1980-е годы рассказывали, что в холодильниках китайских или вьетнамских ресторанов якобы находят залежи мороженых крысиных тушек[21].

В СССР такие сюжеты не стали актуальными. Этнические рестораны были немногочисленны, существовали только в столичных и курортных городах, да и «этничность» их зачастую была декоративной. Так, согласно некоторым источникам, настоящие китайские повара в знаменитом московском ресторане «Пекин» появились только в 1989 году[22] (и возможно, связано это было с тем, что отношения с Китаем в 1970-е годы были более чем прохладные).

Но это не означает, что в Советском Союзе не было потребительских слухов, связанных с этническими чужаками (большинство чужаков, которые предлагали опасный и отравленный товар, были скорее политически чужими, с. 369). В их роли, как правило, выступали живущие рядом и, как предполагалось, не признающие «наших» гигиенических и моральных правил цыгане.

Опасная еда, которую делали наши этнические чужаки, производилась частным кустарным образом. Например, многие советские дети мечтали попробовать самодельный леденец — красного или зеленого петушка на палочке. Такие леденцы обычно продавали цыгане на рынках, возле входа в цирк, парк аттракционов или зоопарк. Осуществлению этой мечты часто мешало то, что родители были категорически против покупки леденца, поскольку считали, что цыгане нечистоплотны и склонны к обману. «Неизвестно, из чего они этих петушков делают», — слышал обычно ребенок в ответ на свою просьбу купить леденец. Иногда запрет на покупку петушков сопровождался еще более экстравагантными утверждениями: говорилось, что «цыганки их облизывают, чтобы блестели»[23] или «обмазывают соплями»[24] с той же целью, а также «якобы цыгане в них плюют, когда их делают»[25]. Среди детей «ходили страшилки про ворованную краску, которую туда мешали, чуть ли не лак для ногтей, и про заразу, якобы специально подмешанную»[26].

Городские легенды о цыганской продукции не ограничивались историями про леденцы. Во второй половине 1980-х годов ходили рассказы о косметике, купленной у цыган — говорили, что через нее можно заразиться венерическим заболеванием, что в пудру цыгане добавляют цинк и свинец, от купленной у них помады «распухают губы и идут пятна по всему лицу»[27], а на дне коробочки с «цыганской» тушью можно найти записку неприятного содержания:

> Как-то одна девушка купила тени у цыган, а когда доиспользовала их, обнаружила на дне коробочки записку: «поздравляем с косоглазием»[28].

Кроме цыган, в советских потребительских слухах встречался еще один субъект подозрений, который вовсе не казался таким уж страшным западному потребителю. Советские слухи предписывали с осторожностью относиться к частным производителям и продавцам еды, чья этническая принадлежность никак не описывалась — этнически они были «свои». Причина недоверия к таким производителям заключалась только в том, что они не знакомы потребителю лично. Именно поэтому, как считалось, они могли приготовить некачественный продукт, преследуя какие-то корыстные цели, по причине наплевательского отношения к потребителям или нечистоплотности. Один наш собеседник сформулировал высказывания, которые он слышал в детстве о покупке еды «с рук», следующим образом:

> Зубы испортятся, грязными руками делают неизвестно кто, и вообще кустарное производство — это что-то из прошлой жизни, при коммунизме такого не будет[29].

Такое мнение по поводу частной торговли он слышал от своего дедушки 1907 года рождения. И это закономерно: презрительное и подозрительное отношение к частной предпринимательской деятельности было плотно встроено в советскую идеологию. Невозможно сказать, какой процент взрослого населения в 1970-е годы занимался маленьким частным бизнесом в социалистической стране. С одной стороны, таких людей явно было немало — достаточно спросить любого человека, прожившего взрослую жизнь в СССР, были ли у него тети или племянницы, подрабатывающие шитьем или торговлей на рынке. С другой стороны, такие занятия не всегда афишировались, поскольку над частниками нависала угроза быть обвиненными в жизни на «нетрудовые доходы» или спекуляции.

Но дело, как уже понял читатель, не ограничивалось официальным осуждением частного предпринимательства. Рассказы, предостерегающие от покупок у частников, распространялись на низовом уровне — среди соседей, во дворах и школах. Наш московский собеседник в детстве постоянно слышал, что квас можно пить только из «знакомой бочки». Под «знакомой» подразумевалась одна и та же бочка с одной и той же продавщицей. Особенно не рекомендовалось покупать квас в месте, где ходит много незнакомых людей, — то есть на рынке и на вокзале[30]. Подобные запреты и рекомендации были широко распространены в советском обществе и нередко они сопровождались передачей слухов о том, что «где-то там нашли в бочке с квасом дохлую собаку»[31]. И в 1960-е, и в 1970-е, и позже рассказывали, что некая бочка с квасом перевернулась и изумленные покупатели увидели выползающих из нее белых червей: «Вот какой ужасный на самом деле квас! Покупать и пить страшно»[32]. Одна наша собеседница слышала, как эта история рассказывалась о конкретной бочке, которая приезжала на угол дома 35 по Ленинскому проспекту в Москве[33].

С подобным же подозрением многие советские граждане относились к незнакомым продавцам на рынке и в других общественных местах. Советские дети, в том числе и оба автора этих строк, нередко слышали категорический запрет покупать у частных торговцев или у цыган на рынках и вокзалах пирожки или леденцы:

> Моя мама говорила, что неизвестно из чего бабушки эти его [петушок на палочке] варят и в каких условиях. Мы с братом просеивали песок на пляже [в Куйбышеве, ныне Самара] в надежде найти 20 копеек и купить заветный петушок[34].

Самое «невинное» подозрение по поводу незнакомого торговца касалось соблюдения им санитарных норм. Так, один наш информант в детстве «не покупал самодельные сладости типа петушков из-за преувеличенных представлений об антисанитарии — бабка в туалет сходит, руки не помоет и ими же туда лезет»[35]. Чтобы уж наверняка отбить у детей желание купить на рынке леденец или пирожок, родители рассказывали им об отвратительных добавках, которые встречаются в этих лакомствах:

> Это ужасно, но мне сначала говорили [мама и бабушка], что в леденцы добавляют половую краску, и меня это не останавливало, а потом сказали, что в них добавляют мочу, и всю тягу отбило[36].

Гораздо серьезнее были подозрения в использовании человеческого мяса, о которых дети последнего советского поколения могли слышать от бабушек:

> В 1970-е годы бабушка говорила, что мясо надо покупать только в магазине, а если на рынке, то у «своего» мясника. Я спросила «почему?». Она сказала, что запросто могут

> продать собачье мясо или даже человеческое. Помню, что испытала жуткий шок[37].

Не случайно частым персонажем детских страшилок становится частная торговка — «старуха с рынка»: именно она продает пирожки или котлеты, в которых покупатель затем обнаруживает жуткие находки в виде человеческого пальца, колечка или ноготка пропавшей девочки.

Важно понимать, что причина «опасности» таких покупок заключалась совсем не в самом продукте, а, во-первых, в кустарном способе его производства, а во-вторых, в том, что покупатель не был лично знаком с продавцом. Если те же самые петушки на палочках продавались в булочной (так бывало, но редко), они не вызывали никаких подозрений. Если продавцом петушков была частная, но лично знакомая торговка, ни у кого из покупателей не возникало мысли о том, что леденцы могут содержать отвратительные и опасные субстанции:

> Вокруг нашего двора [в Кривом Роге] был частный сектор, в одном из домов жила баба Люба. Летом, каждый день она вытаскивала к калитке огромную алюминиевую миску с жареными семечками и пучок петушков разных цветов (красные, желтые, зеленые). Петушки были насажены на самодельные лучины и стоили пять копеек. Бабу Любу знали все в округе, дети покупали у нее петушки без проблем, никто ни разу не отравился, поэтому и запретов на петушки в нашем дворе не было[38].

Советский и американский Голиаф: недоверие или принуждение

Очень часто в появлении еды с чужеродными добавками (contaminated food stories) в американском случае обвиняли не владельцев мексиканских ресторанов, а огромные промышленные корпорации. Социолог Гэри Алан Файн считает, что такое обвинение совершенно не случайно. Такой эффект, по его мнению, происходит из свойственного американцам страха перед большими структурами (fear of bigness)[39], и поэтому Файн назвал его «эффектом Голиафа». В СССР не было больших корпораций, а производителем практически всех товаров было государство. Но слухи и легенды о еде, приготовленной промышленным образом, показывают, что этот производитель вполне мог претендовать на роль социалистического «Голиафа».

При этом у советского Голиафа была одна черта, отличающая его от капиталистического собрата. Эта черта появилась в советской стране, пережившей военный и послевоенный голод в 1960–1980-е годы. Назовем ее «принуждение к потреблению». В известном фильме «Добро пожаловать, или Посторонним вход воспрещен» 1964 года (режиссер Элем Климов) показан образцовый пионерский лагерь. Многие вспомнят знаменитую сцену: дети едят свои котлетки, а после обеда их в обязательном порядке взвешивают медработники и выясняют, кто сколько прибавил в весе, причем не только индивидуально, но и по отрядам. Эта сцена отражает важную особенность советского питания: вне зависимости от того, нравилась тебе еда, предлагаемая государством, или нет, избежать ее потребления было почти невозможно.

Взрослые с таким принуждением почти не сталкивались (если не считать армии и больниц), однако выбор продуктов в магазине был слишком скуден для того, чтобы можно было легко объявить бойкот не нравящимся товарам, а альтернативы походу в столовую во время рабочего перерыва (при неразвитой системе городского общепита), как правило, не было. Но советского ребенка в 1970–1980-е годы принуждение к еде сопровождало почти повсюду: сложно было отказаться от завтраков в школьной столовой, обедов на продленке, ужинов в пионерском лагере.

Принуждение к еде, процветавшее во многих детских учреждениях, мотивировалось фактом голода, пережитым предыдущими поколениями. Одна наша собеседница помнит, как в детском саду в Пушкине в середине 1970-х годов воспитатели говорили детям, которые капризничали и отказывались от еды: «Вам должно быть стыдно, потому что наши родители во время войны голодали и умирали от голода»[40].

Отдельные попытки избежать этой еды вызывали ответные санкции — и со стороны учителей, а часто и со стороны родителей. Многие помнят, как за отказ пить молоко с пенками или есть манную кашу с комками воспитатели и учителя ругали и наказывали детей. Одному из авторов этой книги воспитатели в детском саду (Москва, 1982) вылили несъеденную манную кашу с комками в передник и так заставили проходить весь день.

В обычном режиме детского сада воспитатели и нянечки строго следили за тем, чтобы блюда разных категорий не смешивались. Люди, прошедшие через советские детские сады в 1970–1980-е годы, часто рассказывают о том, как им запрещали есть второе перед первым или запивать второе компотом. Соответственно, наказание, о котором вспомнили многие наши собеседники из самых разных городов, представляет собой демонстративное нарушение правильного порядка вещей:

> В недоеденный суп вывалили макароны с котлетой, а потом туда же еще и компот намеревались плеснуть, если бы я не схватилась за ложку. Не помню уже, доела ли я эту бурду до конца, все было как в тумане. Очень вскоре узнала, что такие

наказания — обычное дело. И не только в детсаду — в санатории проделывали то же самое. Кого-то от такого «воспитания» рвало — а вот это уже было серьезно, за это и в изолятор могли отвести (мало ли с чего блеванул, лучше перебдеть), мы этого очень боялись[41].

Воспитатели действовали так, как будто они прочитали Мэри Дуглас (с. 213). Маленького ребенка не просто заставляли съесть то, что он не желал есть, а создавали отвратительную смесь, соединяя воедино то, что обычно было «первым», «вторым» и компотом. Такой смесью в реальности кормят — только вот не детей и вообще не людей, а свиней. Именно свинье в корыто выбрасываются перемешанные остатки человеческой еды. Воспитатели, подвергая ребенка такому наказанию, показывали, что отказ от правильного приема пищи столь ужасен, что делает человека не человеком, а презренным существом вроде свиньи.

Советский и американский Голиаф: алчность или бардак

Существенное отличие американских версий от советских заключается в том, как персонажи городских легенд и сам рассказчик объясняли причины появления неприятных фрагментов в еде. В американских потребительских слухах неприятные находки в продукции больших корпораций чаще всего объяснялись их алчностью и желанием сэкономить[42].

В советском случае дело обстояло по-другому. Только в очень немногих вариантах неприятные находки объяснялись корыстными соображениями работников комбината — например, говорилось, будто бумага и крысиное мясо в колбасу добавляются намеренно для экономии сырья: «на заводах народ ворует мясо и добавляет бумагу»[43].

А в подавляющем большинстве случаев наличие крысиных останков (равно как и прочих непригодных в пищу предметов) в колбасе объяснялось отсутствием порядка на производстве. По этой же причине, как иногда утверждалось, в колбасе можно найти палец или ноготь сотрудника мясокомбината: «Крысиные лапки, куски пальцев работников, ногти... Антисанитария и небезопасность на производстве»[44].

Поскольку любое советское производство можно было заподозрить в таких грехах, как халатность, нарушение санитарных норм и пьянство на рабочем месте, слухи и легенды говорили о разнообразных неприятных находках не только в колбасе, но и в булках или шоколадных конфетах:

> Мой отец рассказывал, примерно в конце восьмидесятых, историю про моего дядю, который однажды купил батон, намазал его маслом, отправил в рот и чуть не подавился огромным крысиным хвостом. Отмечалось, что крыса попала в батон на хлебозаводе, потому что там их множество[45].

Нашей киевской собеседнице бабушка очень живо рассказывала историю о пьяном работнике кондитерской фабрики, который упал в чан с шоколадом, после чего кто-то нашел в конфете его палец: «самое страшное было про палец, причем бабушка рассказывала это очень подробно, будто была сама свидетелем трагического события. Все боялись этой истории»[46]. Популярный в 1970–1980-е годы «садистский стишок» описывал ту же ситуацию еще более ярко:

> Двое влюбленных лежали во ржи,
> Рядом комбайн стоял у межи.
> Тихо завелся, тихо пошел.
> Кто-то в батоне пальцы нашел.

Кроме пальцев, в батоне или буханке из этого стишка находили самые разные части тела (ухо, ноготь, сиську, полпопы) или предметы одежды (лифчик, трусы, ботинки, галстук и даже портянки).

Но все-таки, при том что разных версий было очень много, больше всего слухов (и довольно неприятных) ходило вокруг советской колбасы. Именно в ней, в главном советском дефиците, находили крысиный хвост. И дело было не в количестве реальных злоупотреблений в пищевой промышленности, а в том, что такая легенда удачно соединила две плохо совместимые вещи — дефицитный и желанный продукт и отвратительного и опасного грызуна.

Возможно, из-за обильной циркуляции таких рассказов некоторые советские дети были убеждены, что последствия употребления колбасы могут быть тяжелыми и необратимыми. Ученик 4-го класса ленинградской школы в 1987 году записал историю, в которой пациент («больной цвета жирной колбасы»!) умирает по непонятной причине, но председатель комиссии находит удачное объяснение его болезни, которое кажется всем присутствующим неоспоримым — «поел колбасы нашего мясокомбината»:

> Приходит в больницу комиссия. На койке лежит больной цвета жирной колбасы. Врачи стали объяснять, что к ним поступил больной и его болезнь не излечима. Но председатель комиссии не растерялся и сказал: этот больной поел колбасы нашего мясокомбината[47].

Покупатель или инсайдер — кто открывает правду?

Важное различие между советскими историями и их американскими аналогами заключается еще и в изображении того, кто первым обнаруживает страшную правду. В американских аналогах таких слухов неприятное «открытие» всегда делает потребитель, который с помощью полицейских и врачей проводит дальнейшее расследование и выводит производителей на чистую воду. В советских сюжетах «страшная правда» о промышленной еде может быть обнаружена двумя разными персонажами с двумя разными функциями.

Иногда правда открывается, как и в американских историях, потребителем, который самостоятельно обнаруживает несъедобный фрагмент в батоне или колбасе. В некоторых случаях сюжеты превращаются в целые «народные детективы», построенные вокруг пивзавода или мясокомбината. В одной истории преступник утопил жертву в чане с пивом, поэтому так «долго не могли найти. [Труп] был покрыт слоем сусла»[48]. Московские школьники в 1970-е годы пересказывали друг другу более развернутый «производственный детектив» такого рода:

> …работал мужик на мясокомбинате, с кем-то поссорился-подрался. Тот его убил, а потом бросил в машину-мясорубку. Или даже еще живого в ярости схватил и бросил. И так бы преступление осталось нераскрытым, но из мяса сделали фарш, из него котлеты, и за ужином кому-то попались там ногти. И тогда дело раскрутили и нашли преступника[49].

Но гораздо чаще «правда» о продуктах пищевой промышленности исходила от «инсайдера», который включен в производственный процесс, знает его неприглядные стороны, а потому продукцию сам не ест и не советует есть своим знакомым:

> Взрослые еще периодически при этом говорили что-то вроде «одна знакомая работала на колбасном заводе и с тех пор колбасу не ест»[50].

В случае со слухами о колбасе это был «знакомый с мясокомбината», который якобы наблюдал отвратительную картину падения крыс в фарш собственными глазами. Именно «знакомый инсайдер» посвящает потребителей в тайны производственного процесса, открывая перед ними крайне отталкивающие детали — например, писк грызунов, попадающих в мясорубку:

> В колбасе можно найти останки мышей. Потому что ингредиенты для колбасы смешиваются в огромных баках, которые очень сложно мыть и вообще туда не попадешь. Но туда залезают мыши, а потом не могут выбраться (высоко). И когда мясорубки начинают работать, в цехе стоит страшный писк, потому что разрубает этих мышей и они попадают в «фарш»[51].

Кто-то мог слышать другие подробности, переданные со слов «знакомого с мясокомбината»: «на мясокомбинате в начале смены мясорубки специально прокручивают „вхолостую", чтобы порубить мышей»[52].

Но так или иначе, фигура «знакомого инсайдера», включенного в недоступный взгляду рядового потребителя процесс производства нужных товаров, оказалась очень важна для советских потребительских слухов: именно она оказывалась своего рода «гарантом качества» товара.

Между молотом и наковальней, между частником и мясокомбинатом

Мы видим, что в одних советских историях опасными оказывались продукты с мясокомбината, в то время как в других — купленные у частного торговца. Но во всех этих сюжетах на самом деле содержится одно и то же послание. Сформулировать его можно следующим образом:

опасна еда, приготовленная без участия и контроля лично знакомых потребителю людей. Только лично знакомые мне (моему дяде, другу, соседу) продавец и производитель заслуживают доверия: они не будут халатно относиться к санитарно-гигиеническим нормам; они не будут намеренно отравлять еду, а если не смогут повлиять на «опасный» способ ее производства, то хотя бы расскажут о нем «правду».

Причина такого настойчивого желания найти знакомых везде (на мясокомбинате, рынке, среди продавцов кваса) кроется в особенностях советского потребления: в условиях постоянного дефицита и отсутствия частного бизнеса залогом получения нужных товаров и услуг оказывались личные связи[53]. Например, стоматолог не имел прямого доступа к продуктовому дефициту. Но если среди его пациентов была семья директора магазина, то стоматолог мог питаться очень неплохо. Такая система взаимовыгодных обменов товарами и услугами (где хорошо выполненная медицинская процедура с использованием дефицитных импортных медикаментов обменивалась на дефицитные продукты или импортную одежду) в просторечии называлась блатом. Иметь блат (то есть знакомых) в самых разнообразных сферах — в системе образования, здравоохранения, коммунальных услуг, торговли — означало получать доступ к дефицитным товарам и качественным услугам. В картине мира, нарисованной советскими потребительскими слухами, избежать покупки опасных продуктов можно, только покупая продукты у знакомых или через знакомых. Так городские легенды и слухи по сути поддерживали систему блата, то есть экономические обмены среди «своих».

Некоторые читатели, возможно, задаются вопросом о том, насколько такие легенды отражали реальное положение дел. Наш собеседник, работавший в конце 1970-х — начале 1980-х годов технологом на предприятии пищевой промышленности — наш собственный «знакомый с мясокомбината»[54], — категорически отрицает как такие случаи на производстве, так и то, что сотрудники «изнутри» рассказывали истории о крысе в колбасе. Что, конечно, не исключает того факта, что на других предприятиях что-то подобное могло иметь место. Наша собеседница слышала историю о крысах, бегающих по конвейеру и попадающих под пресс, от брата, работавшего на мясокомбинате в Красноярске в конце 1980-х[55]. Как бы там ни было, крыса *могла* упасть в чан с полуфабрикатом, санитарные нормы, действительно, не всегда соблюдались, а воровство на производстве в советское время было так распространено, что о нем снимали детективные фильмы и писали фельетоны.

Одна история, в основе которой лежал перевернутый сюжет о неприятных находках в пищевых продуктах, произошла на самом деле. Речь идет о так называемом «рыбном деле» конца 1970-х годов, по которому осудили большое количество высокопоставленных советских чиновников. Зимой 1978/79 года москвичи (и не только) были взбудоражены слухами: покупаешь банку с килькой (которая в СССР была самыми дешевыми рыбными консервами), а там — деликатес, черная икра. Согласно воспоминаниям современников, в рыбные магазины, особенно в магазин «Океан», образовались гигантские очереди за килькой в томате. Обратим внимание, как эта легенда переворачивает историю о крысином хвосте в колбасе: в самом дешевом рыбном продукте, который только можно вообразить, обнаруживается не отвратительная и несъедобная субстанция, а самый дорогой деликатес. И что самое удивительное, это было правдой (по крайней мере, частичной).

Как выяснило следствие, директора магазинов и продуктовых баз отбраковывали хорошую рыбу и успешно продавали ее «налево», советским подпольным предпринимателям и зарубежным фирмам. Для этого был придуман гениальный ход, достойный сериала: во-первых, магазины и рыбные базы получали холодильные установки из-за границы, выбраковывали их и отправляли обратно, но наполненные ценной красной рыбой и икрой[56], а во-вторых, дорогая черная икра закатывалась в банки для дешевых рыбных консервов. Все схема накрылась, согласно слухам, благодаря любви одного гражданина к килькам (или селедкам, по другой версии). Купив любимые консервы и открыв их, он обнаружил там черную игру, стоящую во много раз дороже копеечной кильки (или селедки), но вместо того чтобы тихо порадоваться, пошел разбираться — и это было началом «рыбного дела»[57]. Неожиданная находка — пусть и приятная — открыла масштабные злоупотребления в советской торговле и пищевой промышленности.

«Сифилизатор»: городская ипохондрия и опасные общественные места

Любой большой город состоит из множества мест общего пользования. Эти места наполнены не подлежащими «одомашниванию» объектами, которые мы невольно делим с сотнями и тысячами других людей, не знакомых нам лично. Именно поэтому городское пространство часто представляется нам источником разнообразных угроз. Анонимность сотен и тысяч «со-пользователей» городских пространств вызывает у нас тревожный вопрос: «А кто же те другие, которые наравне со мной едят в этих кафе, ходят по этим улицам и держатся за поручни в этом метро?» Когда мы касаемся поручней в метро, мы начинаем думать: а не касался ли их больной желтухой, туберкулезом, СПИДом, наконец? Ведь любые незнакомые люди, прикасающиеся к тем же поручням или пьющие воду из того же стаканчика, что и мы, могут оказаться носителями опасных инфекций. Поэтому не удивительно, что советские дети постоянно слышали советы и наставления следующего содержания:

> Все поверхности, к которым прикасалось много людей (поручни в транспорте, перила лестницы, деньги), считались очень грязными, и после них нужно было мыть руки. Отдельно подчеркивалось, например, «мы были на улице, трогали то или это — значит нужно дома вымыть руки»[58].
>
> У мамы всегда с собой был стаканчик (складной) или эмалированная кружка. Из чужих стаканов [в автоматах с газировкой] категорически пить нельзя — туберкулез и сифилис[59].

В этих родительских наставлениях (многие из нас сами слышали что-то подобное в детстве) звучит довольно типичное для жителей советских городов беспокойство на тему публичного пространства. В этом разделе мы расскажем о том, как такие истории возникали и что в них было специфически советского.

Как город становится ипохондриком

Страх перед эпидемией какой-либо болезни был важной чертой городской жизни XIX века. Да, конечно, заразные болезни и эпидемии были и раньше, но именно в XIX веке количество жителей городов выросло многократно, а система коммуникаций и внутри города, и между городами развивалась стремительно, что позволило болезням беспрепятственно и довольно быстро находить себе новых жертв. В то же время среди образованных горожан распространялось представление об инфекционной природе заболеваний. Понимание того, что заразиться опасной болезнью можно через прямой или опосредованный контакт с инфицированным человеком, увеличивало страх перед общественными пространствами, где избежать контактов было невозможно. Пример четкого понимания опасности, исходящей от контактов во время эпидемии, можно найти в дневнике княгини Марии Гагариной. В 1831 году княгиня находилась в Петербурге, где «в полном разгаре [была] холера. Позавчера сообщали о пятистах умерших. Да плюс к тому небылицы, гуляющие в народе, от которых кровь стынет в жилах, как будто у всех лавошников продукты заражены злоумышленниками»[60]. Однако княгине удалось выжить. Единственный способ спасения, доступный в ту эпоху, — изоляция, которая достигалась усилиями дворника, не пускающего во двор бедноту:

> …Мой старый привратник сторожит по-прежнему ворота и не пропускает попрошаек и городскую бедноту, от которых дурно пахнет и которые разносят инфекцию: поскольку разговоров много, то я верю в возможность заражения. В доказательство приведу пример жителей колонии Сарепта, которые из-за своего уединения остались живы и здоровы[61].

Но чем многолюднее становились европейские города и чем сильнее стирались социальные границы между классами, тем реже удавалось спастись от эпидемий с помощью дворника, который защищал частное пространство. Вместе с ростом городов развивалась система общественного транспорта, для пользователей которого прямой или опосредованный контакт с множеством незнакомцев был неизбежен. Образованные лондонцы в 1860-х годах (время эпидемий оспы и других не менее опасных болезней) панически боялись пользоваться кэбами, не без оснований полагая, что публичные экипажи перевозят не только здоровых горожан, но и развозят по больницам заразных больных, а также отвозят на кладбище трупы[62]. Этот тип беспокойства историк Мэтью Керр называет «городской ипохондрией». Такие слухи вспыхивают каждый раз, когда появляется новая эпидемиологическая опасность. 120 с лишним лет спустя распространение ВИЧ и массовая пропаганда его профилактики породили и в Канаде[63], и в США, и в СССР[64], и в постсоветской России огромное количество слухов о злоумышленниках, которые специально стремятся заразить других людей, оставляя в публичном пространстве зараженные иглы.

Советская городская ипохондрия

Советские дети воспитывались в стойком убеждении, что другие, не знакомые им пользователи публичного пространства могут оказаться носителями разнообразных инфекций. Жительница Петербурга 1986 года рождения вспоминает, что ее школьная учительница «запрещала своему внуку подбирать на улице все — палки, игрушки, камешки… Говорила, что, может, на них плюнул человек, больной туберкулезом, а значит, можно, заразиться»[65]. Поскольку места общего пользования становятся «нечистыми» из-за постоянного соприкосновения с незнакомыми людьми, контакт с ними требует некоторых «ритуалов очищения»:

> Считалось, что поручни негигиеничны, поскольку огромный поток людей ими пользуется каждый день. Если не помыть руки после метро и любой другой «улицы», можно заболеть[66].

Многие наши соотечественники, прочитав эти строки, могут сказать: «А что тут такого — это нормальные требования к гигиене, они продиктованы медицинскими соображениями и есть везде». Нам кажется, что мыть руки после прихода домой, надевать тапочки и переодеваться в домашнюю одежду — это совершенно нормально. Почти каждый помнит, как в детстве его учили мыть руки после улицы (а многие учат делать то же самое своих детей), переодеваться в специальную домашнюю одежду и обувь (тапочки), никогда не ставить сумки на стол или на стул. Однако все эти действия далеко не так естественны и универсальны, как нам кажется.

«У меня русская жена, а тут еще приехала ее мама. И когда мы приходим с улицы домой, они все время заставляют нашего ребенка мыть руки», — сказал нам один знакомый француз. Он хотел объяснения этого странного русского обычая, который нередко удивляет иностранных гостей. Стремление помыть руки после контакта с предметами, побывавшими в общественном пользовании, или каким-то иным образом провести символическую границу между «грязным» публичным и чистым «своим» пространством совершенно чуждо представителям многих других культур. Читатели, когда-либо принимавшие у себя дома жителей Западной Европы, Северной Америки или Израиля или, наоборот, бывшие у них в гостях, наверняка замечали, что они не имеют привычки мыть руки или менять обувь, приходя домой с улицы. Наш коллега, живущий в небольшом канадском городе Сиднее, рассказал нам, что ни он сам, ни его знакомые не учат своих детей мыть руки после улицы[67]. Точно так же не учат этому детей в детских садах в Германии. Что важно, противоположным образом поступают в немецких садах дети из мусульманских семей, которые всегда после улицы переодеваются сразу и «снимают все, даже носки»[68].

Многие жители Северной Германии[69], Канады и США не снимают уличную обувь ни дома, ни в гостях (хотя климат в этих местах не очень отличается от климата центральной

России) или делают это только по особым случаям[70]. Также им не знакомы фразы, которые многие наши соотечественники слышали в детстве от бабушек и мам: «не сиди на газоне/бордюре», «не трогай поручни», «не трогай здесь вообще ничего, хватит всякую грязь собирать». В 2006 году украинский коллега, живущий в фламандском городе Генте, постоянно обращал внимание одного из авторов этих строк на то, что бельгийские студенты совершенно спокойно сидят на газонах и мостовых, и сравнивал такое поведение с инструкциями, которые он получал в детстве от бабушек: «не сиди на земле — там грязно и ты простудишься».

Причина советской тревожности по поводу публичных пространств кроется в «санитарной истории» советских городов. Советская урбанизация, как мы уже говорили, шла невиданно быстрыми темпами. В 1930–1950-е годы города не успевали «переваривать» огромные массы людей, приезжающих из голодной, разоренной колхозным строительством деревни. Городская инфраструктура была совсем не готова к такому наплыву новых жителей. Сотни тысяч горожан жили в ужасающей тесноте бараков и рабочих общежитий, где отсутствовали элементарные бытовые удобства типа канализации и водопровода. Городские улицы (особенно — новые рабочие окраины) утопали в нечистотах. Во время войны ситуация, естественно, только ухудшилась. Люди страдали от паразитов, поскольку, например, в конце войны житель крупного тылового города имел возможность помыться в среднем один раз в четыре недели. Все это создавало крайне опасную санитарно-эпидемиологическую ситуацию, которая, по утверждению Давида Фильцера, в британских городах была в 1890-х годах[71].

Чтобы улучшить санитарную обстановку в советских городах (которая во время и после войны была невыносимо ужасной), нужно было вкладывать большие средства в развитие городской инфраструктуры: проводить водопровод и канализацию, строить жилье с ваннами и смывными туалетами и общественные бани. Однако советское правительство пошло другим, гораздо менее затратным путем. Вместо проведения санитарной модернизации оно придумало и воплотило в жизнь меры по поиску и изоляции зараженных людей[72], а также развернуло масштабную кампанию по санитарно-гигиеническому воспитанию советских граждан. О необходимости мыть руки, снимать уличную обувь в помещении и с подозрением относиться к еде, купленной с рук, постоянно говорили по радио и писали газеты по всей стране. Так, например, в 1944 году речные причалы должны были транслировать санитарные правила безопасности каждые 5–7 минут (!) в течение дня[73], а газета «Дзержинец» Ивановской ткацко-прядильной фабрики в 1946 году в мельчайших деталях наставляла работников по поводу правил гигиены:

> Мойте руки с мылом перед каждым приемом пищи, после посещения туалета, после работы… <…> Если вы готовите из продуктов, купленных с рук, их необходимо варить, жарить или печь. <…> Перед входом в любые помещения вытирайте ноги, чтобы стереть грязь, которая могла прилипнуть к обуви, и особенно нечистоты[74].

Помните послевоенное детское стихотворение Агнии Барто: «Мы с Тамарой / Ходим парой, / Санитары / Мы с Тамарой»? Этот стишок отражал реальную практику: государство буквально призвало школьников на борьбу за гигиену. Во время войны 5,5 миллиона советских детей стали юными санитарами и вступили в ряды обществ ГСО («Готов к санитарной обороне СССР») или БГСО («Будь готов к санитарной обороне СССР»), а три миллиона школьников — в организацию Красного Креста[75]. Школьники должны были не только соблюдать правила личной гигиены, но и пропагандировать эти правила среди старших родственников и даже следить за их соблюдением. Дети должны были, например, убеждать родителей в том, что нужно менять обувь и мыть руки, придя с улицы. А иногда — и вести «полевой дневник», в котором необходимо было отмечать, выполняют ли взрослые санитарные нормы. Кроме того, школьники должны были следить друг за другом — и сообщать медработникам о паразитах и о признаках опасных болезней (например, тифа) у товарищей. При весьма плачевном состоянии санитарной инфраструктуры умение «держать оборону» от грязи (выполняя множество гигиенических правил) было для горожан жизненно важным навыком.

В конце 1940-х годов, когда улицы действительно были буквально завалены нечистотами, наставления мыть руки после улицы и вытирать уличную обувь имели практический смысл. Однако подобные предписания — особенно если они были услышаны в детстве — усваиваются накрепко и часто передаются дальше. Антрополог Джордж Фостер утверждал, что члены каждого общества разделяют общую когнитивную ориентацию (common cognitive orientation). Это, по сути, не выраженное в словах понимание «правил игры». Она управляет нашим поведением так же, как грамматические формы, не осознаваемые большинством носителей языка, направляют и структурируют речевое поведение[76]. Именно эта невыраженная когнитивная ориентация и заставляет нас передать дальше набор представлений, как надо правильно себя вести в публичном пространстве, вне зависимости от того, насколько историческая ситуация изменилась, и такое поведение остается практически востребованным.

Именно это и произошло с гигиеническими правилами в Советском Союзе. Санитарно-гигиеническая ситуация постепенно улучшилась. Было развернуто широкое строительство благоустроенных домов, появились и душевые, и смывные туалеты, и нормальная канализация, а основные инфекционные болезни были побеждены благодаря антибиотикам и массовой вакцинации. Однако то поколение, которое в молодости постоянно оборонялось от двух страшных врагов: грязи и заразы, а также всегда должно было быть на страже и проверять, насколько чисты руки у родственников, — никуда не делось. Те выжившие дети войны стали нашими родителями, дедушками и бабушками, прабабушками и прадедушками. И воспитывая нас, они внушили нам свои представления о чистом и грязном. Многие наши информанты говорят о том, что пугающие истории, услышанные в детстве от родителей, нередко продолжают влиять на их поведение уже во взрослом возрасте. Таким образом, представления о нечистоте общественных мест и опасности покупок «с рук», усвоенные поколениями 1930–1940-х годов, могут успешно передаваться дальше:

> У моих родителей были деньги на петушков, но никогда не покупали: «Неизвестно кто и какими руками делал!» А еще мне внушали, что ничего нельзя есть на вокзале и около, по той же причине. Недавно была на вокзале в Москве, есть хотелось, но так и не смогла себя пересилить и зайти поесть. Мамины предостережения буквально впечатались в башку[77].

И наши американские и европейские коллеги, приезжая в гости в Москву, продолжают удивляться тому, что русские навязчиво моют руки после улицы и переодеваются в домашнюю одежду.

Чистота, опасность и... автомат с газировкой

Опасность городских мест общего пользования — в том, что мы не можем избежать прямого или опосредованного контакта с незнакомцами. Точно так же обстоит дело и с предметами публичного пользования, причем чем чаще тот или иной предмет или место приходят в соприкосновение с незнакомцами, тем очевиднее его «нечистота» и тем настоятельнее становится требование мыть руки после контакта с ним:

> Мне бабушка в детстве всегда говорила: «Если потрогаешь деньги — сразу после этого вымой руки». Объяснялось это так: деньги — очень грязные, потому что они постоянно переходят из рук в руки, их трогают разные люди, и «неизвестно еще, чем эти люди болеют»[78].

В советском городе одним из таких предметов общественного пользования, вызывавших беспокойство горожан, был автомат с газированной водой.

В 1960-е годы автоматы с газировкой стали обязательной частью советского городского ландшафта. Они появились еще в 1930-е годы, но сначала были немногочисленны. В 1959 году в Сокольниках прошла американская промышленная выставка, на которой советской публике были представлены и иностранные аналоги таких автоматов. После этого внедрение автоматов с газировкой в советский быт пошло усиленными темпами, и к 1960-м годам их в стране насчитывалось уже 30 тысяч[79], и в дальнейшем их количество только росло.

Выпить газированной воды с сиропом из такого автомата было очень заманчиво — хотя бы потому, что возможностей утолить жажду в советском городе было не очень много (торговые точки, где можно было купить бутылку с минеральной водой, были далеко не так многочисленны, как в современном российском городе). Однако в устройстве этого автомата была одна деталь, которая изрядно смущала советских потребителей. Речь идет о стеклянном стакане многоразового использования, из которого, по замыслу создателей автоматов, должны были пить люди. Стакан был прикреплен к автомату цепочкой, но, несмотря на это, его нередко уносили (считалось, что это делали алкоголики). В автомат была встроена система ополаскивания, но небольшой струи холодной воды, как справедливо полагали горожане, было недостаточно для дезинфекции стакана.

Именно этот стакан для газировки и стал предметом многочисленных предписаний и запретов, которые часто принимали форму слухов и городских легенд. Согласно этим слухам, стаканы были заражены сифилисом и герпесом — ведь из них пьют и «венерические больные»:

> Двоюродная сестра моя рассказывала, что перевозили группу венерических больных, автобус остановился у автоматов, и больные все стали пить из этих стаканов[80].
>
> Нам с братом запрещали пить из таких стаканов, потому что, как говорили, можно было заразиться сифилисом или другими болезнями от того, кто им пользовался до этого[81].

Связь стакана для газировки и венерического заболевания в общественном сознании была настолько сильна, что автомату присваивали шутливые названия вроде «сифилис за три копейки» или «сифилизатор».

Разговоры об опасности автомата с газировкой обрели особенную актуальность тогда, когда потребовалось укрепить символические границы между «своим» и «чужим». Некоторые жители столицы перед Олимпиадой-80 проходили на работе специальный инструктаж, где им объясняли, что сейчас надо «чаще мыть руки, не пить газировку из автоматов и т.д.»[82]. В предолимпийской Москве 1979 года распространялись панические слухи, будто бы «на одной из станций метро объявлялось по громкой связи, чтобы все, пившие воду из ближайшего автомата, срочно обратились в медпункт»[83].

Хотя опасения насчет чистоты общественного стакана для газировки в целом не были лишены основания, страх заразиться через этот стакан именно сифилисом был мало связан с действительностью. Реальный всплеск сифилиса был во время Первой мировой войны, а потом сразу после Второй мировой, в 1945–1947 годах; с 1955 года показатели заболеваемости снизились и держались на стабильном уровне до 1999 года. Эпидемия бытового сифилиса вряд ли может начаться из-за массового пользования зараженным стаканчиком и/или любым другим предметом в публичном обиходе. Хотя бытовой сифилис может передаться через слюну, его возбудитель (бледная трепонема) живет на воздухе очень непродолжительное время, и даже влажная среда стаканчика продлит его жизнь ненадолго. Если какая-то болезнь и может передаться подобным образом, то, скорее, холера или любая другая кишечная инфекция. Однако слухи настаивали именно на сифилисе — потому что это болезнь не только опасная (хотя в послевоенное время ее легко можно было вылечить с помощью антибиотиков), но и позорная, «грязная».

Итак, беспокойство, выраженное в слухах по поводу автоматов с газировкой в 1970–1980-х годах, не было вызвано реальной угрозой заражения сифилисом. Это был приступ той самой «городской ипохондрии», спровоцированный двумя социальными триггерами: во-первых, увеличением мест общего пользования в городе, а во-вторых, тревогой перед социальными, этническими и политическими чужими, которые оказывались «со-пользователями» городских пространств. Но это уже совсем другой разговор, и мы продолжим его в главе 5.

Ноготок в пирожке, или Свой и чужой каннибал

Почему в том или ином обществе появляются слухи о каннибалах? Историки, отвечающие на этот вопрос, как правило, приходят к заключению, что фольклор о каннибалах всегда есть прямое отражение реальных случаев каннибализма в данный исторический период[84]. А вот некоторые фольклористы и антропологи занимают совсем другую позицию. Разберем два примера.

1. В 1994–1995 годах в Майами оказалось огромное количество эмигрантов с Кубы, которая в тот момент переживала экономический кризис. Американцы стали утверждать, что кубинские эмигранты готовят свои гамбургеры из человеческого мяса[85].

2. В 1946 году в ряде западных стран, в том числе в Швеции, рассказывали, что однажды молодая женщина шла по Берлину и встретила слепого, который попросил ее помочь и отнести письмо. Она согласилась, но в последний момент обернулась, решив спросить, не нужна ли ему какая-то еще помощь. Она увидела, что он уходит прочь очень быстро, без очков и трости. Тогда женщина пошла в полицию. Придя по адресу на конверте, полиция обнаружила дом, полный разделанных трупов, а в письме было сказано «Посылаю тебе последнего на сегодня»[86].

Все эти легенды говорят о столкновении с каннибалами, несмотря на то что в США, Швеции и других странах, где эти истории рассказывались, не было массового голода и массовых убийств и, соответственно, не было массового страха быть съеденным. Здесь дело в другом.

Запрет на поедание человеческого тела распространен очень широко и является безусловным для западной цивилизации. Тот, кто так поступает, — животное или чудовище, но никак не человек. Поэтому с точки зрения когнитивной антропологии обвинение в таком ужасном действии, как каннибализм, — это верный способ провести символическую границу между «нами» и чужаками, если мы чувствуем угрозу, исходящую от них. Необходимость в создании такой границы возникает в культуре при наличии по крайней мере одного из двух социальных условий.

Первое условие — серьезное социальное напряжение между этническими или социальными группами. На роль изготовителей продуктов из человеческого мяса нередко назначаются представители колониальных властей — другого этноса и политической власти. Например, жители Южной Родезии в 1950-х годах были убеждены, что белые продают им консервы и маргарин, сделанные из детей[87]. Истории о кубинских гамбургерах из человечины набирают популярность, когда количество кубинских эмигрантов в Майами становится очень большим, что вызывает сильное недовольство местных жителей. Недовольство наплывом мигрантов порождает обвинения против владельцев и работников китайских и мексиканских ресторанов в использовании человеческого мяса[88].

Второе условие — опыт массового насилия и голода, пережитый в недавнем прошлом. Как правило, рассказы о каннибалах начинают активно ходить в периоды войн, революций и других масштабных социальных катаклизмов, когда большие массы людей в течение продолжительного времени ощущают постоянную угрозу своей жизни. В 1945 году в голодном Берлине начинает распространяться немецкая городская легенда о псевдослепом каннибале, пересказанная выше. Почти сразу же она приходит в те страны Западной Европы и Северной Америки, на территории которых военных действий не было, но жители которых столкнулись с огромным количеством информации о военных преступлениях, совершенных нацистами во время Второй мировой войны. Журнал The New Yorker в 1946 году был вынужден доказывать своим напуганным читателям, что вся эта история про берлинских каннибалов — выдумка[89].

Несомненно, случаи каннибализма в СССР были, и немало — во время массового голода в 1922-м, в 1932-м, в 1942-м и даже в 1947 году. Однако личные и документальные свидетельства о реальных преступлениях подобного типа тем не менее не во всем совпадают с содержанием городских легенд о каннибалах, которые ходили в военные и послевоенные годы и сорок-пятьдесят лет спустя.

Каннибалы — это безумцы

Политика военного коммунизма, когда у крестьян отнимали продовольствие и зерно (так называемая продразверстка), и неурожай 1921 года привели к страшному голоду в Саратовской и Самарской губерниях, в некоторых частях Украины и Казахстана, в Западной Сибири и на Урале. Следующий массовый голод (в частности, на Украине и в Казахстане) случился в 1932–1933 годах и был следствием форсированной коллективизации, в процессе которой у крестьян изымались запасы зерна и продовольствия. Кроме того, в 1932–1933 годах регионы, в которых начинался массовый голод, оцепляли войска, и люди не могли их покинуть.

И в 1920-х, и в 1930-х годах ВЧК-ГПУ, а потом НКВД рапортовали о случаях трупоедства и каннибализма. Как правило, ели мертвых соседей, родители пытались накормить детей мясом умерших братьев и сестер, а в некоторых случаях и специально умерщвляли одного ребенка, чтобы накормить других; отмечались и случаи воровства чужих детей «на еду».

Информация о голоде 1921–1922 годов замалчивалась не так тщательно, как это стало происходить на более позднем этапе социалистического строительства, в 1932–1933 годах. Во время голода 1921–1922 годов рассказы о людоедстве фигурировали не только в сводках ВЧК — их публиковали в газетах, хотя локальная пресса предпочитала описывать ужасы голода в соседнем регионе, но не в своем. Рассказы о голоде в Советской России выходили на первых полосах крупнейших американских газет[90]. Бывали даже случаи, когда информация о голоде специально «вбрасывалась», говоря современным языком, в западные СМИ. В конце 1922 года с подачи советских представителей сочувствующим американским журналистам были «слиты» жуткие рассказы о голоде многомесячной давности. Причина этого вброса, по мнению современников, заключалась в желании заставить мировую общественность оказать давление на православную церковь и одобрить процесс конфискации церковных ценностей[91].

Новости и слухи о людоедстве и трупоедстве, заполнившие Советскую Россию, вызывали специфическую общественную реакцию. Многие образованные люди в эмиграции отказывались им верить, потому что каннибализм не на далеких Карибских островах, а прямо «у нас», в цивилизованном городе, совершенно не укладывался в привычную картину мира:

> М<ада>м Жук читала у нас выдержки из письма от своей матери из Севастополя. Пишет [в 1922 году]: «Питаются запросто человечиной, вымирают целиком татарские деревни и т. д.»

> Не верю я этому. Не могу себе представить, чтобы «запросто питались человечиной». Мамочка говорит, что я потому не верю, что не хочу себя волновать и расстраивать. Но я не верю только потому, что не могу представить себе этого[92].

Тем не менее каннибализм и трупоедство существовали и представляли большую проблему для молодой советской власти и угрозу для жизни людей. Количество сообщений на эту тему было таким большим, что нарком здравоохранения Семашко указывал советским газетам на их, по его мнению, недостойное поведение: «Гораздо ужаснее самый факт голодной смерти ребенка, чем дальнейшая судьба его трупа»[93].

Чудовищные слухи, поддержанные публикациями в прессе, рассказывали не только о поедании крестьянами собственных детей, но и о том, что в некоторых губерниях крестьяне запрашивают разрешение на убийство и съедение одного из детей, а также адресуют властям просьбы установить порядок поедания. Все это привело к тому, что советская интеллигенция и политическая элита, унаследовавшие модные во второй половине XIX века теории психического вырождения (например, теория французского психиатра середины XIX века Бенедикта Мореля), утверждали, что каннибалы — это безумцы и дегенераты, которые не просто едят человеческое мясо из-за голода, но приобрели к этому устойчивую привычку. Психиатры-просветители, врачи, учителя в 1922 году писали о «голодных психозах» и «нравственном одичании народа»[94]:

> Насколько мы опустились за последние годы, насколько озверели, одичали, показывают многие факты нашей повседневной жизни. То, что казалось несовместимым, бесчестным в былое время, что ни за какие деньги нельзя было бы допустить

и принять, то теперь стало не только приемлемым, но и неизбежным, без чего нельзя обойтись… Но еще лучше. Люди сделались людоедами, и это уже не вызывает ужаса и удивления. В начале зимы факты людоедства, сообщения в газетах испугали нас, ужаснули, но сужу по себе, они меньше меня взволновали, чем приемы террора нашей власти. На днях приехала учительница музыки из г. Троицка Оренбургской губ., у нее ребенок несколько лет. Она говорит, что никогда этого ребенка не выпускала гулять, так как боялась, что его съедят. Там постоянно пропадают дети его возраста, так как их съедают. Пропал ее один ученик — мальчик, его искали и, наконец, узнали, что такие же мальчишки зарезали его и съели. Сказали милиции, они навели справки, нашли суп, в котором варились пальцы ребенка, арестовали мальчишек, но потом их выпустили, как несовершеннолетних. Когда спрашиваем, чем же это объясняется, то они дали такой ответ, что едят людей теперь не из-за голода, а просто из-за гастрономических вкусов. Оказывается, человеческое мясо очень вкусно. Говорят, в Сибири есть буфеты, где можно спросить, хотя и под секретом, как точно, например, продают водку, блюда из человеческого мяса. Конечно, первые блюда из своих умерших родственников едят действительно люди, измученные голодом, но потом… Это стало таким же заурядным явлением, как, например, бандитизм, убийство людей с целью грабежа и может быть и мы в наших центральных губерниях дойдем до такого ужаса, когда будем бояться и охранять себя и родных от того, чтобы нас не съели, как теперь люди охраняют свое имущество от воров, которые, не стесняясь, грабят квартиры[95].

Это представление сохранилось надолго. В 1970-х годах московские школьники шептались о том же, о чем писали врачи 1920-х:

> В годы войны, когда нечего было есть, некоторые ели человеческое мясо и даже продавали его на рынке… <…> Таких людей искали, и тех, кто у них покупал — тоже. И старались сразу убить, потому что если человек попробовал человеческое мясо, он будет к нему стремиться снова и снова, и его не остановишь. Можно только убить[96].

Такие представления о каннибалах как о безумцах и дегенератах, возможно, повлияли на меры, принятые советским правительством по отношению к людям, обвиненным в людоедстве. Секретные инструкции на уровне республик[97] требовали для людоедов обвинения в убийстве, но 4 января 1922 года Верховный трибунал ВЦИКа (на тот момент главный судебный орган страны) постановил, что каннибалов «принято решение не судить, а изолировать, как больных, без суда»[98]. Это решение Политбюро было подтверждено через полтора месяца, причем авторы постановления требовали немедленно сообщить о нем в Самару, откуда шло много донесений о случаях людоедства[99]. Одновременно с такими решениями об изоляции каннибалов как больных советское правительство запретило публикацию каких-либо сообщений о людоедстве[100].

Потом был голод 1932–1933 годов, особенно сильный на Украине и в Казахстане, который тоже сопровождался многочисленными случаями людоедства и попытками властей скрыть эту информацию. Американский журналист Уильям Чемберлен, живший в СССР в то время, сказал, что запрет сообщать о голоде 1932–1933 годов стал первым тотальным советским табу[101].

Следующая большая вспышка случаев каннибализма была во время Великой Отечественной войны в блокадном Ленинграде. После первой и самой тяжелой блокадной зимы, в марте 1942 года НКВД рапортовал об аресте

1171 человека за каннибализм, а 14 апреля — уже о 1557, 3 мая — о 1739[102]. Людоедство стало частью блокадной повседневности. 11 марта 1943 года ленинградка Мария Машкова записала в своем дневнике историю о людоедах с Васильевского острова:

> Страшен стал Васильевский остров, разбитый, опустевший, обезображенный. Шел дождь, день мрачноватый, вспомнили не раз василеостровских людоедов. Это не вымысел, я знаю точно фамилии и адреса настоящих людоедов. Дворничиха из дома, где мы брали книжное имущество инж[енера] Савина, съела свою дочь. В одном из домов в подвале обнаружили 18 детских скелетов, факт, засвидетельствованный врачом Минаш (муж нашей сотрудницы), наконец, история с домработницей Григория Гуковского <…> Эвакуируясь, он [Гуковский] оставил в Ленинграде доверенное лицо — почтенную старушку. <…> …старушка съела мальчика, дело разбирается в суде. Страшное это дело, и даже противно об этом писать[103].

О «страшном острове людоедов» (так его назвала Мария Машкова в следующей дневниковой записи) рассказывают и сейчас. Так, наша собеседница, жившая во время первой военной зимы на 14-й линии Васильевского острова, вспоминает, что во время блокады родители запрещали ей выходить из дома без сопровождения взрослых, объясняя, что неподалеку живут людоеды, и даже указывала на конкретный дом[104].

Для некоторых детей блокады поедание мертвых людей стало вынужденной привычкой. В 1942 году на развалинах дома в Ленинграде был найден дневник 15-летней школьницы Анны Кашириной, в феврале 1942 года умершей от голода или бомбежки[105]. Среди нескольких десятков сохранившихся страниц, посвященных еде, есть признания, что она не знает, сколько раз они ели покойников. Ее отец уходил по ночам «погулять», а потом дома резал мясо. Эта жуткая ситуация «родительского принуждения к людоедству» детально описана в дневнике за 17 февраля 1942 года:

> Когда я легла спать, Он [отец] отозвал маму к двери и стал с ней что-то шепотом говорить. Я услышала только, как мама спросила: «человечье?», а ответа не слышала. Затем опять мамин голос: «да не надо пока». Они еще что-то говорили, а потом мама легла ко мне спать. Он посидел, спросил время и ушел.
>
> — Мама, а мы стали, как людоеды, — сказала я после долгого молчания.
>
> — Что же я с ним сделаю, — ответила она.
>
> Я знала, что он пошел за мясом. Мне было очень обидно. Я лежала и всхлипывала. «Неужели мы хуже людей?»
>
> — Что ты расстраиваешься? Что ты расстраиваешься? Ведь этого человека убили, — уговаривала меня мама. Но я ее не слушала. Расстроенная я уснула очень поздно[106].

Борьба с каннибализмом выпала из официальной исторической памяти, но прекрасно сохранилась в личной памяти блокадников. Отец нашего собеседника, который был в Ленинграде в 1944 году на комсомольской работе, в середине 1970-х годов увидел по телевизору передачу, где говорилось, что каннибализма в блокадном Ленинграде не было. «Что за ерунда, — сказал Сергей Иванович. — Мы сами их ловили»[107]. О поиске и опознании людоедов сразу после блокады рассказывал и писатель Михаил Пришвин. Он описал в своем дневнике случай, когда, обнаружив среди эвакуированных из Ленинграда блокадных детей одного толстого мальчика, сотрудники детской колонии решили, что он людоед:

> Все дети, спасаемые, были просто мешочки с костями, но один был очень упитанный. После уже дети рассказали, узнав от него, что он съел 17 человек и последнего дядю Костю. Никаких проступков этот людоед не совершал, но самый факт пребывания людоеда в колонии детей был такой, что пришлось мальчику отказать[108].

Знание о каннибализме среди крестьян из далеких деревень воспринималось менее травматично, чем рассказы о ленинградских каннибалах. Поскольку факты каннибализма плохо вписываются в образ героической обороны города, табу на упоминание каннибализма в блокадном Ленинграде оказалось очень стойким: оно пережило всю советскую эпоху, а необходимость включения этого знания в историческую память активно дискутируется и сейчас.

Страх быть съеденным: слухи и легенды о каннибалах в голодном обществе

Первая волна фольклора о каннибалах возникает еще тогда, когда опасность стать их жертвой кажется реальной. Соответственно, возникают слухи-инструкции, которые объясняют, как распознать каннибала и самому не стать невольным людоедом.

Мы должны понимать, что люди, которые в реальности совершали все эти страшные преступления, ничем не отличались от нас (достаточно вспомнить жуткий пример из блокадного дневника). К каннибализму приводит длительная пытка голодом, и часто — желание спасти своих близких. Мысль о том, что людоеды существуют рядом с тобой, — страшна, и сжиться с ней нелегко. Поэтому фольклорные городские легенды, не отрицая сам факт каннибализма, утверждали обратное: людоед — не «один из нас».

Таким образом страх заподозрить в людоедстве близких людей снижался и, наоборот, появлялась возможность опознать опасное существо. Поскольку людоед нарушает одно из главных культурных табу, он не может выглядеть так же, как выглядят обычные люди. Поэтому в инструкции о том, как опознать людоеда, вмешивались сказочные мотивы — например, считалось, что людоед внешне страшен и не похож на человека. Соответственно, какие-то отталкивающие внешние черты могли навлечь на своего обладателя подозрения в людоедстве:

> В трамвае [в Ленинграде в 1942 году] на площадке видел страшную женщину — все лицо в белых волосах. Другая женщина шепнула мне — что это у людоедов так бывает, что эта волосатая, конечно, человечину ела зимой[109].

Страх быть пойманным «на мясо» был частой темой в разговорах советских людей и даже иностранцев, приезжавших в СССР в начале 1920-х годов. Так, американцы, работавшие в 1922 году в АРА (American Relief Administration) — некоммерческой организации, помогающей голодающим, — рассказывали друг другу, что надо ходить только по середине дороги, иначе преступники поймают тебя с помощью лассо из окон верхних этажей и продадут на мясо[110].

Но слухи о каннибализме ходили не только в тех регионах, где был массовый голод. Даже если голод был где-то далеко, люди боялись случайно съесть человеческое мясо. Причем такие страшные слухи особенно легко пересекали социальные границы, и рассказывали их совсем не только извозчики и рыночные торговки. Автор дневниковой записи 1919 года, приведенной ниже, обращает внимание, что «диковинные слухи» о продаже животного мяса как человеческого на московском Сухаревском рынке рассказала некая Е. Н., учительница с высшим образованием:

> Слухов гибель, есть диковинные <…> Е. Н. Карпова говорит: остерегайтесь покупать мясо на Сухаревке, особенно телятину: человечину продают. Сказал-де-доктор один, обративший внимание на частое исчезновение детей[111].

Страх съесть случайно человечину был так силен, что иногда люди отказывались есть мясо вообще:

> …приехали из Питера две дамы — мать и дочь. Последняя два года не ела мясо, боясь наесться человечины[112].
>
> Дедушка рассказывал, как на Украине в пирожке в военные годы нашел человеческий ноготь. С тех пор он никогда не ел пирожков с мясом[113].

1922 год — это не только страшный голод в аграрных районах СССР, это еще и начало нэпа, когда становится возможным (с некоторыми ограничениями) развитие частного предпринимательства. В больших городах открываются кафе, танцплощадки, рестораны, коммерческие магазины. А вместе с тем появляются и городские легенды о том, чем в этих ресторанах кормят. Так, например, устные слухи и газетные сообщения 1922 года рассказывали о неких ресторанах, которые торгуют только человеческим мясом: «Говорят, в Сибири есть буфеты, где… продают водку, блюда из человеческого мяса»[114]. В Оренбурге якобы запретили продажу «тефтель, котлет и любых видов изделий из фарша» после ареста преступника, который торговал человеческим мясом. По той же причине в Самаре закрыли мясные лавки, а в Сызрани запретили продажу «телячьих котлет», а в Саратовской области был арестован дворник, который торговал колбасой из людей[115]. Спустя десять лет, во время голодомора на Украине, учительница из Харькова писала о тайных колбасных фабриках, где перерабатывают детей на продажу, как об абсолютно достоверном факте[116].

Эти жуткие истории вряд ли отражают какие-то реальные практики. Крестьяне, умирающие от голода и вынужденные из-за этого идти на страшное преступление, при этом часто находясь в болезненном состоянии сознания, вряд ли будут содержать подпольное производство по обработке человеческого мяса (и уж точно не смогут вывезти это мясо из оцепленного войсками района).

Реальный каннибализм, возникающий по причине голода, в легендах о человеческом мясе в ресторанах заменяется на каннибализм коммерческий. Соответственно преступление становится еще более бесчеловечным. Так легенды разрешали когнитивный диссонанс, который возникает в ситуации, когда в стране есть одновременно и посетители дорогого ресторана, и крестьянин, кормящий своих детей мясом младшего ребенка. Согласно таким городским легендам, все посетители ресторанов, магазинов, мясных лавок в больших городах могли стать каннибалами поневоле и никто не мог избежать такого страшного преступления.

Каннибалы — это чужие

Как мы понимаем, достоверной статистики по советскому каннибализму нет. Однако из сводок ВЧК и НКВД из районов, охваченных голодом, следует, что случаи поедания мертвых тел и убийств с каннибальскими целями практически всегда были среди людей, хорошо знакомых друг с другом. Как правило, жертвами становились больные старики или младшие дети в большой семье, а также соседи. Охота на чужих людей в целях продажи человеческого мяса встречалась гораздо реже (здесь не следует путать с трупоедством). И естественно, никакой этнической или социальной группе каннибализм не был свойственен больше, чем другим. Однако в городском фольклоре на роль преступников, убивающих наших детей, поедающих их или продающих их мясо, назначались разные типы этнических или социальных чужаков.

В 1919 году жители голодного и холодного Петрограда шепчутся о *чрезвычайке* (то есть о ВЧК), которая хватает и казнит людей по ночам без суда и следствия. Но еще они шепчутся о китайцах, продающих на рынке под видом телятины мясо казненных в чрезвычайке людей[117]. Такое представление о китайцах, которые в огромном количестве жили тогда в Северной столице и содержали дешевые прачечные, существовало в Ленинграде до тех пор, пока они не были высланы или репрессированы.

Такой же образ этнического чужака-каннибала вновь становится популярным после Второй мировой войны. Первые послевоенные годы были необычайно тяжелыми: голод, нищета, разруха и эпидемии приводили к распространению слухов о живущих среди нас представителях враждебной группы, которая старается нам навредить. В продаже человеческого мяса стали обвинять татар и евреев. Не исключено, что распространение в эти годы историй, где некто покупает у татар фарш, а потом в котлетах находит ногти[118], связано с обвинением крымских татар в пособничестве немцам в 1944 году и с последующей депортацией «народа-предателя» в Казахстан и Сибирь.

В послевоенные годы были очень сильны антисемитские настроения (о причинах этого мы поговорим на с. 349). Поэтому неудивительно, что в похищениях русских детей с каннибальскими целями начинают обвинять евреев. В отличие от классического сюжета кровавого навета, в этих легендах мясо и кровь похищенного ребенка используются не для совершения ритуала (добавления христианской крови в мацу), а для производства лекарств и еды. В 1950 году Москва была взбудоражена слухами, что в здании районного суда якобы судят евреев-каннибалов:

> Рассказывали повсюду все подробности о том, как нашли похищенного ребенка в потайной комнате с перерезанной шеей, истекающего кровью. Кровь эта была нужна профессору, работавшему над омоложением; из тел убитых делали студень, продававшийся в казенных ларьках, и т. д. О том, что студень из человеческого мяса, догадалась только собака, которая не стала его есть, а хозяин ее, на этом основании, тотчас же отнес студень в лабораторию. Называли огромное количество людей, около ста, замешанных в это дело, из которых только трое были русскими, остальные евреи[119].

Как мы видим, в этой истории есть абсолютно все каннибальские мотивы. Банда преступников похищает ребенка и использует его тело очень расчетливо: кровь для медицинских надобностей, а мясо на продажу. Для нас очень важно, что, согласно утверждениям мемуаристки, эта история вызвала большой ажиотаж. Толпа собралась у здания суда линчевать преступников, и только долгие уверения милиционеров, что сейчас там судят какого-то воришку, заставили всех разойтись. Аналогичные слухи ходили и в Киеве. Рассказывали, что в докторской колбасе нашли покрытый лаком ноготок, по которому мама узнала свою семилетнюю дочку, пропавшую в районе «Колбаски». Поскольку так называлась колбасная фабрика в районе Еврейского базара, история непрямым образом указывала на этническую принадлежность преступников[120].

В послевоенном Тарту ходили слухи, что в развалинах здания на перекрестке улиц Соола и Туру действует подпольная «колбасная фабрика», где из пойманных людей делают мясные продукты. «Свидетели», якобы сумевшие вырваться из рук злодеев, утверждали, что видели в здании человеческие кости и черепа. Местные жители подозревали, что фабрика организована чужаками — русскими офицерами МГБ, цыганами или евреями[121]. Истории о «колбасной фабрике» по понятной причине сильно взволновали Министерство госбезопасности, сотрудники которого начиная с 1947 года пытались (безуспешно) вычислять и арестовывать распространителей этих слухов.

В мире, где случаи людоедства еще недавно были реальны, обвинение группы чужаков (татар, китайцев, евреев) становится способом рационализировать страшное преступление. Да, люди пропадают, но это делают чужаки. Ведь чужакам, согласно архаичным, но дожившим до наших дней представлениям, вообще свойственно не соблюдать «наши» нормы морали (см. главу 5) — и каннибализм лишь подтверждает их modus operandi. И когда мы кого-нибудь не любим просто за принадлежность к другой группе, мы начинаем говорить о «шашлычниках» или «лицах кавказской национальности», которые ловят автостопщиков на шаурму[122]. Сильно смягченным вариантом каннибальских сюжетов стали современные российские шутки о шашлычниках, которые ловят бездомных кошек на мясо: «купи 10 штук шаурмы и собери котенка». Впрочем, согласно тому же городскому фольклору 1990–2000-х годов, чужой всегда будет оставаться немножко каннибалом:

Подходит милиционер к продавцу шаурмы проверять регистрацию и говорит, язвительно кивая головой на мясо:
— Ну что, твоя шаурма вчера лаяла или мяукала?
— Нет, она документы у меня проверяла.

Людоеды — это свои: каннибальский фольклор сытого общества

По мере того как война, террор и массовый голод уходили в прошлое, истории о евреях, татарах и просто незнакомцах, которые устраивают подпольные лаборатории по производству студня из детей и каннибальские «колбасные фабрики», теряли свою злободневность. По крайней мере, они уже не вызывали бурного обсуждения и не собирали возбужденные уличные толпы, жаждущие расправы с людоедами. На их место пришли другие истории. Рассказывались они детьми, и изображалась в них другая, в каком-то смысле еще более жуткая реальность.

В некоторых позднесоветских детских историях о каннибалах «чужаком», который устроил подпольную колбасную фабрику, оказывается не еврей, а собственный родитель жертвы. Одну такую страшилку записала школьница в 1989 году:

> У одного мальчика мама приносила красное печенье и он хотел узнать как она его делает. И пошел заней. Вот он идет и видет мама идет в магазин и покупает простого печенья. Потом она заходит в пустой дом этот дом охраняли ей люди потому что если узнали чтонибуть то бы ходили по пустым домам. И вот она зашла мама мальчика но мальчика туда не пускали но он вырвался и побежал за мамой и видит она убивает людей и макает туда печенья и он спросил: мама ты зачем это делаешь а зачем ты за мной следил я хотел посмотреть как ты делаешь печенье оправдывался мальчик. Но тогда получай и она убила собственного сына. Но потом нашли ее и сдали в милицию[123].

В указателе сюжетов детских страшных историй, составленном Софией Лойтер[124], мы находим другой, тоже весьма распространенный сюжет, в котором ребенок отправляется за едой и пропадает, а потом мама или бабушка обнаруживают в котлетах или пирожках его ноготь. Именно такие истории фольклорист Вадим Лурье записал в 1987 году от 11-летних школьников из Ленинграда:

> Жил-был мальчик и мама. Мама отправела его в магазин за булкой у мальчика был синий ноготь. Мальчик пришол в магазин, но булки не было. Продавец позвала его к себе домой и сказала, у меня дома было много булке. Мальчика долго не было дома. Мама сама ушла в магазин, и у увидела булку сделанную из мальчика. Мать узнала, что это ее сын[125].

В этих историях говорится не только о том, что некто практикует изготовление еды из человеческого мяса: они утверждают, что ребенок может быть съеден своими собственными родителями, а родители могут стать каннибалами поневоле и соучастниками убийства собственного ребенка:

> Послала мать дочь закупить колбосу. Пошла дочь навстречу ей старушка Старушка и говорит у меня есть колбаса у а девочки был красный ноготок. Старушка сделала из девочки колбосу. Пошла мать навстречу ей старуха и говорит: у меня есть колбаса пошли Она дала ей колбосу Мать сказала спасибо. Стала есть и видит в колбасе красный ноготок и поняла что старуха сделала из ее дочки колбосу[126].

Довоенные и послевоенные истории, как правило, указывали конкретное местоположение жутких каннибальских производств. Жителям Тарту было известно, где находится «колбасная фабрика», а жители блокадного Ленинграда показывали детям место обитания «василеостровских людоедов». Дети 1980-х годов рассказывали о каком-то условном мальчике, который ушел с анонимным торговцем или мясником с какого-то неизвестного рынка (рынка вообще, без конкретизации его местоположения). Оперируя абстрактными персонажами и реалиями, позднесоветские истории представляли собой скорее абстрактные поучительные истории, чем указания на конкретную опасность.

Поздние детские истории о каннибалах отличаются от ранних городских легенд по структуре. Позднесоветские версии близки к волшебным сказкам и одновременно — к другим детским страшилкам, где действуют вымышленные персонажи типа «желтых штор», убивающих своих хозяев. Действие сказки, как мы знаем, часто начинается с нарушения запрета. В детских страшных историях условная «девочка» покупает в магазине желтые шторы, хотя именно такие шторы ей было покупать запрещено; за нарушение этого запрета девочка и ее семья расплачиваются смертью. Точно так же происходит в позднесоветских историях о пирожках с ноготками: ребенок в них сталкивается с каннибалами вследствие нарушения запрета. В процитированном выше рассказе о красном печенье мальчик сделал то, что ему нельзя было делать, — стал следить за собственной матерью, за что и поплатился смертью. В других подобных историях мальчик или девочка, ставшие жертвами каннибалов, уходят с рынка с чужаками (с теми самыми опасными частниками, о которых мы уже писали на с. 227) и таким образом нарушают запрет, установленный родителями.

Итак, в позднесоветском и даже в постсоветском мире легенды о каннибалах становятся в один ряд с другими страшными, но поучительными историями, которые призывают, по сути дела, никогда не нарушать установленные правила поведения в опасном мире большого города.

Они могут и сейчас рассказываться взрослыми для детей и выполнять ту же функцию, что и угрозы в стиле «вот не будешь слушаться, тебя полиция/вот тот дядька заберет». В 2019 году один из авторов этих строк слышал в метро, как мать сказала своему 8-летнему сыну, который притормозил у афиши: «Вот отстанешь, придут гастарбайтеры и тебя на котлетки заберут».

Каннибалы в фольклоре сытых и голодных эпох

Настало время задаться вопросом, который мы регулярно ставим перед собой на страницах этой книги. Зачем вообще существует фольклор о каннибалах? Как мы видим, он не является прямым отражением исторической реальности. Его функции заключаются в другом, мало того — они меняются вместе с социально-экономическим состоянием общества.

В ситуации, когда люди ощущают постоянную угрозу своей жизни (вокруг — голод, война или террор, а человеческая жизнь ничего не стоит), вероятность стать жертвой людоеда представляется им вполне реальной. Для того чтобы вовремя спастись, городские легенды помогают распознать преступника — это существо со странной внешностью или этнический чужак (еврей, китаец или русский — для эстонцев). Но таким образом легенда категорически отрицает, что каннибал может быть кем-то близким и хорошо знакомым (как это часто было в реальности). Поэтому легенды военной и послевоенной эпох изображали людоедов как дегенератов, привыкших есть человеческое мясо, а также как социальных или этнических чужаков, которые зарабатывают на изготовлении еды из человеческого мяса.

В обществе сытом, для которого массовый голод и война остались в далеком прошлом, страшные истории о каннибалах рассказывают в основном дети. В позднесоветских детских страшилках людоед становится «знакомым незнакомцем» — торговцем с рынка (см. с. 227), соседкой, мамой или бабушкой. Каннибальские наклонности здесь — это лишь способ подчеркнуть чуждость близких нам вещей и людей.

*Ужасное мыло: геноцид и военные страхи в одном куске**

Зимой 1945 года в украинском городе Черновцы, расположенном почти на границе с Румынией, случился переполох[127]. 1 декабря к первому секретарю Черновицкого горкома, то есть к фактическому правителю города, в большом возбуждении явился главврач поликлиники Шрайдман, вручивший высокому чину два неожиданных предмета: кусок трофейного мыла, «якобы приобретенный в военторге», и обрывок румынской газеты без даты, полученной от случайного знакомого.

Это загадочное происшествие повлекло за собой много разных других событий. Более того, его совершенно по-разному воспринимали органы советской власти и еврейская община. Чтобы понять причины паники и взаимных обвинений, нам постоянно придется смотреть на то, что произошло зимой 1945/46 года, с обеих точек зрения.

Вся правда о трофейном мыле

Мыло, которое будет играть главную роль в нашем рассказе, в период войны было сверхценным предметом первой необходимости. Достать его — легальным или нелегальным путем — было почти невозможно[128]. И военные, и люди, оставшиеся в тылу, думали, говорили и писали в дневниках о необходимости любым путем найти мыло столько же,

* Мы благодарим Иосифа Зислина за помощь с источниками.

сколько о еде, — во многом потому, что на тот момент мыло было единственным способом спастись от паразитов и защитить себя от болезней. Фразы типа «стоим в очередях за продуктами и мылом»[129] поселились в дневниках военной эпохи надолго.

К концу войны в СССР стали появляться вещи, привезенные советскими военными с территории оккупированной Германии. Трофейное мыло немецкого (а значит — хорошего) качества ценилось очень высоко, тем более что трофейные вещи почти никогда не подлежали коммерческой продаже: их, как правило, распределяли или продавали, но по заведомо сниженной цене. В истории в Черновцах главврач поликлиники Шрайдман размахивал куском трофейного мыла, «который он якобы приобрел в военторге». Мыло для тех мест было уже знакомым — в этот момент трофейный немецкий продукт марки RIF в изобилии лежал на военных складах.

Судя по тому, что эта фраза специально выделялась в спецсообщении, вскоре составленном НКГБ, чекисты были очень задеты обвинением именно в продаже трофейного мыла — таким образом получалось, что советское правительство получает коммерческую выгоду от распространения трофейных вещей. В спецдонесении подчеркивалось, что мыло RIF в продажу не поступало, его распространяли только по военным госпиталям.

Но гораздо большую тревогу карательных органов вызвали утверждения Шрайдмана о составе трофейного мыла. Восприняты они были довольно своеобразно, и результатом визита главврача к первому секретарю явилось спецсообщение «О попытках сионистов организовать провокационное выступление в гор. Черновцы от 9 марта 1946 марта». Именно из этого документа мы узнаем о дальнейшем развитии событий.

Итак, явившись на прием в горком, Шрайдман стал, по выражению автора спецсообщения, «будировать вопрос»: от имени всех евреев города Черновцы он настойчиво просил секретаря горкома запретить продажу мыла RIF. Причина «будирования» заключалась именно в статье из румынской газеты[130], которая была предъявлена первому секретарю вместе с куском мыла. Дело в том, что в этой газете была опубликована большая статья румынского журналиста Мариуса Мирку, который подробно рассказывал, как нацисты делали мыло из трупов расстрелянных евреев (чекисты, встревоженные реакцией еврейского населения на эту статью, приложили не очень грамотный ее перевод к спецсообщению, отправленному в Киев).

В своей статье Мирку использовал несколько «свидетельств». Согласно одному из них, услышанному от румына Николая Лотича, служившего в вермахте, мыло RIF делали только из евреев и оно было очень хорошим, престижным и поставлялось только военным. Другое «свидетельство» в статье принадлежит некой румынской женщине по имени Петреску, которая до войны жила в Черновцах, а во время войны она со своими родителями репатриировались в город Аушвиц (из очень запутанного текста следует вроде бы, что ее отец был немцем). Там Петреску или ее мать была (якобы) свидетелем праздника, устроенного по случаю получения мыла из евреев. Причем такое мыло было высокостатусным, им торжественно помылись только самые «почтенные и видные лица города», причем в общественной бане:

> Все население [Аушвица] знало об этом [переработке евреев на мыло для армии] и было восхищено, но с другой стороны было обижено, что армия больше извлекает пользу от такого мыла, чем они. Когда принесли населению первую партию

такого мыла, в городе объявили праздник. Ящики были получены торжественно на вокзале самим примарем [то есть мэром]. Были приготовлены списки самых добродетельных граждан. Им дали определенное количество мыла «с честью», после чего все почтенные и видные лица направились в общественную баню города, где торжественно объявили качество мыла, приготовленного из трупов евреев[131].

Согласно Мирку, изготовление мыла из людей и стремление пользоваться таким престижным продуктом было свойственно не только немцам. В июне 1941 года произошел страшный погром в румынском городе Яссы: там погибло около 8 тысяч евреев, а остальных вывезли на поезде в концентрационный лагерь, и большинство умерло прямо в вагонах. Этот исторический факт румынский журналист дополняет неизвестными чудовищными подробностями. Он рассказывает, как некие предприимчивые румыны решили поживиться и использовать кровь и жир умерших для изготовления мыла:

> Кровь евреев, которых вывозили в знаменитом поезде из Яссы, смешалась с жиром мертвых, создавая очень ценный слой. В городе Романе, где вагоны были очищены, нашли двух жителей, которые похитили несколько котлов с жиром, перемешанным с кровью. Будучи задержаны часовыми, они заявили, что будут изготовлять мыло, после чего были немедленно освобождены.

Далее Мирку рассказывает, что немецкое мыло марки RIF, сделанное из евреев, в конце войны широко распространилось в Румынии: им пользовались в парикмахерских и рабочие на фабриках. Сейчас, то есть в конце 1945 года, предпринимаются меры по его изъятию, а 15 ноября

1946 года еврейская община, собрав около 1500 кусков, устроила похороны мыла на еврейском кладбище Кишинева. Так заканчивается румынская статья.

Слухи о немецком мыле из евреев, подтвержденные, с точки зрения читателей, публикацией в румынской газете, сильно волновали жителей города Черновцы той зимой. Еврейская община продолжала просить выдать мыло RIF для захоронения. 5 января 1946 года к раввину Шиберу (который, по всей видимости, был главным раввином города) в гости пришел красноармеец, по происхождению румынский еврей. Он показал трофейное мыло и, видимо, пересказал слухи, подобные приведенным выше. При этом разговоре присутствовал еще один гость, который по совместительству являлся приставленным к раввину агентом НКГБ под оперативным псевдонимом Фишман. Рассказанная о мыле история произвела столь сильное впечатление на Шибера, что он немедленно отправился в Совет по делам религий, захватив с собой и сексота Фишмана (крайне недовольного этим фактом) в качестве свидетеля. Совет по делам религий появился в этой истории, потому что любые религиозные объединения города de facto подчинялись ему. Глава еврейской общины стал требовать, чтобы раввинату передали все трофейные экземпляры RIF, разрешили организовать «похороны мыла», а кроме того, в этот день освободили все еврейское население от работы и позволили собрать пожертвования на кладбище «для бедных евреев». Возмущение раввина будет понятнее, если знать, что согласно еврейской религиозной традиции, никакая часть тела, включая кровь, не может оставаться не погребенной. Горком и Совет по делам религий, сначала несколько опешив от такого натиска, тем не менее категорически отказали в этой просьбе. Но, несмотря на этот запрет, Шибер, как сообщил другой внедренный агент (оперативный псевдоним Ляудо), продолжал собирать среди жителей города трофейное мыло для похорон.

События в Черновцах, разворачивающиеся на протяжении начала 1946 года, представляют собой весьма специфическую панику, ограниченную масштабом одного города. Автор румынской статьи, а вслед за ним и евреи города Черновцы не были одиноки в своих убеждениях. Военные слухи о мыле из евреев начали распространяться с того момента, как на территории Польши стали появляться концлагеря[132]. За годы войны история про такое мыло стала общеизвестной, мало того — обвинение в его производстве звучало с советской стороны во время Нюрнбергского процесса. История казалась настолько правдоподобной, что в 1944–1947 годах в нескольких странах были проведены «похороны мыла»[133], подобные похоронам человека.

Тем не менее, несмотря на широкое распространение этого сюжета в течение последних семидесяти лет, информация о том, что нацисты массово перерабатывали трупы евреев на мыло, является всего лишь городской легендой, хотя и очень влиятельной. О недостоверности этого убеждения писали многие историки[134] и даже химики. В 1990 году самый авторитетный институт исследований Холокоста — израильский Институт Яд Вашем в Иерусалиме — заявил, что массовая переработка еврейских заключенных на мыло никогда не имела места[135].

Но как и почему эта легенда оказалась такой распространенной?

Коммодификация своих мертвецов, или Как погибшие герои стали полезным удобрением

Как наглядно показать, что враг — не такой, как мы, что он в буквальном смысле лишен всего человеческого? Мэри

Дуглас[136], а вслед за ней и целая плеяда когнитивных антропологов сказали бы: надо показать, будто враг нарушает категориальное деление вещей, объектов и понятий, существующих в нашем сознании. Для человека европейской цивилизации таким «рубиконом» оказывается даже намек на осквернение тел покойников. Неудивительно, что подобное обвинение стало отличным способом дегуманизировать врага во время Первой мировой войны, когда перед пропагандистами с обеих сторон стояла задача лишить врага ореола благородного противника, играющего по правилам. И совершенно неслучайно, что успешным способом сделать это стала история о том, как немецкие погибшие герои немедленно превращаются в удобрения, мыло и корм для скота. Перед нами сюжет не о собственно каннибализме, но о действиях, близких к нему: здесь тела своих же умерших превращаются в полезный продукт и товар. Такой процесс мы называем *коммодификация*.

Конечно, обвинение немецкого правительства в создании тайных фабрик по переработке тел собственных солдат на мыло, удобрения и другие полезные продукты, было сфабриковано. Только после войны, начиная с 1925 года, были проведены первые журналистские[137] и научные[138] расследования, доказавшие, что слух сфабрикован, а обвинение беспочвенно. Авторы расследований выдвинули три основные версии фабрикации этой истории.

Первая версия возникла в 1925 году из признаний бригадного генерала Чартериса, во время войны возглавлявшего британскую разведку. Согласно его рассказу, легенда о немецкой фабрике по переработке человеческих тел была частью блестящего плана по привлечению Китая на сторону Антанты в войне. В начале 1917 года Британская империя была озабочена вопросом о том, как заставить Китай (который до этого момента придерживался политики «и вашим и нашим») вступить в войну на стороне Антанты. И тут в руки сотрудников из отдела армейской разведки попали два немецких трофейных снимка. На одном из них были сфотографированы тела немецких солдат, уложенные в штабеля, приготовленные для отправки куда-то, на второй — трупы лошадей, отправляемых на одну из фабрик для переработки туш на мыло. Небольшая творческая работа с фотографиями — и в газетах появилась история, подтвержденная шокирующим снимком, о том, что немцы перерабатывают тела своих погибших солдат на мыло и удобрения. Подобное обращение с телами погибших должно было шокировать китайцев, известных своим щепетильным отношением к мертвым. Сфабрикованная фотография была послана в Китай, и китайская пресса с возмущением начала писать о том, что немцы оскверняют трупы погибших солдат. В марте 1917 года Китай разорвал отношения с Германией — чудовищное обращение немцев со своими мертвыми стало одним из аргументов для такого разрыва — а в августе вступил в войну на стороне противников Германии[139].

Где-то в апреле 1917 года история о тайной фабрике, где трупы солдат перерабатываются на мыло, вернулась на страницы английской, французской, бельгийской прессы, и там продолжила циркулировать, обрастая массой фольклорных подробностей. Особенно любили ее газеты The Times и The Daily Mail: журналисты неделями смаковали подробности жуткого преступления[140].

Сторонники второй версии происхождения слуха считают, что Чартерис присвоил себе авторство фейка, который на самом деле был создан журналистами из The Times.

И наконец, есть и третье объяснение: этот слух вообще не имел отношения к хитрому плану втягивания Китая в войну, а явился результатом глупой лингвистической ошибки со стороны военного корреспондента[141]. Тут необходимо сделать одно небольшое отступление и сказать, что еще в начале XX века, за десять лет до начала Первой мировой войны, Германия очень гордилась гигиеническим новшеством в деле утилизации трупов крупных домашних животных. Были созданы новые «фабрики по переработке мертвых тел» (Kadaververwertungsanstalten), куда доставляли павших животных для переработки по последнему слову техники и гигиены, и они, конечно, широко рекламировались[142]. Во время войны эти фабрики стали располагаться недалеко от фронта — для удобства. Через десять лет информация об этих фабриках сыграла ключевую роль в создании фейка. Дело в самом слове Kadaver. Конечно, это латинское слово cadaver, обозначающее мертвое тело вообще — в таком значении оно вошло в европейские языки, например английский и французский. Однако в стандартном немецком начала XX века слово Kadaver обозначало только труп мертвого животного, скорее всего крупного или среднего размера. Соответственно, военные корреспонденты или журналисты, получив трофейную фотографию с надписью Kadaververwertungsanstalten, интерпретировали название как «фабрика по переработке *человеческих* тел»[143].

На самом деле, не столь важно, как эта история появилась, важнее понять, почему она так широко распространилась. Согласно расследованию историка Иохима Неандера, причиной успешности фейка — или трагической лингвистической ошибки — был целый набор пропагандистских стереотипов, которые постепенно формировались в течение войны и которые можно было бы передать фразой «эти гунны способны на любое варварство».

Во-первых, пресса Антанты начиная с 1914 года — со сражений на полях в Бельгии, постоянно говорила о варварском поведении немцев, в частности газеты подробно описывали, как они сжигают трупы собственных солдат, сложив их штабелями высотой почти в шестиэтажный дом. Ходили рассказы о поездах, наполненных мертвецами, о крематориях, выстроенных около линии фронта, о сжигании трупов в захваченных литейных цехах. Пропаганда союзников показывала миру немцев как чудовищ, которые могут сжечь, свалив предварительно в кучу, своих павших героев, обращаться с мертвыми солдатами как с мусором, сжигать их среди мусора — так, словно им неведомы христианские и общечеловеческие ценности[144]. Немецкая пресса постоянно пыталась опровергать эти утверждения, но безуспешно.

Во-вторых, в 1915 году Германия, которая из-за британской морской блокады испытывала проблемы с мылом, изобрела новый способ получения глицерина (добавки в мыло) из спирта. Способ производства держался в секрете, но поскольку спустя некоторое время стало понятно, что немцы пользуются новым, каким-то странным мылом, этот факт стал восприниматься как доказательство того, что немцы не просто сжигают своих мертвых, но и перерабатывают их на мыло. В 1915 году в Лондоне начинают ходить такие слухи — доказательством их существования являются дневниковые записи. Чуть позже выходят комиксы, где «гунны» отправляют мертвых на переработку на мыло в прямом смысле слова. Даже самый известный медицинский журнал The Lancet публиковал расчеты, сколько можно сделать унций мыла из «одного гунна»[145].

И видимо, где-то в этой точке, на рубеже 1916 и 1917 годов, как полагает Неандер, британские пропагандисты решают имплантировать уже существующие слухи о мыле из мертвых солдат на китайскую почву с той целью, что была описана выше. Другими словами, генерал Чартерис приписал себе то, что уже создали фольклор и медиа вместе.

И хотя во второй половине 1920-х годов эти слухи были полностью опровергнуты, они продолжали жить еще очень долго. История о коммодификации своих собственных мертвых кратко и убедительно демонстрировала, как враг преступает самые базовые человеческие законы не только по отношению к противнику, но и по отношению к своим павшим. Тем самым она демонизировала фигуру немца в Первой мировой.

Так совместными усилиями медиа, пропагандистов и фольклорной традиции сюжет о враждебных социальных группах, которые способны переработать людей на мыло, широко распространился в Европе и в России в 1920-х и 1930-х годах. В начале 1920-х жители Петрограда обвиняли местных китайцев, что они крадут людей на мыло. Об этом в зарисовке из жизни питерской шпаны упоминает молодой писатель М. Стронин: «Батьку китайцы на мыло сварили»[146].

Таким образом, к началу Второй мировой войны были созданы все условия, чтобы появился второй, очень близкий сюжет: «мыло, сделанное нацистами из евреев».

Коммодификация чужих мертвецов: как появляется мыло из евреев

Где-то между 1941 и 1942 годами, на территории Польши, там, где располагались основные «лагеря смерти» — Собибор, Аушвиц, Треблинка, Майданек, — начинает формироваться история о коммодификации чужих мертвых — о массовой переработке тел умерщвленных евреев на мыло.

Выжившие узники концлагерей помнят издевательское обещание надзирателей «переработать человека на мыло»[147]. Речь в этой угрозе идет не просто об убийстве, но и об отказе видеть в заключенном человеческое существо.

И конечно, такие угрозы сами по себе могли основываться на слухах времен Первой мировой о фабриках по переработке человеческих тел. Однако примерно в то же время появляются свидетельства не только про угрозы, но и про «факты» о фабриках по переработке заключенных на мыло. Уже в 1941 году секретные отчеты американской разведки указывают (со ссылкой на местных жителей), что тайные фабрики по производству человеческого мыла появляются возле польского города Турека:

> Немцы привезли тысячи польских учителей, священников и евреев туда, и после экстракции кровяной сыворотки (видимо, речь идет об обескровливании, потому что никакой «экстракции сыворотки» так сделать нельзя. — *А. А., А. К.*) из их тел их бросают в большие котлы и вытапливают жир, чтобы сделать мыло[148].

Нацисты, согласно этой легенде, не только поступали с мертвыми телами максимально чудовищным образом — они делали так, что люди, не принимающие непосредственного участия ни в убийствах, ни в чудовищном «производстве», оказывались невольными соучастниками их преступлений. На эту тему возникали дополнительные сюжеты, которые, в частности, описывал и румынский журналист: «мыло из евреев» вручали в торжественной обстановке лучшим людям города, которые должны были использовать новый продукт гигиены в общественной бане и потом публично признать его высокое качество[149].

Настоящее немецкое мыло, на котором стояла аббревиатура RIF, было объявлено тем самым «мылом, сделанным из евреев». А аббревиатура RIF, которая в реальности расшифровывалась как «государственное управление для промышленной переработки жиров» (Reichsstelle für Industrielle

Fettversorgung), получила вторую, «подлинную» расшифровку: Reines Juden Fett — «чистый еврейский жир». Сторонников этой теории не смущало даже, что Reines Juden Fett дает другое сокращение — RJF.

В 1942 году слухи становятся широко известными и пересекают океан, о чем пишет американская пресса. Более того: «мыло из евреев» становится знаком-индексом, отсылающим к ужасам Холокоста. В 1943 году известный советский общественный деятель, актер Соломон Михоэлс едет в США собирать средства для Красной армии среди еврейской общины. В качестве доказательства того ужаса, который прямо сейчас происходит в Европе, он поднимает над головой кусок мыла и говорит: «Смотрите, вот наши братья».

В ноябре 1942 года высшие чины рейха были крайне обеспокоены широкой циркуляцией таких слухов. Глава СС Генрих Гиммлер пишет Генриху Мюллеру, главе гестапо:

> Зная широкую географию еврейской эмиграции, я совершенно не удивлен, что такие слухи стали циркулировать в мире. Мы оба знаем, что имеет место возрастающая смертность среди евреев, принужденных к труду. Вы должны гарантировать мне, что в каждом месте тела умерших евреев либо сожжены, либо похоронены и что абсолютно ничего не может случиться с телами. Начните расследование везде, где возникла ложь о любом недолжном обращении с телами[150].

Действительно, с точки зрения нацистской мифологии сама идея изготовления моющего средства из евреев должна была выглядеть странной: ведь согласно ей, евреи — существа «грязные», и поэтому нацистская пропаганда для описания контактов еврейского и «арийского» населения постоянно использовала метафоры «загрязнения».

«Фабрика еврейского мыла» доктора Шпаннера

В середине апреля 1945 года советская армия берет город Данциг (сейчас это польский город Гданьск). Польские врачи Натkански и Бычковски инспектируют Анатомический институт Данцига, который изготавливал учебные пособия, используя внутренние органы казненных преступников. Они видят жуткую картину: везде разбросаны части тел со следами медицинских операций. Кроме того, они увидели там цистерны и белую массу, похожую на жир, про которую один бывший работник, поляк, сказал, что это «мыло, сделанное из людей». Оба врача устно доложили об этом властям, но никакого письменного отчета на Нюрнбергском процессе и нигде в других местах от их имени представлено не было. Только через три недели в начале мая этот институт снова изучила советско-польская комиссия и оставила отчет: в нем фигурирует два килограмма мыла, найденного в институте. Бывший сотрудник соседнего учреждения по своей воле сообщает, что в Анатомическом институте работал некий поляк, Зигмунт Мазур, который якобы участвовал в производстве мыла. Арестованный Мазур рассказывает, что в 1944 году доктор Рудольф Шпаннер, директор Анатомического института, проводил эксперименты с изготовлением мыла из животного жира с использованием человеческих ингредиентов. Мазур получил от Шпаннера рецепт этого особого мыла в феврале 1944 года, после чего сам его сварил, и он и его мать использовали его для мытья. В этот момент, в мае — июле 1945 года, в газетах — сначала в польской, а потом и в англоязычной The Soviet News — появляется несколько отчетов об ужасных находках, включая и обвинение нацистов в производстве мыла из людей.

В таком виде эти свидетельства вошли в историю, хотя постепенно у исследователей накапливались возражения по поводу их достоверности. Так, например, в 1990 году исследователи Мемориального института Холокоста в Вашингтоне показали, что рецепт Шпаннера, предъявленный Мазуром, вообще не содержит указания на человеческий жир, а также опасен для человеческой кожи[151]. Кроме того, этот рецепт приготовления мыла крайне примитивен — так его изготавливали еще в XVII веке. Совершенно непонятно, зачем немцам в середине XX века было готовить мыло по такой старой технологии.

С этого момента и до сего дня вокруг Анатомического института кипят страсти: то в кусках мыла находят человеческий жир в незначительных количествах, то всплывают доказательства, что свидетельство Мазура было подготовлено польскими спецслужбами.

В 2006 году историк Иоахим Неандер решает поставить точку в этой дискуссии и снова подробно разбирает свидетельства за и против «фабрики мыла доктора Шпаннера».

Во-первых, он убедительно показывает, что найденные в Анатомическом институте части тел и цистерны с «белой массой» свидетельствуют о том, что Шпаннер очищал человеческие кости для производства пособий для обучения хирургов, а также делал «муляжи» из настоящих человеческих органов, наполненных специальными смесями, в которые он добавлял и человеческий жир[152]. Надо сказать, что Шпаннер не был признан военным преступником: его два раза задерживали для допроса в 1946 году в Германии американские власти и оба раза отпускали, получив от него это объяснение. Причем среди тел казненных, которые ему привозили, не было трупов из концлагерей: Шпаннеру не нужны были тела дистрофиков без нормальной мышечной массы.

Во-вторых, Неадер пересмотрел показания трех свидетелей: и двух военнопленных, которые давали их на Нюрнбергском процессе, и поляка Мазура, который три раза дал показания советской прокуратуре в тюрьме Данцига. Это свидетельство Мазура через несколько месяцев будет предъявлено советской стороной во время Нюрнбергского трибунала, а сам Мазур умрет от тифа в тюрьме, не дожив до него. Все трое выполняли только подсобную работу по доставке и разделке тел, смысл которой они плохо понимали. Но самое главное — все они давали показания несколько раз. И с каждым новым рассказом свидетели все решительнее склонялись к версии про изготовление мыла из людей[153]. Если сначала Мазур вообще ничего не сказал про «мыло из евреев», то во второй раз признался, что фабрика делала именно его, а на третий — предъявил рецепт мыла, который ему якобы дал Шпаннер, и само мыло. Тут возникает много вопросов — например, почему не задержали и даже не расспросили его мать, которая, по его словам, тоже пользовалось этим мылом? Почему рецепт мыла был таким устаревшим и описывал технологию XVII века, которой уже давно не пользовались? Почему Мазур признался во всем этом только на третьем допросе?

Иоахим Неандер склоняется к объяснению, что «мыло Мазура» (которое фигурировало на Нюрнбергском процессе под номером 196) является подделкой, изготовленной советской или польской стороной, причем людьми, не очень сведущими в химии даже на школьном уровне. Видимо, поляк Мазур, работавший на немцев во время войны, понимал, что его песенка спета и просто пытался купить себе жизнь, изо всех сил стараясь быть ценным источником информации. Неандер приводит три основных аргумента:

Во-первых, странен сам рецепт, предлагающий устаревшую технологию, которой немцы уже давно не пользовались при изготовлении мыла.

Во-вторых, подробные показания Мазура об изготовлении мыла не соответствуют этому рецепту.

В-третьих, в «мыле Мазура», если его приготовить по представленному рецепту, будет переизбыток ненейтрализованного гидроксида натрия, и мыться им будет невозможно (и кстати, это ставит под вопрос утверждение Мазура, будто он сам мылся этим мылом).

Но есть и еще один аргумент, который не учитывает Неандер. Как показывает психолог Элизабет Лофтус, очевидцы самых разных преступлений нередко дают ложные свидетельские показания, даже искренне пытаясь помочь следствию и не имея намерений что-то утаить или исказить. Дело здесь не только в том, что мы в состоянии запомнить гораздо меньше информации, чем нам кажется, но и в том, что тактика ведения допроса, а также освещение преступления в СМИ, могут сформировать у очевидца ложные воспоминания о событии[154]. В итоге свидетель начинает «помнить» о преступлении именно так, как о нем говорят в СМИ, и «вспоминает» именно такие детали, о которых хотят услышать следователи, судьи и присяжные. А в нашем случае следователи и прокуроры советско-польской стороны уже очень хорошо знали сюжет о мыле из евреев — поскольку они о нем целенаправленно расспрашивали с самого начала. Видимо, поэтому Мазур в своих показаниях и подтвердил факт изготовления мыла и таким образом оговорил себя. Он начал постепенно «вспоминать» о нем, потому что именно это хотели от него услышать все вокруг.

Таким образом, легенда могла оформиться в своем окончательном виде в процессе дачи показаний на допросах.

В результате всего этого обвинение в изготовлении мыла прозвучало на Нюрнбергском процессе с советской стороны, однако не произвело такого эффекта, который был задуман. Мазур умер, Шпаннера к ответственности не привлекли, а делали ли мыло в Анатомическом институте, осталось непонятным. Но легенда продолжала жить и привела к распространению такой практики, как похороны мыла.

Почему советская власть не разрешила хоронить мыло в 1946 году?

В конце войны люди, выжившие в концлагерях, стали возвращаться домой, а кто-то уехал в Палестину, Швецию и США. И информация об уничтожении миллионов евреев стала постепенно распространяться — в рассказах выживших и свидетелей. Во многих странах уцелевшие евреи начали проводить похороны мыла. Этот странный ритуал стал символической заменой реальных похорон, которые уже нельзя было провести. Попытки предать земле частички тел тех, кто по мнению многих, послужил материалом для изготовления мыла, были в Софии, потом в Кишиневе и Бухаресте, и в некоторых других городах Восточной Европы. В ноябре 1946 года Главный ашкеназский раввин подмандатной Палестины Ицхак-Леви Герцог требовал от ООН доставить в Палестину все экземпляры мыла RIF, которое раздавали в лагерях еврейских беженцев — для последующего захоронения[155]. В 1947 году похороны мыла прошли в Бразилии[156]. Кроме больших похоронных акций, под влиянием слухов о мыле, сделанном из людей, в послевоенные годы постоянно происходили маленькие частные захоронения. Власти перечисленных стран особых препятствий похоронам мыла не чинили, в отличие от СССР (Кишинев оказался единственным исключением).

И здесь мы снова должны вернуться к истории в Черновцах. Возможно, читателям этих строк не очень понятно, что означали в 1945–1946 годах публичные выступления раввина Шибера и главврача поликлиники Шрайдмана, их конфронтация с могущественными представителями советской власти и стремление похоронить мыло, несмотря на прямой запрет делать это. Органы надзора немедленно охарактеризовали эту историю не более и не менее как «попытку сионистского подполья организовать антисоветское выступление», и документальная история черновцовских «похорон мыла» обрывается на сообщении о том, что «будировавшие вопрос» Шрайдман и Шибер «взяты в дальнейшую разработку». В конце 1940-х годов это означало, что ничего хорошего в будущем их не ожидает. Как минимум пристальное наблюдение надзорных органов, и с большой вероятностью — обвинение по статье 58-10 («антисоветская агитация и пропаганда»), арест и большой лагерный срок.

Почему попытка провести такой ритуал в СССР наткнулась на яростное сопротивление советской власти? Дело, видимо, в том, что такой публичный акт поминовения — это не только и не столько похороны частицы человеческого тела, но и политическое высказывание: оно напоминает окружающим о чудовищном акте насилия и о его бесчисленных и часто безымянных жертвах[157].

Что характерно, когда в городе Черновцы горком, НКГБ и Совет по делам религий не давали разрешения на захоронение мыла и вообще совершенно спокойно отнеслись к тому, что советское население пользуется немецким мылом с подобной «репутацией», советская сторона Нюрнбергского трибунала в лице прокурора Руденко настаивала на том, что производство мыла из евреев имело место. Возможно, дело в том, что советская власть всячески старалась не выделять евреев среди прочих жертв войны. Согласно официальной точке зрения, евреи пострадали от фашизма не больше, чем другие народы Советского Союза. В своем стремлении не замечать Холокост советская власть была тверда и последовательна. Борьба с нежелательной памятью о геноциде евреев шла с послевоенных лет и всю советскую эпоху[158].

Во время войны писатели Илья Эренбург и Василий Гроссман начинают собирать материал для «Черной книги» — это сборник свидетельств самого разного толка о геноциде советских евреев. Ровно в тот момент, когда Шибер и Шрайдман пытаются уговорить Совет по делам религий и горком в Черновцах позволить им похоронить мыло, содержание «Черной книги» активно обсуждают в Еврейском антифашистском комитете и на самом высоком партийном уровне. Литературные чиновники недовольны тем, что в ней много говорится о советских гражданах, сотрудничающих с нацистами и участвующих в убийстве евреев. Но особенно высокопоставленным читателям «Черной книги» не нравится то, что евреи якобы показаны там единственными настоящими жертвами войны. Несколько месяцев спустя заведующий управлением пропаганды ЦК Георгий Александров пишет докладную члену Политбюро Андрею Жданову с просьбой не допустить издания этой книги:

> Однако чтение этой книги, особенно ее первого раздела, касающегося Украины, создает ложное представление об истинном характере фашизма и его организаций. Красной нитью по всей книге проводится мысль, что немцы грабили и уничтожали только евреев. У читателя невольно создается впечатление, что немцы воевали против СССР только с целью уничтожения евреев. По отношению же к русским, украинцам, белорусам, литовцам, латышам и другим национальностям Советского Союза немцы якобы относились снисходительно[159].

В результате книга никогда не была издана в СССР, но зато в том же 1946 году она была переведена и опубликована в США и в некоторых других странах.

Возможно, что желание похоронить мыло в Черновцах было расценено как «антисоветское выступление» именно потому, что за этим стояло твердое убеждение, что такая группа, как «евреи», не достойна высокого статуса «главных жертв» войны. И только верховная власть может решать, как использовать информацию о геноциде — для внешнего или только для внутреннего употребления. Низовая инициатива, не получившая одобрения сверху, в такой ситуации всегда расценивается как серьезная политическая крамола.

Почему «мыло из евреев» стало символом нацистских преступлений

Казалось бы, ответ на этот вопрос очень прост. Мыло, сделанное из евреев, стало наглядным доказательством чудовищности нацистских преступлений. Можно показать аудитории мыло со словами «Это наши братья» (именно так сделал председатель Еврейского антифашистского комитета Соломон Михоэлс), и ей без лишних слов будет понятен масштаб злодеяний, совершенных нацистами. Но тут возникает уже другой вопрос: реальные преступления нацистов были не менее чудовищными, чем изготовление мыла из евреев. Газовые камеры и массовые расстрелы были абсолютно реальны, равно как и медицинские эксперименты доктора Менгеле над узниками концлагерей. Зачем же тогда понадобилась вымышленная история, если реальные истории не менее ужасающи и масштабны?

Мы предполагаем, что она оказалась такой живучей благодаря своей способности в «сжатом» виде передавать два значимых месседжа.

Во-первых, история о «мыле из евреев» стала отражением довольно типичного страха военного и послевоенного периода — стать не только жертвой, но и невольным соучастником преступлений, исполнителем чудовищного замысла палачей. Об этом же страхе говорили слухи, появившиеся во время и после войны в нескольких советских городах — о подпольных цехах, где из людей делают мясные полуфабрикаты. Не случайно слухи, жившие в послевоенном Тарту, утверждали, что на подпольной «колбасной фабрике» из людей делают не только колбасу, но и мыло[160]. Ведь пользуясь мылом, которое может быть сделанным из тел убитых людей (так же как и покупая колбасу), жители послевоенного города рисковали нарушить одно из базовых культурных табу, практически стать каннибалами. Эта легенда говорила: оказавшись в глобальной мясорубке, невозможно стоять в стороне, избежать роли жертвы или убийцы — ты так или иначе станешь или тем или другим.

Во-вторых, существенно, что именно *мыло* стало прототипическим изображением жертв, а не абажуры или перчатки из человеческой кожи, которые также, согласно слухам, массово изготовлялись в лагерях уничтожения. Мыло — это предмет гигиены, которым мы очень хотим обладать, особенно в условиях военного и послевоенного дефицита. Мыло ежедневно контактирует с нашим телом, в отличие от перчаток или абажуров. Однако вместо того чтобы делать нас чистыми, оно нас символически загрязняет, превращая в пособников убийц (помните легенды о том, как таким мылом с воодушевлением мылись жители города Аушвица, жившие возле лагеря смерти?). Поэтому именно история о «мыле из евреев» становится способом выразить весь ужас нарушения базовых культурных норм, через который во время войны вынуждены были пройти многие.

Откуда пошел «джинсовый дерматит», или Опасное обаяние западной вещи

Однажды в середине 1980-х годов с одним из авторов этой книги произошла следующая история:

> В квартиру позвонил незнакомый человек. Он принес посылку из Анголы (их часто посылали не почтой, а передавали «из рук в руки»), где в то время работала моя мама. Подарок был очень необычным и шикарным — в коробке были детские джинсы (на самом деле бриджи) нежного салатового цвета. Я совершенно не могла от них оторваться. Однако через два дня в дверь позвонил тот же самый человек, крайне сконфуженный. Оказалось, при передаче посылки были перепутаны и джинсы предназначались другой девочке. То, что случилось дальше, я помню до сих пор (и до сих пор мне за это стыдно) — это была первая в моей жизни акция протеста. Я села на пол (в джинсах), рыдала и билась об пол, отказываясь расстаться с джинсами. Надо сказать, что своего я добилась: каким-то образом джинсы остались со мной[161].

Эта история хорошо иллюстрирует те чувства, с которыми было связано обладание яркими и необыкновенными заграничными вещами. В 1970-е годы самым желанным и модным предметом одежды становятся западные джинсы, что активно, хотя и безрезультатно, высмеивается советской прессой. «Настоящие», то есть американские, джинсы стоят на черном рынке около 200 рублей (при том что средняя месячная зарплата инженера равняется 120–150 рублям). О дороговизне и желанности джинс даже появляется анекдот:

> Студент вставил зуб.
> — Какой? Пластмассовый?
> — Что я, бедный?

— Фарфоровый?
— Что я, бедный?
— Золотой?
— Что я, бедный?
— Так какой?
— Джинсовый![162]

Однако в то же самое время про джинсы, как и про другие модные импортные вещи, рассказывают большое количество неприятных слухов и городских легенд. Так, одному нашему информанту «подруга сказала, что джинсы, купленные у иностранцев, могут быть заражены инфекцией. В контексте рассказа про новую болезнь — СПИД»[163]. Другие наши собеседники слышали, что «люди находили вшей или еще что-то в этом роде в швах импортных джинсов, купленных с рук у иностранцев»[164], а в некоторых джинсах «микроиголка с ядом зашита»[165].

Рассказы о джинсах, зараженных специфической болезнью или с лезвиями внутри, о западных нейлоновых рубашках с червями представляют собой разновидность потребительских слухов об опасных иностранных вещах. При этом определение «иностранные» (если судить по набору опасных вещей, фигурирующих в слухах) относится в полной мере лишь к товарам из капиталистических стран (Европа, Северная Америка, Япония). Одежда, произведенная в соцстранах, ценилась выше, чем советская, но по сравнению с вещами «капиталистического» происхождения ее статус был ниже[166]. При этом польские джинсы могли быть объектом недовольства (обсуждалось их не всегда отличное качество), но практически никогда — темой пугающих рассказов. Степень потенциальной опасности вещи была напрямую связана с ее символической ценностью в советской «системе вещей». Поэтому, чтобы понять, как выстраивалось представление об опасных западных вещах, надо понять, какое место они занимали в символической классификации советских вещей.

Вещи прирученные vs опасные

Надо понимать, что советский потребитель довольно сильно зависел от системы государственного снабжения, и при скромных доходах и отсутствии блата выбор товаров был очень невелик, и в результате многие советские люди постоянно испытывали трудности с приобретением тех или иных товаров. Такую ситуацию советские граждане научились преодолевать: например, самостоятельно изготавливали вещи или переделывали готовые стандартизированные, которые часто были неудобными, «под себя»[167]. Такая переработка (вспомним журнальные рубрики с «полезными советами» по усовершенствованию и максимальному продлению жизни вещей), по сути, представляла собой «практики по приручению вещи»[168]. Объекты, прошедшие через такие практики, — коврики, сделанные из старых колготок, радиоприемник, настроенный исключительно на «Голос Америки», — Екатерина Деготь называет «вещами-товарищами»[169]. В результате подобных практик советская вещь, часто обреченная на долгую жизнь и полифункциональное использование, становилась «гиперосвоенной». Так, из дешевых покупных карамельных конфет можно было сделать игрушку на елку или карамельную глазурь на праздничный торт. А вот дефицитные западные вещи долго расставались со статусом чужого и гиперосвоенными становились с трудом, уже под конец своей жизни. Примером освоения иностранной вещи были изношенные нейлоновые колготки, которые после их прямого употребления никогда не выкидывали.

Из них вязали крючком коврики в ванную или прихожую, а также авоськи, в которых носили продукты. Но это еще далеко не полный список того, что можно было сделать с такой гиперосвоенной вещью. Старые колготки могли превращаться в мочалки, если положить внутрь мыло, или губку для мытья посуды.

Те дефицитные западные вещи, которые не прошли через практики приручения и тем самым оказались за пределами «своей» зоны, советские люди регулярно противопоставляли «своим вещам»:

> — А были какие-то истории про то, что конфеты, например, есть опасно?
>
> — Конфеты — они же в магазинах продавались. Про конфеты речь не шла. Именно про жвачки говорили <…> что иностранцы подзывали детей к себе и дарили жвачки, в которых внутри были отравленные иголки[170].

Как мы видим, для нашего собеседника конфеты не представляют опасности, потому что продаются в наших магазинах, на другом, опасном полюсе находится жевательная резинка, которую можно было получить только от иностранцев. Еще один наш информант по такому же принципу противопоставлял косметику из обычного магазина и из комиссионного, куда сдавали импортные товары: «Косметика также бывала отравлена, особенно купленная в комиссионке, а не в обычном универмаге»[171].

Это не просто два случайных примера. Судя по данным опросов и многочисленным интервью, в основе символической классификации вещей советского мира лежит противопоставление «свои безопасные vs чужие опасные вещи».

Но почему западная вещь такая опасная?

Вещь как вещь и как знак, или «Принцип Молотова»

В 1955 году произошло невиданное событие — нескольких писателей и журналистов, среди которых был молодой зять Хрущева Алексей Аджубей, отправили на стажировку в США. Дело было ответственное, поэтому на инструктаж перед поездкой делегацию отправили прямо к бывшему министру иностранных дел Вячеславу Молотову. Верный соратник Сталина предложил оробевшим журналистам задавать любые вопросы о будущем пребывании в США, и после неловкой паузы был задан вопрос: «Пить или не пить пепси и кока-колу?» Согласно воспоминаниям Аджубея, Молотов, помолчав, ответил, что лично он этот напиток не употребляет, и дело даже не в качестве или вкусе: «кока-кола — олицетворение американского империализма и экспансии. Так надлежит понимать вопрос»[172].

Ответ Молотова весьма показателен. Для него кока-кола не является обычным напитком — это прежде всего знак неприемлемой идеологии. И обращается он с ней не как с напитком, а как со знаком.

Отвлечемся ненадолго от советских реалий. В монгольской юрте, как и в любом жилище, например, есть чашка (пиала). Она старая, щербатая, ее может взять кто угодно. Другими словами, она не обладает никаким особым статусом. Но вот монгол берет эту чашку, кладет в нее кусочек сухого сыра или конфету и ставит к алтарю, чтобы накормить духов. Статус чашки тут же меняется: ее нельзя использовать для нужд повседневной жизни, а женщине — даже прикоснуться (хотя до этого именно женщина бесконечно мыла эти самые чашки). Что произошло? Чашка переместилась из одного класса (повседневные предметы) в другой — «вещи, связанные с ритуалом». Она перестала быть чашкой, из которой люди пьют каждый день, и стала знаком кормления духов и вечного уважения к ним. Не надо думать, что это какой-то исключительный пример. Антропологи знают много подобных случаев из традиционной культуры. Любой предмет повседневности может быть в разные моменты времени и в разных ситуациях и вещью, и знаком. Этот принцип, описанный Альбертом Байбуриным, можно было бы сформулировать как: статус предмета тем выше, чем больше вещь является знаком и чем меньше она остается вещью[173]. Высказывание Молотова, о котором шла речь в начале раздела, является частным вариантом этого принципа.

«Принцип Молотова» работал и в жизни обычных людей. Западная вещь, даже попадая в дом, часто оказывалась значимым символом и поэтому не выполняла свою прямую утилитарную функцию:

> Все детство я мечтала об импортном школьном пенале — с отделениями на молнии, с карандашами и ластиками, в котором было все. И вот, наконец, мне его привезли из Португалии. Счастью не было предела, однако я не смогла им пользоваться: я боялась лишний раз тронуть все те прекрасные вещи, которые в нем находились. Так я и носила с собой два пенала, один простой советский и второй импортный. А потом и носить перестала. Боялась, что украдут[174].

В этой истории импортный пенал довольно быстро перестал выполнять прямую функцию — быть хранилищем ручек и карандашей, — а стал знаком принадлежности к некоторой особой реальности. Такой переход импортного пенала из состояния «просто вещи» в состояние «знака» не был единичным случаем. В 1960–1980-е годы такой была участь многих вещей, сделанных на Западе и оказавшихся в СССР.

Советские люди (как правило, жители больших городов) нередко стремились окружить себя западными вещами-знаками. За этим стремлением стояло, как считает антрополог Алексей Юрчак, желание создать вокруг себя пространство «воображаемого Запада». Это пространство создавалось разными способами, самым доступным из которых был лингвистический. Жители советских городов активно придумывали слова-экзонимы для самых обычных объектов советской действительности. Спальный район провинциального советского города мог именоваться Парижем, анонимное кафе — Сайгоном, а друг Миша — Майком. Словом «американка» могли называть вид блузы, оригинальные джинсы, тип спора, игру на бильярде, СИЗО КГБ в Минске, закусочную с высокими табуретами и вариант дворового футбола[175]. В 1960-е годы советская молодежь с упоением исполняла дворовые баллады («Джон Грей, красавец...») о чужих странах, пиратских кораблях и нездешних красавцах[176]. Приобретение западных вещей было более действенным, но и гораздо менее доступным способом приобщения к «воображаемому Западу». Тем не менее некоторые могли сделать у себя дома «западный» интерьер — оклеить стены комнаты фотографиями «Битлз» или портретами Хемингуэя, а типовую кухню хрущевки украсить банками из-под иностранного пива. Отдельные счастливчики могли достать западные вещи, которые можно продемонстрировать в общественных местах, — одежду, обувь или сумки. Большой удачей, например, было приобрести полиэтиленовый пакет с надписью на иностранном языке (например, «прачечная Нью-Йорка»)[177]. С таким пакетом гордо ходили по улице, ежедневно используя его вместо сумки, пока надпись не стиралась. Пакеты с иностранными надписями пользовались бешеным спросом в специализированных магазинах «Березка», где очень немногие советские граждане могли покупать заграничные товары за инвалютные чеки. Спрос на эти пакеты был таким высоким, что сотрудники «Березки» могли с большой выгодой для себя продавать их «налево»[178].

Так западные вещи-знаки лишались своей утилитарной функции и становились индексами (см. с. 108), отсылающими к Западу как таковому. Надписи, лейблы и вообще внешнее соответствие предмета одежды стандартам «фирмы́» (этим словом в позднесоветское время называли любую вещь западного происхождения) были гораздо важнее утилитарных качеств вещи. Моряки, бывающие в загранплаваниях и нередко промышляющие перепродажей импортной одежды, прикладывали много усилий для того, чтобы купить именно настоящую «фирму́», а не ее малоинтересные аналоги, изготовленные в Польше или Индии. Наш собеседник, ходивший в «загранку», описывает, как долго и тщательно советские моряки проверяли покупаемую вещь на предмет ее «фирменности»:

> Проверяли главную пуговицу и соответствие лейблу. Потом проверяли молнию и зиппер (и лейбл и на нем). Потом проверяли заклепки. И символику. А потом проверялись все швы. Так с лицевой, так и изнаночной, и нитка должна быть желтой, с обеих сторон, швы кое-где должны были двойными. И рисунок швов был у каждого кармана. Выбор каждой пары шел минут 40–45[179].

Поскольку импортная одежда часто пребывала в статусе знака, а не вещи, то настоящие американские джинсы носили и в том случае, если они были очевидно велики или малы их обладателю, — их функция заключалась не только в том, чтобы быть удобной одеждой для своего владельца, но и в том, чтобы отсылать к воображаемому Западу.

Поэтому западное происхождение вещи иногда имитировалось: молодые люди, не имеющие возможности приобрести настоящую «фирму́», пришивали западные лейблы на вещи, изготовленные кустарным образом или привезенные из соцстран.

Зелен виноград, или Когда западная вещь (не) становилась опасной

Представим себе ситуацию: теоретически достать американские джинсы можно и обладать ими очень хочется (они — больше чем вещь), но есть препятствия — дороговизна, необходимость вступать в сомнительные контакты, страх перед неприятностями, которые можно получить за участие в подпольной торговле, боязнь осуждения. В такой ситуации рассказ о том, что американские джинсы покупать не стоит, ибо они заражены сифилисом или в их швах спрятаны вши, давал удобное компенсаторное объяснение по принципу «зелен виноград». Помните басню Эзопа, где лиса, которая не смогла допрыгнуть до винограда, говорит, что он ей вообще не нужен, ибо он незрелый? Городские легенды об отравленных джинсах, подобно лицемерной лисе из античной басни, говорили примерно следующее: импортная вещь вовсе не такая уж прекрасная — на самом деле она опасна, и потому приобретать ее не стоит, она нам не нужна. В результате желанные западные вещи, которые легко становились символически нагруженными «вещами-знаками», изображались опасными в слухах и легендах. Наша коллега рассказала нам такую историю, услышанную в 1960-е годы:

> Когда в моду вошли нейлоновые рубашки, все их носили с большим удовольствием — красиво, легко стираются. Но ходили такие слухи, что якобы нейлоновые «нитки» проникали

сквозь поры кожи в тело человека и начинали там передвигаться, вели себя как живые. Особо неприятно было, когда при попытке помочиться эта нитка (а они были очень длинные) начинала выходить наружу[180].

Из этого следует, что для тех людей, которые не нуждались в такой психологической компенсации, истории об опасных импортных вещах не были актуальными. И действительно, были социальные группы, где подобные истории появлялись редко.

Во-первых, западная вещь имела очень мало шансов стать темой страшных рассказов в среде, где люди вообще не были знакомы с этим желанным благом. Если использовать метафору «зелен виноград», то речь идет о ситуации, когда винограда рядом вообще нет, хотя люди знают, что где-то это экзотическое растение произрастает. Для многих советских людей западные товары относились к разряду абсолютно недоступных. Как сказал один наш собеседник, который в 1970-е годы жил в маленьком подмосковном городе Реутове: «есть вещи, о которых даже не мечтают»[181]. Например, в городах, закрытых для иностранцев, шанс получить в подарок от иностранца жвачку равнялся нулю, а черный рынок по продаже импортной одежды имел гораздо меньший масштаб, чем в Москве или Ленинграде. Наши информанты, безвыездно жившие в таких городах, как, например, Свердловск (ныне Екатеринбург), имели гораздо меньше возможностей приобрести западную вещь. И именно поэтому они почти не знают историй про отравленные джинсы.

Во-вторых, западная вещь не становилась темой пугающих слухов тогда, когда западные вещи были слишком доступны. Это ситуация, когда виноград (используем снова нашу любимую метафору) растет в изобилии, и его гроздья висят так низко, что их легко можно сорвать. В первую очередь так было в семьях партийной или творческой элиты, которая в позднесоветское время имела регулярные каналы получения импортных товаров. Так, например, наша собеседница, москвичка 1968 года рождения, учившаяся в школе на Старом Арбате, куда, по ее словам, ходили дети «МИДовских работников», видела и постоянно обсуждала реальные заграничные вещи, которыми ее одноклассники делились или не делились. В ее рассказах фигурировали настоящие «французские кофточки», джинсы и жвачка, причем без всяких признаков опасности. Во вторую очередь относительно легкий доступ к западным товарам имели жители тех городов, где были налажены контакты с «заграницей» просто в силу их географического расположения или экономической специализации (это несколько прибалтийских городов, портовые Одесса, Владивосток и отчасти Ленинград). Наш собеседник из Одессы рассказывал нам, что он в семье, в школе и во дворе постоянно имел дело с заграничными вещами, поскольку его отец-моряк привозил их в больших количествах для перепродажи, и поскольку моряками, ходившими в «загранку», были отцы многих его друзей.

Особенно непонятны истории про опасные западные вещи были тем, кто одновременно и жил в таком особом городе, и принадлежал к семье элиты. Так, например, рижанин из номенклатурной семьи рассказал, что он всегда ходил в джинсах (потому что «мне присылали»), кроме того, многие вокруг него ходили в джинсах и у него это «не вызывало священного трепета». Он с недоумением смотрел на тот ажиотаж, который поднимали вокруг импортной одежды его московские знакомые[182].

Истории про отравленные западные вещи (купишь джинсы, а они заражены сифилисом) не были актуальны в тех социальных группах, где эти вещи были доступны и где не было необходимости в психологической компенсации за трудности в их приобретении. Поэтому наши собеседники, происходящие из семей элиты и/или жившие в Прибалтике или в Одессе, как правило, не помнят ни одного сюжета о зараженных джинсах или отравленных жвачках или узнавали о существовании таких историй гораздо позже (иногда — только от нас) и удивлялись. Например, единственная история про опасность западной вещи, которую наш одесский информант смог вспомнить (про отравленную иностранцами жвачку), была рассказана учительницей в школе накануне Олимпиады-80. Характерно, что и он, и его одноклассники (в отличие от многих детей из других городов — см. с. 194) отнеслись к такой истории с большим недоверием[183].

Джинсовый дерматит, или Опасность вещи-знака в глазах идеологических работников

Западная вещь-знак становилась опасной не только в глазах страждущих потенциальных покупателей. Опасность в ней видели также идеологические работники, но тут компенсаторный механизм «зелен виноград» уже ни при чем. Вспомним высказывание Молотова о кока-коле. Когда западная вещь становилась знаком, она вступала в идеологическое соревнование с другими знаками, отсылающими не к воображаемому Западу, а к правильным советским ценностям.

Поэтому стремление молодых людей во что бы то ни стало обладать импортными вещами критиковалось как «вещизм» и «бездумное преклонение перед Западом»[184], а проникновение знаков-индексов воображаемого Запада на территорию некоторых учреждений могло пресекаться. Об этом не без иронии вспоминают наши информанты:

> Вот с некоторыми лейблами (на джинсах. — *А. А., А. К.*) не пускали на общественные предметы в вузе, где я учился, — чтобы не проникло «тлетворное влияние Запада»[185].

Восхваление американских джинсов не раз становилось предметом разбирательств — на комсомольских собраниях или даже в стенах КГБ[186]. А для того чтобы контролировать стремление молодых людей обзавестись вещью-знаком, представители власти иногда использовали агитлегенды — истории, которые мимикрировали под городские легенды, но имели ярко выраженный идеологический заряд (об этом явлении см. подробнее главу 3):

> Была вот прямо мною услышанная в 1983 году шикарная байда от лектора общества «Знание» о том, что западные туристы продавали у «Метрополя» джинсы, зараженные сифилисом[187].

8% респондентов нашего опроса «Опасные советские вещи» получали в 1970-е годы предупреждения (как правило, в школе, в институте или от старших родственников), что ношение американских джинсов вызывает бесплодие, они якобы пережимают седалищный нерв или провоцируют болезни кожи. Опасность джинсов в такого рода предупреждениях почему-то очень часто связывалась с репродуктивным здоровьем молодых людей. Девочкам рассказывали про невозможность «родить» после ношения джинсов (потому что сжимаются тазовые кости)[188], а мальчики слышали, что джинсы особенно вредны для мужчин, потому что они «настолько узкие, что мешают кровообращению и приводят к импотенции»[189]. Такие предупреждения подкреплялись псевдомедицинской терминологией: «Дама на каком-то занятии в школе по гигиене говорила, что от постоянного ношения джинсов бывает так называемый джинсовый дерматит»[190]. Такие диковинные псевдомедицинские объяснения — верный признак агит-легенд, которые стремятся сделать сообщаемую информацию максимально правдоподобной для своей аудитории и для этого обращаются к авторитетной научной (на самом деле — псевдонаучной) лексике.

О чем говорят легенды о ногте в колбасе?

Здесь, возможно, стоит повторить еще раз мысль, которая часто звучит на страницах этой книги. Для исследователей городской легенды совершенно не важно, лежал ли в основе истории реальный факт или нет. Важно другое: почему они повторяются вновь и вновь и принимают при этом определенную форму.

Городская легенда выбирает один случай, и неважно, был он на самом деле или нет. Главное, что он *мог бы случиться*. Благодаря многочисленным пересказам в клишированной форме один случай (имевший или не имевший место в реальности) начинает восприниматься как типичное и повторяемое событие.

Чтобы легенды об отравленной еде, зараженной одежде и предметах гигиены, сделанных из людей, стали успешными, они должны соединить вместе объекты, принадлежащие к разным категориям — колбасу и крысу, часть человеческого тела и полезный в быту товар. Именно так, через такое парадоксальное соединение объектов разной природы городская легенда создает когнитивный диссонанс и тем самым артикулирует или символически компенсирует наши страхи и тревоги.

Задача таких фольклорных историй не в том, чтобы рассказать, как в действительности обстоит дело с санитарными нормами на заводе, в ресторане или у частного производителя, а в том, чтобы подтвердить (не)доверие к производителям и продавцам. С помощью рассказов про крысиный хвост в колбасе и ноготь в хлебе советские потребители артикулировали недоверие к «большим» производителям в лице государства, а страшные истории о покупках у незнакомцев и этнических чужаков красноречиво свидетельствовали о низком уровне межличностного доверия. Закономерно следующее: люди, считающие, что «в СССР все друг другу доверяли, жили дружно и ничего не боялись», категорически отрицают существование в советское время каких-либо историй об отравленной еде, а тем более — слухов о каннибализме, а некоторые даже считают их изобретением «врагов», желающих очернить советское прошлое.

Глава 5
ЧУЖАК В СОВЕТСКОЙ СТРАНЕ

В этой главе речь пойдет о городских легендах, которые рассказывали об угрозах, исходящих от чужаков. Как мы увидим, в роли опасных чужаков могли выступать представители самых разных групп. Это могли быть политически чужие — иностранцы из капиталистических стран, которые дарят советским детям отравленные лакомства. Но также в роли врагов в городских легендах могли выступать социально и этнически чужие — учителя и врачи «еврейского происхождения», которые под видом доброго дела якобы убивают советских детей. Часто такие легенды предполагали, что чужаки вредят не в порядке индивидуального развлечения, а будучи исполнителями глобального злодейского замысла, имеющего своей целью уничтожить жителей советской страны. Ощущение, что вокруг хорошо организованные враги, которые только и ждут, чтобы навредить советским людям и разрушить страну, не раз становилось триггером массовой паники.

Зубные черви: тело чужака и колониализм наоборот

Слово *ксенофобия* переводится с древнегреческого как «боязнь чужого». Это явление изучают этнологи, наблюдая в одном племени реакцию на этнических соседей, социологи, проводя опрос об отношении к мигрантам в большом городе, и даже маркетологи, которые стремятся убедить потребителей попробовать незнакомые иностранные продукты. Активисты, общественные организации и государственные институты пытаются в наш век толерантности (именно так, мы в целом гораздо более толерантны, чем европейцы XIX века) искоренить или хотя бы смягчить ксенофобские идеи в современном обществе. Однако легко и быстро это сделать не получается — хотя бы потому, что корни таких идей лежат в свойственном человеку с древних времен этноцентричном представлении об устройстве мира, согласно которому «мера всех вещей — это я и моя группа». Этнические чужаки не похожи на нас, а значит, их моральные и поведенческие нормы неправильны и/или могут представлять для нас опасность. Одна из функций фольклора как раз и заключается в том, чтобы описать и подчеркнуть особенности, свойственные чужаку, а также указать на опасности, которые могут от него исходить. Называя врага, указывая на него, принижая его, смеясь над ним, мы таким образом боремся со своим страхом перед ним.

Как узнать чужака?

Существует два способа показать отличие чужака от нас — назовем их *зеркальность* и *инаковость*. Если используется «зеркальный прием», то иноплеменник видится как перевернутое отражение нас самих, если «инаковость» — иноплеменнику приписывается некоторое скрываемое свойство, которого нет у обычных людей, — шестой палец, второй ряд зубов или рога под ермолкой. Чтобы понять, как они работают, посмотрим на фрагмент сатирического рассказа Андрея Синявского «Квартиранты», написанного в 1959 году. Здесь мы встретимся с обеими моделями описания чужака. Итак, в одной коммуналке живет, казалось бы, обычный человек с говорящей фамилией Анчуткер, которая выглядит как еврейская, но при этом образована от слова «анчутка», одного из русских диалектных названий черта. Рассказчик описывает превращение этого персонажа в черта следующим образом: сначала у Анчуткера появляются *иные* черты, которых нет у нормальных людей (шерсть на лице и синяя кожа), а потом и *зеркальные* (он путает левую ногу с правой):

> Что вы можете сказать, например, про Анчуткера? Ваш сосед. Анчуткер. Вот за этой стенкой. Ничего особенного. Гражданин как гражданин. <…> А если присмотреться, да повнимательней? Шевелюру он какую носит? Вы встречали когда-нибудь в жизни подобную шерсть на мужчине? А цвет лица? Где вы у человека найдете до такой степени синюю кожу? И взгляд у него невеселый, и штиблеты 47-го размера, к тому же всегда перепутаны: правая принадлежность на левой, а левая — на правой. <…> И не Анчуткер он вовсе, а по-правильному, по-научному — Анчутка[1].

Левый ботинок на правой ноге у нечистого (и другие признаки зеркальности) — это не фантазия писателя. Если вы, собирая ягоды в лесу, заблудились и не можете выйти обратно, то единственное, что вам остается, согласно северорусской мифологии, — это поменять все слева направо или вывернуть одежду наизнанку. По одному из объяснений, так вы сойдете «за своего» в глазах лешего и он вас отпустит с миром.

Представления об иностранцах, выраженные в такой же архаической зеркальной модели, редко встречаются в чистом виде в советских легендах, но все-таки встречаются. И как правило, это детские тексты. В 1980-х годах дети одного московского двора описывали своих соседей — татарскую семью — как классических «антиподов»: «Когда все смеются, они плачут! А когда все плачут, они смеются!» При этом наш респондент подчеркивает, что «рассказывалось это замогильным шепотом — потому что рассказывающий в это верил»[2]. Зеркальная природа иностранцев распространяется и на продукты, которые они потребляют: «Куски мазута, которые дети находили на улице, — это черные жеваные жвачки, которые выплюнули иностранцы»[3].

Но гораздо чаще архаичный по своей природе страх перед представителем чужой группы облекается в рассказы-предупреждения, где чужак описывается по принципу «инаковости». Такие тексты утверждают, что представитель чужого этноса отличается от «нас» на физиологическом уровне. Например, согласно традиционным славянским представлениям, тела этнических чужаков имеют специфический запах, вкус или обладают какими-то несвойственными «нам» аномалиями: у болгар — соленая кожа, у евреев есть хвостики или рога, которые они прячут под ермолкой, а еврейские дети рождаются слепыми[4].

Чужаки заразные и опасные

Помимо анатомических странностей, «инаковость» чужих может выражаться в особенной физиологии, которая представляет для «нас» опасность. Так, например, в греческом мифе жена Геракла Деянира была похищена кентавром. Геракл, конечно, нашел и убил кентавра Несса, но тот перед смертью предложил Деянире пропитать своей кровью плащ: дескать, его кровь — это мощное приворотное средство. Несс обманул: на самом деле его кровь оказалась ядом, и Геракл, надевший этот плащ, от невыносимой боли был вынужден броситься в костер.

Чужие также могут заражать нас теми болезнями, которые присущи только им. Так, славянский фольклор наделяет евреев особыми болезнями — коростой, паршой, «еврейским тифом»[5]. Считается, что эти болезни — наказание за то, что евреи «распяли Христа». Такие стереотипы очень живучи, и появление новых технологий вовсе их не ослабляет, а даже, наоборот, усиливает. Когда, например, в Нью-Мехико появилась возможность выявления генетических аномалий, из смеси науки и фольклора родилось новое представление: якобы наличие генетического отклонения свидетельствует о том, что его носитель на самом деле скрытый еврей[6]. В 2010 году в англоязычном блоге проарабской направленности было рассказано, что душевные заболевания весьма заразны и именно евреи являются их главными распространителями: якобы именно евреи повинны в превращении американцев в нацию душевнобольных. В доказательство этой идеи приводилось несуществующее исследование психиатра Арнольда Хатчнекера (бывшего врача Ричарда Никсона) «Душевные болезни — еврейское заболевание»[7].

Представления о нечистоте и заразности этнического чужака живы и сегодня, и неудивительно, что фольклор совершенно разных стран описывает этнических чужаков как носителей и переносчиков опасных болезней. Современные легенды, посвященные столкновениям с чужаками, наполнены наукообразными утверждениями с использованием медицинской терминологии и логики: в них рассказывается о «вирусах», «микробах», «инфекциях» и «страшных венерических заболеваниях» чужих. Но их «месседж» остается прежним: чужак опасен потому, что и сам он другой по своей природе, и тело его не такое, как наше.

В таких историях чужак может быть ненамеренно опасным, а может целенаправленно распространять нечистоту своего тела и заражать представителей «нашей» группы. В американских городских легендах рассказывается о сотрудниках китайских или мексиканских ресторанов, которые будто бы заражают посетителей сифилисом или герпесом через свою сперму, которую специально добавляют в пищу[8].

Представления о заразном чужаке могут годами и десятилетиями никак не давать о себе знать, а потом перейти из латентного состояния в активное под влиянием особых внешних раздражителей. Например, слухи об инфекционной опасности чужаков нередко появлялись в ситуации противостояния между колонией и метрополией. Местное население обвиняло в распространении болезней колонизаторов, которые будто бы хотят уменьшить численность аборигенов или вообще уничтожить их, а колонизаторы утверждали, что местные жители сами являются носителями опасных инфекций. Практически одни и те же легенды — о зараженных болезнями рубашках, одеялах и еде — появлялись в типологически схожих условиях — в Северной Америке[9], Индии[10] или Венесуэле[11] (см. также с. 371). Это, по сути, «народный» язык выражения недовольства и тревоги. В современном мире этот язык тем более убедителен, чем больше он мимикрирует под медицинский.

В СССР такой полуколониальный страх перед заразным чужаком первый раз отчетливо проявился во время Второй мировой войны, в ситуации, когда советские люди стали получать от США экономическую помощь по ленд-лизу. Хотя союзники поставляли жизненно необходимые продукты и лекарства, к ним иногда относились с подозрением. Ходили слухи, что лекарства присылаются низкого качества[12] или вообще отравленные, а сами американцы и британцы представляют инфекционную опасность.

В 1943 году в Архангельске был открыт специальный клуб для иностранных моряков, сопровождавших суда северного конвоя. После этого по городу распространились рассказы, что иностранцы в «Интерклубе» специально заражают советских девушек сифилисом и другими болезнями. Молодая девушка, посещавшая этот клуб, получала предупреждения об этой опасности и от своего начальства, и от сотрудников МГБ. И те и другие пытались убедить ее прекратить походы в клуб (но такие разговоры не возымели эффекта, и в 18 лет она была арестована):

> Скоро мы видим: одна девочка исчезла из клуба, вторая, третья. Аресты. Директор Интерклуба вызвал меня к себе: «Вы знаете, все иностранцы больные, сифилисные. Вы заболеете, искалечите всю свою жизнь». Наверное, [он] хотел предупредить об аресте[13].

В постколониальном мире люди продолжают рассказывать подобные истории, выражая свое недовольство по поводу вынужденных контактов с чужаками: например, обвиняют мигрантов в распространении болезней. Так, весной 2009 года некоторые американские консервативные медиа утверждали, что свиной грипп пришел в США с мигрантами из Мексики, и требовали от администрации Барака Обамы закрыть мексиканскую границу[14], а во время европейского миграционного кризиса 2015–2016 годов словацкие правые обвиняли мигрантов в распространении экзотических заболеваний (в частности, лихорадки Западного Нила) в странах Центральной Европы[15]. Кроме того, эти предубеждения касаются и мигрантов, которые уже давно живут в стране. В 2003 году в Торонто началась эпидемия атипичной пневмонии, и тут же обвинению в распространении инфекции подверглись все жители Канады азиатского происхождения — независимо от того, были ли они вообще когда-нибудь за границей[16]. Атипичная пневмония действительно изначально появилась в Китае на рынке экзотических диких животных, предназначенных для еды. Первыми ею заболели постояльцы небольшой гостиницы, расположенной неподалеку. Они были приезжими из самых разных стран, и довольно быстро разнесли новый вирус по своим домам[17]. Соответственно, китаец, всю жизнь проживший в Канаде, никогда не контактировавший с рынком экзотических животных в Гуанчжоу, не мог быть разносчиком заразы, в отличие от белых канадских туристов, которые любили эти рынки посещать.

В СССР и в других странах соцлагеря истории про заразных чужаков тоже были. Но в их функционировании была некоторая особенность.

Ограниченное благо и колониализм наоборот

Во время холодной войны, которая началась в конце 1940-х годов и закончилась только в конце 1980-х, руководители СССР много делали для усиления советского влияния в мире. Меры, которыми советское правительство пыталось склонить развивающиеся страны Африки и Азии на путь социалистического развития, были прежде всего экономическими. Многие страны «третьего мира» получали от СССР так называемую «братскую помощь» в виде поставок продовольствия, оружия и финансовых инвестиций. В советских вузах училось много иностранцев из стран Африки, Азии и Латинской Америки.

В официальных советских текстах помощь СССР «братским народам» преподносилась как предмет для патриотической гордости и неоспоримая социалистическая добродетель. Однако многие советские граждане испытывали по этому поводу прямо противоположные чувства. «Самим есть нечего, а тут Анголе помогать надо!» — такое рассуждение в детстве слышал часто один из наших собеседников. Возмущенные жалобы на то, что «мы их кормим, а самим есть нечего», — постоянный мотив писем в ЦК КПСС и в редакции советских газет за 1970–1980-е годы. Составитель аналитической записки о письмах трудящихся в газету «Правда» за 1974 год обобщает их содержание следующим образом:

> ...Автор из г. Волжского, как и почти все, кто касается этой темы, высказал предположение, что жизненный уровень в СССР понижается потому, что наше государство оказывает слишком большую помощь слаборазвитым странам[18].

Это недовольство отлично передается в анекдоте того времени:

> Лектор из райкома говорит на уроке политинформации:
> — В Африке дети недоедают!
> — Да? А можно нам прислать все то, что они там не доедают?

Советские граждане не только возмущались фактом «братской помощи» развивающимся странам в «письмах во власть», но и обменивались слухами, в которых дефицит какого-то товара объяснялся тем, что этот товар отправляют в страны «третьего мира».

В 1959 году на Кубе происходит революция. «Остров свободы» довольно быстро встает на путь социалистического строительства. В 1962 году лидер революции Фидель Кастро приезжает в СССР. К его приезду главные советские песенники — композитор Александра Пахмутова и поэты Сергей Гребенников и Николай Добронравов сочинили песню «Куба, любовь моя»:

Куба — любовь моя!
Остров зари багровой…
Песня летит, над планетой звеня:
«Куба — любовь моя!»

Эта песня, вовсю исполнявшаяся на официальных советских праздниках, в середине 1960-х годов была переделана следующим образом:

Куба, отдай наш хлеб!
Куба, возьми свой сахар!
Нам надоел твой косматый Фидель,
Куба, иди ты на хер![19]

Журналист и писатель, будущий невозвращенец, Эдуард Кузнецов в своем дневнике за 1971 год описывает воображаемый типичный советский праздник, где люди хором произносят идеологически правильные лозунги, но предполагает, что действительным высказыванием народа могло бы стать недовольство «братской помощью»:

> А главное, чтобы отрепетированно скандируя что-нибудь вроде: «Куба — да! Янки — нет!», толпа ненароком не прорвалась, не сбилась на: «Куба — да! Мяса — нет!»[20]

Причина таких неприязненных чувств к получателям «братской помощи» заключалась в логике «ограниченного блага», которая определяла поведение многих советских людей. Антрополог Джордж Фостер вывел принцип «ограниченного блага», исследуя экономическое поведение мексиканских крестьян[21]. В понимании замкнутых в себе аграрных сообществ все резервы: богатство, урожай и даже здоровье — это ограниченный ресурс, который не может просто так восполняться извне. Соответственно, любое благо может перераспределяться, как пирог, между членами сообщества, но не может быть увеличено. Если некто берет не предназначенный ему кусок пирога, он тем самым уменьшает долю других. В советском контексте — при официальном запрете на частное предпринимательство и почти полной экономической зависимости человека от государства — такие представления были вполне актуальными. Хорошим, хотя и трагикомическим примером такой логики может служить одна реплика. Она прозвучала в 1957 году на совещании, посвященном проблеме привлечения туристов, и в ней говорилось о ситуации, сложившейся в одесском ресторане «Интурист»: «Если турист съест больше, чем положено, директор ресторана вычитает из зарплаты официантов»[22].

«Дистрибьютором» благ в советском случае выступало государство, и распределяло оно их по своему усмотрению между разными социальными и профессиональными группами. Помощь развивающимся странам воспринималась как лишение советских людей их куска пирога, что вызывало вполне понятное возмущение. Это возмущение и высказывалось в письмах «во власть» и в редакции газет:

> Средства от субботников должны идти в фонд помощи инвалидам труда и войны, на строительство детсадов и школ, а куда они идут на самом деле? В помощь «черным братьям», которые нам нужны, как пятое колесо в телеге[23].

На первый взгляд кажется, что такие претензии — это классический пример колониального дискурса. Однако, присмотревшись, мы поймем, что в советском случае этот колониализм очень специфический, своего рода «колониализм наоборот». В классической колониальной ситуации представители метрополии ощущают собственное культурное превосходство по отношению к жителям дальних колоний, но не чувствуют себя жертвой, у которой отбирают принадлежащие ей ресурсы. Жертвой чувствуют себя жители колоний, из которых метрополия выкачивает ресурсы. В СССР же мы видим противоположную картину: возмущение тем, что у них забирают принадлежащие им блага, высказывают жители «метрополии».

Вот тот историко-культурный контекст, в котором возникали советские истории о заразных чужаках. В социалистической Чехословакии, куда представители «дружеского Вьетнама» приезжали на заработки, рассказывали, что «во рту у вьетнамцев, между нижней десной и зубом, живут маленькие черви». Между прочим, из-за этой городской легенды вьетнамцев не хотели принимать некоторые чешские зубные врачи[24]. А в 1980 году москвичку предупреждали, чтобы она не имела дела с «с африканскими неграми, у них всякие личинки под кожей чуть ли не национальная гордость»[25]. А кроме этого, советские граждане рассказывали истории о дикости иностранцев из стран «третьего мира». Один наш информант слышал историю о «негре», который «испражнялся на газон, а кто-то из наших подошел и дал ему пинка»[26]. Другой слышал, будто бы некий «негр» был так неистов в постели со своей русской подругой, что откусил ей сосок[27].

Хотя критика действий правительства в позднесоветское время была уже вполне возможна (выше мы приводили выдержки из соответствующих писем во власть), прямое выражение неприязненных чувств к «голодранцам» и «неграм» оставалось сомнительным — с точки зрения официальной идеологии, морали и просто приличий. Советские люди, находящиеся в ситуации «колониализма наоборот», выражали свое недовольство, не только обвиняя правительство в неоправданной щедрости («зачем отправлять еду каким-то голодранцам, когда самим не хватает»), но и рассказывая неприятные истории об адресатах «братской помощи» — о «личинках под кожей», «зубных червях» и «диком поведении».

Но особенную актуальность такие рассказы приобрели в ситуации, когда «железный занавес», который обычно ограждал советских людей от контактов с иностранцами, немного приоткрывался. Именно так произошло во время Олимпиады-80, которая сопровождалась не только приездом тысяч иностранных гостей, но и масштабной пропагандистской кампанией.

Олимпиада, профилактика и страх

В 1976 году Международный олимпийский комитет утвердил местом проведения летних олимпийских игр Москву. Радость советского руководства была омрачена тем, что после ввода советских войск в Афганистан США и несколько десятков других стран приняли решение бойкотировать московскую Олимпиаду. На тему «враги-американцы пытаются сорвать нашу прекрасную олимпиаду» писали передовицы и журнальные статьи и даже сняли мультфильм «Баба-яга против» (1979).

Советское руководство вынуждено было тратить много усилий на то, чтобы минимизировать репутационные последствия этого бойкота. Внешнеполитическая работа была нацелена на привлечение максимального числа участников и создание привлекательного образа Советского Союза, в то время как внутриполитическая — на поддержание привычного советским людям ощущения «осажденной крепости».

В результате этих усилий во время Олимпиады-80 советские города испытали небывалый по масштабу наплыв иностранных гостей — в одну только Москву их приехало 133 600 человек[28]. Неясная тревога перед вторжением чужаков трансформировалось в массовое убеждение, что ожидаемые иностранные гости — носители невиданных инфекций. По словам одного нашего собеседника, «про это говорили буквально все, от взрослых до детей»[29]. Кроме того, Оргкомитет Олимпиады-80, желая сгладить последствия бойкота и увеличить число ее участников, не только пригласил на Игры множество делегаций из развивающихся стран, но и оказал им значительную финансовую поддержку, фактически оплатив их дорогу до Москвы и проживание в Олимпийской деревне[30]. Возможно, это усилило массовые страхи перед заразными чужаками именно африканского происхождения.

Тревога перед чужими инфекциями терзала также представителей советской политической элиты. В записке, направленной в ЦК КПСС 7 июля 1980 года (то есть перед самым началом Олимпиады), министр здравоохранения СССР успокаивает высокое партийное начальство:

> Инфекции, передающиеся через кровососущих переносчиков, такие, как желтая лихорадка и японский (комариный) энцефалит, встречаются в некоторых странах. <…> Однако, даже в случае их завоза в олимпийские города (Москву, Киев, Таллин, Минск, Ленинград), они не будут распространяться, так как в этих городах нет специфических переносчиков этих болезней — комаров тропических стран[31].

Несмотря на то что министр был настроен менее тревожно, чем члены ЦК, страх перед экзотическими инфекциями все-таки повлек за собой профилактические меры. Некоторые из них, как мы узнаем из той же докладной записки, носили довольно массовый характер:

> Во всех олимпийских городах проведена дифференцированная подготовка медицинских кадров по клинике, диагностике, лечению и профилактике карантинных заболеваний

и геморрагических вирусных лихорадок. <…> В мае этого года во всех олимпийских городах, а также на железных дорогах проведены учения с целью отработки вопросов организации и проведения мероприятий на случай выявления больного карантинным или другим опасным инфекционным заболеванием. <…> Министерство здравоохранения закупило специальные защитные устройства для содержания больных особо опасными инфекциями, которые смонтированы на базе инфекционной больницы № 1 г. Москвы <…> Проведены профилактические прививки против холеры персоналу, обслуживающему олимпийские объекты во всех городах, где будут проходить Игры, только в г. Москве привито холерогенанатоксином около 45 000 чел.[32]

Опасения медицинского характера терзали не только политическую элиту. Их распространяли лекторы, пропагандисты, учителя в виде агитлегенд и простых предостережений. Традиционные представления о телесной инаковости другого наложились на неприязненные чувства, вызванные ситуацией «колониализма наоборот». Смесь получилась гремучей.

Москвичи опасались, что контакт с «неграми» чреват тяжелыми венерическими или кожными болезнями: «Представители третьего мира могут быть носителями заболеваний, чуть ли не проказы. Ну и сифилиса, конечно»[33]. Дети слышали предупреждения типа «особенно опасно брать что-то у чернокожих туристов на Красной площади»[34]. И детям, и взрослым объясняли: «Особенно опасны с точки зрения заразы негры»[35]. Иногда такие объяснения программировали поведение человека надолго: «Я потом (после Олимпиады. — *А. А., А. К.*) еще некоторое время на негров в Москве посматривала с опаской, а их на Универе и Юго-Западе, понятно, много было»[36].

Очень часто чернокожие гости обвинялись в намеренном заражении советских людей венерическими заболеваниями через предметы общественного пользования, например через автоматы с газированной водой (см. подробнее с. 217, 248). Наш московский собеседник, который в 1980 году был подростком, слышал историю, как «в стакане ранним утром (4–5 утра) мыл член негр»[37]. В первые дни Олимпиады по Москве расходились слухи, что «около одного из автоматов газированной воды задержали негра, который копался в нем (внутри)»[38]. Аудитории слуха было ясно, что манипуляции «негра» с автоматом не могли привести ни к чему хорошему.

Инфекционной опасностью, исходящей от иностранцев, объяснялись реальные и вымышленные меры предосторожности. У кого-то «обсуждали на работе вопрос об усилении гигиены. Чаще мыть руки, не пить газировку из автоматов и т. д.»[39]. А кто-то пересказывал совершенно фантастические слухи:

> Продавцам в магазинах выдадут тонкие прозрачные перчатки, которые почти не видны на руках, чтобы не заразиться от иностранцев. Вещь, которую смотрел иностранец, надо будет после этого взять пинцетом и отложить[40].

Идея инфекционной опасности поддерживалась различными официальными мероприятиями. Так, на протяжении всего учебного года, предшествующего Олимпиаде, учителя и директора московских школ настойчиво рекомендовали родителям вывезти детей из города на лето, объясняя такую необходимость именно «большим скоплением народа и неизвестными инфекциями»[41]. Такие сугубо «научные» предупреждения были весьма эффективны: олимпийская Москва, по воспоминаниям многих, была действительно почти полностью очищена от детей.

Жуки и холера: техники скрытого заражения

В 1915 году гимназистка Наталья Миротворская из города Скопина (ныне Рязанская область) записала в своем дневнике целый перечень новых для начала XX века страхов, связанных с возможностью массового отравления:

> Каких только ужасов на войне не бывает! Теперь немцы с аэропланов льют горючую жидкость, которая все на своем пути истребляет до мелочей. Неприятеля губят удушливыми газами. Эти газы часто истребляли целые полки, хотя теперь против газов применяются повязки. Еще немецкие шпионы во всей Руси хотят отравить воду в колодцах, реках, родниках и т. д. Недавно у нас в Скопине схватили двух шпионов. Их еще заметили в пути. Они все время очень хорошо разговаривали по-русски. Рядом с их номером сняла номер тайная полиция. Когда услыхали, что приезжие стали говорить по-немецки, их арестовали, но один в окно успел убежать. Оказалось, что это евреи и они отравили воду в одном колодце, но яду было пущено немного, так что успели воду обеззаразить[42].

В этом тексте пересказы вестей с фронта оказываются в одной связке с традиционными стереотипами об «отравителях воды в колодце», которые возникают всегда, когда появляется опасность массового заражения. Вредитель, представитель чужой этнической (евреи) или социальной (например, врачи) группы, заражающий опасными болезнями, — частый персонаж хроник XIV века; в то время в европейских городах при возникновении эпидемий евреев нередко обвиняли в отравлении рек и колодцев, хотя встречались и более экзотические обвинения. Так, в одной хронике сказано, что евреи хотели отравить всех христиан через подмешивание в сыр лягушек и пауков[43]. Такие обвинения не перестали звучать и в XIX веке. Во время Отечественной войны 1812 года русские крестьяне обвиняли в отравлении водоемов французов, а через пятнадцать лет, в разгар холерной эпидемии 1831 года, — поляков. Даже в начале XX века фиксировались случаи, когда крестьяне готовы были растерзать чужака, заподозренного в отравлении воды. Так случилось, например, в маленьком белорусском местечке, где еврей, обвиненный в отравлении колодца, едва спасся от разъяренной толпы[44].

Отметим, что в этих легендах уже возникает представление о способности врага не просто убить, но совершить массовое убийство — с помощью некоего «химического оружия» (массовое отравление воды ядами) или «биологического» (заражение еды пауками и лягушками) — за несколько веков до того, как настоящее химическое и биологическое оружие было изобретено и применено. Неудивительно, что в тот момент, когда применение оружия массового поражения, пусть и в ограниченных масштабах, стало реальностью, образ врага, занимающегося массовыми убийствами, — назовем его «инфекционным террористом» — прочно стал частью современного фольклора.

В 1915 году во время битвы под Ипром немцы впервые успешно применили отравляющий газ (хлор), после чего химические атаки проводились и Англией, и Францией. Так называемая «газовая война» шла вплоть до 1918 года. Использование отравляющих веществ в массовом масштабе вызвало шок: теперь военный противник изображался как враг, которому неведомо ничто человеческое. Ходили жуткие слухи не только об отравлении газом, но и о том, что враги научились наконец делать из холеры биологическое оружие: враги не только заражали этой болезнью уже привычные колодцы[45], но и «с неприятельских аэропланов бросали <…> чеснок с холерными бациллами»[46].

При чем тут чеснок, спросите вы? Именно чеснок считался самым лучшим средством спасения от холеры в 1910–1920-х годах. Наши собеседники рассказывали, что именно благодаря чесноку их семьи выжили во время эпидемии холеры[47], возбудители которой попадают в человека через загрязненную пищу и еду. (Надо сказать, что основным методом лечения холеры является восполнение жидкости, которая теряется при болезни, и использование антибиотиков. Несмотря на то что чеснок имеет репутацию «природного антибиотика», никакого действия на холерный вибрион он не оказывает.) А слухи про бомбардировки чесноком с холерой внутри указывали на изощренное коварство врага: ты подбираешь то, что считаешь лекарством, а оно приносит смерть.

Однако даже когда Первая мировая война закончилась, страх перед инфекционным терроризмом продолжал жить и развиваться. В главе 1 мы много писали, что легенды могут иметь «остенсивный заряд», то есть влиять на поведение людей, заставляя их, например, принимать меры против воображаемых отравлений и других происков врага (с. 57). Именно такими «остенсивно заряженными» оказались две истории 1940–1950-х годов, о которых пойдет речь дальше.

От неудавшегося эксперимента к масштабной панике: подлинная история колорадского жука

К моменту начала Второй мировой войны идея бактериологического оружия массового поражения буквально носилась в воздухе. Она находила выражение и в самых нелепых слухах военного времени — например, что отступающая немецкая армия заразила венерическими болезнями самые красивые пляжи Одессы[48], — и в серьезных обвинениях на самом высоком уровне. Например, в 1941 году немецкое командование полагало, что СССР вводит в эксплуатацию чумные бомбы[49]. Отличить слух от подлинного эксперимента или военного новшества было непросто, точнее, сделать это не было никакой возможности.

В такой атмосфере идея использовать насекомых для уничтожения продовольственных запасов противника кажется привлекательной и вполне реализуемой[50]. Внимание воюющих сторон притягивает прожорливый колорадский жук, который поедает растения семейства пасленовых, в том числе и листья картофеля.

Надо сказать, что о колорадском жуке начали писать еще в середине XIX века, когда из-за вмешательства человека привычная среда обитания насекомого была разрушена и он начал путешествовать. На своем пути жук опустошил картофельные поля в Колорадо (откуда и название), а через несколько десятилетий насекомое попало сначала в Западную, а потом в Центральную Европу. Его несколько раз упоминали при обсуждении неурожаев во времена Первой мировой войны.

В тот момент, когда паника по поводу биологического оружия начинает набирать обороты, колорадский жук занимает почетное место в обсуждениях причин неурожая по обе стороны фронта. Причем, как пишет Бенджамин Гаррет, глава группы по исследованию химического оружия, подозрение в том, что противник использует жуков в качестве биологического оружия, было первично по отношению к каким бы то ни было реальным опытам с насекомыми[51].

В 1941 году член британского кабинета лорд Хэнки отправляет Черчиллю докладную, где сообщает о набеге колорадского жука на две небольшие области и предполагает, что за этим может стоять диверсия немцев.

В результате англичане начинают изучать колорадских жуков в качестве потенциальных диверсантов и ввозят на территорию Британских островов 15 тысяч особей для исследований. Этот факт не мог не привлечь внимания нацистской разведки.

После оккупации Франции в 1940 году немецкая инспекция внимательно изучила французскую лабораторию в городе Буше. Увиденные там следы каких-то исследований убедили нацистов, что французы разрабатывали некое биологическое оружие, и, видимо, совместно с британцами. Из этого следовало, что пора начинать разрабатывать защиту от этого оружия. Когда во Франции в 1942 году разразилась эпидемия тифа, немцы посчитали, что это результат намеренного заражения воды и питья участниками Сопротивления[52], что снова подстегнуло разработку биологического оружия. Берлинский институт Heeressanitäts Inspektion мониторил потенциальные случаи заражения. В 1942 году немецкий агент докладывал командованию, что американцы послали на Британские острова самолет с колорадскими жуками и техасскими клещами для использования в качестве биологического оружия. Клещи нацистов не очень интересовали, а вот жуки вызвали серьезное беспокойство. Возможно, основой слуха послужила информация о тех самых 15 тысячах особей, ввезенных британцами для исследований.

К 1942 году нацисты решили окончательно выяснить, можно ли использовать колорадских жуков в качестве биологического оружия, для этого был создан исследовательский проект с прекрасным названием Kartoffelkäferabwehrdienst («Служба защиты от картофельного жука»). Целью проекта было заражение около 400 000 гектаров картофельных полей восточного побережья Англии, для чего Германии потребовалось, по скромным подсчетам, развести

20–40 миллионов жуков. Пока жуки плодились и размножались, немцы проводили полевые испытания масштабом поскромнее — пытались выяснить, как именно следует забрасывать жуков, на какой высоте и при какой температуре. Во время первого эксперимента в октябре 1943 года 40 000 насекомых было разбросано над полями возле немецкого города Шпайера. Результаты экспериментов производили двойственное впечатление. Чтобы увидеть результаты и отличить своих жуков от «диких», немцы своих жуков аккуратно раскрасили. Однако только менее 100 жуков было найдено на земле. Был проведен контрольный эксперимент: на этот раз сбросили модели деревянных жуков, тоже раскрашенных. И тоже очень маленький процент муляжей был обнаружен долетевшим до цели. Стало ясно: сколько жуков ни сбрасывай, до цели, то есть до полей противника, жуки практически не долетают (как мы помним, только 0,25% жуков это удалось) — их сносит ветер. Поэтому, с одной стороны, результаты проекта были положительными (жуки могут рассеяться на очень большое расстояние), а с другой — не очень (велик шанс заражения собственных территорий)[53].

И тут война кончилась. Колорадский жук совершенно естественным образом, перелетая с куста на куст (в реальности это насекомое не было любителем самолетов и полетов на большой высоте), обрел новые угодья на картофельных полях Восточной Германии. Он чувствовал себя там отлично и, быстро размножаясь, продвигался в сторону Чехословакии и Польши. Против колорадского жука была организована борьба словом и делом: печатали красочные плакаты, призывающие трудящихся на борьбу с жуком; мобилизовали рабочих, крестьян и пионеров для сбора насекомых на полях. В 1949 году колорадский жук появился на территории Львовской области, и с тех пор жук продвигался все дальше на восток.

Поскольку слухи об энтомологических экспериментах продолжали бродить по обе стороны бывшего фронта, нашествие жуков было объявлено результатом злонамеренных действий американцев. Правдоподобности этому объяснению придавал тот факт, что жук естественным образом завозился из США в американские оккупированные зоны вместе с продовольствием. В июне 1950 года министр сельского хозяйства Бенедиктов докладывал секретарю ЦК ВКП(б) Суслову и о жуке, и о том, что это американская диверсия, и предлагал начать готовиться к вторжению:

> Создавая благоприятные условия для массового размножения колорадского жука, американцы одновременно проводят злодейские акты по сбрасыванию жука в массовых количествах с самолетов над рядом районов Германской Демократической Республики и в районе Балтийского моря в целях заражения жуком и Польской республики. В Министерство сельского хозяйства СССР ежедневно поступают сведения о массовом наплыве колорадского жука из Балтийского моря к берегам Польской республики. Это, несомненно, является результатом диверсионной работы со стороны англо-американцев[54].

Идея о том, что колорадский жук сбрасывается американцами, прочно утверждается не только в СССР и ГДР, но и в других странах соцлагеря. Чехословацкие газеты публикуют рисунки, на которых американские самолеты сбрасывают жуков на центрально-европейские поля[55]. Представители политической элиты ГДР начали публично обвинять правительство США в использовании биологического оружия. Убеждение в диверсионном происхождении жука становится общим местом, и немецкое название жука Kartoffelkäfer («картофельный жук») в Восточной Германии получает название Amikäfer («американский жук»)[56].

Министр сельского хозяйства Бенедиктов потребовал, чтобы в газетах «Правда», «Известия» и «Социалистическое земледелие» были опубликованы статьи «с освещением в них опасности, возникшей от колорадского жука, и особенно фактов злодейского распространения жука американцами»[57]. В результате к концу 1950 года вся страна знала о том, что американцы бомбардируют нас ампулами с личинками жуков. Пионеров, которых отправляли на поля искать и умерщвлять жуков, специально просили искать и ампулы, в которых насекомых якобы сбрасывали. Эти истории продолжали бытовать почти на протяжении всего советского периода: даже в 1970-е годы пионеры в самых разных регионах СССР продолжали искать и жуков, и те самые контейнеры.

В ситуации войны — сначала обычной, «горячей», а потом холодной — такая конспирология оказалась привлекательной для всех — от простых солдат до руководителей государства. Когда есть четкое представление о враге, даже естественные явления (в данном случае завоз новой фауны в результате продовольственных поставок из Нового Света) могут быть истолкованы как результат его целенаправленных и злонамеренных действий. Из примеров выше хорошо видно, что все опасения и обвинения возникали в ответ на воображаемые эксперименты противоположной стороны. Эти воображаемые исследования противника становились также причиной реальных экспериментов по сбрасыванию жука над посевами. Образ могущественного врага, который может контролировать даже природные явления, с одной стороны, конечно, устрашает, но с другой — позволяет создавать иллюзию контроля там, где возможности реального контроля очень невелики, как, например, в случае эпидемии плохо изученной болезни или появления малоизвестных и вредных насекомых. Недаром Бенедиктов в своем письме, убеждая Суслова в опасности жука, сначала обращается к естественным причинам, утверждая, что власти американской зоны оккупации Германии не борются с вредным насекомым, создавая тем самым «благоприятные условия для [его] массового размножения», а потом говорит о том, что американцы проводят «злодейские акты по сбрасыванию жука в массовых количествах с самолетов». Такая логика кажется противоречивой. Но понять ее можно: если урожай погибнет (а с последнего массового голода прошло только три года!), министру придется плохо, и в этой ситуации фигура диверсанта-биотеррориста может служить хорошим оправданием.

Чумные мухи и холерные сверчки: от фальсификации к фольклору

25 июня 1950 года коммунистическая Северная Корея напала на Южную Корею, и началась так называемая Корейская война. Северной Корее помогали СССР (военными советниками и летчиками) и Китай, а на стороне Южной Кореи воевала коалиция войск западных стран, в том числе и США.

Надо сказать, что Вторая мировая война только что закончилась, и еще свежи были в памяти публикации о биооружии, которые разрабатывала Япония, союзница Германии. И почти сразу же после начала военного конфликта Северная Корея, Китай и СССР обвинили правительство США в распространении чумных бомб. Китайские газеты во множестве публиковали фотографии «маленьких неизвестных черных насекомых», которых американцы якобы сбрасывали с самолетов. Не отставали и советские издания. В 1950 году в них рассказывалось не только об американских диверсантах, которые забрасывают на территорию

Ил. 6. Иллюстрация к газетной статье о бактериологическом оружии, которое США якобы применяют в Корее

СССР колорадского жука, но и о новой опасности такого же типа: о бомбах, из которых при падении вылетают зараженные чумой мухи, или о прививках тифа, которые местному населению делают под видом медицинской помощи. Газета «Смена» весной 1952 года пестрит заголовками: «Военнослужащие американской армии подтверждают применение американскими агрессорами бактериологического оружия»[58] или «Американские интервенты продолжают совершать чудовищные преступления»[59]. Партия и правительство организуют заводские митинги по поводу войны в Корее: на этих митингах рассказывают о коварстве американского командования и зачитывают резолюции против «применения американскими агрессорами биологического оружия»[60]. Корреспонденты сообщали, что американские империалисты в Корее сбрасывают бомбы с «чумными мухами»; в одном газетном репортаже даже говорилось, что американские самолеты «разбросали желтые листья, пораженные бактериями», а в другом — о «четырех баках мух, блох и пауков, зараженных болезнетворными бактериями».

Правительство США сразу же заявило протест против этих обвинений. Ситуация накалялась еще и тем фактом, что в Токио в это время располагалась реальная американская военная лаборатория, известная под кодовым номером 406. Именно ее подозревали в инфекционном терроризме[61]. После публикаций в китайских газетах фотографий «маленьких черных» насекомых-диверсантов, с опровержением выступили американские энтомологи — они опознали неизвестных существ. «Диверсантами» оказались совершенно безвредные болотные ногохвостки (Isotomurus palustris). Другое неизвестное насекомое, якобы зараженное менингитом, оказалось обычным москитом, у которого были оторваны крылья. Именно это изображение служило подтверждением того, что в секретной военной лаборатории якобы вывели новый вид насекомых, переносящих заразу[62].

Американское правительство потребовало от ООН создать независимую комиссию и провести расследование. В результате переговоров в 1952 году в Корею была отправлена большая международная комиссия от ООН. Она не проводила реальных полевых микробиологических исследований (не очень, кстати, понятно почему), а ограничилась сбором фольклора — то есть фиксировала корейские и китайские свидетельства такого содержания: «жители такого-то города наблюдали пролетающие американские самолеты, а потом нашли на земле таких-то насекомых»[63]. В этих рассказах фигурировало более тридцати самых разнообразных видов живых существ, которых якобы зараженными сбрасывали с самолетов, включая полевых сверчков и двустворчатых моллюсков[64]. Примерно таким же образом проводил расследование французский коммунист Ив Фарж, посетивший Корею и Китай специально для того, чтобы подтвердить факт применения американцами бактериологического оружия. В Китае прогрессивный французский деятель опрашивал местных жителей, услужливо согнанных местной администрацией в здание министерства культуры. Свидетели рассказывали о насекомых, которые начальство велело собирать в банки и сжигать, и о внезапных смертях людей. В результате британский биохимик доктор Нидхэм, руководитель международной комиссии ООН, сказал, что доказательств они не привезли, а «поверили на слово китайским ученым», поэтому «можно утверждать, что вся эта история была чем-то типа патриотической конспирологии»[65].

В СССР при жизни Сталина никто и не думал сомневаться в существовании американских бомб с чумой. Однако сразу после смерти «отца народов» в Политбюро возникает желание изменить отношение к этой информации или как-то проверить ее. Уже 14 апреля 1953 года глава МГБ Лаврентий Берия получает служебную записку от лейтенанта Селиванова, который до 1952 года был советником военно-медицинской службы в корейской народной армии. Селиванов сообщает, что в 1951 году именно он помогал северокорейскому медперсоналу создавать официальные заявления о том, что США распространяют оспу. По словам Селиванова, северные корейцы чувствовали, что обвинения в применении бактериологического оружия были необходимы для компрометации американцев, и поэтому попросили трех военных советников (в том числе и Селиванова) помочь им «в создании мест заражения»: сами они боялись не справиться. Также Селиванов сообщает, что в 1952 году докладывал начальству, что в Китае не было ни вспышек чумы и холеры, ни случаев использования биологического оружия, а если бы такие случаи и были, то «образцы были бы немедленно посланы в Москву». Через несколько дней Берия получает вторую записку, в которой советский посол в КНДР Разуваев открывает новые подробности истории. Он рассказывает, что, несмотря на его сопротивление, корейцы распространили информацию о случаях заболевания чумой и организовали публичные похороны людей, якобы умерших от этой болезни. Более того, чиновник из министерства внутренних дел КНДР, недолго думая, даже предложил специально заразить холерой и чумой приговоренных к смерти (видимо, чтобы было кого показать западным журналистам)[66].

Как мы видим, члены Политбюро сами подтвердили факт создания «фейковой новости», как сказали бы мы сейчас. Мотивы ее создателей довольно ясны: по их же собственным словам, история об американском «бактериологическом оружии» была нужна китайским советникам для дискредитации американцев, врага номер один в холодной войне, и для обоснования военной помощи «братскому корейскому народу». Отметим, что советские специалисты всячески сваливали вину за распространение этой истории на корейцев и китайцев.

Весной 1953 года, после получения разъяснений от советских специалистов, Берия с возмущением писал Молотову, что эта история нанесла СССР большой политический ущерб на международной арене[67]. Однако, несмотря на признание фабрикации отдельными советскими функционерами, для широкой публики эта информация осталась засекреченной до 1990-х годов, а фейк продолжал быть частью антиамериканской пропаганды.

Для нас важен другой вопрос: почему эта чистой воды фальсификация оказалась очень успешной и правдоподобной для многих — начиная от представителей мировой «прогрессивной общественности» (так в советской прессе называли зарубежных сторонников Советского Союза) и заканчивая рядовыми читателями газеты «Правда»?

Во-первых, в условиях холодной войны, когда пропаганда регулярно занималась демонизацией врага, многим казался совершенно естественным тот факт, что США способны на любые, самые изощренные и коварные злодеяния (вспомним историю про колорадского жука).

А во-вторых, эта искусственно созданная история была сделана по образцу реальных фольклорных сюжетов, которые в разных культурах появлялись естественно и спонтанно для объяснения эпидемий и прочих неприятных явлений (когда, например, в эпидемии чумы обвиняли евреев, якобы отравляющих колодцы).

Поэтому мы совершенно не должны удивляться тому, что фальсификация стала фольклором.

В 1970–1980-е годы по СССР ходили уже настоящие городские легенды о врагах, которые используют против советской страны биологическое оружие. Например, в разгар строительства Байкало-Амурской магистрали рассказывали истории об американцах, которые к рельсам БАМа подкидывают опасных клещей в ампулах: «находишь такую ампулку, а там ватка и черные точки. Это клещи, которых американцы забрасывают»[68]. В Ленинграде, согласно городским легендами, ровно тем же самым занимались финские туристы: мол, они едут пить водку в северную столицу и из окон автобусов выбрасывают пробирки с энцефалитными клещами[69].

А вокруг путей Транссибирской магистрали китайцы разбрасывали маленькие стеклянные шарики, чтобы они преломляли солнечные лучи и поджигали леса[70]. Инфекционные террористы, согласно слухам, даже пытались заразить мышей накануне Олимпиады-80: «В Москве замечены разбегающиеся по дворам мыши. Вызвали эпидстанцию. Оказалось, что они заражены (кто-то из иностранцев)»[71]. Идея бактериологической диверсии могла использоваться для того, чтобы отучить детей подбирать на улице незнакомые предметы. Когда наша собеседница в начале 1980-х принесла домой найденный на улице металлический шарик, ее бабушка отобрала шарик и «выбросила его в унитаз под предлогом, что это бактериологическое оружие, которое забросили нам американцы»[72].

Советские СМИ много говорили о «психологической войне», которую будто бы ведут против СССР капиталистические страны во главе с США. В конце 1950-х годов эта идея соединяется с представлением о биологическом оружии и порождает страх уже перед «психологическим оружием». Хотя этот новый страх и не производит фольклорных текстов, он ложится в основу нескольких фильмов, где рассказывается о подпольных лабораториях, где нацисты во время Второй мировой войны или их наследники в послевоенном мире разрабатывают химическое вещество, способное превратить армию противника в массу тупых, послушных и агрессивных зомби: так, например, в 1968 году на этот сюжет были сняты фильмы «Эксперимент доктора Абста» и «Мертвый сезон».

Некоторые сюжеты о биотерроризме пережили и советскую эпоху, и «лихие 1990-е». В современных версиях легенд террористы портят нашу «экологию» — например, завозят «вредных животных», запускают в пруды и реки рыбу ротан, чтобы она ела других рыб[73], и т.д. И они же объявляются ответственными за разрастание ядовитого борщевика: американские шпионы якобы ездят по нашим дорогам и специально рассыпают его семена. Сейчас на роль врага, распространяющего борщевик по России, назначаются другие «враждебные» страны — например, Эстония[74].

В главе 2 мы рассказывали о когнитивных экспериментах, в ходе которых испытуемые, у которых была искусственно вызвана потеря контроля над ситуацией, гораздо охотнее соглашались с конспирологическими интерпретациями действительности и с идеей вмешательства внешнего врага в их жизнь (с. 89). Это прямой путь к нашим страхам: «инфекционные легенды» возникают, когда окружающий мир представляется враждебным, когда ощущается внешняя угроза и когда есть четкое представление о ее источнике — о фигуре могущественного врага. В 1960–1970-х годах в Швеции очень боялись «русских клещей»[75] — насекомых, которых специально заразили страшным энцефалитом в Советском Союзе. А в 2016 году, когда в России переживали последствия украинских событий 2014–2015 годов, идея бактериологической опасности, исходящей от американцев, появилась вновь: главный санитарный врач Онищенко связал появление вируса Зика с военной американской лабораторией в Грузии[76].

«Паника вместо торжества»: диверсанты со шприцами на советском празднике

В 1957 году в СССР проходит Всемирный фестиваль молодежи и студентов, куда приезжает множество иностранных гостей. Это было что-то невероятное — после нескольких десятилетий репрессий, голода, страха и почти полной изоляции в Москве вдруг появляются «другие люди» — десятки тысяч иностранцев, с которыми можно вместе смотреть кино, гулять и общаться. В столице специально покрасили все заборы в зеленый цвет, в уборных студенческих общежитий на месте дырок поставили унитазы и стали продавать красиво оформленную еду[77]. При этом партийное руководство считало, что советских людей надо все-таки аккуратно удерживать от слишком активного общения с иностранными гостями. Сначала, как записал в своем дневнике литературовед Ромэн Назиров, «Москва больше присутствовала, чем участвовала в Фестивале. Кордоны милиции, отделяющей толпу от „inostrancov" во время шествий и манифестации, еще удерживали порядок». Но через несколько дней стало понятно, что сдерживать людей не удастся: «фестивальное мельничное колесо набрало разгону. Милиция бессильно опустила руки при виде наводнения семи, или сколько там, миллионов жителей Москвы»[78].

Такое бесконтрольное братание советских людей с иностранцами не могло не вызывать тревогу среди партийных руководителей. Екатерина Фурцева, будущий министр культуры СССР, а в 1957 году секретарь московского горкома КПСС, перед началом фестиваля предупреждает московских коллег о возможных провокациях иностранцев, которые стремятся отравить советских людей:

> Есть слухи, что завезут инфекционные заболевания, начали проводить прививку. В то же время было четыре случая каких-то уколов совершено в магазинах, когда девушка стояла в очереди за продуктами, подходит человек, в руку делает укол. Пострадавшие находятся в больнице, состояние их хорошее. Это делается врагами, чтобы создать панику вместо торжества[79].

Точно такие же истории в этот год можно было бы услышать не только в кабинетах высокого партийного начальства. Например, бурятский студент предупреждает в письме об инфекционных диверсиях, которые готовят иностранцы: «В Москве всем делают противочумные прививки, ибо среди участников фестиваля (наши думают) будут люди, которые привезут ампулы с чумной бактерией»[80]. Оружием подлого «инфекционного террориста», действующего на территории СССР, становятся уже не бомбы, а пробирки, ампулы и шприцы.

Как мы видим из этих примеров, сюжет об «инфекционном террористе» был актуален не только во время Корейской и Вьетнамской войн, но и в мирное время, ведь фигура внешнего врага, мечтающего посеять на нашей земле болезни и смерть, жила в воображении людей по обе стороны «железного занавеса» на протяжении всей холодной войны. Но особенно актуальным этот сюжет становился, когда в советскую страну приезжало много иностранцев, и поэтому второй всплеск подобных историй произошел во время нового нашествия иностранцев — Олимпиады-80:

> Дедушкина жена приезжала (из Москвы на дачу. — *А. А., А. К.*), привозила истории. Она в коммуналке жила, и ей там какие-то истории рассказывали про вот эти вот ужасные уколы, иголки вот эти, которые иностранцы подкладывали. Что значит вот они заходят в троллейбусы, там общаются с людьми и как-то кладут, какие-то препараты, ну чтобы человек укололся как-то так делают, и там… то ли лекарство, то ли яд — в общем, ты заболеваешь, долго болеешь, умираешь. Это прививка какой-то плохой болезни, которой у нас не было. Что ее понавезли, значит, вот эти вот [иностранцы][81].

Так история об «инфекционном терроризме», родившаяся из военных страхов по поводу нового («бактериологического») оружия, окрепла благодаря усилиям военной пропаганды, а потом нашла себе применение и в мирной жизни. Она стала удобным способом объяснить пугающие природные явления и выразить тревогу перед чужаками, которые вдруг и в непривычно больших количествах оказываются рядом.

Смерть вместо прививки: коварная услуга врачей-убийц

«Дело врачей» до «дела врачей»

> В какой-то больнице за железной дорогой, рассказывают студенты, на днях арестована одна доктор по национальности еврейка. Она систематически заражала клиентов туберкулезным заболеванием через питье и воду, которую она сознательно отравляла. У нее на квартире под полом во время обыска нашли очень много коробочек с ампулами туберкулезной отравы в жидкости. Все коробочки были с надписями на английском языке и американской марки. Упомянутая доктор отравила туберкулезом много больных, из которых 17 уже нельзя спасти от смерти[82].

В этой главе мы уже встречали истории с подобными сюжетами — о злодеях, отравляющих советских людей смертельно опасными болезнями. Многие читатели, хорошо знакомые с советской историей, решат, что речь идет о страхе перед медиками, который поразил советских людей во время так называемого «дела врачей» — антисемитской кампании, развязанной Сталиным. В газете «Правда» от 13 января 1953 года девять врачей были обвинены в убийстве партийных деятелей Андрея Жданова и Александра Щербакова. Там утверждалось, что медики, «используя свое положение врачей и злоупотребляя доверием больных, преднамеренно злодейски подрывали здоровье последних… ставили им неправильные диагнозы… а затем неправильным лечением губили их». В постановлении также сообщалось, что целью «врачей-отравителей» было «подорвать здоровье руководящих советских военных кадров, вывести их из строя и тем самым ослабить оборону страны», а действовали они по заданию иностранных разведок, в которые были завербованы через «еврейскую буржуазно-националистическую организацию „Джойнт“»[83]. По всей стране пошла волна антисемитских слухов, направленных как против врачей вообще, так и против евреев, не имеющих отношения к медицине.

Однако слух о туберкулезных прививках, с которого мы начали этот раздел, был записан осведомителями МГБ за год до начала этой кампании, в мае 1952 года в Вильнюсе. Мало того, в столице Литовской ССР подобные слухи фиксировалось в огромных количествах на протяжении конца весны и лета. Литовское МГБ с ужасом констатировало, что «слухи приняли массовый характер и стали затруднять работу лечебных учреждений. В ряде больниц и клиник Республики имели место случаи отказа больных от приема уколов, несмотря на то что последние по состоянию здоровья нуждаются в их применении»[84]. Паника, которая воцарилась в городе, произошла потому, что в Литве «имеют место случаи распространения провокационных слухов о заражении больных, находящихся на излечении в больницах инфекционными болезнями, путем инъекций и уколов. Эти действия якобы осуществляются врачами еврейской национальности»[85]. Агенты МГБ предприняли много попыток найти источник слухов, порочащих советскую медицину, и разработали план «агентурно-оперативных мероприятий по расследованию фактов провокационных слухов о заражении населения Литовской ССР инфекционными болезнями». Им пришлось внедрять агентов в самые разные точки распространения слухов: от биофака Вильнюсского госуниверситета до железнодорожного депо. И кстати, тот факт, что большинство слухов о заражении раком и опасных евреях (см. ниже) «гнездились» (по выражению чекистов) на биологическом факультете, убедительно показывает, что высшее профильное образование совершенно не мешает верить самым диким историям и передавать их дальше. Вильнюсский биофак оказался той чашкой Петри, в которой размножались слухи о злодействах врачей-евреев, являющихся к тому же агентами Запада:

> Студентка Госуниверситета (биологического факультета) Урбанайте Бируте <…> источнику [осведомителю] говорила 20/V-52 [20 мая 1952 года], что у них на факультете теперь между студентами идут такие разговоры, что якобы в гор. Вильнюсе есть много американских и английских агентов, которые занимаются систематическим вредительством — заражением советских граждан разными неизлечимыми болезнями, в том числе раком (через кровь) и скоропостижным туберкулезом (через зараженную воду)[86].

Чекисты провели довольно тщательную «фольклористическую» работу, подробно изучая распространение антисемитских слухов. И обнаружили в результате, что паника, охватившая Вильнюс, началась с туберкулезного диспансера.

Появление туберкулеза в нашей истории не случайно. В годы войны туберкулез стал массовым заболеванием[87], это была угроза совершенно реальная, особенно — для детей. С конца 1940-х годов в СССР внедряют противотуберкулезную вакцину БЦЖ, а также применяют антибиотик стрептомицин для лечения туберкулеза. Врачей начинают подозревать в том, что они используют это жизненно важное лекарство в корыстных целях, а не на благо простых людей. Это подозрение легло в основу многочисленных слухов, беспокоивших советских чекистов.

В прибалтийских республиках, которые в 1930-е годы еще не были советскими, не успела пройти чистка «троцкистских элементов». Поэтому сотрудники органов занялись ею уже после войны. В апреле 1952 года они установили, что заведующая туберкулезным отделением железнодорожной больницы города Вильнюса Фаина Ефимовна Горелик,

«1906 года рождения, уроженка города Минска, еврейка, член ВКП(б)», является «кадровой троцкисткой», и арестовали ее. Однако к большому удивлению и даже возмущению чекистов, арест «троцкистки» был истолкован весьма превратным образом. Многие жители города Вильнюса нашли аресту врача еврейского происхождения одно объяснение — наконец-то власть взялась за врачей-евреев, которые наживаются на пациентах и всячески вредят им. От своих осведомителей потрясенные чекисты узнали множество историй, подобных этой:

> На днях к источнику [осведомителю МГБ] в дом приходила Иуцене, которая живет напротив по ул. Чюрлионио и рассказывала ее матери и бабушке, что в туб. диспансере (где врачом работает ее дочь) работали почти все евреи как врачи, так и младший медицинский персонал. В диспансере получали каждый раз много стрептомицина. Врачи этот стрептомицин прописывали больным, но на руки не давали, а инъекции делали на месте. Причем инъекции делали не стрептомицином, а каким-либо другим лекарством, а [стрептомицин] оставляли себе и продавали по спекулятивным ценам. Последнее время много стрептомицина списали, как будто бы он испортился. Действительная цель была такая, что его не давать больным, а продавать по спекулятивным ценам. Без лечения стрептомицином умерло очень много детей[88].

Сюжет этой истории можно было бы сформулировать следующим образом: «Евреи не дают больным нужных лекарств, эти лекарства они продают налево и таким образом наживаются на здоровье советских людей». Но история с якобы имевшей место спекуляцией стрептомицином на этом не заканчивается. Появляется мотив ложного геройства. Женщина по фамилии Иуцене не просто рассказывает эту историю, но и представляется своим друзьям как тайный спаситель: «якобы по ее инициативе была вызвана комиссия из Москвы. Она за это получит медаль, только никто не должен про ее услуги знать»[89]. Женщине не повезло — она рассказывала историю о своем геройстве в присутствии осведомителя, и, судя по его отчету, в туберкулезном диспансере никакой спекуляции, обмана и разоблачения не было. Как подчеркивает автор спецсообщения МГБ, там не было и намеренного заражения инфекциями: «Фактов распространения Горелик Ф. Е., как врачом, инфекционных заболеваний не было, и указанная версия носит провокационный характер»[90].

Тем не менее слухи остановить не удалось. Они заполонили базары, магазины и даже университет. К сюжету «евреи — торговцы ценным лекарством» прибавился традиционный сюжет о евреях-отравителях, который стал еще одним вариантом объяснения ареста несчастной Фаины Горелик:

> …во время прививок в железнодорожной школе Горелик бросила таблетку в бак с питьевой водой, но это увидел ученик и сказал директору школы. Путем исследования воды было установлено, что она заражена бактериями туберкулеза, после чего Горелик была арестована.

Евреев обвиняли не только в попытках отравить воду в школе или привить детям рак и туберкулез, но также в том, что они будто бы пытались убить высокопоставленных членов партии. Некоторые советские граждане считали, что они это делают не сами по себе, а по наущению Израиля и Америки:

> Теперь ходят слухи, что в гор. Вильнюсе есть много американских агентов среди местных евреев, которые систематически занимаются диверсиями отравления советских ответственных

работников, граждан и даже детей. Имел место и такой разговор, что ГОРЕЛИК направляла бактерии, зараженные туберкулезом, в г.г. Москву и Минск через своего сотрудника, где она работала[91].

В этих «народных» толках вокруг ареста вильнюсского врача Фаины Горелик мы видим четыре основных сюжета:

1. Евреи забирают себе нужные лекарства и другие блага, предназначенные для «нас».
2. Евреи заражают болезнями обычных советских людей и особенно детей.
3. Евреи стремятся убить (отравой, отказом от правильного лечения или неправильным диагнозом) представителей советской элиты.
4. Евреи совершают злодейства по заказу Израиля или США.

Все эти сюжеты действительно были распространены во время «дела врачей» в 1953 году. Однако появились они, как видим, не в 1953 году, а раньше, причем безо всяких усилий со стороны властей. Более того, третий и четвертый сюжет стали основными пунктами официальных обвинений против кремлевских «врачей-убийц». В связи с этим следует задаться двумя вопросами: было ли литовское дело единственным и знало ли о нем Политбюро?

Ответ на первый вопрос будет отрицательным: Вильнюс не был единственным городом в послевоенном СССР, где распространялись антисемитские слухи. Безо всяких усилий власти по стране ходили анекдоты и слухи о том, что во время войны евреи будто бы не отправлялись на фронт, а отсиживались в тылу на хлебных местах и занимались спекуляцией («воевали на Ташкентском фронте»)[92].

Ответ на второй вопрос будет таким: с очень большой вероятностью да. Сводки о настроениях (тем более такого тревожного содержания) постоянно ложились на стол руководителей государства. Все это дает основания полагать, что хотя «дело врачей» и выглядит как классическая моральная паника, срежиссированная политической элитой, роль Сталина тут сводилась скорее к оформлению фольклорных сюжетов в гневные тексты газетных передовиц и к легитимизации уже существующей враждебности, чем к изобретению нового врага. Во всяком случае, Сталин вполне сознательно опирался на уже распространенные «в народе» сюжеты и представления. И так «дело врачей» стало результатом сложного сочетания представлений элиты, «народных» страхов и насущных политических задач, стоящих перед Сталиным.

А почему вдруг советские граждане начали неожиданно бояться евреев?

Украденное благо и двойная лояльность евреев

Историки, как правило, полагают, что враждебность против врачей-евреев была запущена «сверху», и рассматривают «дело врачей» как личный проект Сталина, вызванный прежде всего внешнеполитическими причинами. «Вождю народов» важно было показать связи врачей-«заговорщиков» с британской и американской разведками, а также с «сионистской организацией „Джойнт“»[93]. Другими словами, «врачи-убийцы» — это в первую очередь граждане, имеющие двойную лояльность и поэтому представляющие интересы враждебных государств, а уже в силу этого — враги и убийцы. Еще до этого, в 1948 году, в советской прессе шла борьба с «безродными космополитами», когда в «презрении ко всему русскому», отсутствии патриотизма и прочих грехах обвинялись в основном ученые и театральные критики еврейского происхождения, а в газетах рядом с их псевдонимами в скобках указывались настоящие фамилии. Уже в этой антисемитской кампании просматривался важный момент, который позже, в «деле врачей», займет центральное место: евреи не просто вредят, но прежде всего они вредят исподтишка, тайно, маскируясь, прикрываясь русскими фамилиями или престижными должностями. Само использование евреями русской фамилии или русского (а также русифицированного) имени означало желание «замаскироваться», «втереться в доверие», «скрыть свою вражескую сущность».

Однако ощущение, что евреи — это граждане с двойной лояльностью и поэтому опасны, было распространено довольно широко, без всяких усилий Сталина. Скорее сам Сталин был точно таким же носителем подобных представлений, как и его подданные. Так, после оглашения постановления ТАСС об аресте «врачей-вредителей» преподаватель Киевского финансово-экономического института, член КПСС Иван Евтихиевич Брык высказался весьма эмоционально по поводу опасности, которая исходит от граждан с двойной лояльностью:

> …У меня просто кулаки чешутся против этой сволочи. И где же граница? Если у евреев есть свой Израиль и любимая ими Америка, то кому из них могу я верить. Если крупнейшие врачи оказались подлецами, то почему я должен верить еврею из института или аптекарю, они тоже могут меня и мою семью принести в жертву Трумэну или Эйзенхауэру…[94]

В реплике Брыка заслуживает особого внимания следующее: он говорит, что если евреи лояльны не только СССР, но и другой стране, то верить им нельзя, даже «еврей из института или аптекарь» может быть потенциально опасен. Конечно, такие представления возникли не без влияния советской пропаганды, которая на протяжении нескольких десятилетий поддерживала образ СССР как крепости, со всех сторон осажденной врагами. Однако на момент начала «дела врачей» идея об опасности «двойной лояльности» была уже вполне «народной».

Как мы уже сказали, страх перед двойной лояльностью не появился в 1953 году. Сразу после образования государства Израиль по всей стране в 1948–1949 годах собираются спецсообщения, регистрирующие реакцию советских граждан на образование нового государства и его политику и, что очень важно, — реакцию на это событие евреев, живущих в СССР, и неевреев. Эти спецсообщения фиксируют рост недоверия к евреям на основании двух обвинений — двойная лояльность и украденное благо.

Послевоенная советская жизнь была очень тяжелой. В 1946 году разразился голод, от которого в колхозах массово умирали люди. Подавляющее большинство населения жило впроголодь и ощущало постоянную нехватку всего — еды, жилплощади, одежды, медикаментов. Вспомним концепцию «ограниченного блага» Фостера (с. 245): ситуация систематической нехватки какого-либо блага может быть истолкована как результат неравномерного распределения принадлежащих группе ресурсов. Если кому-то пирога систематически не хватает, значит, кто-то взял себе слишком большой кусок. Евреи начинают восприниматься не просто как граждане с двойной лояльностью, но и как скрытые держатели благ, доступ к которым они перекрывают для простых советских граждан. В нескольких советских городах при горячем одобрении публики в 1950–1952 годах проходят публичные процессы над расхитителями социалистической собственности. Среди расхитителей оказываются евреи — директора торговых предприятий.

Один из таких процессов проходит летом и осенью 1952 года в Киеве. В расхищении социалистической собственности обвиняются руководители торговой сети «Главлегсбыт» (продукты и товары легкой промышленности). По этому делу арестовано 66 человек, и среди них — несколько евреев. Одного из них — еврея Хаина — назначают главой преступной группировки, причем обвиняют не только в расхищении социалистической собственности, но и в том, что это расхищение проводилось по заданию иностранных разведок (сам Хаин до последнего момента сопротивлялся обвинению в работе на чужую разведку).

МГБ очень пристально следило за реакцией населения на этот процесс. Сексоты собирали сведения о том, что люди говорили на самом процессе, а также на улице и в магазине в течение шести месяцев. Постоянно перехватывалась частная переписка. Из этих довольно жутких документов мы знаем: советские граждане считали, что именно евреи-расхитители были причиной нехватки вещей и еды. Так, киевский врач Павлов в кругу друзей сказал: «Из-за таких грабителей население испытывало трудности, не могло приобрести нужных вещей, вот ту же „тушенку", которой они спекулировали, достать было невозможно»[95]. Инженер завода им. Дзержинского М.А. Пивень в беседе с рабочими завода сказал, что «евреи в Киеве создали такое положение, что ничего невозможно купить покушать, в магазинах ничего нет, а вдруг война с Америкой, тогда они вместе с американцами нашего брата загонят на тот свет»[96]. Эту же идею в другой компании высказывал инженер-электрик Зарицкий: «Хаин и те, кто с ним сидят рядом, разворовывали советское добро в колоссальных размерах, покупали дачи, кутили за наш счет. Из-за них ничего в магазинах нельзя было достать из мануфактуры»[97].

Эти мотивы, объединенные общей темой «украденного блага», прекрасно сочетаются с подозрениями, которые вызывает двойная лояльность. Это мы видим в частном письме 1952 года из Одессы, описывающем никогда не происходившее в реальности массовое отравление. Обратите внимание, каким паническим страхом пронизаны эти строки:

> В Одессе отравлено 140 учеников ремесленного училища. В этом тоже виновны евреи. В руках у евреев находится вся торговля, все общественное питание. В случае войны они могут нанести страшный вред, разбить нас изнутри. Я просто напуган[98].

Тема украденного блага была характерна отнюдь не только для украинских городов. Уже в 1953 году, сразу после выхода газеты «Правда» с официальным постановлением об аресте врачей-убийц, трудящиеся в Риге начали задавать идеологическим работникам много вопросов. Прежде всего их интересовало, когда к ним вернется их украденное благо и как правительство собирается реагировать на двойную лояльность евреев:

> — Очистят ли медицинские учреждения, т. к. многие отказываются леч(н)иться у них [евреев]?
> — Почему евреи не занимаются физическим трудом, а преимущественно занимают руководящие должности?
> — Почему не применяют санкцию спецпереселения к евреям особенно из пограничных городов, Москвы и Ленинграда?
> — Почему евреи материально живут лучше других?
> — Почему курорты Рижского взморья заполнены в основном евреями?

> — Почему не пресекут переписку евреев с заграницей?
> — Предпримут ли, наконец, что-либо против евреев, т. к. они неоднократно были замешаны во враждебных действиях против строительства социализма в нашей стране?[99]

В свете данных, которые мы только что предоставили, необходимо пересмотреть предполагаемые причины «дела врачей». Американский историк Элисса Бемпорад полагает, что и официальное обвинение «врачей-убийц», и слухи вокруг него представляли собой секуляризированную версию кровавого навета (наветного обвинения евреев в использовании крови христианских детей для приготовления мацы). По ее мнению, сюжет о кровавом навете был актуален среди советских горожан, поскольку в большинстве своем они вышли из деревни и принесли с собой традиционные антисемитские представления, и в послевоенное время достаточно было поощрительных сигналов со стороны власти, чтобы эти представления стали громко высказываться[100]. А Галина Зеленина видит в «деле врачей» скорее не кровавый навет сам по себе, а его проективную инверсию. Преступления кремлевских врачей и преступления врачей на местах воспринимаются «жертвами» как результат мести славянам за соучастие в геноциде или за иные антисемитские действия. Рассказывая об этих преступлениях, «простые советские люди» освобождают себя от какого-либо чувства вины и получают моральное оправдание своему антисемитизму[101]. Второе, «психоаналитическое», объяснение невозможно доказать на фактическом материале, а первое, историческое, носит слишком общий характер. Не в его пользу говорит и тот факт, что не только недавние крестьяне, но и потомственные горожане могли обвинять евреев в отсутствии еды в магазине и воды в кране. Зато мы видим, что в обвинениях в адрес евреев-убийц до 1953 года и во время «дела врачей» основными пунктами стали подозрение в двойной лояльности и в обладании украденным благом. Еврей, тем более врач-еврей, изображался в городских легендах как политический и этнический чужой, завладевший «нашим» куском пирога. А светская версия «кровавого навета» (евреи ловят детей и добавляют кровь в мацу, потому что это им нужно скорее не по религиозным, а по практическим соображениям), скорее, присоединялась к этим двум обвинениям «по пути», усиливая образ злодея.

Все вместе эти представления о вредоносных чужаках позволяли советским гражданам объяснять те сложности советской жизни, которые иначе, не впадая в политическую крамолу, объяснить было невозможно.

Моральная паника о врачах-убийцах «сверху» и «снизу»

Итак, неверно было бы утверждать, что сообщение ТАСС о «деле врачей» в январе 1953 года создало моральную панику. Более корректным является утверждение, что на низовом уровне паника началась еще в 1952 году, причем не только в Риге, Вильнюсе, Киеве и Одессе. Ее следы можно было видеть и в Москве, и в других городах. А официальное сообщение просто подтвердило опасность, якобы исходящую от врачей-евреев. Так, из записи в дневнике сотрудницы журнала «Крокодил» Нины Покровской за 16 января 1953 года следует, что слухи о врачах-отравителях бытовали в Москве до публикации в «Правде»: «уже несколько месяцев ходят по городу слухи, что в некоторых больницах врачи отравляют больных, медленно действующими средствами прививают рак, умерщвляют новорожденных мальчиков»[102].

Паника 1952 года была низовой: в Вильнюсе слухи шли «снизу», и агенты МГБ пытались их пресечь. Паника 1953 года была санкционирована элитами: официальное сообщение о заговоре врачей сделало более достоверными «народные» представления о врачах-отравителях и способствовало более активному распространению слухов.

Однако между тем, что говорилось в «Правде», и тем, о чем рассказывали на улице или на кухне, была большая разница. В тексте «Правды» утверждалось, что врачи по заданию американской разведки и «сионистской организации» стремились убить высокопоставленных военных и партийных деятелей. «Народные» тексты тоже говорят об опасности, исходящей от врачей-евреев, но изображают эту опасность иначе. Врачи-евреи в них вредят вообще всем советским людям:

> В этот день и на следующий только и разговоров было, что об этой истории. Люди взволнованно обсуждали. Народ толпился у витрин с газетами. В поликлинике для научных работников, среди лечащего персонала которой очень много врачей-евреев, по слухам, один больной запустил во врача пузырьком с лекарством и разразился криком об отравителях и т. д.[103]

Жертвы врачей-евреев в устных рассказах — рядовые люди, а обстоятельства действия — места, в которых может оказаться каждый. Опасность поджидает в аптеке, где евреи-фармацевты в рыбий жир и вату закладывают насекомых («жучков»)[104], а в порошок подсыпают морфий[105]; или в поликлинике, где под видом прививок еврейские врачи прививают рак[106] или туберкулез[107].

То, что такие рассказы распространяются по каналам неформальной (friend-of-a-friend) коммуникации[108], в советских условиях делает их даже более достоверными для аудитории, чем информация, полученная из официальных источников. Сельский учитель, записавший историю про отравление евреями от своего коллеги, не знает, верить ей или нет. Но при этом он оценивает слух как полноценный источник информации: «Насколько это верно, я не знаю. <...> Но все-таки это может быть»[109].

Распространение паники происходит с помощью двух основных легенд. Обе они быстро перемещаются между городами и республиками, убеждая людей в том, что им угрожает страшная опасность.

Первая из них описывает лекарство, превращенное в отраву (то есть в свою противоположность). Помните историю 1915 года о чесноке, который коварно сбрасывали враги с самолетов — а внутри него были холерные вибрионы? (с. 324). Во время Первой мировой войны это была мало кому известная городская легенда, зато теперь она становится очень популярна. Советские слухи начала 1950-х годов сообщали, что пенициллин — спаситель от смертельных инфекций, лекарство, в котором так нуждались все советские люди, может оказаться орудием убийства. Летом 1952 года в Вильнюсе все рассказывали о враче, которая заражала стрептоцид бациллами Коха[110]. В Москве в январе 1953 года ходили слухи о женщине, которая принесла на экспертизу пенициллин, в котором был обнаружен яд[111]. В феврале 1953 году жительница Днепродзержинска сообщила в местный партийный комитет, что в таблетке, которую ее ребенку выписал еврейский врач, был найден маленький острый кусочек свинца[112]. Когда вы видите сейчас в социальных сетях страшное предупреждение (с фотографией), что в израильском или американском аспирине содержится камень или проволока, вспомните истории 1952–1953 годов. Современный фейк — их прямой наследник.

Вторая популярная городская легенда рассказывала о предотвращенном акте массового отравления. Она не нова. В ее основе лежит давний фольклорный сюжет о еврее — отравителе воды, распространенный на территории

Европы еще в Средние века[113]. На территории Восточной Европы он сохранял свою популярность. Так, в начале XX века в белорусском местечке Индура некий еврей-портной был обвинен в отравлении колодца. На самом деле еврей отбивался камнями от напавших на него собак и один камень упал в колодец; видевший это крестьянин заявил, что «видел, как жид кинул порчу в воду», и от расправы еврея спасло только вмешательство местного помещика[114]. А во время Первой мировой войны сюжет о евреях, которые отравляют колодцы (естественно, по заданию немцев), обрел второе дыхание (с. 323). В советское время сюжет вышел «из спящего режима» как раз в начале 1950-х годов. В 1952 году в Вильнюсе врачей-евреев обвиняют в том, что они пытались отравить бак с питьевой водой в школе туберкулезом:

> Одна доктор еврейка предлагала детям выпить какую-то воду-напиток, приготовленный, якобы, для того, чтобы дети не боялись инэкций [так написано в документе]. Дети не пили этой воды, говоря, что — «мы не будем пить с невкусным лекарством». Тогда зав. детсада, видя, что дети не пьют воду и из бачка (для питьевой воды в детсаду), послала пробу этой воды на анализ. Оказалось, что вся вода была заражена туберкулезными бациллами. Эта докторша органами была арестована[115].

После начала «дела врачей» история расходится крайне широко: в марте 1953 года она появляется в разных регионах СССР — в Киеве, в Сибири и в Москве[116]:

> Учительница (еврейка) выгнала девочку из класса за шалости. Та спряталась за бак с кипяченой водой и увидела, как учительница вышла из класса, прошлась по коридору и, не видя

никого, подошла к баку и бросила в воду какой-то предмет вроде катушки. Когда она ушла, девочка, заподозрив недоброе, пошла в учительскую и рассказала об этом. Воду отправили в лабораторию, и нашли в ней туберкулезные палочки[117].

Этой легенде свойственна фигура спасителя — это проницательный советский человек или бдительный ребенок (вспомним советскую детскую литературу о ловле шпионов). Спасителю противостоит не только злодей-отравитель, но и второй злодей, тоже врач-еврей, который пытается скрыть следы преступления. Например, 2 марта сельский учитель в Томской области Николай Мартынов записывает историю, которая якобы произошла в соседнем селе:

> Еще слышал, тоже якобы, в Подгорном одна из учительниц-евреев удалила одного ученика из класса. Ученик спрятался в вешалке. В середине урока эта учительница вышла, якобы, из класса и высыпала в бак с водой какой-то порошок. Ученик сообщил директору или там кому следовало. Пригласили врача, приехавшего из Томска, тоже еврея. Он при анализе воды ничего подозрительного не обнаружил. Был приглашен другой врач, тоже из Томска, который обнаружил в воде бациллы бруцеллеза[118].

Легенда в варианте Мартынова доказывает не только то, что евреи вредят, но и то, что они вредят сообща, преследуя общую цель, — точно так же как действовали «убийцы в белых халатах» из постановления в «Правде». Мотив «заговора евреев» становится в эти дни устойчивым финалом подобных историй. В 1952 году сексот (секретный сотрудник МГБ) записывает окончание истории про еврейку-отравительницу:

> В Вашем доме наверху, туда подальше, жила врач, ее арестовали. Она работала в железнодорожной поликлинике и очень много людей заразила туберкулезом. <...> Когда ее судили, она сказала: «Вы меня одну только убрали, но еще остались сотни людей, которые будут продолжать мое дело»[119].

Ровно так же в 1953 году арестованные, согласно слухам, врачи-отравители объявляли, что они вовсе не одиночки, и обещали убить всех: «арестовали докторшу (или сестру), отравляющую детей уколами, прививками. На допросе она заявила, что она не одна, а таких, как она, еще сотни»[120].

Появление у городской легенды такого странного окончания, указывающего на заговор множества евреев, не случаен. Отметим, что в классическом сюжете о евреях-отравителях-колодца этого мотива нет. Появляется он под прямым влиянием «Протоколов сионских мудрецов» — фальшивки, в которой изложен план евреев установить мировое господство, для чего необходимо поработить или уничтожить остальные народы. «Протоколы» были очень популярны в Российской империи до революции, в 1930-е годы в Европе и США, во время войны они вместе с нацистами вернулись на оккупированные территории СССР. Так, советская городская легенда, выросшая из традиционного фольклорного сюжета о еврее-отравителе колодца, стала частью общеевропейской антисемитской конспирологии.

Защита от врагов-отравителей

Городские легенды, возникающие на пике моральной паники, обладают, как мы уже не раз писали на страницах этой книги, «остенсивным зарядом», то есть заставляют человека менять свое поведение. Страх перед вредоносными действиями, которые могут совершить врачи-евреи или вообще евреи, толкал людей на поиски защиты. Некоторые пытались оградить себя от опасности пищевого отравления. Русская семья, проживающая в коммунальной квартире, могла привязать крышки своих кастрюль к ручкам, чтобы соседи-евреи не подсыпали туда яду[121]. Однако, как правило, врачи-отравители из слухов и легенд пытались извести советских людей не в домашнем, а в публичном пространстве, причем в огромных количествах. Так, говорили, что врачи-убийцы «в Ленинграде отравляют каждую неделю по 500 людей»[122]. Для многих выходом из этой ситуации был полный отказ от услуг врачей, а также от посещения аптек и больниц. Об этом свидетельствуют многочисленные письма, которые советские граждане писали друг другу (нам они стали известны благодаря перлюстрации этих писем МГБ). Некая А. Ф. Городец из города Самбор Львовской области предупреждала своего адресата: «…Не ходи к врачам, не делай уколы, ты наверное слышала что делали в Москве — подлецы, варвары. Они старались наших вождей истребить, а также и нас всех, так что берегитесь»[123], а в город Кобрин Брестской области пришло письмо от Г. Б. Теслицкой, которая упрашивала собеседницу не ходить к врачам, а пользоваться народной медициной:

> …Я мучаюсь ангиной, лечить негде совершенно. К врачам идти не нужно. Ты будь осторожна с лекарствами. Хорошо, если бы вы их совсем не принимали. Уж лучше покупайте травы, варите, настаивайте и пейте. То, что случилось в Москве, очень взволновало и дало повод на всякие мысли…

В некоторых письмах звучало сочувствие врачам. Так, неработающая пенсионерка, украинка Ефросиния Федоровна Фоменко из Одессы описала в письме от 21 января 1953 года происходящую в городе прививочную кампанию:

> …В связи с арестами в Москве, жуткое настроение в Одессе. Работать районным врачом очень трудно. Сейчас проводятся противодифтеритные прививки, так если вы думаете, что проходит без инцидентов, то ошибаетесь — не пускают в квартиру врачей, кроют матом, в особенности плохо евреям. При записи в поликлинике их бесцеремонно выталкивают из очереди, к врачам евреям никто записываться не хочет…[124]

В больницах и поликлиниках разных городов начались «бунты» против врачей — коллективные отказы принимать лекарства, ставить уколы и вообще подвергаться любым медицинским процедурам. В одной из детских больниц на Украине родители не давали делать детям уколы, выбрасывали порошки[125]. В Москве в ответ на предложение педиатра госпитализировать ребенка с пневмонией мать сказала, что лучше ребенку умереть дома, чем быть отравленным в больнице[126].

С таким же эффектом столкнулась бабушка нашего информанта, лежавшая в феврале 1953 года в одной из московских больниц: соседки по палате отказывались сами и уговаривали ее отказаться от противоастматических лекарств, выписанных врачом-еврейкой, утверждая, что лекарства могут быть отравлены[127]. Хотя бабушка нашего собеседника сама была еврейкой, в этой ситуации она воспринималась как «своя» (то есть больная) в противовес «им» — «убийцам в белых халатах».

Неудивительно, что во время «дела врачей» сократилось число тех, кто обращался за медицинской помощью. Например, доля обращений в Свердловскую областную клиническую больницу № 1 уменьшилась в 1953 году на 20% по сравнению с предыдущим годом[128].

Уровень страха перед врачами-евреями хорошо иллюстрирует случай, описанный в воспоминаниях Н.Я. Раппопорт. Во время обыска в доме ее отца, арестованного по «делу врачей», один из сотрудников МГБ случайно порезал палец. Испуг чекиста и его коллег перед возможным отравлением показывает, что работники карательных органов были подвержены моральной панике не меньше рядовых граждан, а слухи об отравленных лекарствах были для них источником не менее значимым, чем указания Политбюро:

> Порезался в доме врача-вредителя! Дни его сочтены! Он сидит на стуле белее стены, вытянув вперед руку с пораненным пальцем, товарищи окружили его и встревоженно переговариваются. Что предпринять? Как спасти? Оригинальный выход предлагает моя мама — она приносит потерпевшему пузырек с йодом. Возбуждение достигает апогея: мазать или не мазать? Один мужественный доброволец капает каплю йода себе на ноготь, все по очереди нюхают и решают не рисковать. Куда-то звонят, вызывают машину и увозят пострадавшего — наверное, в спецполиклинику, где царапинку смажет и перевяжет проверенный и надежный русский врач[129].

Ощущение угрозы нарастало и довольно быстро, и отказа от услуг «врачей-евреев» уже было недостаточно для обретения чувства безопасности. «Сводки о настроениях» с мест говорят о том, что многие советские граждане требовали от власти решительных мер: изолировать опасную группу (выслать всех евреев) или уничтожить ее (расстрелять, повесить, четвертовать[130]). Наряду с подобными требованиями, обращенными «во власть», советские люди часто высказывали желание расправиться с источником опасности самостоятельно: «В магазинах, в трамвае, в метро слышны обсуждения этого и угрозы в сторону евреев. Такое накаленное настроение, что, кажется, вот-вот произойдет взрыв»[131]. Некоторые это желание даже осуществляли, нападая на евреев в городском транспорте и других общественных местах: «Машину, в которой ехала мать моего знакомого (русского), остановила толпа и предложила ей вытряхиваться: мол, хватит, повозили „Коганов“»[132].

Надо сказать, что партийные сотрудники и представители карательных органов довольно быстро забили тревогу. В сводках о настроениях из самых разных мест повторялось одно и то же: «население неправильно понимает постановление ТАСС». Составители этих сводок вынуждены были констатировать: вместо того чтобы заклеймить позором шпионов, работающих на иностранную разведку, население впало в антисемитскую истерию и боится врачей. Составитель рижской сводки отмечал, что «в связи с данным процессом и опубликованием материалов в газете «Правда» о раскрытии группы врачей-вредителей среди части населения города наблюдалось обостренное отношение к евреям, имелись антисемитские высказывания. <...> В отдельных больницах и амбулаториях некоторые больные неправильно реагируют на сообщение, выражают недоверие медицинскому персоналу»[133]. В Херсонской области отказы от медицинской помощи заставили представителей власти давать специальные пояснения к сообщению об аресте «врачей-убийц»:

> Хронику ТАСС отдельные врачи нашей областной больницы восприняли неправильно, например, врачи тт. Фиксман и Голер заявили, что теперь им будет опасно заниматься врачебной практикой, раз они евреи, что не будут доверять. Всем врачам областной больницы разъяснили, что никто никогда не отождествлял и не отождествляет группу продавшихся

шпионов и террористов с евреями-врачами, работающими честно и добросовестно[134].

Раз за разом местные комитеты партии давали указание «разобраться с антисемитскими слухами». Сотрудники компетентных органов постепенно начинали понимать, что ситуация выходит из-под контроля и, если не предпринять жестких мер, начнутся настоящие погромы, тем более что в феврале 1953 года МГБ на территории Украины регулярно находило призывающие к погромам листовки.

И мы не знаем, как эта история могла бы закончиться, но тут Сталин умер, врачи были официально оправданы, а выдвинутые против них обвинения объявлены ложными.

Врачи-отравители после «дела врачей»

После смерти Сталина врачи были официально реабилитированы, и моральная паника остановилась. Однако фольклорные сюжеты о врачах-убийцах не исчезли без следа. Где-то вдали от больших городов подозрения, связанные с врачами-евреями, сохранялись, но это происходило уже не в масштабе страны, а в масштабе небольшого населенного пункта. По воспоминаниям Андрея Альмарика, жители глухой сибирской деревни Гурьевка и в середине 1960-х годов боялись ложиться в больницу. Гурьевцы слышали, будто врачи подвешивают больных на железных крюках, а еще все время берут у них кровь и продают ее куда-то за большие деньги, тем самым доводя больных до смерти. Подобные истории сопровождались замечаниями, что «не все врачи русские»[135]. А популярными в 1960-е годы становятся уже не истории о врачах, отравляющих лекарства, а новые городские легенды об опасных дарах, предлагаемых иностранцами.

Отравленная жвачка: опасный дар иностранцев

Отравленная конфета, взрывающаяся игрушка: первое появление коварного дара

И снова нам придется вернуться во времена Первой мировой войны. Война велась не только в окопах, но и на страницах газет, а рассказы о военных преступлениях противника ужасали не меньше, чем сводки с фронта. Один такой рассказ, обошедший все газеты, повествовал о чудовищных зверствах немцев в бельгийском госпитале: захватив госпиталь, немцы якобы обезглавили всех раненых, а шотландской медсестре Грейс Хьюм отрезали обе груди и оставили ее умирать от потери крови. Этот рассказ, записанный от умирающей Грейс ее младшей сестрой, шокировал британскую публику. Но она была шокирована еще сильнее, когда выяснилось, что Грейс Хьюм жива и здорова и вообще никуда не выезжала из Шотландии, а поддельное письмо было сфабриковано ее младшей 17-летней сестрой Кейт. Ее судили и приговорили к нескольким месяцам тюрьмы. Примечательные слова сказал ее врач, пытаясь смягчить приговор:

> Она [Кейт Хьюм] прочитала так много историй о германских зверствах, что она на самом деле поверила в то, что ее сестра была убита[136].

Именно так фольклорный текст и начинает влиять на реальность.

Другой жуткой историей, вызвавшей полное доверие публики, стала история о немцах, которые будто бы разбрасывают по деревням взрывающиеся игрушки и отравленные конфеты. Многочисленные публикации с бельгийского фронта утверждали, будто бы немцы таким образом мстят бельгийским партизанам, точнее их детям[137]. Так же считали на румынском фронте: «германские летчики бросали в Бухаресте отравленные конфекты»[138]. Естественно, что самих взрывающихся игрушек никто не видел.

Такие слухи включают несколько месседжей: война ведется не с армией, а с гражданским населением; враг проявляет исключительную жестокость, причем по отношению к самым беззащитным (к раненым, женщинам и детям); кроме того, враг действует с изощренным коварством, предлагая то, что трудно достать во время войны, — игрушку, конфету, шоколад. Каждый из этих месседжей отражал или мог отражать настоящие военные реалии (вспомним, что Кейт Хьюм придумала свою историю про отрезанные груди под впечатлением от реальных военных преступлений). Соединенные вместе, они убеждали слушателя (или читателя) в нечеловеческой жестокости и подлости врага. Такие слухи возникают каждый раз, когда появляется психологическая потребность в дегуманизации военного противника. Во время Второй мировой войны советские граждане слышали, что немцы разбрасывают шоколад с опасными бациллами[139] или ядом: «говорят, что немцы начали бактериологическую войну. Сбрасывают яркие коробочки, раскрыв которую, человек сразу же умирает от какого-то яда»[140]. Эти истории продолжали распространяться во время войны в Афганистане, в которой СССР участвовал на протяжении почти десяти лет, начиная с 1979 года. Там воюющие стороны взаимно обвиняли друг друга в коварных диверсиях. Советская сторона утверждала, что американцы разбрасывают на дорогах мины в виде игрушек, чтобы уничтожать советских солдат и местных детей. Наш собеседник, служивший в советской армии в начале 1980-х годов в Афганистане, вспоминает, что советским солдатам категорически запрещалось поднимать с земли любые предметы (считалось, что любой такой предмет мог оказаться миной-ловушкой) и брать у местных жителей еду[141]. Сам он, впрочем, никогда с минами-ловушками не сталкивался и очевидцев таких военных преступлений не встречал. А в оппозиционном самиздатском журнале, который издавали в те годы диссиденты, те же самые обвинения были направлены против советских военных:

> Многочисленные комиссии установили, что СССР нарушает в Афганистане законы войны: применяет напалм, газы, мины, предназначенные для мирного населения (в виде игрушек и т.д.)[142].

Обвинение в использовании взрывающихся игрушек было частью антиамериканской пропаганды на социалистической Кубе. Наш информант вспоминает, что в пропагандистских брошюрах, которые кубинцы в 1985 году привезли на фестиваль молодежи и студентов в Москве, рассказывалось среди прочего о том, как «империалисты-убийцы суют гранаты в куклы, с рисунками»[143].

Коварный дар в мирное время

Истории об опасных иностранных дарах не исчезли и в послевоенное время. Они обосновались в художественной литературе, преимущественно — в детских книжках о «шпионах». В повести Алексея Попкова «Тайна голубого стакана» (1955) методом «опасного дара» действует шпионка — красивая и ярко одетая женщина, предлагающая пионеру отравленную конфету в яркой обертке:

> Вижу, стоит на крыльце женщина молодая, красивая. Кофточка на ней шелковая, зеленая-зеленая, а в руках желтая сумочка.

Стоит и все оглядывается по сторонам, как будто дожидает кого или кого-то слушает... Попросила она воды, зашла в дом и так внимательно оглядела кухню и комнату. Потом спросила, не заезжал ли сегодня к нам кто-нибудь с рудника? Я сказал, что у нас давно никого не было, а дедушка ушел в тайгу. Тогда она достала из сумочки две конфетки в цветных бумажках и дала мне. «Это, — говорит, — вечером, как дед вернется, чай пить будете, одну сам съешь, а вторую дедушке дай, пусть и он попробует!» Улыбнулась и ушла, а мне что-то так страшно стало...[144]

Но также подобные истории продолжали существовать в виде слухов и городских легенд, по крайней мере они возникали время от времени в таких посещаемых иностранными туристами городах, как Москва и Ленинград. Но периодами особой актуальности таких историй становятся Всемирный фестиваль молодежи и студентов 1957 года и Олимпиада-80.

Как мы уже говорили (с. 339), наплыв иностранных гостей в 1957 году вызвал тревогу как у советского руководства, так и у рядовых советских граждан. Эта тревога нередко находила выражение в историях, в которых иностранец стремится навредить советскому гражданину, предлагая ему в подарок привлекательную вещь. При этом в «фестивальных» рассказах, в отличие от слухов военного периода, иностранец не устраивает массовых заражений, он действует на индивидуальном уровне и стремится навредить конкретному человеку. А такие истории, в свою очередь, вызывали повышенную бдительность при контактах с иностранцами. Об одном таком случае мы узнаем из милицейской сводки по поводу посещения шведской делегацией колхоза «Коллективный труд» в Ухтомском районе в 1957 году:

> …один из делегатов дал двум русским мальчикам конфеты. Один из них взял конфету в рот и тут же выплюнул, так как она оказалась горькой. Присутствовавший при этом инспектор 3-го отделения милиции Р. незаметно отобрал у второго мальчика конфету и позже передал ее работнику КГБ[145].

Из текста донесения ясно, что милиционер искренне забеспокоился, не отравлена ли конфета. На самом же деле гости, скорее всего, предложили детям популярное шведское лакомство — лакричные конфеты, которые действительно имеют очень специфический вкус (что и объясняет реакцию мальчика).

Перед Олимпиадой-80 в Москве и нескольких других крупных городах начинают активно ходить истории о взрывающихся ручках и игрушках, которые иностранцы якобы дарят советским детям. И опять эти истории имеют сильный остенсивный заряд, то есть влияют на поведение людей. Один наш собеседник вспоминает, как его мама испугалась, увидев подаренный сыну иностранный фонарик, — она искренне считала, что он может взорваться:

> На площади нас поприветствовал какой-то дядька-иностранец. <…> Он оказался врачом, приехавшим на какую-то конференцию, и подарил нам ворох жвачек, биковских ручек [ручки известной французской фирмы BIC] и даже пару каких-то сувенирных медицинских фонариков — уж не знаю, может, он был и не врач, а торговый представитель. Дома я с восторгом рассказал о встрече, достаю фонарик, хочу показать, как он работает, а мама отшатывается: «Не надо, вдруг там бомба!»[146]

Хотя жертвами опасного дара в таких рассказах обычно выступают дети, иногда бывают исключения, и увечье от взорвавшегося в руках импортного предмета получает взрослый: «Один иностранец подарил таксисту авторучку. Через некоторое время таксист достал ее из кармана, чтобы рассмотреть, а она взорвалась у него в руке. Остался без рук»[147].

По своему происхождению такие истории относятся к уже известным нам агитлегендам (об этом мы подробно рассказывали в главе 3). Задача этих агитлегенд в канун Олимпиады очевидна — предотвратить контакты советских людей с иностранцами. Но почему иностранец в этих легендах вредил именно так — предлагая соблазнительный дар?

Иностранный дар: коварная иллюзия

В начале главы мы говорили, что в слухах и городских легендах иностранцы из развивающихся стран чаще всего представляли инфекционную опасность: предполагалось, что их тело несет в себе экзотические и опасные болезни. Однако особый статус западной вещи (с. 297) существенно повлиял на тот тип опасности, которую фольклор приписывал другим иностранцам — из западных стран. Опасность, исходящая от «западных» иностранцев, — совершенно другого типа. Если «негр» в большинстве сюжетов опасен сам по себе (опасность исходит от его тела), то человек из «мира капитала» вредит доверчивым советским людям, предлагая им в дар желанные западные вещи.

Как мы подробно рассказывали в главе 4, советские люди стремились обладать западными вещами, потому что они были во многом не просто вещами, а знаками принадлежности к западному, не-советскому миру (с. 297). Одним из таких «объектов желания» для детей и подростков была иностранная жевательная резинка — частый элемент детской товарно-обменной сети[148]. Иностранная жвачка была вещью настолько редкой и вожделенной, что иногда жевалась по очереди компанией друзей или даже всем классом (практика, которая сегодня кажется непонятной и довольно отталкивающей).

Поэтому неудивительно, что среди опасных даров, которыми искушали иностранцы, на первом месте по упоминанию находится отравленная жвачка: «Ребята во дворе говорили, что нельзя брать жвачку у иностранцев, потому что внутри там лезвие бритвы или она отравленная»[149]. Следом идут импортные джинсы и косметика, в которых могут оказаться «микроиголка с ядом»[150] или паразиты: «Люди находили вшей или еще что-то в этом роде в швах импортных джинсов, купленных с рук у иностранцев»[151].

Иностранный дар: жест превосходства

Почему же дары чужака, приехавшего из западной страны, желанны, но так опасны?

Как мы знаем из классических работ по теории дара, очень разные человеческие культуры выработали практически универсальное представление о дарообмене. За даром, как показал французский социолог Марсель Мосс[152], всегда должен следовать отдарок. В простом обществе, где нет судов и полиции, социальные и властные отношения между людьми основываются на сложной системе дарообмена. Принятие подарка буквально вынуждает человека к ответному дару. Если ответный дар не производится, то в современном мире человек (как минимум) испытывает дискомфорт, а в обществе более архаическом его социальный статус понижается. Дело в том, что подарок, который не «отдаривается» эквивалентной по своей символической или экономической стоимости вещью, ставит получателя в подчиненное положение по отношению к дарителю. Поэтому истории об отравленных дарах часто возникают в колониальной и постколониальной ситуации. Колонизатор дарит колонизируемым предмет, который те не могут «отдарить» в силу своей бедности и неразвитости. В легендах этот предмет, на первый взгляд, является благодеянием, но на самом деле несет смертельную опасность. Именно по такой схеме строится знаменитая история об «оспенных одеялах», утверждающая, что в середине XVIII века генерал Джеффри Амхерст, командующий британскими войсками в Северной Америке, якобы раздавал индейцам одеяла, зараженные оспой. Эта легенда, не имеющая никаких документальных подтверждений, попала в американские учебники истории и сейчас популярна как среди коренных жителей Америки, так и среди потомков колонизаторов[153]. Этот пример — не единственный случай, когда легенды об отравленных дарах в колониальной или постколониальной ситуации становятся символическим изображением отношений господства и подчинения[154]. Дисбаланс власти — даже если он не связан с колониальными отношениями — нередко вызывает к жизни теории о «заговоре элит»: последние обвиняются в том, что они травят и убивают простых людей ради увеличения собственного благосостояния[155].

В советском случае иностранные подарки вызывают беспокойство, потому что роль подателя даров обеспечивается принадлежностью чужака к более развитому обществу, и это неравенство статусов тем более очевидно, что получатель не может сделать ответный дар. Конечно, формально иностранцы получали ответные дары, особенно если взаимодействие носило организованный характер и проходило в форме приема иностранной делегации в школе или во Дворце пионеров. Более того, организаторы таких встреч настаивали на необходимости делать ответные дары. Но ценность иностранных вещей была такова, что найти эквивалентный им предмет для «отдаривания» было невозможно. И уж точно им не являлся какой-нибудь значок с изображением Ленина или палехская шкатулка. Именно поэтому иностранный дар многими воспринимался как унизительный и категорически осуждался в рамках так называемого «идеологического воспитания» (подробнее об этом см. в главе 3, с. 190–207).

Так фольклор о злодеяниях иностранцев говорил не столько о традиционных ксенофобских стереотипах, сколько о статусах и о власти. Легенды 1970–1980-х годов одновременно демонстрировали советское превосходство над одними иностранцами (вспомним истории о диких и заразных африканцах, с. 318) и подтверждали подчиненное положение по отношению к другим через истории об отравленных дарах.

Заразное тело, опасная услуга и коварный дар: эволюция внешней угрозы и типов чужаков

Советские граждане, работающие за границей, не могли просто так распоряжаться получаемой ими зарплатой в валюте. В 1965 году «Внешпосылторг» ввел систему сертификатов трех типов. Советские граждане, работающие за границей, обменивали их на заработанные деньги. Так называемые «бесполосые» сертификаты, выдаваемые за валюту капстран, ценились выше всего: они позволяли купить любой товар из ассортимента престижных магазинов «Березка» (где продавались иностранные товары). Обладатели сертификатов с желтой полосой, которые выдавались в обмен на валюту развивающихся стран, могли рассчитывать только на ограниченный, но все же довольно широкий ассортимент товаров. Ну а у тех, кто работал в социалистических странах и получал сертификаты с синей полосой, выбор был совсем невелик[156].

Типы чужаков, которые угрожали советским гражданам в городских легендах, весьма напоминали эту классификацию. Иностранцы из капиталистических стран в некотором смысле обладали более высоким статусом, чем гости из развивающихся. Первые располагали такими ресурсами, как бактериологическое оружие, — либо желанными и престижными вещами, например джинсами. Внутренние враги, врачи-евреи, то есть «свои чужие», обладали не материальным ресурсом, но специальным знанием, и поэтому предлагали нужную услугу, например прививку. Ну а простые чужаки из стран «третьего мира» представляли опасность просто в силу своей «нечистоты», заражая своими прикосновениями самые повседневные объекты и вещи.

Три типа чужака, с которыми в городских легендах сталкивался советский человек, угрожали по-разному. Типы внешней угрозы — инфекционный терроризм, заразное тело, опасная услуга и коварный дар — имеют отчетливое временное распределение. В страшной послевоенной реальности все боялись голода, неурожаев, бомбардировок. Поэтому инфекционные террористы из послевоенных слухов пытались уничтожить нечто такое, от чего зависит физическое выживание и самой страны, и всех ее граждан (например, хороший урожай или наличие медикаментов). Однако по мере удаления от военного времени менялась и неотвратимость угроз, и их масштаб. Угроза перестала быть прямой, враг перестал нападать на советского гражданина прямо и незатейливо, используя медицинские препараты (прививки с чумой) или биологическое оружие (колорадских жуков). Он начал изображаться гораздо более коварным и наносил удар исподтишка. Причем в советских городских легендах 1950-х годов главные внутренние враги — врачи-убийцы — одновременно и продолжали заниматься инфекционным терроризмом (например, отравляли воду в школах и медикаменты в больницах), и уже начинали вредить лично и тайно, предлагая лекарство с проволокой внутри. Это близко функции колдунов и ведьм, которые вредят через предметы, необходимые для физического выживания сообщества: портят коров, уничтожают посевы и отравляют колодцы. А вот иностранцы из позднесоветских легенд редко оказываются инфекционными террористами и не вредят через необходимые предметы типа таблеток. Их удел другой — соблазнять советского человека высокостатусными престижными вещами, например жвачками, джинсами, косметикой. Иностранцы из позднесоветских легенд подобны сказочной колдунье, которая умерщвляет Белоснежку, предлагая ей (в разных вариантах сказки) аппетитное яблоко, красивый гребешок или изящное кружево. Путь городской легенды от погубленного урожая до плесени во рту, возникающей от проглоченной американской жвачки[157], был очень долог.

Глава 6
ВЗРОСЛЫЕ СТРАХИ И ДЕТСКИЕ ЛЕГЕНДЫ

Бывшие жители Страны Советов вспомнят, наверное, много рассказов об опасных вещах, которые они слышали во дворе, на перемене в школе и в пионерском лагере. Эти истории рассказывали дети, но за ними стояли совсем не детские страхи. Так, легенды о черной машине, похищающей детей, или о красной пленке, позволяющей видеть людей голыми, ходили среди поколения 1970–1980-х годов. Но появились они благодаря страху перед государственным насилием, который испытывали бабушки, дедушки и родители этих детей. Легенды о маньяке, который охотится за женщинами в красном, возникли из взрослых страхов перед городским насилием, а рассказы о красной кнопке в «ядерном чемоданчике» и песни о будущей войне помогали детям последнего советского поколения преодолевать ужас ядерного апокалипсиса, которым их пугали взрослые.

Чем опасна черная «Волга», или Загадочное исчезновение навсегда

> Машина должна быть «Волгой» черного цвета и иметь номер с буквами ССД (смерть советским детям), причем номер был самым важным. Эти машины отлавливали советских детей и увозили неизвестно куда[1].

Эта страшная история — популярная, но не единственная городская легенда о черной машине, похищающей детей. На самом деле существовало как минимум три разные легенды: назовем их для удобства *Черная «Волга» I*, *Черная «Волга» II*, *Черная «Волга» III*. Все они рассказывали об этой опасной машине, но причины их появления — совершенно разные.

В послевоенной советской «системе вещей» черная машина репрезентировала два права, которыми была наделена власть, — право пользоваться предметами роскоши и право распоряжаться жизнями «простых людей». Чтобы понять причины этого, нужно рассказать краткую историю черного автомобиля.

Большинство автомашин, которые видели советские люди на улицах в 1930–1940-е годы, принадлежали государственным структурам. Обладание такой машиной указывало на принадлежность к государственным структурам и высокий социальный статус ее обладателя. Автомобиль в личной собственности был не просто роскошью, но и большой редкостью: он мог быть подарен за исключительные заслуги перед государством[2], а поэтому нес на себе, по выражению Юрия Германа, отблеск «таинственной и грозной власти»[3].

Хотя с конца 1940-х годов количество машин, находящихся в частном пользовании, постоянно увеличивалось, для большинства советских граждан автомобиль все равно оставался недоступным предметом роскоши. Вспомним песню Александра Галича «Тонечка»: ее герой готов вступить в брак с непривлекательной девушкой ради возможности пользоваться благами (в число которых входит автомобиль), принадлежащими ее отцу, статусному номенклатурному работнику. «И с доскою будешь спать со стиральною / За машину за его персональную...» — упрекает героя брошенная возлюбленная. Персональная (как правило, служебная) «Волга» или «Чайка» — признак высокого социального положения. Лауреат нескольких государственных премий, депутат Верховного совета и кандидат в члены ЦК Александр Твардовский, по саркастическому замечанию Солженицына, «по своему положению не привык ездить ниже „Волги"»[4].

Однако автомобиль был не только объектом желания и зависти. Машины, которыми пользовались сотрудники карательных органов (ВЧК–ОГПУ–НКВД–МГБ–КГБ), могли вызывать другие чувства. Машины модели ГАЗ М-1, на которых в 1930-е годы ездили сотрудники НКВД, стали символом Большого террора. Нашим современникам «черная Маруся» известна прежде всего из поэмы Анны Ахматовой. В «Реквиеме» название автомобиля становится символом репрессий: «Звезды смерти стояли над нами, / И безвинная корчилась Русь / Под кровавыми сапогами / И под шинами черных марусь»[5].

В народе такая машина стала называться «черным вороном» или «черной Марусей» — хотя, согласно некоторым воспоминаниям, она могла иметь и другой цвет — быть голубой, темно-синей или светло-серой[6].

Черная машина почти всегда присутствует в воспоминаниях бывших лагерников об аресте: «В майский солнечный день 1946 года меня схватили на улице, и вместе с дверцами черной „ЭМКи" за мной захлопнулась жизнь на долгие, тяжкие годы»[7]. Всеобщий страх перед автомобилями НКВД передался даже детям, которые тоже старались избегать встречи с черной машиной:

> Литература моего детства была наводнена шпионами. Шпионы разных иностранных разведок играли роль ведьм, леших и домовых. Они ловили детей и выведывали у них военные

тайны. Но еще страшнее шпионов был «черный ворон» или «черная Маруся» — машина, в которой возили арестованных... О ней не писали в детских книжках, но, когда она проезжала по улице, мы стремглав бежали прятаться в подворотни[8].

В 1960-е годы черные машины определенных марок («Чайки», «Волги») стали служебным, не предназначенным для личного владения транспортом номенклатуры и КГБ, вытеснив «маруси» и трофейные машины, которыми после войны пользовалась элита. Советский гражданин, не относящийся к партийной элите и не являющийся сотрудником КГБ, мог оказаться в черной «Волге» только в экстраординарных (и малоприятных) обстоятельствах — например, будучи арестованным тайной полицией. В произведениях писателей, критически настроенных по отношению к советской власти, черная «Волга» становится символом слежки за гражданами и, шире, угрозы со стороны власти:

Шумно прошли мимо черной «Волги» с тремя ондатровыми шапками внутри; никто ее даже и не заметил. Никто, кроме Софьи. Та, приотстав, резко, в своей шубке приталенной, приблизилась к автомобилю:

— Что это вы тут ездите за нашим руководством? Кто уполномочил?

Из «Волги» высунулся округлый квадрат физиономии:

— А ну, катись, девка, отсюда, а то увезем![9]

В эпоху застоя появилось много самых разных фольклорных текстов, объясняющих взрослым и детям, что черных (правительственных) машин следует опасаться. Например, говорили, что правительственные машины совершенно безнаказанно могут давить неосторожных пешеходов/сотрудников ГАИ:

Ил. 7. Черный автомобиль ГАЗ-24 «Волга»

> Правительственные машины, которые в народе прозвали «членовозами», никогда не делают незапланированных остановок. Если зазевавшийся пешеход оказывался под их колесами, то из окна машины на полном ходу выкидывался жетон «Похоронить за счет государства»[10].

Кроме того, утверждалось, что машины КГБ («Волги» или «Чайки») обладают незаметными особыми устройствами, представляющими потенциальную опасность. В конце 1980-х годов ходили истории о том, что у них есть специальные приборы, позволяющие отслеживать, где смотрят запрещенные фильмы по видеомагнитофону[11]. Другая легенда гласила, что в передние, сильно выступающие бамперы «Чаек», которыми пользовалось КГБ, вмонтированы ракеты или пулеметы[12].

Черная «Волга» фигурирует в одном из «садистских стишков», где встреча «маленького мальчика» с опасной машиной происходит на Красной площади, по которой передвигался только правительственный и служебный транспорт. Из текста неясно, похищает «Волга» мальчика или просто давит. Ясно только, что эта машина, репрезентирующая собой государственную власть, может убить:

Красная площадь. Зеленые елки.
Бегает мальчик в желтой футболке.
Черная «Волга» промчалась, шурша…
Напрасно мамаша ждет малыша[13].

Обладатели черных автомобилей были хорошо осведомлены о чувствах, которые эти машины вызывают у сограждан. Москвичка 1976 года рождения, выросшая в семье своего дедушки, генерал-майора КГБ, рассказывает, что зимой, в холодные дни, дедушка отвозил ее на служебной черной волге к детскому саду, а позже — в школу (младшие классы), но никогда не подъезжал ко входу, а всегда останавливался за углом, так, чтобы машину не было видно, и дальше шел с внучкой пешком[14]. Такому желанию «скрыть» служебный автомобиль можно найти два объяснения. Возможно, генерал-майор КГБ не хотел, чтобы его обвинили в использовании служебного транспорта в личных целях. Но, скорее всего, он понимал, что его машина вызывает или раздражение, или зависть, или страх.

Именно эмоция страха легла в основу фольклорных нарративов о черной машине.

Черная «Волга» I: машина Берии

Ехала машина,
Черная, как ночь,
Ехал в ней мужчина,
Берия, точь-в-точь!

Девушку увидит,
Что покрасивей,
И ее в машину,
И домой скорей![15]

Автор с сайта «Стихи.ру» не сам придумал историю, изложенную в этих наивных рифмованных строках. В послевоенной Москве ходили упорные слухи о том, что могущественный Лаврентий Берия, правая рука Сталина, возглавлявший органы госбезопасности, разъезжая по городу в черной машине, высматривает молодых девушек, а затем соблазняет или насилует их. В марте 1953 года Сталин умирает, и в Политбюро начинается борьба за власть, которую, как мы знаем, выиграл Никита Хрущев. В июне 1953 года всесильный министр МГБ арестован, и ему сначала во время следствия, а потом и пленума КПСС были предъявлены самые разнообразные обвинения: от шпионажа до развратных действий.

В 1953 году во время следствия по делу Берии его охранник, полковник Саркисов, утверждал в своих показаниях, что слухи об отборе министром девушек имели под собой реальное основание:

> Берия заводил знакомство и во время поездок по улицам на автомашине. Ездил он, как правило, по улицам очень тихо и всегда рассматривал проходивших мимо женщин. Если Берия замечал какую-нибудь женщину, которая ему нравилась и обращала на него внимание, он давал мне указание установить связь[16].

На допросе 15 июля 1953 года сам Берия подтвердил эти показания:

> Были такие случаи, когда, заметив из машины ту или иную женщину, которая мне приглянулась, я посылал Саркисова

> или Надарая проследить и установить ее адрес, познакомиться с ней и при желании ее доставить ко мне на дом. Таких случаев было немало[17].

Мы не можем знать, насколько искренним было это признание: подсудимый мог согласиться с показаниями Саркисова под угрозой пыток. Для нас важно, что слух о похищениях девушек существовал еще до ареста Берии. Любая новость о необъяснимом исчезновение молодой девушки интерпретировалась именно в таком ключе: «Случалось, что какая-нибудь девушка, отправившаяся по делам, не возвращалась домой, и сразу же по Москве распространялись слухи, что виной тому Берия, захотевший ее»[18].

Мать одной нашей собеседницы в подобном ключе проинтерпретировала довольно невинную на первый взгляд историю. В 1950 году, когда она была 16-летней школьницей, к ней в школу пришел человек и сказал, что отбирает молодежь для спортивного парада. Она была далека от спорта и поэтому удивилась, когда была отобрана, и удивилась еще больше, когда среди отобранных увидела других совершенно неспортивного вида девушек. Поэтому она решила, что участвовала в «смотре» потенциальных жертв развратного министра, замаскированном под спортивный отбор[19].

На Июльском пленуме ЦК КПСС были озвучены показания против Берии. Рассказ охранника Берии Саркисова, подробно описавшего сексуальную жизнь своего начальника, зачитывался с трибуны. Саркисов признался, что «по указанию Берия вел специальный список женщин, с которыми он сожительствовал»; перечислил женщин из этого списка; рассказал о сифилисе, которым Берия заразился от проститутки. Также с трибуны говорилось о многочисленных «предметах мужчины-развратника», найденных в кабинете арестованного[20].

Тема «морального разложения» бывшего министра не случайно обсуждалась так подробно во время допросов и на пленуме. В основе наших представлений о правильном и неправильном социальном устройстве, о границе между «своим» и «чужим», лежит именно понятие «чистоты» и «нечистоты» (с. 213). Метафоры гниения и разложения активно использовались в языке советской пропаганды 1930–1950-х годов для маркировки «чужого»[21]. Бывшим соратникам Берии было важно не только заклеймить его как шпиона, но и стигматизировать как «разложившегося типа». В случае Берии метафора разложения и грязи делала более оправданным исключение арестованного из рядов «своих».

Судебный процесс стал триггером к распространению легенды о машине в кругах высшей партийной номенклатуры, заинтересованной в демонизации Берии. «Охота за девушками» описана в мемуарах высокопоставленного советского чиновника, Дмитрия Шепилова, который был членом ЦК КПСС с 1952 по 1957 год, а в 1953 году входил в так называемый «антибериевский блок»:

> После делового дня, следуя из Кремля, он [Берия] не раз велел своим телохранителям втащить к нему в машину проходящую по тротуару девушку, икры которой ему приглянулись[22].

Сюжет о машине Берии циркулировал главным образом в Москве, но иногда проникал и за пределы столицы. Наш собеседник, чье детство прошло в подмосковном Болшеве, вспоминает, как в середине 1960-х годов родители рассказали ему, что «при Сталине колесили машины, которые собирали девушек для Берии»[23].

Образ Берии, преследующего девушек в черной машине, еще долго оставался актуальным. После расстрела шефа МВД слухи о развратном министре трансформировались в устойчивый текст, который был очень популярен вплоть до середины 1960-х годов. В 1965–1966 годах в Тарту во время игры в шарады наш информант, чтобы показать слово «Берия», изображал пантомиму: «Я как бы сижу в машине и смотрю по сторонам, и мой шофер по указанию моего пальца выхватывает зрительниц и запихивает в машину»[24].

В разных версиях девушек высматривал сам Берия или его охранники, жертвы заманивались в машину уговорами, обманом или затаскивались силой. Варианты легенды включают несколько устойчивых мотивов: 1) преследование жертвы Берией/военным на черной машине, 2) заманивание/затаскивание в машину, 3) в случае отказа жертвы вступать в сексуальный контакт с Берией — дарение цветов «на могилу» или арест. В 1950-е годы наш информант слышал такую историю:

> Говорили, что из разъезжающей по улицам машины ЗИС (или ЗИМ?) высматривали красивых женщин, брали прямо там же и отвозили к нему [Берии]. Одна женщина якобы оказала сопротивление и не уступила насильнику, а, когда оказалась опять в той же машине, обнаружила рядом на сидении букет белых цветов. «Он к тому же и джентльмен!» — усмехнулась она. «Это вам на гроб (на могилу?)», — ответил полковник (майор?), проводивший «операцию»[25].

В другом случае говорилось, что результатом отказа жертвы стали не цветы на могилу, а отправка в лагерь. Прокурор Наталья Гневковская, узница ГУЛАГа в 1950-х и обвинитель на диссидентских процессах в 1970-х годах, утверждала (согласно нескольким свидетельствам), что попала в лагерь «через автомобиль» Берии[26].

Можно было бы подумать, что сейчас историю о машине Берии знают только люди, лично слышавшие ее в 1950–1960-е годы. Однако это не так. Периодически она воспроизводится на самых разных ресурсах — от блогов историков-любителей до сайтов о мужском здоровье. В современных версиях легенды бывший шеф карательного ведомства приобретает еще более демонический облик. Если в начале 1950-х годов москвичи говорили о криках пытаемых жертв, которые будто бы раздавались из подвала особняка Берии на Малой Никитской[27], то теперь пишут, что во дворе особняка «был оборудован небольшой крематорий, в котором сжигались тела жертв палача-женолюба»[28]. В другой легенде особняк на Малой Никитской улице становится одним из «страшных мест» на фольклорной карте Москвы[29]: там по ночам появляется «машина-призрак» или «машина-невидимка». Сайты, посвященные «загадочным достопримечательностям», уверяют, что оказавшийся около дома Берии ночной прохожий может слышать «звуки тормозов, хлопающей дверцы, женские голоса»[30]. Показательно, что героем современной легенды становится не призрак самого Берии, а призрак его машины. Именно черная машина, а не тиран оказывается более архетипичным образом «жуткого» для отечественной устной традиции.

Легенда о «машине Берии» была актуальна в период пусть не самой радикальной, но все же официальной, одобренной сверху, десталинизации. В эпоху застоя, когда разоблачительные истории о сталинских палачах потеряли свою актуальность, на смену ей пришел другой сюжет.

Черная «Волга» II: неизвестная черная машина

В 1970–1980-е годы среди советских детей распространяется новый тип легенды о черной «Волге». Если история о машине Берии волновала прежде всего москвичей, то новый сюжет ходил по разным городам СССР. Его знают 22% респондентов опроса «Опасные советские вещи» (общее число участников — 292), при этом среди родившихся в 1940–1950-е годы сюжет не вспомнил ни один из ответивших; среди поколения 1960-х годов помнят 13%; 1970-х — 24%; 1980-х — 32%. Такое распределение позволяет предположить, что пик популярности легенды пришелся на вторую половину 1980-х годов.

Сюжет легенды *Черная «Волга» II* заключается в следующем: по улицам ездит черная машина (иногда — с надписью «ССД»), которая представляет опасность для детей, часто — неясную:

> Просто в черные Волги сажают детей, и с ними случается что-то страшное[31].
>
> Черная волга с номерами ССД — смерть советским детям. Без подробностей. Если ее увидел — все, ты труп[32].

Одно из важных отличий сюжета *Черная «Волга» II* от *Черной «Волги» I* заключается в его переходе из взрослой среды в детскую. В отличие от сюжета с машиной Берии, эта версия представлена детскими рассказами — точнее, воспоминаниями о рассказах, услышанных в детстве и, как правило, от детей (в пионерлагере, в школе, во дворе). Не следует путать легенду *Черная «Волга» II* с теми, что в литературе по детскому фольклору называются «страшилками» — например, с историями, собранными Эдуардом Успенским и Андреем Усачевым[33]. Опасные вещи, которые действуют там (гроб на колесиках, «автобус с черными шторками»), не существовали в реальности, в отличие от черной «Волги», которую каждый ребенок мог наблюдать на городских улицах.

Бывали и исключения: иногда черной «Волгой» пугали детей взрослые, но вполне возможно, что взрослые просто использовали известный им детский нарратив в дисциплинарных целях:

> Черная «Волга» — о ней рассказывали (причем, эту страшилку распространяли даже воспитатели в детском саду), что она ездит вечером или ночью и хватает детей — тех, которые потерялись или просто гуляют одни. Так вот мальчика из соседнего района (или детского садика) забрали <…> Кажется, ездили в ней один или два дядьки[34].

От предыдущего типа сюжет *Черная «Волга» II* отличается неопределенностью «агента угрозы». В большинстве собранных текстов не говорится, кто сидит в машине. Даже если «агент угрозы» как-то идентифицирован (как, например, в только что процитированном тексте, где в черной «Волге» сидят «один или два дядьки»), остается неясным, что он делает со своими жертвами. Только 4 респондента из 61, слышавшего об опасной черной машине, идентифицируют ее водителя как шпиона, маньяка, охотника за органами (то есть их версии близки к сюжету *Черная «Волга» III*, о котором речь ниже). Наружность пассажира (или пассажиров) «Волги» остается за кадром — даже в развернутом повествовании, лишенном сетований мемуариста на плохую память, показывается только «черная рука»:

> В детстве я хорошо знала, что черная «Волга» ворует детей. Моя ровесница Люда передавала следующее: «Один мальчик гулял на улице, и вдруг возле него остановилась черная „Волга". Опустилось черное окошко, и оттуда высунулась черная рука, она протянула мальчику мяч. Мальчик захотел его взять, и его затянуло в „Волгу". Больше его никто не видел»[35].

Но чаще «агента угрозы» как бы нет вовсе, а страх вызывает сама машина: она сама «крадет», «увозит», «убивает». С какой целью и куда похищается жертва, что с ней происходит после похищения, легенда тоже, как правило, умалчивает. Дети попадают в неопределенные «страшные места»[36], увозятся «навсегда в неизвестном направлении»[37] или просто исчезают: «что потом происходит с этими детьми, не рассказывали — просто пропадают и все»[38].

Итак, *Черная «Волга» II* говорит о похищении детей, но умалчивает о его целях и обстоятельствах и оставляет «за кадром» личность похитителей. Эти умолчания и отсутствующие идентификации в сюжете о «неизвестной черной машине» возникают не просто так: скорее всего, они связаны с переживанием опыта репрессий и взаимодействий с тайной полицией. Именно поэтому умолчания в этой легенде появляются именно в тех же смысловых точках, что и в рассказах о репрессиях и лагерях. Это следствие «нехватки языка», с которой сталкивается говорящий при описании опасных объектов и явлений.

Система избегания прямых именований при описании деятельности НКВД–МГБ–КГБ была частью советской речевой повседневности[39]. Для говорения о лагере и тюрьме, а также о любых взаимодействиях с «органами» в советской речи часто использовались эмоционально нейтральные конструкции с указательными местоимениями и наречиями: *позвонить куда следует*, *вызвали туда*, *вернуться оттуда*. При помощи подобной конструкции описывается возвращение из лагеря одного из персонажей повести «Зияющие высоты»: «Хмыря знали все. А Учитель был Оттуда, и это производило более сильное впечатление, чем возвращение из космоса. Оттуда, как всем известно, не возвращаются»[40].

Довольно устойчивым обозначением лагеря и тюрьмы (и шире — мира, в котором оказывается человек после ареста) становится неопределенное «там». Причиной появления подобных конструкций был не только страх, но и полное отсутствие информации о предмете речи. Часто родственники ничего не знали о том, что произошло с арестованным, где он находится или находился в последние минуты жизни. Надежда Мандельштам много раз видела во сне своего погибшего мужа и каждый раз безуспешно пыталась спросить у него, «что с ним „*там*“ делают»[41]. Комментируя эту фразу, Александр Эткинд замечает: «У нее (Надежды Мандельштам. — *А. А., А. К.*) не было другого способа представить это „там“, куда забрали ее мужа, кроме неопределенного грамматического маркера, который она с долей самоиронии передала в кавычках»[42]. «Там» как обозначение не только лагеря и тюрьмы, но и вообще мира, в котором оказывается человек после ареста, может выделяться кавычками, а может, как в мемуарах Евгении Гинзбург, писаться большими буквами: «И взгляд… Пронзительный взгляд затравленного зверя, измученного человека. Тот самый взгляд, который потом так часто встречался мне ТАМ»[43].

Мотив «невозвращения» — еще одна деталь, объединяющая позднесоветскую легенду с реалиями Большого террора. Легенда утверждает, что после встречи с опасной машиной ребенок пропадает навсегда: «черная лаковая „Чайка“, заберет навсегда и никогда не вернешься — как-то так»[44]. Что *именно* происходит с жертвой, остается при этом неясным. Полнейшее неведение семьи арестованного о его судьбе — частый мотив в рассказах потомков репрессированных. Это неведение объединяло Надежду Мандельштам с семьей безвестного крестьянина, сгинувшего в 1933 году:

> У нас [в семье] не знали ничего. Знали вот, что пришли люди в кожанках, эти ГПУ-шники, увели его — и все. Больше никто ничего не знал. Даже дед у меня не знал, что вот… когда у него отец умер, в каком лагере он был — наша семья узнала об этом неделю назад. Благодаря тому, что вот я решился сделать запросы на Лубянку и… А так вообще никто ничего не знал. Увели и увели, и все[45].

Умолчания в сюжете *Черная «Волга» II* связаны с переживанием опыта репрессий и взаимодействий с тайной полицией. Детские страшные истории о черной «Волге» воспроизводили отдаленные во времени, но типичные сюжеты из реальной жизни очевидцев и жертв Большого террора: кого-то забирает черная машина и этот кто-то исчезает навсегда, а родные ничего не знают о его дальнейшей судьбе. По механизму действия позднесоветская легенда подобна сновидению больного травматическим неврозом[46]: она воспроизводит ситуацию, в которой оказывались непосредственные свидетели террора, — ужас, неизвестность, невозможность представить судьбу жертвы и понять мотивы палачей.

О том, каким образом мог действовать механизм «передачи страха» от поколения людей, заставших сталинский террор, к их детям, родившимся уже после XX съезда, дает представление воспоминание одной нашей собеседницы. Ребенок совершает страшное, с точки зрения родителей, преступление против советской власти, и они пугают его черной машиной:

> Я слышала постоянно от своих родителей, что если едет черная машина, то надо отойти подальше от нее. <…> Они помнили, что если ты что-то против власти даже думаешь или что-то делаешь, то ночью приедет черная машина, и тебя не будет. Я говорила: «Но ведь куда-то меня увезут, где-то я буду?» Они говорили: «Нет, *тебя уже не будет*» (здесь и далее курсив наш. — *А. А., А. К.*). Они серьезно за меня боялись. Я просто когда маленькая еще была, совсем маленькая, я где-то нашла какую-то книжку и разрисовала портрет Ленина. Ну там усы, брови нарисовала, еще какую-то фигню… И я видела, как мать с отцом просто побелели от страха. Они вырвали эту страницу, сожгли, и пепел смыли водой, чтоб никаких следов

не осталось. А я — мне было, наверное, годика 4–5 — я говорю: «А что такого-то?» А они: «Если кто-то об этом узнает, то *приедет черная машина, и ты исчезнешь*». Типа и раньше люди исчезали, и сейчас исчезают. А я говорила: «Они же не могут *просто так исчезнуть*, куда-то же их увозят?» — «Может быть, их куда-то и увозят, но *найти их невозможно, и никто не возвращается*»[47].

В этом рассказе есть и страшная черная машина, которая забирает провинившихся перед властью людей, и мотив «исчезновения навсегда» («тебя не будет», «ты исчезнешь»), и неспособность родителей назвать и описать то место, куда исчезают люди. Наша собеседница слышала эту историю в середине 1960-х годов. Проходит десятилетие, и некоторые элементы — например, объяснение, почему черный автомобиль забирает людей, — выпадают из этой конструкции. Остаются: страх перед черной машиной; невозможность описать место, куда она увозит; исчезновение навсегда. Дети 1970–1980-х годов уже не считывают всех значений, с которыми связан черный автомобиль, но знают, какие эмоции он должен вызывать.

Возможно, именно поэтому в начале 1980-х годов в легенде появляется надпись ССД или СД («смерть [советским] детям») на номере машины. Она есть в воспоминаниях респондентов, чье детство пришлось на начало 1980-х годов; родившиеся раньше 1973 года говорят просто о «черной машине» или «черной „Волге“». И это не случайно. Во-первых, «смерть советским детям» подразумевает, что надпись сделана «извне», кем-то «несоветским». Косвенным образом это может быть связано с активизацией представлений об иностранцах-вредителях после Олимпиады-80 (см. с. 192–193). Во-вторых, надпись прямо указывает на то, *чем именно* черная машина опасна детям и почему от нее надо держаться подальше. В начале 1980-х годов ни аудитории, ни рассказчику легенды уже не было понятно, чем опасен черный автомобиль, поэтому и возникла необходимость в поясняющей надписи.

Однако в некоторых историях связь опасной машины и КГБ сохраняется, а мотивировка страха из имплицитной становится эксплицитной. В семье одного из наших собеседников в начале 1980-х годов ребенка предупреждали о тотальной слежке со стороны КГБ и снова о черной машине, которая может увезти всех, кто плохо говорил о правительстве:

> Из окна дома видно дом в лесу, высотка. Это КГБ, там установлены аппараты, которые просвечивают стены и показывают, что делают люди. За экранами следят, разговоры слушают. Телефон тоже прослушивается. Если там услышат что-то против правительства и коммунизма, за тобой станут следить пристальней, потом может забрать черная машина или тебя убьют. <…> Черная машина может забрать ребенка, который плохо говорил о правительстве и/или коммунизме, может забрать родителей[48].

Таким образом, сюжет *Черная «Волга» II* может быть прочитан как один из способов «проговорить» в форме детской страшной истории вещи, о которых взрослые в советское время предпочитали не говорить публично. Во многих семьях, пострадавших от сталинских репрессий, арест родственника, его расстрел или жизнь в лагере и на «спецпоселении» до рубежа 1980–1990-х годов были темами, табуированными для обсуждений. Особенно это касалось разговоров в присутствии детей, которым из соображений безопасности или ничего не сообщалось о наличии репрессированных родственников, или же сообщалось шепотом, «по секрету», с требованием «никому не рассказывать в школе». Бабушка одной из наших собеседниц — той самой, чьи родители говорили «приедет черная машина, и ты исчезнешь», — до самой смерти не хотела признаваться внучке, что прошла через лагерь. Бабушка была убеждена, что подобная информация может навредить карьере детей и внуков. Причины умолчания о терроре могли иметь не только социально-политическое, но и психологическое объяснение: по общему мнению исследователей, «травматический опыт находится в принципиальном разладе с доступными речевыми средствами»[49]. Другими словами, это опыт, для описания которого у нас просто нет слов.

В памяти последнего советского поколения именно легенда *Черная «Волга» II* стала воплощением «советского» в его «страшной» ипостаси. Она вдохновила отечественных режиссеров на создание российских аналогов голливудских horror movies, которые используют американские городские легенды. За последние годы вышло два фильма, в основе которых лежит легенда о черной «Волге»: «С. С. Д.» (2008, режиссер В. Шмелев) и «Пионеры-герои» (2015, режиссер Н. Кудряшова).

Черная «Волга» III: похитители органов в черной машине

В отличие от предыдущих случаев, сюжет, который мы называем *Черная «Волга» III*, не является специфически советским. В 1970–1980-е годы он был чрезвычайно распространен в социалистической Польше (возможно, также и в других странах Восточного блока), а в 1990–2000-е годах был записан в Эстонии. Эти записи, а также рассказы, зафиксированные польским фольклористом в СССР, легли в основу представлений американских фольклористов о сюжете *Черная «Волга»*. Вот как определяется этот сюжет в американской «Энциклопедии городских легенд»:

«Черная Волга» — легенда, которая рассказывалась в разных вариантах в России и в Польше (возможно, где-то еще в Европе); сочетает темы похищения детей и кражи органов. Говорили, что люди, переодетые священниками или монашками, пытались заманить детей в большой черный или красный лимузин (часто — русской модели «Волга»), надеясь выкачать кровь или украсть органы жертв[50].

Если среди наших респондентов сюжеты о черной машине знали 22%, то в социалистической Польше он был сверхпопулярным: там, по утверждениям исследователей, о черной «Волге» «слышал каждый». Само словосочетание «черная „Волга“» в повседневной речи стало служить для обозначения любого текста, напоминающего городскую легенду.

В польских[51] и эстонских[52] вариантах на черной «Волге» ездят священники, евреи, иностранцы или сотрудники КГБ, которые выкачивают из детей кровь, которая затем «в специальных контейнерах» отправляется за границу:

Священник приехал на черной «Волге» в один дом. Из машины вышла монашка и попросила ребенка показать ей дорогу. Ребенок сел в машину, и машина уехала. Через два дня ребенка нашли мертвым под мостом в Мысловице. Доктор обнаружил, что у девочки забрали всю кровь[53].

Мама говорила мне, что, когда она была ребенком, ходили страшные истории о черных людях в черных «Волгах», которые выкачивали из людей кровь и продавали ее в клиники. Все так боялись их, что, когда бы человек ни видел черную «Волгу», он пытался спрятаться[54].

Несколько текстов типа *Черная «Волга» III* было записано польским исследователем Дионизиушем Чубалой на

Украине и в России в 1980-х годах. В них действует банда некоего хирурга, похищающего детей «на органы». При этом ни марка, ни цвет машины никак не описываются.

В легенде *Черная «Волга» III* угроза, которую представляет пассажир машины, всегда проговаривается: жертв похищают с целью выкачать кровь или забрать органы. По этому признаку эту историю относят к комплексу сюжетов «о краже органов» (organ theft legends), которые широко распространены в современном мире. Злодейство чужака, использование крови и органов жертв (действия, восходящие к древнему сюжету о «кровавом навете»[55]) — эти мотивы «понятны» во многих культурных контекстах, легко «переводимы» на разные культурные языки. Именно поэтому тексты, предостерегающие против чужаков, которые крадут кровь или органы у детей, распространены в самых разных странах Латинской Америки, в Африке и России[56].

«Чужое» проще назвать и стигматизировать, чем «свое». Поэтому в историях типа *Черная «Волга» II* агент угрозы описывается вполне конкретно, и в этом заключается существенное отличие «колониальных» (*Черная «Волга» III*) версий от «метропольных» (*Черная «Волга» II)*. Многие эстонцы и поляки воспринимали социалистический режим как оккупационный, а сотрудников карательных органов — как представителей пришедшей извне колониальной власти. Поэтому в польских и эстонских версиях угроза исходит от «внешнего врага», который занимается тем же, чем занимаются злодеи-чужаки в других странах (забирает у своих жертв органы и кровь). При этом сотрудник КГБ может прямо называться в качестве агента угрозы — именно потому, что для Эстонии и Польши фигура сотрудника КГБ была «внешней», она представляла пришедшую извне советскую власть. Жителям «метрополии» (то есть русскоязычных республик СССР), которые, хотя и относились к советской власти по-разному, все же считали ее «своей» и, соответственно, не могли видеть в сотрудниках карательного ведомства колонизаторов.

Популярность версии о краже органов в странах соцлагеря могла быть дополнительно усилена широким распространением снятого в 1979 году в ФРГ фильма ужасов «Fleisch», то есть «Мясо» (в русском переводе «Тайна мотеля „Медовый месяц“»). Городская легенда про похитителей органов является в этом фильме центральным сюжетом: героев усыпляют и крадут, чтобы вырезать органы. По безлюдным дорогам за молодой девушкой носится страшная машина скорой помощи и почти половину экранного времени зритель наблюдает, как героиня пытается спастись от убийц, сидящих в машине. Именно в это время сюжет *Черная «Волга» III* распространяется в социалистической Чехословакии. Связь чехословацкой версии с фильмом становится еще более очевидной, поскольку там за детьми охотится черная (!) скорая помощь*.

Итак, «враждебный страх», вызываемый современными легендами типа *Черная «Волга» III*, — это страх перед чужаком, олицетворяющим некую противостоящую «нам» группу. Антрополог Джеймс Скотт сказал бы, что такие враждебные слухи о представителях советской власти на оккупированных территориях суть «оружие слабых»[57], способ символической борьбы против колониальной власти. Советская власть пыталась присвоить новые территории, а новые подданные в ответ маркировали ее представителей как злодеев. В послевоенном эстонском фольклоре сотрудник КГБ стал воплощением зла, вытеснив всех прежних претендентов на эту роль. В этом качестве он обвинялся не только в выкачивании крови, но и становился объектом

* Выражаем благодарность нашему чешскому коллеге, фольклористу Петру Янечеку, который поделился с нами чешскими версиями этих сюжетов.

других враждебных слухов. Например, сотрудников советской тайной полиции в Эстонии подозревали в причастности к работе фабрики по переработке человеческого мяса[58]. Таким образом, сюжет *Черная «Волга» III* является не только проекцией страхов, но и средством канализации общественного недовольства, которое аккумулируют на себе «агенты угрозы». Результатом бытования таких историй может стать не только избегание опасного объекта, но и акты агрессии, причем в отдельных случаях символическая агрессия может переходить в физическую, как это произошло в нескольких странах Латинской Америки, где были случаи линчевания иностранных туристов, заподозренных в похищении детей[59].

Но, несмотря на все это, сюжет *Черная «Волга» III* с его мотивом кражи органов и чужаком в качестве «агента угрозы», плохо прижился на советской почве: в нашем опросе его вспомнили только 1,5% опрошенных против 22% респондентов, знающих сюжет *Черная «Волга» II*. Место в черной машине оказалось «занято» неназываемой фигурой, репрезентирующей «свои» карательные органы.

Палач, незнакомец, чужак: от страха к «постстраху»

В 1992 году американская исследовательница Марианна Хирш ввела понятие *постпамять*[60]. Этим термином она предложила обозначать представления о событиях, которые мы не переживали лично, но о которых знаем по рассказам родственников, из фильмов и книг. «Постпамять» — это то, что мы «помним» благодаря рассказам людей, среди которых мы выросли, благодаря фотографиям, мемуарам, художественной литературе и кинематографу, но не благодаря собственному опыту.

Люди, заставшие сталинский террор, испытывали вполне понятный страх перед «черным воронком». У детей

1970–1980-х годов, не имевших собственных воспоминаний о реалиях сталинского террора, их страх превратился в «пост-страх» перед черной машиной. И мы, опираясь на рассказы наших информантов, можем представить (хотя и очень приблизительно) способы передачи этого страха. Мы знаем, что в большинстве семей тема репрессий была табуирована, поэтому мало кто из детей слышал развернутые рассказы о прошлом: скорее, это были «страшилки», услышанные в детстве от родителей («если что-то скажешь против правительства, за тобой приедет черная машина»), или случайно пойманные обрывки взрослых разговоров. Иногда в таких разговорах «упоминалась машина „воронок“, которая „забирает“»[61]. Иногда рассказывали «про „черного ворона“, который был равно опасен для всех, причем для взрослых, пожалуй, опаснее»[62]. Герои книги Юлии Яковлевой «Дети ворона» (2016) — двое детей, чьи родители пропадают во время Большого террора, — именно из таких разговоров взрослых заключают, что их маму и папу унес «черный ворон».

Именно поэтому в сюжете *Черная «Волга» I*, рассказывающей о машине Берии, агент угрозы идентифицирован. Страх, который производит легенда, — это по большому счету страх перед тираном. В сюжете *Черная «Волга» II* агент угрозы не назван и ни в чем конкретном не обвинен, поэтому страх перед ним не сочетается с прямой враждебностью. Это был страх перед чем-то «необъяснимо ужасным». Дети эпохи застоя могли отдавать или не отдавать себе отчет в тех исторических коннотациях, которые делают черную машину страшной, но они чувствовали страх, идущий от взрослых, и рассказывали друг другу истории, вызывающие его снова и снова, но никогда не объясняющие его.

Для постсоветского времени этот страх становится уже совсем не актуален, поэтому дети поколения 1980–1990-х годов боятся вместо палача или безликого незнакомца более привычного врага: этнического или социального чужака с четко поставленной задачей — украсть твою почку и обогатиться.

И наконец, в 1990-е годы, наравне со старыми легендами о черной волге, появляются и новые детские тексты, в которых практически все смыслы из рассказов о черной волге вымываются, кроме одного, последнего. Того ощущения, что самое присутствие черной машины значимо, это означает что-то большее, чем просто какая-то машина черного цвета. Детское гадание предполагает, что именно черная машина определит твою судьбу: «Когда едет черная волга, нужно загадывать желание Если в машине сидят люди хорошие то желание может исполнедца а если в машине сидят злые то неисполнедца»[63].

Почему дети играли в «красную пленку»: паноптикон в школьном коридоре

Представители последнего советского поколения, чье детство пришлось на конец 1970-х — 1980-е годы, помнят множество историй об опасных вещах, среди которых есть рассказы об отравленных джинсах, о жвачках с иголками, о зараженном стакане из автомата с газировкой, о машине, похищающей детей (как в предыдущем разделе). Однако еще чаще это поколение вспоминает историю о красной пленке или красных очках — чудесном устройстве, будто бы привезенном из-за границы или изобретенном спецслужбами, которое позволяет видеть людей обнаженными сквозь одежду:

> У нас в классе седьмом был краснопленочный бум. Мальчики с папиными фотоаппаратами «Зенит», «Киев» и «Смена» подстерегали девочек на переменках и фотографировали

> с криком: «Все, ты на красной пленке». Или: «Все будут знать, какие у тебя трусы и какого размера грудь!» Девчонки визжали и прикрывали руками все сокрытое за шерстяной школьной формой и передником. Мы в это верили[64].

Популярность этого сюжета можно измерить. В 2016 году мы проводили дистанционный опрос среди 292 бывших советских горожан. Оказалось, что 40% наших респондентов хорошо знакомы с сюжетом о красной пленке, тогда как, например, истории о страшной черной «Волге» слышали только 22% опрошенных, а об отравленных джинсах еще меньше — 18%. Оказывается, что этот нелепый на первый взгляд сюжет среди «последнего советского поколения» был гораздо более известен, чем другие «страшилки». Если причина, как полагает культуролог и фольклорист Сергей Борисов, — в простом стремлении к эротическим играм, свойственным детям пубертатного и предпубертатного возраста[65], то почему эти тексты распространяются именно в СССР конца 1970-х — начала 1980-х годов, а не раньше или позже? Видимо, кроме эротической подоплеки (которая, как мы покажем ниже, имела второстепенное значение), существовали другие, связанные с культурно-историческим контекстом, причины возникновения и популярности этого сюжета.

Власть вооруженного взгляда

В известной работе Мишеля Фуко анализируется эффект бентамовского «Паноптикума», идеальной тюрьмы, устройство которой должно было привести заключенного в состояние сознаваемой и постоянной видимости[66]. В тюрьме такого типа заключенный не знает, когда именно на него будет обращен взгляд надзирателя, но знает, что это может произойти в любую минуту, и поэтому вынужден всегда выполнять предписания администрации. Забегая вперед, заметим, что в аналогичном положении сознаваемой видимости оказывались советские школьники — одноклассники «владельца» красной пленки, не знающие, в какой именно момент их «сфотографируют», но понимающие, что это может случиться когда угодно, а потому пребывающие в постоянном страхе. Согласно Мишелю Фуко, именно такое состояние обеспечивает функционирование власти. Развивая идеи Фуко, Дэвид Лайон показывает, что практики надзора (и сопутствующее им ощущение поднадзорности) являются одной из центральных черт модерности, а развитие информационных технологий превращает современные развитые общества в «общества надзора»[67].

Для нас рассуждения Фуко важны постольку, поскольку они указывают на некоторые универсальные (по крайней мере, для истории Новейшего времени) свойства власти и подчиненности. Уметь *видеть* других, оставаясь при этом невидимым, означает обладать властью, быть *видимым* — значит быть подвластным. Эта диспозиция сохраняется и тогда, когда положения сторон определяются не как «видеть» и «быть видимым», а как «видеть особым образом» и «быть безоружным против такого взгляда».

В первые годы существования фотографической камеры (и в Европе, и в тех обществах, куда она была импортирована позже) она воспринималась как *средство особого зрения*. Так, в Европе в конце XIX века и на Соломоновых островах в середине XX века фотографии приписывалась способность видеть и запечатлевать души мертвых, невидимые обычным, невооруженным взглядом[68]. Колониальные власти в Африке успешно использовали такие представления местных жителей для того, чтобы внушить им чувство боязливого почтения[69]. Те, кто читает эти сроки, легко вспомнят современные интернет-дискуссии на тему «можно ли фотографировать младенца до года». Мало того, к одному из авторов этих строк время от времени приходят родители новорожденных и задают тот же самый вопрос. По сути это те же самые представления: фотоаппарат как прибор особого ви́дения способен причинять вред, и поэтому следует беречь такое уязвимое существо, как младенец, от контакта с ним.

В 1895 году Вильям Конрад Рентген открывает рентгеновские лучи. Уже через два года, в 1897 году, появляется одноминутный фильм Альберта Смита «Рентгеновский бес», в котором профессор направляет рентгеновский аппарат на парочку, целующуюся на лавочке. Влюбленные предстают перед публикой в виде двух скелетов: зрелище с одной стороны смешное, а с другой — пугающее. Если в этом коротком фильме автор еще не показывает, что рентгеновское излучение дает власть над персонажами, то на одной европейской открытке того же времени появляется герой (дьявол), который смотрит на людей с помощью камеры и высвечивает интимное. На другой открытке (выдержанной в красных тонах) мужчина с фотоаппаратом (или уже с рентгеновской камерой?) направляет объектив на бедра прилично одетой молодой девушки и видит нечто, скрытое от публики*. Так в массовой культуре начинает формироваться образ чудесного всевидящего устройства, показывающего скрываемую сущность.

Идея устройства, позволяющего видеть сквозь стены и одежду, многократно использовалась в комиксах и кинематографе. В 1965 году выходит четвертый фильм из серии о Джеймсе Бонде «Шаровая молния», где супершпион

* Обе открытки, хранящиеся в Королевской библиотеке Брюсселя, были предоставлены нашей бельгийской коллегой, Авророй ван де Винкель, за что мы ей очень благодарны.

пользуется инфракрасным фотоаппаратом, с помощью которого может фотографировать в полной темноте. Через двадцать лет, в 1985 году, в фильме «Вид на убийство», агент 007 становится обладателем не громоздкого фотоаппарата, а темных очков, которые видят сквозь стены. Еще через четырнадцать лет, в фильме «И целого мира мало» 1999 года, Бонд обзаводится другими рентгеновскими очками, позволяющими видеть сквозь одежду (герой демонстрирует это умение в знаменитой сцене в казино). Это уже практически наша «красная пленка».

Очки со встроенным рентгеновским фильтром фигурируют и в фантастических фильмах, и в книгах, где они оказываются инструментом, позволяющим видеть скрываемую от всех истину. В 1988 году выходит знаменитый фильм Джона Карпентера «Чужие среди нас». Там безработный герой находит ящик со странными черными очками. Надев их, он видит, что все успешные люди вокруг него — на самом деле жуткие инопланетяне, захватившие мир и заставляющие обычных людей подчиняться с помощью скрытых команд, «вшитых» в рекламу. Владение «черными рентгеновскими очками» дает герою власть над оккупантами.

Таким образом, в период с 1960-х до 1990-х в западной массовой культуре формируется образ чудесного устройства в виде очков или фотоаппарата, действующего по принципу рентгеновского аппарата. Оно не только открывает «суть» вещей и людей, но часто нарушает границы их приватного пространства и тем осуществляет насилие.

Из массовой культуры в фольклор стран «третьего мира»

Перед нами — практически готовый сюжет для городской легенды: существует устройство, позволяющее видеть то, что видеть не разрешается. Однако образ такого воображаемого прибора — несмотря на то что он активно кочевал по страницам американских комиксов и сериалов и казался правдоподобным большому числу потребителей подобной продукции, — в странах Северной Америки и Западной Европы не сформировал сюжета, который был бы так же распространен и — что для нас особенно важно — выполнял бы ту же функцию, что и советская «красная пленка». В основном этот сюжет возникает при появлении каких-то реальных технических новинок, по поводу которых покупатели испытывают определенные подозрения. Время от времени англоязычные интернет-пользователи обсуждают вероятность существования «инфракрасного фильтра» и «камеры ночного видения», которые будто бы позволяют видеть сквозь одежду, или же предполагают, что новый объектив Canon способен делать «обнаженные снимки». Несколько наших французских собеседников помнят, как в 1990-е годы они с одноклассниками обсуждали возможность существования такого «просвечивающего» устройства. Но они не помнят, чтобы кто-то из класса утверждал, будто обладает подобным устройством, и начинал шантажировать одноклассников (как это было в советской версии). В 1998 году во Франции прошел слух, что камера Sony якобы позволяет фотографировать сквозь одежду, а аналогичные слухи были чуть позже зафиксированы в Эстонии[70], после чего было проведено специальное расследование, доказавшее ложность этого утверждения. В 2010 году французские пользователи искали у айфона спрятанную функцию iNaked[71]. В 2019 году идея раздевающего устройства была частично реализована — анонимный программист выпустил приложение DeepNude, которое на основе нейросетей достраивает очертания женского тела, скрытого на фотографии одеждой[72].

Сюжет об устройствах «рентгеновского ви́дения» не получил — об англоязычном мире это можно утверждать с уверенностью — массового распространения в городском фольклоре. Об этом свидетельствует то, что сюжет не зафиксирован в «Энциклопедии городских легенд» Яна Бранванда[73]. Наиболее близкая к «красной пленке» легенда, зафиксированная Бранвандом, опубликована под названием Filmed in the Act: история о камерах, которые будто бы установлены в комнате отеля, чтобы снимать, как занимаются сексом ничего не подозревающие постояльцы[74]. Эта легенда отражает и, несомненно, преувеличивает масштабы реально существующей криминальной практики. Но близость сюжета Filmed in the Act к нашей легенде довольно относительна: в обоих случаях речь идет о нарушении приватности, однако в американском сюжете отсутствует чудесное устройство, позволяющее видеть сквозь одежду.

Слабое присутствие в англоязычном городском фольклоре выделяет наш сюжет среди прочих советских городских легенд, чьи аналоги — об отравленной пище, машинах, крадущих детей, — мы легко находим в других традициях. Например, в США в 1970–1980-е годы ходили слухи об отравленных яблоках и конфетах, которыми будто бы угощают детей на Хэллоуин[75], а в СССР в это же время рассказывали об отравленных жвачках, которые советские дети получают от иностранцев (подробнее см. с. 295)[76].

Совсем по-другому складывается судьба «красной пленки» и аналогичных ей сюжетов за пределами развитых капиталистических стран. Кроме СССР, слухи о специальном устройстве, позволяющем видеть сквозь одежду, ходили в Ираке. Там они появились среди местного населения с начала американской военной операции 2003 года. Однако иракская версия сюжета имеет одно существенное отличие от советской.

Черные очки в Ираке и Афганистане: артикуляция чувств побежденных

Очевидцы американского вторжения в Ирак в 2003 году неоднократно описывали, как местные жители, потрясенные экипировкой армии США, воспринимали солнечные очки или (реже) очки для ночного видения американских военных как устройство, позволяющее видеть обнаженное тело женщины сквозь одежду[77]. Местные девушки, завидев солдата в солнечных очках, прикрывались и прятались[78], иракские мужчины в присутствии американских солдат закрывали женщин своим телом, чтобы спрятать их от взгляда чужаков[79]. Такое представление было очень устойчиво, к тому же его активно тиражировали местные газеты. Попытки убедить иракцев в его ложности часто не имели успеха, несмотря на то что солдаты предлагали посмотреть в их очки представителям местной гражданской администрации и даже детям. Местные подростки, примерив американские солнечные очки и ничего особенного не увидев, все равно оставались убежденными в возможности американцев видеть сквозь одежду: дети считали, что рентген в очках «включается» посредством некоторой «кнопки», которую солдаты просто не хотят показывать, поэтому начинали крутить очки в руках в поисках этой кнопки и просить военных «включить» очки[80]. Аналогичные слухи об американских солдатах ходили в афганском Кандагаре, жители которого считали, что висящий над городом аэростат используется американскими военными для того, чтобы смотреть на тело женщин сквозь одежду и наблюдать за афганцами сквозь стены домов[81].

Во многом этот сюжет основан на разрыве между уровнем технического воображения тех, *кто* рассказывает такие истории, и технической экипировкой тех, *о ком* они рассказываются. Иракцы не очень хорошо представляют, как устроены вещи, которыми пользуются чужаки. Багдадский студент, опасающийся рентгеновских свойств американских очков, говорит: «я не знаю точно, какой там механизм, но мы знаем, что у американцев очень сложные технологии»[82].

Иракская и афганская версии легенды возникают при соблюдении двух условий: во-первых, в стране находится контингент чужой армии и местные жители чувствуют себя оккупированными; во-вторых, техническое оснащение армии оккупантов намного превосходит технические возможности и познания местных жителей. Последнее условие ответственно за «реквизит» легенды (чудесные свойства приписываются незнакомым и непонятным устройствам), тогда как первое формирует ее сюжет.

И иракская, и афганская версии легенды обвиняли чужаков в использовании «рентгеновских очков» для разглядывания женщин, то есть в этически неприемлемых, «непристойных» действиях. Но за этим обвинением стоит другая, менее очевидная, скрытая идея: женщину, которую одежда не может защитить от чужого взгляда, можно рассматривать как символ страны, которую иракцы (или афганцы) не могут защитить от вторжения. Легенда о черных очках проговаривает ощущения унижения и бессилия, которые испытывали иракцы, оказавшись в данной ситуации. Эта история изображает «баланс власти», сложившийся между оккупантами и оккупированными: американцы в ней обладают способностью нарушать телесную приватность иракских женщин (то есть обладают властью), а иракские мужчины не могут им в этом помешать (то есть лишить их этой власти). Легенда о «черных очках» изображает эту печальную (для рассказчиков) ситуацию, ничего в ней не меняя. Ее функция заключается, в нашей терминологии, в *фольклорной артикуляции* дискомфортных коллективных чувств.

Советская жизнь под опасным взглядом иностранца

Если в Ираке и Афганистане местные женщины оказывались под недобрым взглядом солдат оккупационных войск, то в СССР в 1960-е годы существовали легенды об опасном иностранце, который способен нанести советским людям репутационный ущерб, увидев нечто, не предназначенное для демонстрации. Одни сюжеты говорили об особых уловках, которые иностранец использует для проникновения в «нефасадную» советскую действительность; другие утверждали, что иностранцы использовали для этого специальную технику.

Историк Алексей Голубев справедливо замечает, что для советского человека взгляд иностранца выступал в качестве одной из микрооптик власти: он был способен дисциплинировать через аффекты гордости и стыда. Оказываясь под этим взглядом, советский человек должен был представить себя и свою страну таким образом, чтобы испытывать «гордость» за нее[83]. Но при этом всегда существовала опасность испытать стыд, поскольку взгляд иностранца всегда мог выйти за установленные для него границы и увидеть нечто, «позорящее нашу страну».

Мысль об опасности взгляда иностранца постоянно повторялась в советской пропаганде, особенно в 1960–1970-е годы. Авторы многочисленных брошюр по идеологическому воспитанию убеждали своих читателей, что в условиях холодной войны иностранцы склонны выискивать отрицательные явления в нашей жизни, чтобы потом «использовать этот „материал" для беззастенчивой клеветы на нашу страну, чтобы в извращенном виде изобразить жизнь советского народа»[84]. Чтобы избежать репутационных потерь, недоброжелательный и технически оснащенный взгляд иностранца следует контролировать.

Авторы пропагандистской брошюры «Враг не достигнет цели» хвалят бдительность жителей г. Пушкина, которые вовремя заметили и сдали в милицию американскую туристку, снимавшую свалки[85]. Другой американский турист, также обезоруженный бдительными советскими гражданами, проявил нешуточную изобретательность в деле сбора материала для клеветы на нашу страну. Он не только фотографировал ветхие деревянные дома и кучи строительного мусора, но и снял очередь в кассу Ленинградской филармонии с такого ракурса, чтобы на фотографии она выглядела как очередь в соседний продуктовый магазин[86].

Сюжет про иностранного туриста, мечтающего опозорить советскую страну, не только встречался во множестве пропагандистских брошюр, но и изображался на плакатах. Например, на плакате Д. Обозненко «„Объективный“ турист» 1958 года нарисован иностранец, который клевещет на нашу страну с помощью фотографии:

Прием используя привычный,
Врет иностранец заграничный.
Фотографирует помойку
И выдает за нашу стройку[87].

Тревога по поводу опасной «бесконтрольности» взгляда иностранца обуревала не только пропагандистов и сотрудников госбезопасности. Эта тревога стала причиной появления одной популярной советской легенды. Она появилась во второй половине 1950-х годов и рассказывала о приехавшем в СССР известном французском актере или певце, друге Советского Союза (назывались имена Жерара Филипа или Ива Монтана), который специально накупил нижнего женского белья в ГУМе, а затем, вернувшись на родину, показывал его друзьям или даже устроил выставку, чтобы другие французы могли посмеяться над убогостью советской моды и неизящностью русских женщин.

В некоторых версиях история обрастала подробностями: так, в одной версии «Ив Монтан на экскурсии в ГУМе увидел советское нижнее белье, долго удивлялся, как советские люди могут вообще размножаться, и увез образцы с собой»[88]. В других вариантах триггером этого действия послужил визит актрисы Симоны Синьоре в колхоз и общение с колхозницами[89].

Эта история рассказывалась советскими женщинами иногда со смехом, но чаще — с обидой и стыдом. Причем для некоторых эта легенда стала причиной нелюбви к Жерару Филипу: «С тех пор я перестала уважать этого актера», — написала одна читательница в газету «Советская Россия»[90]. Обида на Жерара Филипа проскальзывает и в другом рассказе:

> Когда мы всей семьей садились смотреть «Фанфана-Тюльпана», мою бабушку надо было долго уговаривать, а потом она сидела весь фильм с стиснутыми губами. Она обожала Жерара Филипа, но была на него обижена, поскольку твердо знала, что он подлец, был приглашен в СССР, его так все ждали и восхищались, его повели на экскурсию в ГУМ, а он потом тайком скупил голубые и розовые женские трусы с начесом, привез их во Францию и устроил из них выставку. И все смотрели и смеялись над советскими женщинами![91]

Нам не удалось найти в русских или французских источниках никакого подтверждения тому, что Жерар Филип или Ив Монтан такую выставку действительно устраивали. Однако, поскольку эта история построена на одной из базовых советских фобий, очень многими — нашими информантами, журналистами, исследователями — она воспринималась и продолжает восприниматься как реальная. Именно в этом качестве ее приводит исследовательница советского нижнего белья Ольга Гурова, совершенно всерьез пытаясь выяснить, чем руководствовался французский актер, скупая нижнее белье в ГУМе. С ее точки зрения, причиной реального (!) поступка Жерара Филипа было удивление гигиеничностью и практичностью советских трусов[92]. Исследовательница совершенно не замечает ощущения стыда, о котором говорится во многих рассказах, равно как и обиды на актера.

Отметим, что история про французского актера, повествующая о событиях эпохи оттепели, прекрасно известна людям, которые слышали ее гораздо позже — в 1970–1980-е годы или даже в постсоветское время. Долгая жизнь этого фольклорного сюжета говорит об устойчивости страхов, ответственных за его существование.

История о том, как высокомерный француз унизил советских женщин, распространялась также и в самиздате[93]. В тексте дилетантского стихотворения упоминается недавний «фестиваль» (видимо, знаменитая «Неделя французского кино» 1955 года, куда приезжал Жерар Филип), поэтому, скорее всего, стихотворение возникает где-то во второй половине 1950-х:

Но что же ты, вернувшись в свой Париж,
Что ты о нас, французик, говоришь?
Ты произнес о нас немало слов,
Ты приобрел коллекцию трусов.
Каких-то карт и платьев старомодных,
Шляп фетровых давно не модных.
Ты наших женщин высмеял, как мог,
Дав этим нам порядочный урок.
Что были сведения пусты,
Что наши женщины толсты,
Что нет у нас красивых платьев,
Что все в зеленом ходят без изъятья,
Что и прически не на высоте,
Что, словом, женщины не те[94].

Эта история как нельзя лучше выражает советскую озабоченность взглядом «западного другого». Если в официальной пропаганде от него предлагается скрывать очереди, свалки и ветхие дома, то в городской легенде таким постыдным и скрываемым объектом становится некрасивое нижнее белье. Однако в обоих случаях взгляд иностранца потенциально опасен для репутации страны и ее жителей.

Советские люди под взглядом вражеского фотоаппарата: первая версия легенды о красной пленке

Герою известной песни Высоцкого «Пародия на плохой детектив» шпиону Джону Ланкастеру не нужны сложные уловки с ракурсом съемки. Для очернения советской действительности у него есть специальное устройство, спрятанное в носу, — «инфракрасный объектив» (отметим, что песня была написана в 1966 году — через год после появления фильма о Бонде и его инфракрасном фотоаппарате):

> Джон Ланкастер в одиночку,
> Преимущественно ночью,
> Щелкал носом — в нем был спрятан
> Инфракрасный объектив;
> А потом в нормальном свете
> Представало в черном цвете
> То, что ценим мы и любим,
> Чем гордится коллектив.

Такая техническая оснащенность героя этой песни тоже не случайна. В политических брошюрах, рассказывающих о кознях агентов империалистических разведок, непременным атрибутом шпиона является особая техника. Назначение этой техники — помогать взгляду «шпиона» проникать в не предназначенные для него пространства: это фотоаппарат, который может оставаться незаметным, потому что у него микроскопические размеры или потому что он ловко замаскирован под не вызывающий подозрений предмет. Так, у одного агента, задержанного в ГДР, будто бы нашли «фотоаппарат, вмонтированный в фару мотоцикла»[95].

В советской художественной и пропагандистской литературе такая особая техника имела, как правило, иностранное происхождение. В детской повести Василия Аксенова «Мой дедушка — памятник»[96] (1969) герои попадают в Японию и среди реклам в Токио видят надпись «подводные зажигалки и инфракрасные очки». По дороге в Японию они в самолете смотрят, кстати, фильм с Бондом «Живешь только дважды». «Бондиана» не выходила в советский прокат, тем не менее сюжеты о Бонде с его шпионской экипировкой были широко известны — через цитаты, устные пересказы от тех, кто видел фильм на закрытых показах, или даже через негативные рецензии в советской прессе.

По сообщениям многих наших информантов, чье детство пришлось на 1960–1970-е годы, западная техника казалась им невероятно совершенной и «способной на все». Поэтому японские очки, позволяющие смотреть сквозь одежду, с точки зрения многих детей из «последнего советского поколения», были на Западе вполне распространенной вещью: «Помню истории про импортные (японские) очки, сквозь которые видно людей без одежды… Их используют шпионы или таможенники, но в Японии можно свободно купить в магазине и ходить по улице, разглядывая прохожих»[97].

Представления об опасности взгляда иностранца, который нарушает границы приватного (в государственном или личном смысле) и часто использует для этого особую технику, приводят к формированию фольклорных текстов. Первой версией легенды о красной пленке/красных очках стал рассказ об иностранце, который приезжает в СССР

Ил. 8. Школьники на фотокружке

и фотографирует «на красную пленку» советских женщин, причем делает это специально, чтобы нанести стране репутационный ущерб. Пользователь «Живого журнала» с иронией вспоминает услышанную в детстве историю об одном таком иностранце:

> Заезжий негодяй использовал Красную Пленку для осуществления гнусных замыслов по компрометированию советских женщин! Он фотографировал советских девушек в купальниках на пляжах, а Красная Пленка потом отображала на негативе полную похабщину! И он потом все это безобразие распечатывал с негатива! Получалось на фото, что якобы в СССР и впрямь творится подобная гнусь прямо посреди города![98]

Подобные истории, по воспоминаниям того же пользователя «Живого журнала», объясняли, откуда берутся порнографические открытки, которыми иногда торговали в поездах: «…пляжи и места для загорания в летнее время в буквальном смысле кишели американскими и японскими шпионами. Они фотографировали мужчин и женщин на такую пленку, а потом через подставных фотографов продавали эту порнографию в поездах, нарочно чтобы скомпрометировать советский строй»[99].

Так же как и история про французского актера, этот фольклорный сюжет отражает характерный советский страх перед взглядом иностранца. Она, как и иракская история о «черных очках», представляет собой пример фольклорной артикуляции — то есть выражает дискомфортные эмоции группы (страх перед взглядом иностранца), при этом не облегчая их, а проговаривая этот страх на языке легенды.

«Взлом приватности» по-советски: второй опасный взгляд

Все перечисленные воображаемые приборы были способны в «одностороннем порядке» вторгаться в приватное пространство людей. В позднесоветском фольклоре таким свойством обладали не только красная пленка и красные очки. Часто говорилось, что устройства, наделенные аналогичными возможностями, есть у КГБ, — что, несомненно, имело под собой вполне реальные основания. Многочисленные слухи и городские легенды, приписывающие этой организации исключительные возможности в сфере бесконтактного контроля над частной жизнью граждан («мы их не видим, а они наблюдают»), становятся актуальными в этот момент не случайно.

Во-первых, на протяжении 1960-х изменяются стандарты приватности, в частности под влиянием массового жилищного строительства для все большего количества горожан их квартира становится своей «маленькой крепостью», где можно вести пресловутые «кухонные разговоры»[100].

Во-вторых, в эпоху, предшествующую НТР, технологии полицейского контроля за гражданами были в основном «человеческими» (донос, слежка, провокация) и боялись, соответственно, именно их. В 1930–1950-е годы угроза со стороны власти адресовалась непосредственно телу: по малейшему обвинению человека арестовывали, пытали, быстро приговаривали к лагерному сроку или казнили. В сталинское время карательные органы применяли к гражданам прямое физическое насилие, опосредованное минимумом юридических процедур, что и отразилось в городском фольклоре того времени — например, в историях о том, что в подвале здания НКВД установлена гигантская мясорубка, перемалывающая тела жертв, или о том, что в реку из этого здания по специальному желобу сливается кровь[101]. Из технических атрибутов власти большой страх вызывали только машины соответствующих ведомств[102]. В 1960–1970-е годы фокус угрозы сменился, а процедура преследования усложнилась: у нее появились дополнительные звенья (например, профилактические беседы с сотрудником КГБ), включая разные виды технологического контроля (сбор «оперативных сведений» через прослушку и фотонаблюдение). В 1960-е годы в документах КГБ регулярно появляются запросы на использование при слежке за гражданами «литерной аппаратуры», то есть каких-то подслушивающих устройств, столь секретных, что их скрывали под буквенным кодом — отсюда и «литера».

Растиражированные образы таких полицейских и шпионских практик (в том числе через массовую культуру), конечно же, стали толчком к появлению слухов о суперприборах, с помощью которых можно проникнуть в приватную сферу человека без прямого контакта.

Боязнь реальных или вымышленных устройств, делающих проницаемым частное пространство, была особенно распространена среди людей, имевших основания опасаться политических преследований со стороны властей — в среде диссидентов или фрондирующей столичной интеллигенции. Точно такие же страхи преследуют современных белорусских оппозиционеров[103]. Наши московские информанты говорят не только о тотальной прослушке через телефоны, но и о существовании особых приборов, с помощью которых КГБ может прослушивать разговоры на большом расстоянии *сквозь* окна квартир, кодируя обратно в текст вибрацию оконного стекла, вызываемую человеческой речью, или просвечивать стены. В фильме «Движение вверх» (2017) именно с его помощью сотрудник КГБ слушает разговоры людей за окном. Другой информант слышал, будто нельзя читать самиздатскую литературу на скамейке, потому что «все видят со спутника»[104].

Анекдоты того времени тоже говорили о тотальности прослушки. «Товарищи, не гасите окурки в цветочных горшках — вы можете повредить микрофоны», — сообщает объявление в холле московской гостиницы в анекдоте[105].

В то же время советская пропаганда утверждала, что такие приборы используют западные (прежде всего, американские) спецслужбы для слежки за собственными гражданами: «агенты ФБР для обнаружения „неблагонадежных“ широко используют телевизионные камеры, замаскированные фотоаппараты, электронное оборудование <…> электронные глаза и электронные уши тысячью различных способов используются для слежки за людьми»[106].

Страх перед устройствами, способными нарушить приватность, был свойственен не только критически настроенной интеллигенции и иногда не имел никакой связи с антисоветскими разговорами. Дети того времени думали, что приборами скрытого слежения оборудованы машины: «поверье было у нас, что в фарах проезжающих машин вделаны фотоаппараты, чтобы фотографировать детей и потом красть. Какие страшные рожи мы корчили всем автомобилям, чтобы не дай бог, не признали нас на фото»[107]. Сохранялся этот страх довольно долго. В конце 1980-х ходили истории о том, что машины КГБ (это были черные «Волги» или «Чайки») оборудованы специальными приборами, позволяющими отслеживать, где смотрят запрещенные фильмы по видеомагнитофону, и препятствовать просмотру[108].

Вера в существование подслушивающих и поглядывающих устройств привела к появлению целой серии «народных лайфхаков», помогающих избавиться от контроля: «Можно определить, прослушивается телефон или нет. Есть какая-то комбинация цифр, которую можно набрать в каком-то районе. Например, набираешь 555, и если гудит занято, то значит, телефон на прослушке»[109]. В Ленинграде говорили, что прослушку на телефоне можно отключить, набрав цифру 9 и зафиксировав диск в таком положении с помощью карандаша[110].

Как следует из приведенных примеров, для носителей подобных представлений «прослушка» была фактом настолько реальным, что иногда они вступали в ироничную коммуникацию с незримым сотрудником КГБ. Одни извинялись за несдержанность: «Многие даже в трубку говорили „ребята, извините, не сдержался“»[111]. Другие «передавали приветы»: «Родители оглядывались на вентиляционное окно на кухне, когда вели антисоветские разговоры. Все равно все говорили, но с такой идеей, что это записывается. И я говорила иногда специально на запись, приветы передавала»[112]. Как показывают оба примера, люди не чувствовали себя в безопасности даже на собственной кухне, но все равно пытались говорить на недопустимые темы, такие, например, как критика внешней политики СССР. Воображаемый диалог с сотрудником КГБ компенсировал психологический дискомфорт, «одомашнивая» угрозу. Актер Зиновий Гердт в своих воспоминаниях рассказывает о розыгрыше поэта Александра Галича, использовавшего этот же прием:

> Гнусные годы — 1951-й или 1952-й: погоня за космополитами, расшифровки псевдонимов, убийство Михоэлса. Жуть, в общем. И в это время мы оказались в одном ленинградском гостиничном номере — приехавшие из Москвы Утесов, Саша Галич и я <…>. Мы обнялись и сразу друг другу показываем: только тихо. К губам прижимается палец, губы безмолвно шевелятся… Через три минуты мы про все, естественно, забыли. И пошли самые жуткие антисоветские анекдоты. Хохочем, валяемся по диванам… И вдруг звонит телефон. Резкий такой звонок. Боже, пропали… Саша взял трубку, и я слышу — отбой, пи-пи… Галич между тем делает вид, что внимательно слушает, вставляет: «Хорошо… хорошо». Потом кладет трубку и произносит: «Просили подождать. Меняют бобину»[113].

Подобная же история становится сюжетом анекдота, популярного в 1960–1970-е годы. Герой рассказывает анекдоты в компании попутчиков и шутит о КГБ, который слушает их разговор. Майору КГБ, который оказывается реальным слушателем, шутка нравится и поэтому герой избегает участи своих собеседников, арестованных за обмен политическими анекдотами. Умение развеселить представителя карательных органов оказывается единственным спасением:

> В купе едут четверо и рассказывают политические анекдоты. Один из рассказчиков решил подшутить немножко и напугать своих попутчиков. Выйдя из купе и подойдя

к проводнице, он попросил через несколько минут принести четыре стакана чая. Вернувшись в купе, он обратился к своим попутчикам: «Вот мы рассказываем политические анекдоты, а нас подслушивают, оказывается. Не верите?» — Он поднял крышку нижнего сиденья и сказал: «Товарищ майор, дайте команду принести в пятое купе четыре стакана чая». Открывается дверь, и входит проводница с чаем. Трое попутчиков ошеломлены, перестали вообще разговаривать и быстро легли спать. Утром просыпается гражданин один в купе. Удивленный, подходит к проводнице и спрашивает: «А где мои попутчики, ведь им дальше меня ехать надо было?» Проводница отвечает: «Товарищу майору ваша шутка очень понравилась»[114].

Кроме шутливых диалогов с воображаемым сотрудником КГБ, существовал и другой способ символического избавления от «незримого уха власти» — «компенсаторные» легенды о «советских кулибиных», которые сохраняют приватность и право выбора, изобретая в домашних условиях супертехнологию. Если устройства КГБ делали людей *видимыми* для власти, то такие «домашние» суперприборы, напротив, были призваны помочь советскому человеку лучше *видеть* (или лучше *слышать*) *самому*. Изготовлялись они всегда из обычных вещей, которые теоретически были доступны каждому. Например, существовала история о «ртутной антенне», при помощи которой можно было ловить все западные радиостанции и телеканалы:

Говорили, что один инженер целый год покупал в аптеках термометры, чтобы добывать из них по каплям ртуть, и спаял-таки эту супер-антенну. Настроил на западный порноканал, на радостях пригласил соседа — а тот сдал его в КГБ[115].

Сюжет наделяет властью: вторая версия легенды о «красной пленке»

В 1970–1980-е годы среди школьников распространяется история о красных очках или красной пленке, с помощью которых можно видеть наготу людей сквозь одежду. Почему это волшебное устройство представлялось именно красным? Во многом связано с процессом проявления фотопленки — в то время оно производилось при красной лампе. Однако такому цветовому оформлению легенды может быть и еще одно объяснение — о чем подробнее в следующем разделе (с. 428).

Школьники, чье детство пришлось на конец 1970-х — начало 1980-х годов, рассказывали друг другу о «красной пленке» не только как о некотором примечательном факте. Очень часто вера в ее существование давала «обладателю» пленки возможность действия — держать в страхе и шантажировать своих одноклассников и друзей. Иными словами, она давала ему власть:

> И вот как-то мне одноклассница сказала, что эту девочку мальчишки преследуют, «и они ее фотографировали на красную пленку». И теперь она такая — вся из себя заложница их злой воли: если будет себя как-то не так вести, то они ее фотографии покажут (кому покажут, не помню). Ужас был в том, что если есть что-то красное в одежде, то тогда на фото ты будешь выглядеть голым. А иногда пацаны нас пугали, мол, принесем фотоаппарат и всех вас на красную пленку снимем. Мы даже как-то так старались прикрываться, типа, мешком с обувью, чтобы если что — все прикрыто. Потому что красные галстуки у всех, так что все под угрозой[116].

Иностранец, проникающий в постыдные детали советского быта или делающий фотографии обнаженных советских женщин с помощью красной пленки, агенты КГБ, подслушивающие с помощью суперприборов, — все эти сюжеты говорили: «мы, советские люди, являемся объектами внешнего взгляда, который может нарушить нашу приватность». В новой версии легенды уже нет взгляда опасного иностранца. Носителем угрозы является не чужак, а «свой» — одноклассник, товарищ из соседнего двора. При этом иногда знание о существовании красной пленки заставляло ребенка или подростка бояться любого фотоаппарата:

> Как-то мы с подругой пошли на школьную дискотеку. И в какой-то момент она меня одернула за рукав и сказала: «Не танцуй пока, давай вообще отойдем в сторонку, видишь вон пацан с фотоаппаратом — он всех фотографирует». Я сказала что-то типа: «Ну и ладно, мы же ничего такого запрещенного не делаем, танцуем просто». На что она ответила: «А вдруг у него там красная пленка?» Я спросила, что еще за пленка, а она сказала: «Ты что, ничего не знаешь про красную пленку? На ней все голыми получаются при проявлении. Вот он сфотографирует тебя на красную пленку, и получится потом на фотографии, как будто ты голая танцуешь»[117].

Такой вид шантажа, основанный на слухах о «чудесном способе видеть через одежду», исследователь детской культуры Сергей Борисов относит к «эротически окрашенным практикам бесконтактного характера»[118]. Однако на самом деле угрозы «снять на красную пленку» далеко не всегда происходили в ситуации, когда мальчик желал вступить с одноклассницами в вербальную эротическую игру. Хотя, конечно, красный цвет имеет определенные сексуальные коннотации, «красная пленка» имела другое назначение. «Обладатель» пленки мог «снимать» и людей своего пола, точнее пол здесь был вообще не очень важен; важнее было поставить сверстников в положение *незащищенной видимости* и тем самым обрести власть над ними: «У нас во дворе одному мальчику родители подарили красную пленку, и он фотографировал людей, чтобы смотреть на них голыми. Не только женщин, но и простых парней вроде нас, поэтому все его боялись»[119].

Назначение любого устройства по «взлому приватности» — наделять своего обладателя властью, вселяя страх в его друзей и недругов. Именно на этом свойстве «красной пленки» строится одноименный рассказ Михаила Елизарова из сборника 2005 года. Его герои, двое советских школьников, мечтают достать «красную пленку», чтобы выжить из класса «новенькую», нанеся ей непоправимый репутационный ущерб. Они считают, что волшебная пленка продается в Москве, в «одном-единственном магазине», и стоит 100 рублей. Нужная сумма копится долго, и в отсутствие «настоящей» красной пленки герои блефуют: «Антип принес из дома отцовскую „Смену", я купил пленку для тренировочных снимков. Мы приходили по утрам в наш душный класс <…> Антип вытаскивал фотоаппарат, делал пальцем „щелк" и кричал: „Красная пленка!" Девчонки бежали врассыпную»[120].

Наделяя способностью видеть скрытое, пленка ставила своего обладателя в доминирующую позицию, а того, кто оказывался в положении «быть видимым», — в подчиненную. Эту символическую власть, впрочем, можно было отобрать и присвоить. В воспоминании, приведенном ниже, мальчик Олег А. запугивает девочек угрозой снять на «красную пленку», но делает это до тех пор, пока девочки не догадываются сами притвориться обладателями такой пленки. Позиции враждующих сторон после этого меняются:

> Особенно усердствовал в этом деле [угроз снять на «красную пленку»] Олег А. <…> Он весело бегал с фотоаппаратом, сотрясал им, фотографировал нас сидящих на подоконнике, и клялся, что развесит «голые фотографии» (какой позор и ужас) на школьных стендах и вышлет соседям по почте. Таню С., которая ему нравилась, он довел до нервного стресса… <…> Я убеждала Таню, что красной пленки быть не может. Не то, что я сразу была такая умная, я ее тоже боялась, еще как. Но я набралась смелости и спросила об этом феномене своего Женю, он долго смеялся. Танька же говорила, что «Женя не может знать все, а у Олега А. папа капитан дальнего плавания», это означало, что папа вполне мог снабдить сына такой диковинной штукой.
>
> Однако нужно было действовать. У меня была старенькая «Смена» <…> На перемене я нашла Олега А., курившего в арке, и с превеликим злорадством навела на него фотоаппарат. «Ну все, Олежка, я тебя „закраснила“. Любопытные ощущения. <…> Глаза у меня блестели, фотоаппарат наводишь как ружье. Жертва явно нервничает. Жертва стояла в классической позе футболиста. Я его преследовала со всех боков. Потом получилось вообще некрасиво, прибежали девчонки, завалили Олега А., развели ему руки, и я фотографировала его на пыли во всем великолепии. Потом он заплакал. Оказалось, что Олег А. свято верил в пленку. Просто думал, что у него ее нет, а у меня — явно есть. <…> Больше он никого не фотографировал[121].

Приведенные примеры показывают, что теоретически каждый подросток мог присвоить себе власть над школьным или дворовым коллективом, объявив себя обладателем «красной пленки». Легенда из вербальной формы в данном случае превращается в перформативную. Когда мальчик или девочка кричат «красная пленка!» (иногда сопровождая свои слова имитацией процесса фотографирования), а их одноклассники тут же разбегаются в ужасе — это перформативное высказывание, которое заменяет собой одновременно и действие, меняющее поведение говорящих, и их статусы[122]. Выкрик «красная пленка» был способен моментально изменить существующую в группе властную диспозицию и тем самым наделить обладателя красной пленки властью.

Именно в этом заключается отличие позднесоветской школьной легенды от историй про американских солдат в Ираке, иностранцев в СССР или представителей советских карательных органов. Функция тех легенд заключается в *артикуляции* дискомфортных чувств, которые рассказчики испытывали по отношению к внешним или внутренним врагам: униженное положение в настоящем или страх быть униженными в будущем кодируется через идею особой пленки/очков, которыми эти иностранцы/спецслужбы будто бы обладают. Советские школьники последнего советского поколения напрямую с таким страхом имели дело не всегда и не во всех семьях. Однако культурный опыт старшего поколения, с которым подростки были знакомы по рассказам, делал истории о «красной пленке» крайне правдоподобными.

Поколение детей, пугающих друг друга красной пленкой, унаследовало представление о чужой (шпионы) и своей (КГБ) власти, которая способна нарушить приватность твоей жизни и может контролировать каждый твой шаг с помощью всевидящих устройств. Мы ни в коем случае не утверждаем, что каждый советский ребенок, игравший в «обладание» волшебной пленкой, чувствовал страх перед КГБ. Он мог вообще очень смутно представлять себе значение этой аббревиатуры. Мы предполагаем, что взрослый страх «быть видимым» и ощущение того, что любые стены, защищающие приватное пространство, проницаемы для власти, создали почву, на которой возник позднесоветский сюжет о «красной пленке»: если ты живешь с ощущением, что любая приватность хрупка, то существование прибора, позволяющего видеть сквозь одежду, не кажется принципиально невозможным. Именно поэтому такой сюжет и не получает массового распространения в культурах, где не существует страхов, связанных со «взломом приватности».

Сейчас многие люди тоже боятся, что их приватность будет нарушена — доказательства этому тотальное заклеивание камер на ноутбуках, особенно распространившееся после разоблачений Эдварда Сноудена. Однако современный страх слежки связан в основном с использованием новых технологий. При этом носители этого страха убеждены, что отказавшись от этих новых технологий (например, используя кнопочный телефон вместо смартфона), человек может избежать слежки[123]. У советского человека — в отличие от тех, кто сегодня заклеивает камеры и подумывает о переходе на старую кнопочную Nokia, — выбора не было. Легенды возникают тогда, когда от страха невозможно просто избавиться с помощью смены технического устройства.

Но вернемся в эпоху «застоя». Аналогами «красной пленки» из взрослых городских легенд были воображаемые «технические новинки» КГБ: сверхмощные подслушивающие устройства, «локаторы видеомагнитофонов», аппараты, просвечивающие стены квартир, и т. д. Один из записанных нами рассказов делает это функциональное сходство наглядным: красной пленке приписывается способность нарушать не только приватное пространство тела, но и «видеть» сквозь стены дома: «Говорили, что даже, когда ты находишься в квартире, то с помощью этой пленки тебя могут сфотографировать и увидеть „особым образом“»[124].

Так рассказы о технических устройствах, следящих за людьми, проникают в детскую среду и поддерживают, а возможно, и формируют легенду о красной пленке. Этот процесс не уникален. Таким же образом страх перед черной машиной карательных органов («черным вороном», «черной Марусей», «машиной Берии»), существовавший в 1930–1950-е годы среди взрослых советских граждан, в 1970–1980-е трансформировался в детскую страшилку о страшных черных машинах, ворующих детей. Разница между этими двумя легендами заключается в том, что «черная Волга» только артикулирует этот страх, а «красная пленка» дает рассказчику возможность компенсации за него (позволяет самому «стать властью» и пугать окружающих. Другими словами, детская версия «красной пленки» является *фольклорной компенсацией*, иногда перформативной: школьник, убедивший одноклассников в том, что он владеет красной пленкой, подчиняет их себе, перемещается из позиции тех, чья приватность находится под угрозой, в позицию «власти» и тем самым избавляется от дискомфортного чувства «незащищенной видимости».

Массовая культура в 1960–1990-е годы тиражирует образ рентгеновских очков, позволяющих видеть сквозь одежду. Такой сюжет о всевидящем устройстве возникает и распространяется по крайней мере в трех социокультурных ситуациях — в оккупации, в ситуации зависимости от взгляда чужака и при политическом режиме, где армия или государство систематически нарушает приватность граждан.

В первом случае сюжет связан с техническим и позиционным превосходством оккупанта и символически отображает сложившуюся диспозицию власти (доминируют оккупанты, а оккупированные бессильны перед чужаком). Легенда становится *артикуляцией* чувств, которые испытывают по этому поводу местные жители.

Во втором случае сюжет появляется и функционирует как *артикуляция* тревоги по поводу репутационного ущерба, который способен нанести неконтролируемый взгляд чужака.

В третьем случае сюжет поддерживается представлениями о том, что приватное пространство гражданина никогда полностью не защищено от посягательств государства. Поэтому детская история, возникающая в этой ситуации, функционирует как *фольклорная компенсация* (причем она может выражаться перформативно): она позволяет рассказчику обратить ситуацию, где приватность каждого находится под потенциальной угрозой, в свою пользу. Для потенциальной жертвы «всевидящего ока» власти страх быть видимым трансформируется в воображаемую способность видеть и контролировать самому.

Если ты в красном, это опасно: слухи о маньяках

В 1964 году Москву охватила паника. Своя квартира перестала быть безопасной: «Некто звонит в квартиры и, если застает там только детей и женщину, входит, назвавшись монтером Мосгаза, и убивает охотничьим топориком. Москвичи сидят, запершись, и не пускают в квартиры никого, кто на отклик отвечает незнакомым голосом», — пишет автор дневника[125]. Речь идет о убийствах, совершенных Владимиром Ионесяном — знаменитым маньяком по кличке Мосгаз. Это преступление стало таким известным во многом потому, что было совершено в столице СССР, при этом преступник нападал не где-то на рабочих окраинах, нет, он спокойно проникал днем в частное пространство — квартиры москвичей.

Ни советские газеты, ни радио, ни телевидение, в отличие от современных СМИ, о маньяках не говорили никогда. Лекторы-пропагандисты, получая вопросы об этом явлении, в ответ исправно обличали распространителей «провокационных слухов». Одним словом, советская власть отказывалась признавать сам факт существования маньяков. В частности, поэтому поиски печально известного Андрея Чикатило шли так долго.

Причины такого отношения были во многом идеологическими[126]: согласно советской идеологии, преступник совершает преступления под влиянием неблагополучной среды. Люди, совершающие многократные и не мотивированно жестокие преступления в обществе, где разрешены все социальные противоречия, в официальную советскую картину мира вписывались плохо, и поэтому упоминания о них были табуированы.

Никакой «работы с населением» не велось. Предупреждения детей об опасности оставались на усмотрение родителей, а если учителя о чем-нибудь таком и рассказывали, то это была их личная инициатива. Когда мы, авторы этих строк, интервьюировали женщин, выросших в крупных городах в 1970–1980-е годы, нас поразило количество историй о столкновении в детском возрасте с сексуальными домогательствами самого разного рода, включая эксгибиционистов. Тем не менее никакого публичного обсуждения таких случаев не было (все наши собеседницы говорили, что о таком травматическом опыте никому не рассказывали, а если и рассказывали, то в лучшем случае маме). Соответственно, если нет публичного обсуждения, то нет и системы превентивных мер подобных ситуаций.

Единственным способом бороться с такой опасностью оказывались городские легенды, в которых столкновение с маньяком красочно описывалось мамой или одноклассницами: наша собеседница слышала в 1975–1977 годах от своих сверстников восьми-десяти лет «очень страшную историю про маньяка, заманивающего детей конфетами»[127]. В другой подобной истории «дяди заманивают детей на крышу и там истыкивают ножиками»[128]. Довольно быстро маньяки — «чужие нехорошие дяди», как объясняли в детстве нашим респондентам, — вместе с цыганами заняли почетное место среди тех, кого дети должны остерегаться на улице. Если маньяк предлагает тебе конфету, то он хочет заманить тебя в укромное место и убить, если цыган — то это попытка сбыть недоброкачественный товар или ограбить.

Только в 1974 году, когда москвичи были потрясены нападениями другого маньяка, советским газетам пришлось сделать исключение из «правила молчания». После того как в сентябре и октябре 1974 года в центре Москвы Андрей Евсеев, так называемый «таганский маньяк», совершил несколько открытых нападений на женщин, власти вынуждены были высказаться на эту тему, чтобы как-то успокоить население. Но сделано это было в очень специфической манере. Начальник московского уголовного розыска В. Ф. Корнеев сообщил, что нападения были, но слухи все преувеличивают (и кстати, отказался признавать часть пострадавших жертвами маньяка), а в заключение разразился филиппикой в адрес любителей слухов:

> Подобные лжецы и распространяемые ими слухи подчас не так уж и безобидны. Носителей этих слухов, участников этих пересказов, всякого рода лжеочевидцев и псевдосвидетелей нужно разоблачать, выводить на чистую воду, судить товарищеским судом. Нельзя никому позволять чернить ни Москву, ни доброе имя москвича[129].

Слухи между тем не унимались, и в той же газете «Вечерняя Москва» появилась заметка, автор которой вынужден был как-то успокоить граждан по поводу грозящей им опасности. Впрочем, и это успокоение получилось очень своеобразным. Автор статьи стыдил распространителей «небылиц» и наряду с нарочито нелепыми слухами (вроде того, что собак будут вписывать в паспорт владельца, а с лысых — брать налог) упоминал историю про «полторы тысячи уголовников с кистенями», которые сбежали из Бутырок и «в красном кто — всех подряд режут»[130]. Если истории про налог на лысых и про вписывание собак в паспорта владельцев имели явно нефольклорное происхождение и были выдуманы автором, то сюжет про нападения на людей в красном отражал слух, который на самом деле ходил в нескольких советских городах. Только он рассказывал не об «уголовниках из Бутырок», а о маньяке, который убивает женщин или детей в красном пальто или в другой красной одежде. Наш собеседник в середине 1970-х годов в Ленинграде регулярно слышал слухи о маньяке, нападающем на девушек в красном, и эта история ходила среди женщин, появляясь вновь и вновь, последний раз в 1980-х годах[131].

Однако в этих детских историях маньяк не просто охотился за детьми: как правило, его целью становился ребенок, имеющий какой-то специальный знак отличия. Дети сообщали друг другу, что «нельзя надевать красное, потому что это привлекает маньяков»[132]. Аттрактором мог служить даже очень небольшой элемент одежды: «У нас говорили, что есть маньяк, который убивает только детей, у которых что-то красное есть в одежде. Шарф, например, или варежки»[133].

В детском фольклоре одежда красного цвета могла навлекать на своего владельца и другие опасности, не связанные с нападением маньяков. Так, сорокалетняя москвичка в детстве слышала, что «в красных носках ходить очень опасно, потому что могут отвалиться ноги»[134]. Напомним, что в некоторых версиях легенды о «красной пленке» (с. 428) утверждалось, что перед ее «раздевающим» действием уязвимы именно те дети, у которых в одежде есть что-то красное. А поскольку все школьники носили красные пионерские галстуки, то нервничать приходилось всем.

Итак, в советском детском фольклоре возникает комплекс сюжетов, основанных на представлении о том, что одежда красного цвета делает своего обладателя уязвимым перед разного рода опасностями. Но откуда берется представление о том, что красный цвет притягивает опасность? Почему обладатель красной одежды в этих рассказах становится потенциальной жертвой маньяка или болезни?

У нас есть два объяснения. Во-первых, одежда красного цвета на женщине имела сексуальные коннотации, поэтому ношение такой одежды ставило под сомнение «моральный облик» ее обладательницы. Во-вторых, одежда красного (как и вообще любого яркого) цвета была редкостью, а потому одновременно и выделяла своего обладателя из городской толпы, и свидетельствовала о его эксклюзивных возможностях в сфере потребления. Нападение маньяка или «отвалившиеся ноги» были, на самом деле, наказанием за отступление от норм сексуальной или потребительской морали.

Красное равно сексуальное

Связь красного цвета с неупорядоченной или избыточной сексуальностью прослеживается в самых разных текстах и практиках европейской культуры Нового времени. Всем известна традиция называть места скопления публичных домов в европейских городах кварталами «красных фонарей». Яркие цвета в одежде, и в том числе красный, — это цвета сомнительных с точки зрения христианской морали увеселений (карнавалов, маскарадов, балов). Яркие цвета отличали наряд проститутки от платья добропорядочной женщины; они не только привлекали к проститутке мужской взгляд, но и указывали окружающим на род ее занятий. В то же время черные, коричневые или белые одеяния священников, монахов и монахинь ассоциировались с добродетелью и свободой от плотских соблазнов.

Не следует думать, что оппозиция «яркое — греховное vs неяркое — добродетельное» потеряла свое значение. Одна наша собеседница, жительница современной Москвы, подверглась порицанию за то, что зашла в храм с красным лаком на ногтях и с красной помадой. Пожилые прихожанки сказали ей: «Ты зачем сюда с красными ногтями и губами пришла? Бесовское это, сотри, а потом приходи»[135].

В официально атеистической советской культуре существовала, как ни странно, очень похожая оппозиция: темные и нейтральные цвета одежды ассоциировались с добродетелями (трудолюбием и скромностью), а яркая одежда говорила о нескромности, которая для женщины имела прежде всего сексуальный смысл. Например, ярко красную блузку носит отрицательная героиня популярного советского фильма «Самая обаятельная и привлекательная» (1985). Она замужем третий раз, притом по расчету, что предосудительно с точки зрения советской сексуальной морали. Свои «хищнические» сексуальные стратегии эта героиня стремится навязать своей подруге, советуя ей надеть на свидание вызывающе красную шляпу. Ассоциация между красным и сексуальной доступностью возникает в самых неожиданных контекстах. Возможно, возникла она и у пользователей англоязычного месседж-борда The Straight Dope. В 2004 году они обсуждали: а правда ли, что именно женщин в красных платьях можно увидеть обнаженными через камеры казино?[136]

В позднем СССР «сексуальная» семантика красного была понятна не только взрослым, но и детям. Подтверждение этому мы встречаем в рассказах людей, чье детство пришлось на 1980-е годы. Так, по сообщению нашего информанта из Горького (Нижний Новгород), его одноклассники считали, что «если девочка красит ногти красным, значит она взрослая во всех смыслах»[137]. Другая наша собеседница, чье детство прошло в Красноярском крае, в школе наотрез отказывалась носить красное пальто, потому что оно вызывало эротические ассоциации у сверстников, которые кричали ей вслед непристойный стишок:

Девочка в красном,
Дай нам, несчастным,
Много не просим —
Палок по восемь[138].

О распространенности этого стишка свидетельствует тот факт, что им же дразнил девочек в красном наш информант, чье детство прошло совсем в другой части СССР — в Львовской области[139].

Красное равно «не наше» и эксклюзивное

В юмористической песне бардов Георгия Васильева и Алексея Иващенко о деревне «Непутевка» есть следующие строки:

По деревне ходит парень,
Вся рубаха в петухах.
Видно, парень очень смелый,
Не боится ничего.

Это четверостишие содержит тот же «скрытый месседж», что и истории о маньяке, который охотится за людьми в красном: одежда яркой расцветки подвергает своего хозяина опасности. Читатели, знающие эту песню, возможно, задавались вопросом о том, почему обладатель «рубахи в петухах» должен чего-то бояться. Действительно, почему?

Причина этого заключается в особом цветовом «дресс-коде» позднесоветской культуры. По воспоминаниям многих, одежда яркого цвета на улицах советского города была редкостью и потому сразу бросалась в глаза. Часто она указывала на иностранное происхождение ее владельца. Наши собеседники из Москвы и Санкт-Петербурга вспоминают, что именно яркость одежды была тем признаком, по которому они определяли в городской толпе иностранных туристов: «Иностранцы были хорошо одеты и ярко одеты. Именно вот яркость… У него мог пиджак в клетку быть, например, или еще что-то»[140]. Провести такое визуальное распознавание было легко, потому что одежда советских граждан яркостью не отличалась: «В яркую одежду одеваться было не принято. Ну и вообще — все ходили же более или менее в одном и том же, поэтому… Когда кто-то надевал что-то другое, это уже как-то было не совсем… В общем, вызывающе»[141].

Именно яркость одежды навлекала на стиляг 1950-х годов гнев дружинников и комсомольских активистов. «Классовое чутье» стихийных и организованных противников «стиляжничества» подсказывало им, что ярко-красный галстук с цветным рисунком не может иметь советское происхождение. Советская пресса изображала стиляг как бездельников и спекулянтов, живущих на «нетрудовые доходы» и готовых продать родину за иностранную вещь. Уже упомянутая героиня фильма «Самая обаятельная и привлекательная» (1985) в красной блузке покупает все свои модные вещи на «черном рынке» и вовлекает в эту предосудительную практику свою подругу.

Яркое — это не только «вызывающее» в смысле «не такое, как у всех», но и с большой вероятностью иностранное, чуждое «нашему» ландшафту и «нашей» манере одеваться. Яркая (и в том числе красная) вещь могла вызывать мысли о ее зарубежном происхождении, а это уже наводило на размышления о том, каким образом такая вещь попала к своему владельцу: не занимается ли он незаконной экономической деятельностью, не живет ли он, как стиляги из газетных фельетонов, на «нетрудовые доходы»? Поскольку одеваться в импортную одежду мог позволить себе далеко не каждый (подробнее об этом см. с. 300–302), обладание иностранной вещью указывало или на высокие доходы, или на контакты с заграницей.

Характерно, что в некоторых фольклорных текстах утверждалось, что воображаемого маньяка привлекает не только красное, но и предметы одежды, указывающие на высокий достаток хозяйки. Так, наш ленинградский собеседник вспоминает, что в 1970–1980-е годы периодически слышал про маньяка, который нападает на женщин в дорогих красных польских пальто или в черной шубе. Комментируя этот слух, рассказчик добавил: «Может, вопрос был в дорогих и модных вещах. Чтобы объяснить, почему я не могу носить дорогие вещи, использовали такое объяснение»[142].

Красное импортное пальто и черная шуба в этом тексте выполняют одну и ту же функцию — они в равной мере способны сделать свою хозяйку объектом нападения маньяка. В детских версиях того же сюжета эту же функцию могли выполнять другие бросающиеся в глаза декоративные элементы одежды. Одна наша собеседница вспомнила, что в ее детстве среди детей в Академгородке ходили страшные истории, что «нельзя ездить в город Х с гипюровыми бантиками, потому что там завелся маньяк, который насилует всех, кто с такими бантиками, если поймает»[143].

В первой главе мы обсуждали теорию о том, что каждая городская легенда несет в себе какое-то скрытое сообщение (с. 27). Если легенда о маньяках, преследующих женщин и девочек в красном, это не просто прямое отражение страха перед кровавыми и плохо объяснимыми преступлениями, то для чего она существует? Социолог Гэри Алан

Файн, анализируя слухи об отравленной еде в Макдональдсе, обратил внимание, что главным персонажем в этих историях становится женщина. Это, по его мнению, не случайно: таким образом легенда непрямым образом указывает на вопиющее нарушение привычных социальных и гендерных норм. Крыса, найденная в ланчбоксе KFC вместо курицы, становится символическим наказанием нерадивой хозяйке за то, что она забыла о своих традиционных обязанностях[144]. Фольклорист Вероник Кампион-Венсан высказывается еще более прямо: городская легенда — это всегда поучительная история (histoire exemplaire), которая наглядно, на конкретном примере демонстрирует, что нарушение моральных норм приводит к наказанию[145]. Если мы вчитаемся в наши легенды о красных вещах и маньяке, то увидим, что преступник в них охотится не за любой жертвой, а за нарушителями определенных норм. Это либо сексуальные нормы (красная одежда — сексуальная провокация), либо экономические (нельзя демонстрировать публично вещи, о которых другие только мечтают).

Однако есть существенное различие между прямой моралью, или обвинением, и скрытой моралью в городской легенде. Всем нам приходилось слышать рассуждения, которые обозначаются плохо переводимым на русский язык термином victim blaming. Когда, например, о жертве насилия говорят «она сама виновата, потому что надела короткую юбку», мы слышим совершенно прямо выраженную «мораль»: нарушение нормы влечет за собой наказание, и обладательница короткой юбки получает его, став жертвой насилия. В городской легенде тот же самый месседж («за нарушением нормы следует наказание») высказывается непрямым образом. Однако и прямое моральное поучение, и легенда могут привести к одному и тому же результату — к страху нарушить ту или иную норму.

Фольклор в ожидании катастрофы: страхи, слухи и песни о будущей войне

24 декабря 1988 года ученица 5 «б» класса из ленинградской школы № 108 записала анекдот:

> Приезжает Горбачев к Рейгану. Рейган дает Горбачеву калькулятор и говорит нажимай на все кнопки а на красную не нажимай стал Горбачев нажимать на все кнопки нажимает сидит млеет нажал на красную приходит Рейган весь мокрый и говорит ты што совсем спятил.
>
> Приезжает Рейган к Горбачеву. Горбачев дает ему калькулятор и говорит нажимай на все кнопки а на красную не нажимай. Нажал Рейган на красную кнопку. Приходит Горбачев радостный с картой и говорит Рейган бери резинку стерай Амереку[146].

Этот детский анекдот про президента Рейгана, который случайно уничтожил свою страну ядерным взрывом, нажав на красную кнопку, в той или иной версии мог быть известен каждому (или почти каждому) читателю, чье детство пришлось на 1980-е годы. Днем дети рассказывали подобные шутки, а ночью многие из них (в том числе и один из авторов этих строк) видели страшные сны о ядерной войне.

Благодаря городским легендам, слухам, песням и анекдотам воображаемая война завтрашнего дня приходила в позднесоветское «сегодня». Однако роль городского фольклора в создании образа грядущей войны была двойственной. Одни фольклорные тексты продуцировали и поддерживали страх грядущей войны, в то время как другие фольклорные тексты появлялись для того, чтобы с этим страхом бороться. Именно об этом и пойдет речь дальше.

Война, которую мы ждали

Страх перед грядущей войной — один из самых устойчивых страхов советской послевоенной эпохи. Наш собеседник, родившийся в 1951 году в Ленинграде, рассказывал, что в его детстве в доме радио работало всегда. И даже ночью, когда уже передач не было, радио все равно было включено. Потому что, когда все передачи уже заканчивались, по радио передавали время — звуком, похожим на звук метронома. Он успокаивал маму, которая пережила войну и блокаду. Есть звук — значит нет войны, нет бомбардировки[147].

Советские граждане ждали новой войны более-менее постоянно. Ждали после так называемого Карибского кризиса 1962 года, когда СССР, желая поддержать Кубу и показать свою силу США, установил на «Острове свободы» ракеты с ядерными боеголовками, в результате чего мир оказался на волоске от третьей мировой. Ждали начала войны и в 1979 году, когда СССР ввел войска в Афганистан. Страшно было также в 1983 году, когда советские ПВО сбили пассажирский южнокорейский самолет, а Рональд Рейган в известной речи назвал СССР «империей зла». Советская пропаганда, которая на протяжении всего периода холодной войны рассказывала об агрессивности внешнеполитических противников СССР (в газетах они именовались «поджигателями войны»), реагировала на каждый такой кризис усилением алармистской риторики, что отнюдь не успокаивало граждан.

В ситуации холодной войны триггером для появления новой волны слухов о войне могли стать и ухудшение «международной обстановки», и ужесточение газетной риторики, и участие Советского Союза в локальных конфликтах. Кроме того, такие слухи могла вызвать смерть генсека, что вполне объяснимо. Советский гражданин имел очень мало возможностей влиять на политику государства, а все важные политические решения принимались руководителем государства и группой его ближайших «соратников». Связь между стабильностью жизни и личностью главы государства была самой прямой. Поэтому смерть лидера могла вызывать серьезную тревогу, которая нередко принимала форму страха перед войной. Смерть в 1982 году Брежнева, пробывшего на посту генерального секретаря без малого двадцать лет, вызвала у некоторых советских граждан сильное беспокойство и ощущение наступающего апокалипсиса. Школьный учитель одного нашего информанта пришел в класс «совершенно удрученный и сказал, что все, теперь война будет. Ядерная»[148]. Особенно подвержены этому ощущению оказались дети, еще не достигшие того возраста, когда о престарелом генсеке рассказывали анекдоты, и воспринимавшие пропагандистские титулы Брежнева («выдающийся борец за мир») всерьез. Жительница Ставрополья вспоминает, что в день смерти Брежнева ей «страшно было идти в школу: казалось, что сейчас должно произойти что-то плохое. Ходили слухи, что наступит война, что Брежнев держал „ключ“ мира в руке, а теперь его кулак разжат и…»[149] Бывшая ленинградская школьница рассказала, что в день смерти Брежнева ее сосед, 12-летний парень, пришел из школы заплаканный. «Тоже боялся, что война будет. Через какое-то время в соседнем дворе выкинулся из окна алкоголик: говорили, будто померещилось ему, что войну объявили»[150].

Страшно ли быть мишенью, или Фольклорный «детектор намерений»

Герой пьесы испанского драматурга XVII века Педро Кальдерона говорит примерно следующую фразу: «Чтоб ты не знал, что я узнал, что знаешь ты, как слаб я стал, тебя сейчас я растерзаю». Психологи, которые хорошо знакомы с понятием theory of mind (что по-русски переводится двумя не очень удачными выражениями «теория разума» или «модель психики»), сказали бы, что Кальдерон описал принцип действия «теории разума» и проблемы, связанные с нарушениями этого психологического механизма. Таково базовое свойство человеческого разума — достраивать, или реконструировать, мысли и намерения другого человека через совокупную интерпретацию видимых знаков. «Детектор намерений» в психике человека способен распознать намерения Другого только потому, что мозг человека проводит аналогию с собственными действиями. Если человек напротив нас сжимает и разжимает кулаки (и при этом он не в спортзале), то встроенный в мозг видящего «детектор намерений» интерпретирует это как признак сильного возбуждения («да он в бешенстве»). Именно благодаря «детектору намерений» герой Кальдерона агрессивен: он считает, что другой понял его слабость.

Некоторая часть слухов о войне представляет собой подобную фольклорную «теорию разума»: в них советские люди, опытные в деле вычитывания «между строк» (см. главу 2) и носители «эзопового языка», с легкостью обнаруживают подлинные намерения воображаемого врага или советского правительства, связанные с будущей войной, по косвенным (будем честны — по очень косвенным) данным. Например, советские чиновники разрешили где-то под Ленинградом строить дачи — и фольклорный «детектор намерений» немедленно подозревает, что на самом деле это сделано для того, чтобы люди могли спрятаться там в случае ядерных ударов по большим городам[151].

Более того, в ситуации постоянного ожидания войны фольклорный «детектор намерений» предсказывает направление основных ядерных ударов воображаемого врага. Такими мишенями неожиданно становятся не столько и не только Москва, Ленинград и крупные промышленные центры, но и сравнительно небольшие города. Потому что, как сообщают слухи, именно в этих городах находится некий очень важный и скрытый объект всесоюзного значения.

Этим объектом могло быть важное оборонное производство (в Реутове, Омске, Химках или Саратове) или «правительственный бункер», как говорили, например, в Риге:

> Где-то в 1982–85 году ходили слухи, что Ригу буду бомбить сразу же после Москвы, потому что в Риге находится секретный бункер, куда убежит прятаться все самое главное правительство. Мама была твердо уверена в том, что на нас даже ядерной бомбы не надо, достаточно обыкновенной, но сброшена она должна быть прямиком на Рижскую ГЭС, тогда весь город смоет огромной волной[152].

Фольклорный «детектор намерений» в армянском городе Каджаран сообщал, что «специально для нашего огромного медно-молибденового комбината у американцев запасена целая ядерная боеголовка, потому что без молибдена никуда: ни брони, ни ракет, ни ВПК вообще, а наш молибден лучший»[153]. А в подмосковных Химках считали, что у главного врага СССР для них припасена специальная ракета:

> У нас в старших классах (Химки) был военрук, который рассказывал, что американцы уничтожили ракеты такой-то дальности, и такой-то, а вот третьи какие-то оставили — а они долетают как раз до Химок[154].

В некоторых подобных рассказах фольклорный «детектор намерений» приписывал воображаемому врагу стремление бомбить город или область не потому, что там скрыт военно-оборонный комплекс, а, наоборот, потому, что там *ничего нет* (!) и эта пустота выглядит для врага пугающе непонятной:

> В моем детстве (рубеж 1980–90-х) говорили, что Йошкар-Ола (или вообще Марийская республика) будет третьей [мишенью для ядерных ударов. — *А. А., А. К.*] после Москвы и Ленинграда. Потому что у нас болото, лес и низина — со спутников участок не просматривается, поэтому врагам страшно, что там в этой неизвестной зоне может быть спрятано[155].

На первый взгляд кажется парадоксальным, что подобные намерения противника создавали в своем воображении именно сами жители «городов — целей удара». Причина этого заключается, видимо, в том, что представление о важности города для врага усиливало значимость города в глазах самих его жителей. Небольшой городок, о существовании которого было мало кому известно (исключение тут составляет столичная Рига), получал таким образом статус тайной второй столицы.

Так слухи, предсказывающие точное направление ядерных ударов, работали на «одомашнивание» страха. В них война была не жутким непредставимым апокалипсисом, а чем-то даже полезным — она могла помочь советским людям решить какие-то насущные проблемы: получить разрешение на дачное строительство или показать «подлинную» важность того или иного провинциального города. То есть в конечном итоге такие сюжеты выполняли компенсаторную функцию.

Будущая прошлая война

Несмотря на то что рассуждения из серии «война может наступить завтра» возникали на протяжении десятилетий, образ этой воображаемой войны зависел от возраста и социального бэкграунда.

Люди, имеющие собственные воспоминания о войне, а также люди, чье детство пришлось на голодные послевоенные годы, часто представляли себе войну по образцу той, которую пришлось пережить лично им или их родителям. Это была война с голодом, бытовыми трудностями и постоянными усилиями по физическому выживанию. Страх перед такой войной находил выражение в очень конкретных практиках: почувствовав, что война вполне возможна, люди шли в магазин и закупали крупы, макароны, соль и другие вещи, которые помогут выжить в экстремальных условиях. Писатель Юрий Нагибин в 1975 году пишет в своем дневнике:

> Разговоры о близкой войне. Вроде бы нет никаких оснований для этого, тем более, что война — и немалая — только что состоялась и кончилась поражением Америки, отнюдь не мечтающей о реванше. Руководители по-прежнему играют в разрядку, а простые люди чувствуют, что она рядом, и приглядываются к соли, спичкам и консервам на пустынных полках магазинов[156].

Мать одного нашего информанта решила обновить запасы сухарей, которые хранила дома в специальной наволочке «на всякий случай», после того как в августе 1968 года узнала, что СССР направляет в Чехословакию танки для подавления «Пражской весны»[157]. Таким же образом многие советские люди действовали во время Карибского кризиса. В самом его начале, 28 октября 1963 года, телекомментатор Юрий Фокин понял, что вся страна знает о грядущей войне, поскольку «идя на работу, встретил во дворе своего дома женщину с авоськой, где были спички, мыло и соль. Женщина готовилась к войне, как в 1941 году»[158]. В 1969 году, после столкновения между китайскими студентами и советской милицией возле Мавзолея в Москве, люди (особенно в сельской местности и небольших городах) кинулись скупать соль, мыло и спички. Так, например, в городе Конотопе Сумской области было за 14 дней продано «81,3 тонны соли и 39,2 тонны мыла, то есть в 3–4 раза больше, чем обычно»[159].

Естественно, что триггером для ожиданий скорой войны становились перебои в снабжении. Логика здесь была такой: в войну продовольствие обычно исчезает, поэтому любые «временные трудности» с продуктами и предметами первой необходимости указывают на то, что война вот-вот начнется или даже уже идет. Если, например, в магазин деревни N хлеб начинали завозить с перебоями или вводили ограничения на его продажу, это могло стать причиной появления разговоров о скорой войне. Об этом в 1971 году колхозник из Челябинской области пишет в газету «Сельская жизнь»:

> В нашем селе карточная система на печеный хлеб, т. е. на члена семьи в магазине отпускают по 450 г. хлеба в день. В гости нужно ехать со своим хлебом. Ввиду этого среди колхозников ходят различные слухи, такие, например, что в стране хлеба нет, так как его продали или отдали «братам» за границу, или наподобие того, что скоро будет война или другие вымыслы[160].

Хлеб плохого качества колхозники 1970-х годов называют «военным»: «хлеб даже самый военный мы видим раз в неделю»[161]. Эта, казалось бы, незначительная речевая деталь показывает, что ожидание «войны-которую-мы-знали» тесно связано с памятью тела: появление «военного» хлеба и перебои в снабжении ассоциируются с войной и вызывают

Ил. 9. Житомирская средняя школа № 20. Школьники на уроке начальной военной подготовки. 1971

тревогу за будущее (слухи о войне), что, в свою очередь, приводит в действие программу по обеспечению выживания в условиях голода (усиленные закупки продовольствия).

Угроза будущей войны: что делать и как спастись?

Советские люди, родившиеся в конце 1960-х и в 1970-е годы, не имели личного военного опыта, а их детство пришлось на самое благополучное в истории СССР время. Зато это поколение, посещавшее детский сад или начальную школу в разгар крайне напряженного периода холодной войны, подверглось интенсивной антиамериканской пропаганде. На страницах газет, на школьных уроках гражданской обороны, «уроках мира» и политинформации (где школьники делали доклады о «международном положении») СССР вел нескончаемую «борьбу за мир»[162], которая была одновременно и подготовкой к грядущей войне.

Ил. 10. Школьник в противогазе на уроке начальной военной подготовки

На уроках гражданской обороны не предлагали сушить сухари и хранить их в наволочке, зато показывали учебные диафильмы с изображением ядерного «гриба» (в начале 1980-х их показывали даже дошкольникам), учили надевать противогазы, шить ватно-марлевые повязки, пропитывать одежду специальным раствором и объясняли, что брать с собой в бомбоубежище:

> Мне очень запомнился один из уроков по гражданской обороне, где нас учили, как защищаться от химической атаки. Рекомендовалось заранее подготовить одежду, пропитанную специальным раствором. Единственное, что мне запомнилось — это что нужно взять хозяйственное мыло и натереть его на терке. И что военрук говорил: «Сделайте все заранее — а то представляете себе, воздушная тревога, а вы только трете мыло!»[163]

Некоторые дети получали весьма специфические советы — а может, страх перед войной эксплуатировался для того, чтобы заставить ребенка есть нелюбимое блюдо:

> Бабушка рассказывала, что надо обязательно есть много гречки, т. к. она помогает от лучевой болезни в случае ядерной войны, и поэтому надо было наесться ею впрок[164].

От учителей дети много слышали про американского президента Рейгана, который в любой момент может нажать «красную кнопку», чтобы начать третью мировую войну:

> Первый урок учебного года назывался в 1980-х «урок мира». Содержание оного было всегда про войну. Наша классная руководительница — она же секретарь школьной партячейки — несколько раз (лет) сообщала нам историю про то, как — ежели в Америке нажмут на кнопочку — ядерная ракета долетит до нас за 6 минут. Было ли это страшно? Не уверена, хотя цифра запомнилась. А лет через много, на встрече выпускников, кто-то вдруг сказал: «А вы помните про ракеты за 6 минут?» — стало понятно, что где-то в нас этот вброс живет по сей день[165].

На многих детей — особенно на младших школьников — рассказ о зловещей «красной кнопке» производил сильное впечатление:

> Людмила Ивановна [учительница] все время нам рассказывала про Рейгана, у которого есть чемоданчик с красной кнопкой, и он эту кнопку может в любой момент нажать. Ну и в общем… про кнопку я много думала. Про ядерную войну, про кнопку все время думала[166].

В некоторых школах и пионерлагерях дети под руководством вожатых и учителей писали Рейгану коллективные письма, призывая его не начинать войну. Не оставалась в стороне и советская пресса, регулярно публикующая красочные и устрашающие карикатуры на заокеанских «поджигателей войны». Для некоторых представителей того поколения воспоминания о детстве наполнены ощущением надвигающейся войны:

> Наше детство, конец 1970-х — начало 1980-х — постоянные разговоры об угрозе ядерной войны и, в общем, почти уверенность, что она будет. Рисунки в газетах, ястребы Пентагона с бомбами в крючковатых пальцах[167].

Реакцией на все эти учебно-пропагандистские мероприятия со стороны детей 6–12 лет во многих случаях был страх, который помнят до сих пор. Наша собеседница 1968 года рождения вспоминает, как, приходя из школы домой, плакала, в отчаянии говорила родителям, что скоро начнется война, и донимала их расспросами про жизнь в бомбоубежище; родители, сохранявшие удивительное (на взгляд ребенка) спокойствие, утешали как могли[168]. Дети серьезно волновались за судьбу родственников и домашних животных:

> Боялась лет в 10–11 атомной войны очень сильно. Особенно было жалко животных. Я плакала вечерами, мама ругалась, потом папа сказал, что для собак есть служебные противогазы «лепесток-1» и «лепесток-2» и что он парочку принесет. Я снова ревела, потому что для кошек то противогазов нет! Долго обдумывала, как буду брать кошек с собой в бомбоубежище (кошконосок не было). Мама отдала мне специальную сумку для кошек на этот случай[169].

Многим детям и подросткам снились однотипные страшные сны о начале ядерного апокалипсиса. В таких снах, как правило, фигурировали два главных визуальных образа — американский чемоданчик с «красной кнопкой» и «ядерный гриб» в небе:

> И во всех моих снах и в страхах был этот чемоданчик. Он всегда был как-то открыт. И вот этот открытый чемоданчик, откуда виднеется красная кнопка — он выглядел примерно как чемоданчик, с которым в лагерь ездили, такой с одной ручкой[170].

Но чаще всего в снах о ядерной войне сновидец замечал растущий на горизонте зловещий «гриб», понимал, что это конец, и в ужасе просыпался*. В 1982 году 11-летний Ю. Л. перед сном иногда размышлял: «А вдруг американцы уже запустили ракеты? И осталось минут десять до атомной войны?»[171] А его ровесник, ленинградский школьник, засыпая, «представлял себе самое страшное — поле ядерных грибов»[172]. Школьникам снились и другие подробности, поразившие их на уроках НВП (начальной военной подготовки) — про ядерную бомбежку и ядерную зиму[173]:

> А нам году в 1978-м (начальная школа) показали диафильм про ядерную войну, и там после взрыва расцветка платья у девушки отпечатывалась на коже полностью. Этот сюжет мне потом часто снился в различных интерпретациях[174].

Информанты часто говорят, что их одноклассники и друзья рассказывали похожие сны и обсуждали между собой апокалиптические страхи. Одной нашей коллеге

---

* О таком сне рассказывали не только наши информанты. В начале 1980-х он снился одному из авторов этой книги.

в 1980 году, когда она была школьницей, ее подруга написала ей письмо с таким рассуждением: «Ни о чем не задумывайся, делай все, что хочешь, наслаждайся каждый день, потому что завтра на нас американцы могут сбросить бомбу, и никого не останется»[175].

Однако из рассказов многих наших информантов 1970-х годов рождения становится понятно, что некоторые родители и вообще старшие родственники не разделяли детского страха, внушенного военруками, учителями и вожатыми. Стремление ребенка написать письмо Рейгану, найти противогаз для собаки или непременно побежать в бомбоубежище по учебной тревоге вызывало у старших недоумение или улыбку. Одна наша собеседница вспоминает, как она переживала, когда во время учебного похода в бомбоубежище ее родители остались дома[176]. Другая, опасаясь ядерной угрозы, написала письмо Рейгану, но не отправила, потому что была высмеяна старшим братом[177].

Тем не менее страшные сны на тему ядерного взрыва иногда снились и взрослым. Именно такой сон режиссер Андрей Тарковский записал в своем дневнике в 1982 году:

> Заснул — и приснилась мне деревня (Мясное) и тяжелое мрачное и опасное темно-фиолетовое небо. Странно освещенное и страшное. Вдруг я понял, что это атомный гриб на фоне неба, а не заря. Становилось все жарче и жарче, я оглянулся: толпа людей в панике оглядывалась на небо и бросилась куда-то в сторону. Я было бросился за всеми, но остановился. «Куда бежать? Зачем?» Все равно уже поздно. Потом эта толпа… Паника… Лучше остаться на месте и умереть без суеты. Боже, как было страшно![178]

Ожидание ядерной войны вызывало не только страх перед огромной разрушительной силой ядерного оружия, но и чувство беспомощности, обреченности и невозможности контролировать ситуацию — и это чувство очень хорошо передано в описании сна Тарковского. Надо сказать, что такое ощущение не было специфически советским — его испытывали люди по обе стороны «железного занавеса»[179].

Хотя на советских уроках гражданской обороны детей и взрослых и учили, что нужно делать в случае начала ядерной войны — пропитывать одежду специальным раствором, надевать ватно-марлевую повязку, бежать в бомбоубежище, — многие понимали, что все эти действия в случае ядерного апокалипсиса не спасут никого. Об этом знании свидетельствуют, в частности, сны. Самым «оптимистичным» вариантом сна на тему ядерной войны является сюжет, где сновидец обнаруживает себя в пустом разрушенном городе и понимает, что попал в пространство постапокалипсиса и все живое вокруг погибло[180]. Более типичной была версия, описанная Тарковским, где сновидец, заметив на горизонте ядерный гриб, просыпается в ужасе от осознания неизбежности конца. Инструкции по пользованию бомбоубежищем часто не успокаивали, а, наоборот, внушали тревогу — об этом нам рассказывали многие наши собеседники[181]. Иногда жизнь показывала их полную бесполезность. Когда в городе Свердловске в 1989 году произошел сильный взрыв на железнодорожной станции Свердловск-Сортировочная, некоторые горожане, проснувшись рано утром от сильного толчка и увидев на небе зарево, решили, что началась ядерная война и нужно идти в бомбоубежище. Одна знакомая нашей собеседницы[182] даже собрала сумку с необходимыми для бомбоубежища вещами, но перед выходом из квартиры поняла, что не знает, где оно находится, и не понимает, как вообще действовать дальше. Все действия, которым она была обучена, оказались бесполезными.

Фольклор в ожидании катастрофы

Человек научился смеяться в процессе эволюции не просто так. Конечно, реакция смеха создает ощущение удовольствия, но это удовольствие мы используем в разных целях. В ситуации, когда объективная реальность страшна и справиться с ней очень трудно, наш мозг запускает когнитивные механизмы, которые последовательно искажают восприятие реальности и превращают угрозу в нечто менее опасное[183]. Именно поэтому стрессовая ситуация провоцирует желание слушать и распространять юмористические тексты. Этим можно объяснить странное на первый взгляд явление — распространение шуток и другого «фольклора катастроф» (folklore of disaster, или disaster lore)[184] после катастроф с большим числом человеческих жертв. Взрыв шаттла «Челленджер» в 1986 году и теракты 11 сентября 2001 года привели к возникновению множества шуток, подобных этой:

> — Что в последний раз промелькнуло в голове мистера Джонса, сидевшего на 90-м этаже Всемирного торгового центра?
> — 91-й этаж[185].

Сразу после катастрофы, как доказывает американский фольклорист Билл Эллис, такие шутки многим кажутся кощунственными и вызывают негодование, а потому мало популярны[186]. Но юмор жизненно необходим свидетелям катастрофы — он помогает справляться с ужасом и болью, и поэтому шутки довольно быстро и широко распространяются.

Способность игровой агрессии вызывать смех и тем самым снижать уровень стресса доказана экспериментально. В эксперименте Кларка Маккоули и его коллег[187] испытуемым показывали различные карикатуры, и чем агрессивнее было содержание картинок, тем оно казалось забавнее участникам эксперимента. А психолог Александр Дейл и его коллеги сначала намеренно вызывали ощущение тревоги среди участников эксперимента. Но те участники эксперимента, которые были в комнатах, где звучали записи юмористических передач, быстро успокоились[188].

Поэтому совершенно не случайно именно где-то в 1960-е годы в СССР появляется «фольклор в ожидании катастрофы», состоящий из самых разнообразных примеров «народного» творчества. Его задачей стала компенсация ужаса ожидания войны через гипертрофированное изображение акта военной агрессии. Как мы покажем дальше, эта компенсация осуществлялась двумя совершенно разными способами — комически и драматически — и порождала тексты, которые мы назовем «фольклор победы» и «фольклор победы и поражения».

Фольклор победы: «мы побеждаем, и это весело»

В 1960–1980-е годы советские подворотни, кухни и вообще любое неформальное пространство заливает мощная волна юмористического «фольклора в ожидании катастрофы». Несмотря на то что страхи в отношении грядущей войны были очень серьезными, в «фольклоре в ожидании катастрофы» всегда изображался момент нападения. Иногда это изображение было очень комичным.

После столкновения с китайцами на полуострове Даманском и в разгар ожидания войны с Китаем (см. подробнее главу 2, с. 146) появляется «народная» версия песни Раймонда Паулса «Листья желтые над городом кружатся» (1968) под названием «Лица желтые над городом кружатся»[189]. В этой песне рассказывается о вторжении китайского десанта: «братской армии солдаты есть хотят», поэтому они летят к нам «с устаревшим автоматом, нами сделанным когда-то», и спастись от них нельзя: «И от этих лиц не спрятаться, не скрыться: лица желтые слетаются кормиться».

В других фольклорных текстах комически изображаются не чужая нападающая сторона (голодные китайцы, как в примере выше), а «советские люди, которые не хотят войны». В фольклорной песне «Советский мирный трактор» также описываются события, похожие на ситуацию на полуострове Даманском: «где-то у берегов Амура», «когда родной колхоз был занят важным делом — посеять на полях гречиху поскорей», китайцы напали на «советский мирный трактор». В ответ «тракторист, по званию старлей» предпринял следующие действия:

> Он отстегнул прицеп и запустил локатор,
> Работу автоматики проверил поскорей.
> Ответил тракторист одним могучим залпом
> И уничтожил шесть китайских батарей <…>.
> А после, в интервью какой-то из редакций,
> Наш бригадир сказал, как будто невзначай,
> Что в случае повторения подобных провокаций
> На поле вместо трактора мы выпустим комбайн[190].

Юмор этого текста может быть не вполне понятен современному читателю, не знакомому с советской риторикой «борьбы за мир» и со специфической системой обозначения объектов военно-промышленного комплекса. В пропагандистских текстах СССР изображался страной исключительно миролюбивой, а любые конфликты, в которых участвовала советская сторона, объяснялись агрессивными посягательствами со стороны других стран. В то же время большая часть огромного оборонного комплекса страны существовала в режиме секретности. Например, оборонные предприятия носили или отвлеченные, не вызывающие никаких военных ассоциаций названия (типа «Вектор»), или номерные шифры («почтовый ящик № 13»), а рядовые рабочие не должны были знать, что именно их завод производит. Эта ситуация обыгрывается в позднесоветском анекдоте, герой которого выносит с завода детали, чтобы собрать детскую коляску, но не может собрать из них ничего, кроме танка. В другом варианте рабочий пытается собрать кровать — примерно с тем же результатом:

> Рабочий кроватного завода рассказывает: «Тащу это я детальки каждый день по одной. Начинаю дома собирать кровать — то автомат, то пулемет получается...»[191]

Как и в этом анекдоте, в песне про «советский мирный трактор» невинный с виду объект оказывается на самом деле боевым орудием, а исполнитель и слушатели показывают, что прекрасно понимают язык советской пропаганды и умеют читать газетные тексты «между строк». Характерно, что поющие эту песню всячески старались усилить комическую составляющую при исполнении песни: например, говорили комическую преамбулу, травестийно изображая «подлинное новостное сообщение о коварном нападении».

«Фольклор в ожидании катастрофы» был чрезвычайно распространен среди младших школьников и даже детсадовцев. В предыдущем разделе мы показали, что многих детей этого возраста преследовали сны о ядерном грибе, о ядерном апокалипсисе и, конечно, о чемоданчике с ядерной кнопкой. В то же время они рассказывали анекдоты, где Рейган и Брежнев (а также другие советские и американские президенты) вступают в соревнование или спор, в результате которого США погибает от ядерной бомбардировки:

Начинается ядерная война. Брежнев и Рейган сидят за пультами.

Рейган отстукивает одним пальчиком (рассказчик изображал тыкающий палец):

— Чижик-пыжик, где ты был?

Брежнев играет (рассказчик изображает руками пианиста, у которого пальцы обеих рук бегают по клавишам):

— Союз нерушимый республик свободных[192].

Также школьники пели песню на мотив песенки из мультфильма про Чебурашку и Крокодила Гену, в которой «мы» — советские войска — захватываем США и стираем Пентагон с лица земли:

Медленно ракеты улетают вдаль,
Встречи с ними ты уже не жди.
И хотя Америку немного жаль,
У Китая это впереди.

Скатертью, скатертью хлорциан стелется
И забивается под противогаз.
Каждому, каждому в лучшее верится,
Падает, падает ядерный фугас.

Может, мы обидели кого-то зря,
Сбросив пару лишних мегатонн.
Посмотри, как плавится теперь земля
Там, где был когда-то Пентагон[193].

В других вариантах этой песни хлорциан мог заменяться дифосгеном, а Пентагон — Вашингтоном, но главный месседж — «мы» триумфально уничтожаем главного врага в холодной войне — оставался неизменным.

Аудитория чуть постарше, как правило, пела другую песню на мотив «Парижского танго» — «В Париже танки», также от первого лица, где «мы» — это советские военные, которые легко захватывают Париж, Лондон, Нью-Йорк, в других версиях — Кабул и даже Марс на фоне апокалипсиса:

Танки, в Нью-Йорке танки,
В Гудзоне мутном тонут янки,
И в атмосферу валит дым,
И в Антарктиде тают льды.

И снова танки, в Нью-Йорке танки,
Вокруг растут грибы-поганки,
Нью-Йорк и Лондон, и Пекин
Стоят как выставка руин[194].

Подобные песни, в которых будущий военный конфликт выглядел или как развеселая и победоносная война, или как карикатура на газетный репортаж и где «мы» легко побеждали «их», составляли в 1970-е годы значительную часть гитарного репертуара дворов и пионерских лагерей.

Но это был один способ говорить о войне. Второй способ был гораздо более сложным и противоречивым.

«Фольклор поражения»: история гибели, рассказанная врагом

В 1960–1980-е годы был популярен не только «фольклор победы». В то же время начинают появляться песни, в которых описание военного конфликта ведется не от лица «своих» солдат, как в песне «Медленно ракеты улетают вдаль», а от лица противника. Этот прием совершенно для фольклора не характерен: представьте себе сказку, в которой бы от первого лица сочувственно рассказывалась история Бабы-яги или Змея Горыныча.

Поющий не просто рассказывает историю американского парня от первого лица и таким образом ассоциирует себя с врагом, но делает такую идентификацию максимально сильной. Для этого используются лингвистические приемы:

насыщение текста американскими и квазиамериканскими деталями и именами (Джон, Мэри, «родной Техас», «Арлингтонское кладбище»), а в начале песни вместо «Во имя Джона» (то есть Кеннеди) можно пропеть «My name is Jonnie» или вставить несколько английских слов в конец.

В самых ранних таких песнях «мы» (лирические герои) — это американцы, которые воюют во Вьетнаме. В «Фантоме», самой известной песне этого типа («Я иду по выжженной земле»), рассказ ведется от лица американского летчика, которого сбили над Вьетнамом, и уже в плену он узнает от вьетнамцев, что «сбил его наш летчик Ли Си Цын», то есть советский пилот, прибывший во Вьетнам в качестве «военного советника». Заканчивается песня переживаниями героя о том, что он больше никогда не увидит «родной Техас» и Мэри, а также в некоторых вариантах — антивоенной моралью. Первые зафиксированные фольклористами варианты этой песни уже существовали в 1968 году: ее пели курсанты суворовского училища[195]. В 1970-е годы она становится очень популярной как в военных частях, так и среди школьников.

Вторая песня такого же типа имеет два варианта названия: «Во имя Джона», то есть президента США Джона Кеннеди, или «Во имя Джонсона», то есть президента США Линдона Джонсона. Она гораздо менее известна, но построена она точно по такой же модели. Герой, от лица которого идет повествование, бомбит города, оказывается сбитым, погибает и перед смертью дает наставление «другим ребятам» никогда не идти воевать.

Во имя Джонсона я во Вьетнаме был,
Во имя Джонсона деревни там бомбил,
но залп зениток наш полет прервал —
И я свой позывной на базу передал. <…>
Под небесами наш самолет горит,

И вместе с нами на землю он летит,
А жить осталось лишь несколько минут,
И в цинковых коробках нас в Америку свезут! <...>
Вы, новобранцы, совет примите мой,
Вы, новобранцы, вас повезут в Ханой,
Там партизаны стреляют всех подряд —
Бросайте автоматы и бегите вы назад.
А я зарою свой автомат,
там, где зеленый сад.
И я не буду больше воевать,
Войны не надо Америке опять[196].

Несомненно, сюжеты обеих песен навеяны пропагандой того времени, которая неустанно обличала действия «американской военщины» во Вьетнаме. Тем не менее переживания за героя, который рассказывает о своей гибели, в ряде случаев были очень серьезными: «[мы пели] На полном синем серьезе»[197]. Юмористического эффекта, в отличие от песни «Медленно ракеты уплывают вдаль», эти песни почти не производили.

В 1980-е годы младшие школьники и даже дошкольники радостно распевали песенку от лица американских летчиков, летящих бомбить СССР, известную под названием «16 тонн»:

Сидим мы в баре как-то раз
Вдруг слышим шефа мы приказ:
Летите, детки, на восток
Бомбить советский городок
Летим над морем — красота
5 километров высота
16 тонн — опасный груз
А мы летим бомбить Союз.

Вдруг в самолете свет погас —
За нами гонит русский ас,
Один снаряд попал в стекло —

Радиста к черту унесло <…>
Летим над морем — красота
2 миллиметра высота,
16 тонн — опасный груз,
А мы летим кормить медуз[198].

Ее история гораздо менее тривиальна, чем история предыдущих песен. Весьма далекий от фольклорной переделки оригинал появился в США в 1946 году, а в 1955 году песня стала популярной после того, как ее исполнил певец Эрни Форд. После этого она перепевалась множество раз самыми разными западноевропейскими и североамериканскими исполнителями. Содержание песни, рассказывающей о тяжелой жизни американских шахтеров, хорошо иллюстрировало утверждения советской пропаганды, и поэтому ее неоднократно воспроизводили на советском радио:

You load sixteen tons, what do you get?
Another day older and deeper in debt.
Saint Peter don't you call me 'cause I can't go
I owe my soul to the company store.

Ты грузишь шестнадцать тонн, и что получаешь?
Ты стареешь каждый день и все больше в долгах.
Святой Петр, не зови меня, я не смогу уйти;
Моя душа заложена в фабричной лавке.

Многие наши информанты в детстве были уверены, что это «полузашифрованное послание» про бомбардировщик, который несет 16-тонную бомбу, и пели совсем другой русский вариант этой песни. Формальным триггером к переосмыслению текста стала, видимо, сама фраза «You load sixteen tons», которую можно понять как «ты загружаешь [бомбу] в 16 тонн». Один из наших информантов, москвич 1969 года рождения, слышал в 1970-е годы разговоры, которым «отчасти доверял», о том, что «в песне 16 Tons поется о 16 тоннах бомб, и это песня бомбардировщика, летящего бомбить СССР»[199]. У кое-кого — видимо, под влиянием «народной» версии песни — само словосочетание «16 тонн» стало ассоциироваться с бомбардировками и оружием массового поражения. Наш собеседник вспоминает, что когда его мама узнала об открытии клуба «16 тонн», ее такое название возмутило, ведь «16 тонн — это вес атомной бомбы, сброшенной на Хиросиму»[200].

Посетитель одного из форумов в 2010 году рассказал, что эту песню как дворовую пел под гитару его отец в 1974 году, и мелодия дворового исполнения была «один в один» со старой английской блюзовой мелодией, которую рассказчик услышал позже. В тексте песни 1974 года, которую приводит рассказчик, появляется совершенно не соответствующий никакому американскому оригиналу рассказ летчиков (вспомним «Фантом» и «Во имя Джона»), которых отправляют бомбить советский город, но их сбивают и они отправляются «кормить медуз». После описания гибели идет часть «моралистическая» (как раз состоящая из вольного переложения английского оригинала) — американских летчиков погубил американский образ жизни:

Сидим мы в баре мы как-то раз,
И вдруг от шефа пришел приказ:
«Летите, мальчики, на восток!»
Ну, по машинам, наш путь далек.
Летят наши мальчики на восток
И видят мальчики: городок
Но жерла пушек на них глядят
Сбить наших мальчиков они хотят.
Один снаряд пробил крыло,
Летим на скалы — нам все равно.
Слезится левый и правый глаз:
Быть может, плачу в последний раз.
Чуть накренившись, летит самолет

Раскинув руки, летит пилот,
Прощайте, девочки, прощай, притон.
И тут рвануло 16 тонн.
Погибли парни, их больше нет,
Лишь вьется в небе черный след.
Так выпьем за тех, кого уж нет,
Так выпьем за тот за черный след
Горит реклама розовый цвет:
«Лучшей жизни в Америке нет»,
Век работай и век страдай,
16 тонн умри, но дай.
16 тон не мало руды,
Но мало платят нам за труды
И если хозяин заплатит за труд
Пойду в кабак и все пропью!
Я тунеядец скажу вам всем,
Я не работаю я только ем.
Пусть трактор работает, железный он
Пусть тянет он 16 тонн, тонн, тонн!!![201]

Довольно быстро вторая часть песни забылась и перестала исполняться, и с оригиналом фольклорную песню объединяло только повторяющееся упоминание 16 тонн. Именно в таком, усеченном виде эту песню в 1970–1980-е годы пели много наших собеседников, от взрослых неформальных компаний до детского сада (где ее услышал один из авторов этих строк). Косвенным доказательством распространенности этой песни и ее вариантов может служить тот факт, что где бы эта песня ни всплывала (на форуме или в социальных сетях), там немедленно обнаруживается множество вариантов, которые вспомнили посетители сайтов[202].

Как мы видим, во всех песнях этого типа дела героя, который отправляется «бомбить Союз», идут не очень хорошо: одного бомбардировщика подбивает «русский ас», а другой настроен пессимистически («летим кормить медуз») и вообще прощается с жизнью («прощай, чувиха, прощай, притон»). С одной стороны, слушающие сопереживают летчикам, с другой — из песни следует, что СССР сильнее наших врагов и советская армия способна одолеть тех, кто захочет сбросить на нас «16 тонн». Во всех этих песнях поющий, то есть один из нас, немалыми усилиями ассоциирует и себя, и слушателей с врагом, проживая вновь и вновь момент его смерти или хотя бы бесславного пленения.

Вопрос только в том, зачем нужна такая сложная форма, если компенсации страха можно достигнуть за счет создания простого агрессивного текста вроде анекдота про красную кнопку или песенки «Медленно ракеты улетают вдаль». Видимо, дело в том, что юмористическая агрессия как фактор снижения тревоги теряет свою силу и тогда в дело вступает другой механизм защиты. Если в текстах, где происходит идентификация рассказчика со «своим агрессором», мы противостоим безличным США и Пентагону, то в «песнях поражения» гибнущий враг максимально очеловечивается. Это не безжалостная машина для убийств, не злобное существо с когтями и крючковатым носом из газетных карикатур, он такой же, как мы, — размышляет, боится, скучает, грустит. И эта человечность врага, похожесть его на нас позволяет снижать ощущение страха.

Механизм фольклорной компенсации, о котором мы говорили в первой главе, изображает реальность более психологически комфортной, чем она есть на самом деле. В реальной жизни мы чувствуем страх и беспомощность перед возможной агрессией со стороны врага, но в фольклорном тексте ситуация переворачивается: здесь уже враг выглядит беспомощным, а мы — сильными.

О власти и смерти глазами детей

Все слухи и городские легенды, которые мы обсуждали в этой главе, были связаны с темами смерти и власти.

Одни тексты стали результатом культурной «проработки» страхов, которые взрослые в мире советского ребенка обсуждали мало и неохотно, — будь то страх перед насилием со стороны государства (сюжеты о черной «Волге» и красной пленке) или со стороны преступника (сюжеты о маньяке и красной одежде). Иногда ребенок что-то слышал от взрослых о таких явлениях, как КГБ или репрессии, но в целом тема государственного насилия внутри семьи была табуирована даже в «вегетарианские» 1970-е годы и взрослые детям старались ничего не рассказывать «на всякий случай»[203]. Если советский ребенок что-то знал о маньяках, то почти исключительно из случайно услышанных разговоров, обмолвок, эвфемизмов и странных инструкций родителей.

Что касается грядущей ядерной войны, то о ней, наоборот, говорили и писали слишком много. Но именно обилие таких пропагандистских рассказов, уроков, диафильмов и приводило к тому, что дети по ночам просыпались от кошмаров про ядерный гриб, который встает за окном.

Но во всех случаях ребенок оставался один на один со своими страхами. И тут на помощь ему приходил фольклор, который помогал эти страхи артикулировать, чтобы предупредить об опасности других, или компенсировать их, чтобы крепче спать по ночам.

При этом носитель фольклора, рассказывая историю или исполняя песни, совершенно не обязательно понимает все скрытые смыслы фольклорных историй. Советские дети могли совершенно не задумываться, почему именно черная «Волга» ворует детей, откуда возникает желание контролировать одноклассников с помощью несуществующей красной пленки или зачем так хочется петь «мы летим кормить медуз». Психологический комфорт слушателя и рассказчика обеспечивается не пониманием спрятанного сообщения, которое содержится в каждом фольклорном тексте, а самим фактом его передачи.

ПОСЛЕСЛОВИЕ. ЧТО БЫЛО СОВЕТСКОГО В СОВЕТСКОЙ ЛЕГЕНДЕ?

В 2018 году в консервативной Ирландии проходил очень скандальный референдум по вопросу разрешения абортов. Группа исследователей провела опрос ярых противников и сторонников нового закона. Им показывали новостные сообщения о пяти недавних медийных скандалах вокруг законопроекта и предлагали выразить свое к ним отношение. Что тут такого — скажете вы? Но на самом деле это был не опрос — это был когнитивный эксперимент, опрашивающими были не социологи, а когнитивные психологи, а среди пяти скандалов два были ложные. Тем не менее люди охотно вспоминали и обсуждали никогда не случавшиеся скандалы в том случае, когда они играли в пользу их политической позиции — за или против разрешения абортов[1]. Этот пример — один из многих, показывающих, какой властью обладают «ложные воспоминания» и как охотно люди верят в тот опыт, которого у них никогда не было. Наше представление о реальности состоит из того, что мы о ней помним. Проблема заключается в том, что помнить мы можем не то, что было, а то, что наш мозг считает нужным вспомнить. Он охотно создает себе мир дополненной реальности.

Городская легенда — часть такой дополненной реальности. В основе городской легенды может лежать сильно преувеличенный рассказ о реальном происшествии или ложное воспоминание, а может — фольклорный сюжет, который передается веками. Это на самом деле не важно. Важно то, *почему* вдруг эта история начинает нас волновать и почему мы считаем необходимым распространить информацию о ней.

Совсем недавно, в апреле 2018 года, один из авторов этих строк стал свидетелем следующего происшествия. В московской парикмахерской ждали своей очереди несколько женщин, и одна из них внезапно сказала, прерывая типичную московскую беседу о мигрантах: «А вот я слышала, что в Торе написано: евреи должны ловить и есть чужих детей». Повисла неловкая пауза, кто-то вежливо выразил удивление, кто-то хихикнул, и, в общем, довольно быстро тема разговора поменялась. Однако мы знаем, что эта нелепая ремарка — очередная реализация сюжета многовековой[2] давности о кровавом навете, то есть обвинении евреев в использовании крови христианских младенцев в ритуальных целях. О советских вариантах кровавого навета мы не раз вспоминали на страницах книги, и эти советские легенды вызывали как панику, так и желание скорой расправы с представителями этой группы (с. 6, 352).

Так существует ли сейчас паника по поводу еврейских злодеев, которые охотятся за детьми, особенно перед еврейской Пасхой? Очевидно, нет. И массового распространения таких легенд сейчас тоже не наблюдается. А сам сюжет есть. Мало того, он не ушел в какое-нибудь Зазеркалье. Он продолжает существовать, но в «спящем» режиме. И время от времени «просыпается», иногда — в виде вот такой вот «забавной» информации, которой можно удачно заполнить паузу в разговоре.

В легенде про евреев, которым Тора якобы рекомендует есть чужих детей, сообщение практически равно сюжету. Рассказывая ее, посетительница парикмахерской вряд ли хотела призвать всех к погрому. Она упомянула эту историю в контексте разговора о мигрантах — просто как пример того, что в принципе этнические чужаки очень сильно от нас отличаются, в том числе по своим моральным нормам. «Остенсивный заряд», то есть способность легенды провоцировать физические и социальные последствия для слушателей, практически нулевой: никто не отказал евреям в праве, например, посещать парикмахерскую.

Однако, как уже знает наш читатель, подобные рассказы не всегда так безобидны. Время от времени спящий сюжет переходит в активное состояние, и легенда начинает распространяться по всем возможным неформальным каналам — от коммунальных кухонь до приемных партийных начальников. Белоснежку будит от смертного сна поцелуй прекрасного принца, а легенда выходит из «спящего режима» благодаря определенной социальной ситуации, когда большие массы людей теряют ощущение контроля над своей жизнью, испытывают лишения и страх.

Но как связаны городские легенды и ощущение опасности? Городская легенда — это информация, подтвержденная не фактами, а ссылками на социальные авторитеты. Для кого-то этим авторитетом является «сестра жены» или безличное «на работе все говорят», для кого-то — властные институты («слышал, что даже в газетах про это пишут»). Таким образом, рассказчик формально транслирует точку зрения других людей или институтов, а не свою. Ссылка на мнение конкретных или анонимных «других» позволяет артикулировать то, что сложно высказать от своего собственного имени. Ты не можешь позволить себе рискнуть репутацией и рассказать, что ты не любишь мигрантов, зато ты можешь рассказать якобы достоверную историю об их преступлениях со ссылкой на соседа. И волк сыт, и овцы целы. В ситуации опасности акт передачи жизненно важной, но малоизвестной информации не просто укрепляет социальные связи, но и позволяет быстро выработать внутри группы согласие по вопросам «откуда ждать опасности?» и «как от нее спастись?».

Будучи «разбуженной» в ситуации опасности, легенда не просто активно начинает передаваться, как вирус, от человека к человеку, но транслирует жизненно важное сообщение. И это уже не просто «в священной книге евреев есть описание очень странного обычая», но «мы должны защитить себя и своих детей от этих опасных чужаков». Это скрытое сообщение несет гораздо больше той информации, которая формально присутствует в сюжете, и оно указывает нам, кого надо бояться и как надо бороться с источником угрозы. Так городская легенда, подкрепленная мнением группы «своих» или авторитетом властей, приобретает уже не нулевой остенсивный заряд: она может существенно влиять на поведение людей. И отсюда уже один или два шага до настоящей моральной паники.

Всегда и в любой культуре легенду делают легендой эти два свойства: в определенных условиях «заражать», как вирус, собой окружающих и передавать им важные скрытые сообщения. Поэтому если читатель этой книги задастся вопросом — а что, собственно, советского было в советских легендах — ответ тут следующий. Дело не столько в наборе сюжетов (на страницах этой книги мы не раз замечали, как похожи некоторые легенды Москвы и Нью-Йорка), а в том, как они функционировали *между* людьми и социальными группами и какие *скрытые сообщения* передавали.

Советская легенда, в отличие от своих западных собратьев, жила и развивалась в сложных отношениях с властью:

это было не только противостояние, но и взаимовлияние. Несмотря на то что распространители слухов и легенд на протяжении всего советского времени осуждались или преследовались, легенда была не только тем *языком*, на котором люди передавали друг другу неофициальную информацию, но зачастую и тем *языком*, с помощью которого представители властных институтов пытались (часто — весьма успешно) повлиять на поведение людей. И городские легенды, и их идеологические двойники, агитлегенды, имели широкий социальный «радиус действия»: в них мог одинаково поверить и высокопоставленный партийный функционер, и рабочий завода.

Таким образом, советские легенды приходили и «снизу», и «сверху», предупреждая граждан об опасности и создавая моральные паники. Однако в разные периоды эта опасность мыслилась по-разному. Во время Большого террора городские легенды и слухи, возникшие из пересказов партийных инструкций, несли в себе сложное послание, возникшее из страха перед проникновением врага в советскую крепость. Целью вредителя в этих слухах становилась «семиотическая порча» советских предметов — от зажимов для пионерского галстука до спичечных коробков. Если даже объектом его злодейских манипуляций становились советские люди, то в легендах сталинского периода они изображались как некая масса, но не как отдельные персонажи. Люди предупреждали друга прежде всего о том, что опасность грозит либо всем советским вещам и символам, либо всем гражданам СССР.

Но постепенно размах вредительства, о котором говорят легенды, меняется. Жизнь становится менее опасной, менее голодной и менее подверженной идеологии. У людей появляется больше возможностей для частной жизни. Их перестают всерьез волновать опасности, грозящие советским символам, а легенды о домах, построенных в виде тех или иных знаков, рассказываются уже в качестве курьезных и никого не пугают. В 1950-е годы появляются легенды переходного типа, где объектом угрозы становится уже не символ, а конкретный гражданин, который получил зараженное лекарство или прививку с раком от «врачей-убийц». «Переходность» заключается как раз в том, что, будучи пойманными, враги, согласно легенде, делают патетические заявления о том, что они, дескать, планируют убить всех советских детей. А еще более поздние легенды обеспокоены только судьбой обычного мальчика из соседней школы, который взял жвачку из рук иностранца.

Сообщение, спрятанное внутри советских легенд об опасных вещах, эволюционирует на протяжении всего советского времени. В ранних легендах сталинской эпохи советские люди оказываются практически невинными жертвами вражеской злой воли. Если пострадавший и виноват в чем-то, то это нехватка бдительности: он не делает ничего, чтобы быть отравленным аптекарем-евреем. А в поздних советских легендах беда (отравление, увечье) становится расплатой за недостаточную лояльность: советский человек сам желает взять из рук американца джинсы, жвачку или авторучку. Если сталинская советская легенда чему-то и учит, то необходимости охранять от вторжения внешнего врага советское символическое пространство («нет чужим знакам в наших значках»). У легенды позднесоветской — другое сообщение: не соблазняться иностранными вещами и не впадать в грех двойной лояльности.

Мир дополненной реальности, который создавался городскими легендами в советское время, был подобен черно-белому кино. Оно было в чем-то похоже на реальную жизнь: нам знакомы детали и, может быть, мы даже видим в героях реальных прототипов, но последовательность событий крайне насыщенная, полная невероятных совпадений и всего того, что создает конфликт на экране и крайне редко встречается в реальной повседневности. Но самое главное — кино содержит послание, а в представлении событий мы угадываем метафору, которую туда вкладывают сценарист и режиссер. Так и мир советских легенд — это не буквальное отражение реальности, а сообщение о том, какой мы хотим или боимся видеть советскую действительность.

СЮЖЕТЫ ГОРОДСКИХ СОВЕТСКИХ ЛЕГЕНД ОБ ОПАСНЫХ ВЕЩАХ

На страницах нашей книги мы постоянно приводим примеры самых разных городских легенд о страшных и опасных вещах, объектах и явлениях. Но что делать читателю, который хочет найти конкретный сюжет, известный ему с детства, например о черной «Волге», похищавшей детей? Для этого мы сделали указатель, то есть тематический перечень сюжетов и их вариантов, с отметками о времени бытования (конечно, если нам удалось его определить) и с отсылками на страницы книги или на наши материалы.

Главный принцип организации этого указателя — субъект или объект вреда. Поэтому, если вы хотите найти интересующую вас легенду, ищите сначала, кто или что в ней представляет опасность. При этом в этом перечне не учтены короткие ситуативные слухи, подобные таким: «Завтра начнется война с Китаем, надо запасаться спичками».

Мы хотим напомнить, что в указателе отсутствуют детские страшилки о черной руке, желтых шторах и гробике на колесах. О том, почему мы так решили, речь идет в предисловии.

Дорогой читатель, если вы слышали советскую городскую легенду об опасной вещи или опасном явлении, но не нашли описания сюжета в этом указателе (или знаете совсем другой вариант), напишите нам, пожалуйста, на адрес maf@universitas.ru и пришлите свой вариант. Мы будем очень признательны.

1. Легенды о пророчествах и проклятых местах

1.1. Храм Христа Спасителя/бассейн «Москва» построен на проклятом месте. Время появления: конец XIX века, заново распространилась в XX веке, не ранее середины 1930-х годов, сохраняется в живом бытовании до сих пор.

1.1.a. Был храм, будет срам, а потом храм!: святая/Богородица/настоятельница женского монастыря, который сносят из-за строительства будущего первого храма Христа Спасителя, проклинает его и говорит, что на его месте будет «болото». Храм взрывают и на его месте в 1950-е годы строят бассейн «Москва». С. 19–20.

1.1.b. В про́клятом бассейне «Москва» орудует банда топителей, которые убивают посетителей. С. 20.

2. Легенды о тайных знаках, оставленных врагами

2.1. Враги советской власти оставляют знаки своего присутствия (свастики, профиль Троцкого) на различных бытовых предметах или продуктах (на торте, пуговицах, спичечной этикетке). Время бытования: 1935-й — 1940-е годы. С. 74–125.

2.2. Враги советской власти оставляют знаки своего присутствия на сакральном объекте. Время бытования: 1935-й — 1940-е годы.

2.2.a. В складках одежды колхозницы в статуе «Рабочий и колхозница» скрыто изображение профиля Троцкого. С. 111.

2.2.b. На портретах советских партийных вождей (Ленина, Сталина, Буденного, Калинина, Ворошилова) можно разглядеть изображения животных — зайца, собаки, козла. С. 120, 123.

2.2.c. На зажиме для пионерского галстука (образца 1930-х годов) можно прочитать аббревиатуру ТЗШ, что означает «троцкистско-зиновьевская шайка». С. 113–117.

2.3. Жилой дом/завод/архитектурный ансамбль был выстроен немецкими специалистами в виде свастики. Время появления: 1950-е годы, бытует до настоящего момента.

2.3.a. Объекты-свастики были выстроены врагами таким образом для того, чтобы дать ориентировку немецкой авиации в будущей войне. С. 135–137.

2.3.b. Объекты-свастики были построены пленными немцами для того, чтобы отомстить победителям. С. 139–140.

2.4. На импортном китайском ковре ночью может высветиться портрет Мао Цзэдуна, лежащего в гробу или встающего из гроба, и испугать до смерти. Время появления: конец 1960-х — начало 1970-х годов. С. 141–152.

2.5. В немецкой песне группы «Чингисхан» на самом деле поется о готовящемся нападении на СССР и о бомбардировках Москвы. Время появления: 1980–1982 годы. С. 152–155.

3. *Легенды об иностранцах и иностранных вещах*

3.1. Иностранцы из стран «третьего мира» являются носителями опасной телесной нечистоты и могут заражать ею места общего пользования. Время появления: эпизодически в 1940-е годы, затем регулярно в конце 1970-х и в 1980 году, во время Олимпиады.

3.1.a. Некто видел, как негр моет член в стакане, прикрепленном к автомату для газированной воды. С. 322.

3.1.b. От иностранца из Африки можно заразиться экзотическим кожным или венерическим заболеванием. С. 321.

3.1.c. Иностранцы из развивающихся стран находятся в симбиозе с разными паразитами: под деснами живут черви, а под кожей — личинки. С. 318.

3.2. Иностранцы из стран Запада пытаются заразить через инъекции опасными инфекциями советских граждан, а также граждан других социалистических государств. Время появления: 1950-е годы.

3.2.a. Американцы делают в общественном транспорте советским гражданам микроуколы с возбудителями различных болезней. С. 339–340.

3.3. Иностранцы из стран Запада занимаются массовым биотерроризмом с целью навредить жителям социалистических стран. Время появления: 1946 год, пик бытования: 1950–1953 годы, встречается и сейчас.

3.3.a. Американцы с самолетов забрасывают в СССР и другие социалистические страны колорадских жуков, чтобы те пожирали урожай картофеля. С. 326-331.

3.3.b. Американцы применяют в Корее биологическое оружие — разбрасывают бомбы с чумными мухами, емкости с мухами и блохами, зараженными болезнетворными бактериями, листья, «пораженные бактериями». С. 331–336.

3.3.c. Американцы разбрасывают клещей в ампулах вдоль БАМа. Время появления: 1970-е годы. С. 336.

3.3.d. Американцы запускают ротанов в пруды. Время появления: с 1980-х годов. С. 337.

3.3.e. Американцы ответственны за появление ядовитого растения борщевика в СССР: они специально завезли его или подарили Хрущеву под видом полезного в сельском хозяйстве растения. Время появления: 1970-е годы. С. 337.

3.3.f. Иностранцы во время Олимпиады привезли в Москву специально зараженных мышей. Время появления: 1980 год. С. 336–337.

3.4. Иностранцы из стран Запада пытаются навредить советскому человеку, предлагая дефицитный отравленный дар.

3.4.a. Советский ребенок принимает от иностранца в дар лакомство (жвачку, конфету), которое оказывается отравленным (начиненным иголками, бритвенными лезвиями, толченым стеклом). Ребенок может заболеть, получить увечья или умереть. С. 192–195, 202–204, 295, 370.

3.4.b. Советский человек принимает от иностранца в дар/находит на улице дефицитный предмет (авторучку, игрушку иностранного производства), который взрывается в руках. С. 193, 205, 369.

3.4.c. Советский человек покупает/принимает в дар от иностранца импортные джинсы и обнаруживает, что они отравлены (в швах зашиты ампулы с бледными спирохетами, яд, пакетики со вшами). С. 206–207, 293, 300, 370.

3.5. Иностранцы из стран Запада пытаются нанести советскому человеку репутационный ущерб. Время появления: вторая половина 1960-х годов.

3.5.a. Известный французский актер/певец во время своего визита в СССР покупает предметы женского нижнего белья (трусы с начесом, рейтузы), привозит их во

Францию и устраивает из них выставку, чтобы другие французы тоже могли посмеяться над убогостью советской моды. С. 409–412.

3.5.b. Советская женщина покупает или принимает в дар импортный купальник. После первого купания выходит из воды обнаженной, потому что купальник становится прозрачным/растворяется в воде, а ее изображение появляется на иностранных порнографических открытках. В книге сюжета нет, но неоднократно нами фиксировался в опросах.

3.5.c. Иностранец фотографирует советских женщин на специальную красную пленку, которая позволяет фотографировать одетых людей, но получать снимки обнаженных. Сделанные таким образом фотографии отдает журналистам, которые с их помощью показывают всему миру аморальность советских людей. С. 413–415.

3.5.d. Иностранные туристы и журналисты фотографируют советских детей, получающих от иностранцев жвачку, авторучки, а потом публикуют эти фотографии в зарубежной прессе с подписями «Советские дети просят хлеба» или «Советские дети просят милостыню». С. 205.

3.6. На войне армия противника коварно убивает гражданское население, предлагая опасные дары.

3.6.a. Немцы разбрасывают в деревнях шоколад, зараженный опасными бациллами. Время распространения: 1941–1945 годы. С. 365.

3.6.b. В Афганистане американские солдаты/моджахеды разбрасывают по дорогам игрушки, которые взрываются в руках у ребенка, который их поднимет. Время распространения: 1979–1989 годы. С. 365–366.

4. Легенды об опасных действиях со стороны представителей власти и спецслужб

4.1. Черные автомобили опасны для советского человека. Время появления: с 1930-х годов.

4.1.a. Черные правительственные машины увозят детей с неизвестной целью и в неизвестном направлении. С. 385–388.

4.1.b. Черные правительственные машины никогда не делают остановок, а зазевавшихся пешеходов просто давят. С. 379.

4.2.c. Выступающие бамперы старых «Чайки» и «Волги» — это скрытые пулеметы. С. 379.

4.1.d. Лаврентий Берия/его заместитель ездил на черной машине по Москве и затаскивал/заманивал туда молодых девушек и женщин. С. 380–385.

4.2. КГБ контролирует поведение советского человека и манипулирует им с помощью специальных приборов. Время появления: 1960-е годы.

4.2.a. У КГБ есть мощные приборы, позволяющие слышать и/или видеть абсолютно все, что люди говорят и делают в квартире. С. 417–418.

4.2.b. КГБ может видеть со спутника, если человек читает на лавочке запрещенную литературу. С. 417.

4.2.c. Черные «Волги» КГБ оборудованы специальными приборами, спрятанными в фарах, которые показывают, где люди смотрят видеомагнитофон. Обнаружив подпольный видеосалон, сотрудники КГБ отключают свет во всем доме и ловят любителей видео прямо на месте преступления. С. 418.

4.2.d. Существует загадочный прибор/красные очки/фотоаппарат, изобретенный КГБ, позволяющий видеть и фотографировать людей голыми. Время появления в СССР: конец 1970-х годов. С. 413.

4.3. Советский человек изобретает способ обойти информационный контроль и слежку.

4.3.a. Советский «кулибин»: умный советский инженер из подручных средств собрал прибор, позволяющий смотреть немецкое порно/слушать западное радио, но сосед сдал его в КГБ. С. 420.

4.3.b. Есть специальный прием, позволяющий узнать, прослушивается ли агентами КГБ телефонный номер (набрать комбинацию цифр/зафиксировать телефонный диск на определенной цифре). С. 418.

4.4. Анекдоты о Чапаеве выдумали агенты спецслужб. Время появления: 1970-е годы.

4.4.a. Анекдоты о Чапаеве выдумывает специальный отдел в КГБ, чтобы канализировать недовольство граждан в безобидный смех и отвлечь их от серьезных экономических проблем. С. 184–185.

4.4.b. Анекдоты о Чапаеве придумали агенты ЦРУ, чтобы дестабилизировать ситуацию в СССР. С. 183–184.

4.4.c. Каждый раз, когда советский ребенок рассказывает анекдот про Чапаева, где-то капиталисты получают деньги. С. 184.

5. Внутренние враги вредят советскому человеку

5.1. Маньяки выбирают себе жертв, одетых определенным образом.

5.1.a. Есть маньяк, который нападает только на женщин в красном/на детей, у которых есть что-то красное в одежде. С. 431–432.

5.2. Больные опасными болезнями стремятся заразить советских людей. Время распространения: 1950–1980-е годы.

5.2.a. Из автомата для газировки по очереди пьет группа венерических больных. С. 248.

5.2.b. Больные туберкулезом разбрасывают марлю со своей мокротой на детских площадках. (В книгу не вошло, зафиксировано в опросах и интервью.)

5.3. Каннибалы отличаются от обычных людей внешним обликом. Время появления: 1940-е годы.

5.3.a. У каннибалов растут волосы на лице. С. 260.

5.4. Каннибалы стремятся поймать людей и продавать человеческое мясо.

5.4.a. В дорогих ресторанах можно заказать человеческое мясо. Время появления: 1920-е годы. С. 261–262.

5.4.a. Существует подпольная фабрика, где каннибалы делают из людей мясные полуфабрикаты и/или мыло. Время и место появления: Тарту, конец 1940-х — начало 1950-х. С. 264–265.

5.5. Каннибалом оказывается собственный родитель.

5.5.a. Мальчик следит за мамой, она по ночам убивает других детей, чтобы сделать печенье. С. 266.

5.5.b. Мама посылает ребенка за продуктами. Его ловят каннибалы и перерабатывают на мясо. Мать находит в котлете или колбасе ноготь/палец/колечко, по которому узнает своего ребенка. Время появления: 1970–1980-е годы С. 266–267.

5.6. Цыгане вредят советским людям.

5.6.a. При изготовлении леденцов в виде ярких петушков на палочке цыгане плюют на эти леденцы или облизывают их, чтобы блестели. Время распространения: 1970–1980-е годы. С. 223–224.

5.6.b. Цыгане продают некачественную косметику. После нее выпадают ресницы/покрывается пятнами кожа/распухают губы. Время распространения: вторая половина 1980-х годов. С. 225.

5.6.c. Девушка заканчивает помаду/тени, купленные у цыган, и обнаруживает записку «Поздравляем с косоглазием»/«Приятно поболеть СПИДом». Сюжет пересекается с 6.3.d. С. 255.

5.6.d. Цыгане ловят детей на мясо и содержат подпольную фабрику по производству такого мяса. Время распространения: 1940–1950-е годы. С. 265.

5.7. Евреи стремятся истребить всех советских людей.

5.7.a. Врачи-евреи, делая детям прививки, на самом деле прививают им рак, туберкулез, другое опасное заболевание. Время появления: 1950 год. Время активного распространения: январь — февраль 1953 года. С. 56, 342, 353–354.

5.7.b. Евреи-фармацевты продают советским людям отравленные или зараженные медикаменты — отравленную вату, рыбий жир с неизвестными «жучками», порошок с добавленным в него морфием, таблетки с проволокой или кусочком свинца внутри, пенициллин с ядом. Время появления: 1950 год. Время активного распространения: январь — февраль 1953 года. См. также 6.3.b. С. 355.

5.7.c. Евреи заражают воду в школах, подсыпая в баки с водой порошок с бациллами опасной болезни. Это действие случайно видит школьник, выгнанный с урока, и сообщает администрации. Время появления: 1950 год. С. 345, 356–357.

5.7.d. Один еврей покончил жизнь самоубийством и оставил записку: «Все, у кого золотые зубы, умрут от рака». Время появления: январь — апрель 1953 года (отсутствует в книге, см. Асташкин 2015: 34).

5.7.e. Евреи готовят убийство советских политических лидеров. Время появления: май 1952 года. С. 341, 345–346.

5.7.f. Врачи-евреи вместо лекарств дают пациентам плацебо, а лекарства продают. Оставшись без нужных лекарств, дети умирают. С. 343.

5.8. Евреи похищают и убивают детей для получения крови.

5.8.a. Евреи ловят детей, сцеживают кровь для таблеток для омолаживания, а мясо продают. С. 6, 56, 264.

5.8.b. Евреи похищают детей, потому что они нуждаются в детской крови. С. 263–264.

5.8.c. Женщина похищает детей, сцеживает кровь и наполняет ею стержни для авторучек, чтобы сдать их в магазин и получить деньги. С. 6.

5.9. Неизвестные злодеи пытаются заразить или убить советских людей.

5.9.a. В поручни в общественном транспорте/в перила на лестничной клетке некие злодеи вставляют иголки/бритвенные лезвия. С. 50–60.

5.9.b. На черной машине ездят люди, переодетые священниками/врачами, которые похищают детей, чтобы вырезать у них органы, выкачать кровь. С. 394–395.

6. Опасная еда, одежда и продукты гигиены

6.1. Мыло сделано из людей (представителей другой социальной и этнической группы).

6.1.a. Китайцы делают мыло из жителей Петрограда. Время появления: 1920 год. С. 280.

6.1.b. Трофейное мыло немецкого производства сделано из жира убитых евреев. Время появления: вторая половина 1940-х — начало 1950-х годов. С. 272–275.

6.1.c. Немцы делают мыло из своих убитых солдат. Время появления: 1917 год. С. 275–280.

6.2. Внутри еды или напитка, приготовленного промышленным образом, находится что-то отвратительное и/или опасное. Время появления: 1960-е годы.

6.2.a. Одна бочка, из которой летом продают квас на улице, случайно перевернулась, и изумленные прохожие увидели, что на ее дне лежала дохлая собака/кошка/опарыши. С. 217, 226.

6.2.b. На некотором мясокомбинате в чан для приготовления фарша падают крысы. Там они перемалываются и попадают в колбасу. С. 231–232, 235.

6.2.c. На некотором мясокомбинате (хлебозаводе, кондитерской фабрике) в результате пьяной ссоры в чан с фаршем (с тестом, с шоколадом) упал сотрудник, после чего его палец был найден в колбасе (батоне, шоколадной конфете). С. 232.

6.2.d. Некто покупает на рынке/на вокзале у частной торговки пирожки/котлеты и обнаруживает там человеческий палец (ноготь, колечко). С. 228, 261, 264, 267.

6.3. Вещи иностранного происхождения вредны для советского человека из-за качества или скрытых опасных свойств.

Время появления: 1960-е годы, активно распространялся в 1970–1980-е годы.

6.3.a. Американская жвачка во рту превращается в плесень. С. 374.

6.3.b. Ношение американских джинсов вызывает различные болезни — бесплодие, импотенцию, сжатие тазовых костей, из-за которого потом женщина не может родить, «джинсовый дерматит». С. 304–305.

6.3.c. Советская женщина покупает импортную косметику (помаду, пудру, тени), от которой ее лицо покрывается прыщами (синеют губы, облезает кожа и т. п.). Так происходит потому, что в импортную косметику добавляют вредные субстанции (клей, свинец, цинк, мышьяк). Время распространения: конец 1980-х (нет в книге, зафиксировано в опросах или в интервью).

6.3.d. Советская женщина в импортной косметике обнаруживает записку «Добро пожаловать в мир СПИДа». Время распространения: конец 1980-х годов. Сюжет пересекается с 5.6.c (нет в книге, зафиксировано в опросах или в интервью).

6.3.e. Нитки в импортных нейлоновых рубашках превращаются в червяков. Время распространения: конец 1950-х годов. С. 300–301, 393.

6.4. Лекарство, предлагаемое врагом, оказывается ядом.

6.4.a. Немцы сбрасывают бомбы с чесноком (который считался лекарством), а этот чеснок оказывается заражен холерными вибрионами. Время появления: Первая мировая война. С. 324–325, 355.

6.4.b. Лекарство, предложенное врачом-евреем, отравлено им или содержит проволоку, камень и толченое стекло. Время появления: 1952–1953 годы. С. 355.

КРАТКИЙ УКАЗАТЕЛЬ ТЕРМИНОВ

Агитлегенда, 163–164

Апофения, 82–83

Артикуляция фольклорная 28–31, 406, 427–428

Астротурфинг (Astroturfing) 165–168

Гиперсемиотизация 85–90, 96–104, 117–120, 123–125, 158

Городская (современная) легенда 14–25

Городская ипохондрия 240–241

Знак-индекс 108–109

Когнитивный диссонанс (в городской легенде) 19, 305

Компенсация фольклорная 28, 31–33, 428, 454

Культура недоверия 222–223

Ложное воспоминание 468

Мем 36–38

Моральная паника 51–53

Ограниченное благо 245

Остенсивное поведение 59, 61, 120, 194

Остенсивный заряд/потенциал 60–61, 325, 358, 368, 469–470

Остенсия 57–60, 111

Постпамять 397

Псевдоостенсия 58–59, 194

Семиотическое вредительство 74–75, 90, 95–96

Скрытое сообщение в легенде 27–28, 37, 61, 434, 436, 470

Трема 82–83

Фольклор катастроф 453–454

Фольклорная артикуляция — см. артикуляция фольклорная

Фольклорная компенсация — см. компенсация фольклорная

Фэйклор 167–168

Эмоциональный отбор 44–45

Folklore of disaster, disaster-lore — см. Фольклор катастроф

Friend-of-a-friend communication 24, 50, 354

Grassroots 53, 55–57, 165

Hidden transcript 98

ПРИМЕЧАНИЯ

Предисловие. О чем эта книга?

[1] Т. В. (пол не указан), 1952 г. р., Ярославская обл. (дистанционный опрос с открытыми вопросами).

[2] Н. М., ж., 1975 г. р., Москва (интервью).

[3] Шапорина 2011: запись в дневнике от 20 июня 1950 года.

[4] ЛСА. Ф. 41. Оп. 1. Д. 533. Один из документов, относящихся в этому делу, опубл. в: Локшин 2003.

[5] http://molbez.ru/anti-fakes/history9.html (дата обращения 01.08.2019).

[6] Нарский 2011.

[7] Goldstein 2004.

[8] ГАРФ. Ф. 8131. Оп. 31. Д. 42742.

Глава 1. Что такое городская легенда и зачем ее изучать?

[1] Smith 1997: 493.

[2] Возникает в 1968 году (Edgerton 1968), однако в широкий оборот входит только в 1980-х годах после статьи Яна Бранванда (Brunvand 1980).

[3] Beardsley, Hankey 1943: 13–25.

[4] Например: Baughman, Holaday 1944; Dorson 1959.

[5] Baker 1982: 31.

[6] Bennett 2005: xii.

[7] Подробнее об этом см.: Ellis 1994: 62.

[8] Громов 2011: 3–4.

[9] М., 1944 г. р., Москва. Архив Лаборатории теоретической фольклористики ШАГИ ИОН РАНХиГС, проект «Историческая память города: общедоступный портал устных рассказов о Москве» (https://pastandnow.ru).

[10] М., 1941 г. р., Москва. Архив Лаборатории теоретической фольклористики ШАГИ ИОН РАНХиГС, проект «Историческая память города: общедоступный портал устных рассказов о Москве» (https://pastandnow.ru).

[11] Ellis 1997: 495.

[12] Ellis 1983; Ingemark 2008.

[13] В статье (Degh 1971) это folk legends, belief legends, а у (Cunningham 1979; Fine 1979) — urban belief tales.

[14] Подробнее об этом см.: Осетрова 2011: 57–58.

[15] Например: Di Fonzo, Bordia 2007; Fine 1985b; Turner 1993.

[16] Brunvand 1981.

[17] Например: Domowitz 1979; Donaghey 1978; Cunningham 1979.

18 Bell 1976; Fine 1979.

19 Carpenter 1976; Mullen 1970.

20 Ellis 2002; Ellis, Fine 2010; Fialkova 2001.

21 Brunvand 1981; 1986; 1993; 2012.

22 Редкие исключения: Новичкова 2001; Разумова 2003; Панченко 2014. В 2018 году вышел специальный выпуск журнала «Фольклор и антропология города», посвященный городской легенде.

23 Фрейд 1989: 53.

24 Лакан 1999: 182.

25 Kapferer 1987: 165.

26 Дандес 2003а: 76.

27 Victor 1993: 50.

28 Turner 1993.

29 Bennett 1997.

30 Best, Horiuchi 1985.

31 Victor 1993: 54–55.

32 Dundes 1971: 33–36.

33 Дандес 2003а: 96.

34 Goldstein 2004.

35 Dundes 1971: 26.

36 Bennett 1991: 189.

37 Ellis 1994: 68.

38 Thurston 1991.

39 Ellis 2003: 91.

40 Cavalli-Sforza, Feldman 1981; Boyd, Richerson 1985.

41 Бехтерев 1908.

42 Kapferer 1993.

43 Dundes 1964, цит. по: Oring 2014: 466.

44 Архипова 2013: 76–80.

45 Roberts 1994.

46 Подробнее см.: Архипова, Козьмин 2009.

47 Мёрдок 2004.

48 Heath, Bell, Sternberg 2001.

49 Eriksson, Coultas 2014.

50 Imhoff, Lamberty 2017.

51 Galinsky, Whitson 2008.

52 Yanagizawa-Drott 2014.

53 Campion-Vincent 2005a: 21–23.

54 https://www.bbc.com/news/world-latin-america-46145986 (дата обращения 23.07.2019).

55 См. подробнее: Архипова и др. 2017.

56 Cohen 2011.

57 Goode, Ben-Yehuda 1994.

58 Ibid.: 56.

59 Best, Horiuchi 1985.

60 Hall et al. 1978.

61 Goode, Ben-Yehuda 1994: 62.

62 Campion-Vincent 2005b.

63 Goode, Ben-Yehuda 1994: 70.

64 ГАРФ. Ф. 109. Оп. 6. Д. 499. 8 л.

65 Шапорина 2011: запись в дневнике от 20 июня 1950 года.

66 Спецдонесение из Вильнюса, июнь 1952 года. ЛСА. Ф. К-1. 44. 4.

67 Dégh, Vázsonyi 1983; Ellis 1989.

68 Подробный разбор обоих случаев можно найти здесь: https://www.snopes.com/fact-check/halloween-non-poisonings/ (дата обращения 02.08.2019).

69 ОГА СБУ. Ф. 16. 870.876-1953. Л. 170.

70 Горбачев 2018.

71 Kalmre 2013.

72 Czubala 1991.

73 См. подробнее: Архипова, Неклюдов 2009.

74 Архипова, Неклюдов 2009.

75 Перечень и анализ таких коллекций можно найти в: Архипова, Мельниченко 2010; Мельниченко 2014.

[76] Шапорина 2011: запись в дневнике от 8 марта 1944 года.

[77] Bauer, Gleicher 1953: 299, 302: табл. 3.

[78] Еще раз выражаем благодарность Вениамину Лукину, Анастасии Глазановой (Архив еврейской истории в Иерусалиме) и Полине Идельсон (Архив Яд-Вашема).

[79] См. подробнее: Эдельман 1999.

[80] Архипова, Кирзюк 2016a; 2016b.

[81] РГАНИ (Ф. 5. Оп. 100) и РГАСПИ (Ф. 591. Оп. 1; Ф. 595. Оп. 1).

[82] «Прожито» (www.prozhito.org).

Глава 2. Опасные знаки и советские вещи

[1] Разъяснение, посланное начальником московского управления треста «Дальстрой» Умновым: ЦА ФСБ. Ф. 3. Оп. 4. Д. 79. Л. 821 (19.12.1937, исх. № 602/37018).

[2] Краснов-Левитин 1977: 316; Сомов 2001: 191.

[3] См. мемуары: Николаев 1985: 118; Морозов 1991: 6; Герман 2000: 51; Сомов 2001: 191; Пыльцын 2003: 14–15; Бакланов 2004; Левенштейн 2007: 223.

[4] Документ опубликован историком А. Сергеевым в своем личном блоге: historian30h.livejournal.com/73393.html (дата обращения 28.11.2016).

[5] Морозов 1991: 6.

[6] Горустович 1999: 216.

[7] Ситдиков 2008.

[8] ГАСПИ. Ф. 1141. Оп. 18. Д. 3. Л. 192. Цит. по: Тумшис 2004: 378–380.

[9] ЦА ФСБ. Ф. 3. Оп. 4. Д. 79. Л. 380–382. Документ обнаружен и предоставлен Н. Г. Охотиным.

[10] Холмогоров 1997.

[11] Конрад 2015: 53–56, 100.

[12] Там же: 122–125.

[13] Топоров 1965: 200.

[14] Riekki, Lindeman, Aleneff, Halme, Nuortimo 2012.

[15] Galinsky, Whitson 2008, о том же: Rutjens et al. 2014.

[16] Grzesiak-Feldman 2013.

[17] Parsons, Simmons et al. 1999.

[18] Sullivan et al. 2010.

[19] Вышинский 1937.

[20] Там же.

[21] Общество и власть 1998: 16.

[22] Champion 2011: 1–24.

[23] См. подробнее: Plamper 2001: 527–533.

[24] Пользование лупой 1996.

[25] Винокуров 1937.

[26] Там же: 210.

[27] Аджубей 1989: 117.

[28] Klemperer 1998: запись от 25 июля 1939 года, цит. по: Plamper 2001: 540.

[29] Иванов 1996: 388.

[30] Scott 1991.

[31] За новую Россию 1952: 1.

[32] Stokker 1996.

[33] Загянская 1992.

[34] Янковская 2011: 110–111.

[35] Чуковский 2003: 139.

[36] Загянская 1992. Курсив в цитате наш. — *А. А., А. К.*

[37] Там же.

[38] Plamper 2001.

[39] Сидоров 1994: 127.

[40] Там же: 127.

[41] Лубянка 2003: 637.

[42] Ватлин 2012: 149–150.

[43] Лубянка 2003: 637.

44 Савин 1996: 97.

45 Там же: 98.

46 Plamper 2001: 537.

47 СОГАСПИ. Ф. 1141. Оп. 18. Д. 3. Л. 172. Цит. по: Тумшис 2004: 378–380.

48 Акцынов, Акцынова 1992: 60–61.

49 Могилевкин 2005: 149.

50 Peirce 1868: 287–298.

51 Богданов 1972: 18, 22.

52 Этот слух описан в мемуарах: Finn 1954: 61; Могилевкин 2005: 148.

53 Глазунов 2008.

54 Могилевкин 2005: 148–149.

55 ЛМТ. Ф. 262. М. 15. Тетради XVI–XVII. Дата записи 9.03.1940. Л. 1. Мы выражаем признательность сотрудникам Литмузея в г. Тарту (Эстония) за возможность поработать с этими материалами и Габриэлю Суперфину, подсказавшему нам идею поискать в архиве эти записи.

56 ЛМТ. Ф. 262. М. 15. Тетради XVI. Л. 2.

57 Там же. Л. 10.

58 Жуковский 2002: 67.

59 Фрид 1996: 89.

60 Николаев 1985: 91.

61 ЦА ФСБ. Ф. 3. Оп. 4. Д. 79. Л. 399–401. Машинопись с правкой чернилами. Номер и дата проставлены от руки делопроизводителем Секретариата НКВД СССР.

62 Сомов 2001: 191–192.

63 Хлевнюк 1992: 168–169.

64 Plamper 2001: 542.

65 Норильский 1998: 80–81.

66 ЦА ФСБ. Ф. 3. Оп. 4. Л. 776 (Исх. № 12870/36974).

67 Морозов 1991.

68 Лукашук 1997: 97–99; пер. с белорусского Елены Михайлик.

69 Там же: 97–99.

70 Шевченко 2004: 169.

71 Горустович 1999: 216.

72 Документ опубликован историком А. Сергеевым в его личном блоге: historian30h.livejournal.com/73393.html (дата обращения 28.11.2016).

73 ОГА СБУ. Ф. 16. Д. 851. Л. 67–70.

74 Юрчак 2014: 90–165.

75 Аджубей 1989: 117.

76 ГАРФ. Ф. 8131. Оп. 31. Д. 79741. Выражаем сердечную благодарность Анне Козловой за помощь с доступом к делу.

77 Паперный 2016: 41.

78 См. подробнее: Кириков 2003.

79 Паперный 2016: вступление.

80 Macdonald 2006: 109.

81 Екатеринбург 2015. Спасибо нашей коллеге Анне Трахтенгберг за указание на этот источник.

82 Например, см. здесь: http://autotravel-nn.ru/articles/doma-sssr-v-dzerzhinske (дата обращения 19.08.2019).

83 К. Ш., м., 1959 г. р., Пермь. Записано в 2016 году.

84 В. О., м., 1985 г. р., Новополоцк, Беларусь (личное сообщение от 24 февраля 2019 года).

85 Пантелеева и др. 2012.

86 А. А., м., 1976 г. р., Харьков (письменное сообщение, ноябрь 2018 года). Об истории строительства этого конструктивистского здания и об этой городской легенде можно прочитать здесь: https://ua-archi.livejournal.com/517.html (дата обращения 19.08.2019).

87 Устное сообщение историка Демьяна Валерьевича Валуева. Авторы выражают признательность за ценную информацию.

88 Пантелеева и др. 2012.

89 В. О. м., 1985 г. р., Новополоцк, Беларусь (личное сообщение).

90 А. А. м., 1980 г. р., Москва (устное сообщение).

91 Macdonald 2006: 116.

92 ОГА СБУ. Ф. 16. Д. 851. Л. 67–70.

93 Д. К. м., 1987 г. р., Архангельск (личное сообщение).

94 Из интервью, записанного М. Д. Волковой. По утверждению информанта (Д. Д., м., 1976 г. р., Нижний Новгород), он услышал эту легенду примерно в 2000–2005 годах.

95 А. Ч., ж., 1961 г. р., г. Северодвинск (письменное сообщение).

96 https://otvet.mail.ru/question/167999829 (дата обращения 19.08.2019).

97 А. П., м., 1979 г. р., Симферополь (устное сообщение).

98 А. К., ж., 1985 г. р., Нижний Новгород (устное сообщение).

99 https://www.realbrest.by/novosti/istorija-bresta/istorija-odnogo-fontana-v-kobrine.html (дата обращения 19.08.2019).

100 Д. Ф., м., 1952 г. р., Санкт-Петербург (интервью).

101 Синдаловский 2002: 420.

102 Cleaver 2000.

103 Chivers 2006.

104 В. М., ж., 1977 г. р., Москва (опрос).

105 Н. Р., ж., 1983 г. р., село Ермаковское, Красноярский край (личное сообщение).

106 А. М., ж., 1976 г. р., Москва (опрос).

107 Т. П., ж., 1977 г. р., Нижний Новгород (опрос).

108 А. Л., м., 1940 г. р., Москва (устное сообщение).

109 Н. С., ж., 1986 г. р., Фрязино — Москва (интервью).

110 Пользователь «Живого журнала»: https://dennism.livejournal.com/82359.html (дата обращения 19.08.2019).

111 А. А. м., 1957 г. р., Москва (письменное сообщение).

112 Campion-Vincent, Renard 2002.

113 Из полевых филиппинских материалов М. В. Станюкович. Авторы приносят благодарность за этот пример.

114 Слонов 2010.

115 Каменская 2014: 164.

116 Известия. 28 января 1967 года.

117 Дневниковая запись В. Швеца от 10 февраля 1967 года в: Смирнов 2013.

118 ГАРФ. Ф. 8131. Оп. 36. Д. 1298.

119 Эйдельман 2003: дневниковая запись от сентября 1967 года.

120 Андрющенко 2019a.

121 Там же.

122 Каменская 2014: 116.

123 Там же, сноска 22.

124 Работнов б. д.: запись в дневнике за 18 января 1978 года.

125 Работнов б. д.: запись в дневнике за 25 июля 1976 года.

126 Л. Б., ж., 1947 г. р., Екатеринбург (интервью).

127 Ф. Л., м., 1973 г. р., Тула (опрос).

128 Т. М., м., 1969 г. р., Москва (опрос).

129 Л. И. ж., 1970 г. р., Москва (опрос).

130 Е. К., ж., 1970 г. р., Москва (опрос).

131 С. Б., ж., 1968 г. р., Иваново (личное сообщение на Facebook).

132 Громов 2011: 15.

133 Б. К., м., 1971 г. р., Москва (личное сообщение).

134 Так делала наша собеседница А. Ж. (1969 г. р., Санкт-Петербург) в ленинградском пионерском лагере в 1980 году.

135 М. Т., м., 1969 г. р., Москва (опрос).

136 Цит. по: Громов 2011: 15.

137 Шерман 2012.

138 К сожалению, в статье (Громов 2011) нет указания на источник, согласно которому можно бы сделать такой вывод.

139 Андрющенко 2019b.

140 Эти два документа широко распространены в Сети без ссылки на архив и, по-видимому, представляют собой нелегальный скан документов из архива. Подробное обсуждение можно прочитать здесь: http://bit.ly/antivia (дата обращения 19.08.2019).

141 Громов 2011: 15.

142 Андрющенко 2019b.

143 Подробнее об этом см.: Чарный 2004; Громов 2011. Об американских слухах о неофашистах см. в статье Ellis 2018.

144 Гребнев 2006, запись от 24 апреля 1982 года.

145 Чарный 2004.

146 ОГА СБУ. Д. 39/58. 1 марта 1982. Л. 6. Документ выложен на личной странице в открытом доступе во «ВКонтакте»: http://bit.ly/marazm1937 (дата обращения 19.08.2019).

147 http://bit.ly/nikescandal (дата обращения 19.08.2019).

148 Ings et al. 2012.

149 Ramachandran, Hirstein 1999.

150 Fine, Ellis 2010: 26–28.

151 Волкова 2016.

152 Flood 2019.

153 https://twitter.com/sarahksilverman/status/830923187479277568 (дата обращения 19.08.2019).

Глава 3. Как легенда стала идеологическим оружием

1 Достоевский 2005. Спасибо Льву Оборину, который навел нас на это сопоставление.

2 Hayward 2002.

3 Этот термин предложил нам С. Ю. Неклюдов, за что ему большое спасибо.

4 Walker 2014.

5 Гаврилова 2018: 173, сноска 102.

6 Архипова, Неклюдов 2010.

7 Акульшин 1924: 281.

8 Dorson 1976: 5.

9 Dundes 1985: 7–8.

10 Dundes 1985.

11 Лаптева 2001.

12 Miller 1991.

13 Дарнтон 2016.

14 Гагарина 2017: дневниковая запись от 24 апреля 1831 года.

15 Егоров 2016.

16 ГАРФ. Ф. 109. Оп. 6. Д. 499. Л. 8.

17 Советская деревня 2000: 362.

18 Блюм 2004: 178, сноска 1.

19 Байкова 1931.

20 Архипова, Неклюдов 2010.

21 Шитц 1991: 115.

22 История ГУЛАГа 2004: 237.

23 ОГА СБУ. Ф. 16. Оп. 18. Д. 5. Л. 112.

24 Крамола 2005: 33.

25 Там же: 32–35.

26 Попова 2018: 181.

27 ОГА СБУ. Ф. 160. Оп. 1: «Борьба с подрывной деятельностью израильской разведки и сионистско-клерикальных элементов», начата в 1966 году. Л. 253.

28 ОГА СБУ. Ф. 1. Оп. 1. Д. 1339.

29 Лебина 2019: 51.

[30] Минц 2007: дневниковая запись от 27 декабря 1973 года.

[31] Подробнее об этом см.: Вайль, Генис 2002.

[32] Дедков 2005: запись от 2 августа 1982 года.

[33] Менделеев 1969.

[34] Русаков 1983.

[35] Солдатов 1980.

[36] Уши ЦРУ 1976.

[37] Палладин 1984.

[38] Работнов 1978: 16 января.

[39] В. М., м., 1977 г. р., Москва (личное сообщение).

[40] Работнов б. д.: дневниковая запись от 16 января 1978 года.

[41] Историк Леонид Кацва любезно поделился с нами этой историей из своего студенческого прошлого (записано 27 июня 2019 года).

[42] А. И., м., 1960 г. р., Пермь (устное сообщение).

[43] Б. П., м., 1962 г. р., Москва (устное сообщение).

[44] А. Т., м., 1969 г. р., Одесса, Реутов (интервью).

[45] А. С., м., 1971 г. р., Санкт-Петербург (устное сообщение). Рассказ о ленинградской школе № 52.

[46] А. П., м., 1971 г. р., Санкт-Петербург (устное сообщение). Согласно воспоминанию, учительница рассказала это где-то в начале 1980-х годов.

[47] А. М., ж., 1972 г. р., Москва (письменное сообщение).

[48] Я (А. А.) слышала такую версию примерно в 1984–1985 годах.

[49] Нестеров 2018.

[50] Сообщил ведущий телеканала «Дождь» Павел Лобков.

[51] ГАЛО. Ф. Р-1332. Оп. 2. Д. 23. Документы уполномоченного Совета по делам религиозных культов по Львовской области. Л. 90, 118–123.

[52] ОГА СБУ. Ф. 11. Д. 942. Т. 1. Л. 151.

[53] Там же.

[54] Наумов 2015.

[55] Аблазов б. д.: дневниковая запись от 26 мая 1981 года.

[56] Harvey 1980: 1.

[57] Пять колец 2011: 353.

[58] Г. Т., ж., 1950 г. р., Москва (опрос).

[59] Н. С., ж., 1973 г. р., Москва (опрос).

[60] Рассказ публициста Ильи Забежинского, 1967 г. р., Санкт-Петербург (пост на Facebook от 14 июня 2019 года).

[61] А. В., ж., 1973 г. р., Москва (опрос).

[62] К. Б., м., 1970 г. р., Москва (опрос).

[63] В. С., 1975 г. р., Москва (опрос).

[64] О. З., ж., 1972 г. р., Москва (опрос).

[65] Е. С., ж., 1986 г. р., Воронеж (опрос).

[66] А. К., м., 1967 г. р., Одесса (интервью).

[67] А. В., м., 1963 г. р., Москва (интервью).

[68] К. Д., ж., 1979 г. р., Москва (интервью).

[69] Подробнее об этом см.: Голубев 2018.

[70] Подробнее об этом см.: Хрипун 2010; Орлов, Попов 2018.

[71] Орлов, Попов 2018: 414–415.

[72] ОГА СБУ. Ф. 1. Оп. 1. Д. 1339. Л. 4.

[73] Мельниченко 2014: № 3131.

[74] Н. М., м., 1950 г. р., Москва (опрос).

[75] Богданов 2015: 80–81; Орлов, Попов 2018: 426–427.

[76] См. комментарии к посту пользователя man_with_dogs: https://man-with-dogs.dreamwidth.org/943530.html?thread=5789354 (дата обращения 22.08.2019).

[77] Цит. по: Орлов, Попов 2018: 435.

78 Там же: 436.

79 Там же: 295.

80 Там же: 258.

81 Дедков 2005: дневниковая запись от 11 июля 1980 года.

82 Вышенков 2014.

83 И. Н., м., 1966 г. р., Санкт-Петербург (опрос).

84 Пропп 2001.

85 Лякин и др. 1963: 121–122.

86 И. К., ж., 1971 г. р., Москва (опрос).

87 Канторович 2014.

88 Н. Ф., ж., ок. 1974 г. р., Москва (сообщение на Facebook).

89 Д. Ф., м., 1971 г. р., Москва (опрос).

90 Елин 2008: дневниковая запись от 10 июля 1980 года.

91 Официальный и фольклорные варианты можно найти здесь: http://a-pesni.org/dvor/korpugovka.php (дата обращения 22.08.2019).

92 Долматовский 1939.

93 Ю. В., ж., 1975 г. р., Москва (интервью).

94 Рогоза 2017.

Глава 4. Свои чужие опасные вещи

1 Романий 2011: 40.

2 Д. Р., ж., 1979 г. р., Москва (личное сообщение).

3 Романий 2011: 43.

4 Гаврилова 2018: 172.

5 Басилов 1992.

6 Рыжакова 2001.

7 Rozin et al. 1986.

8 Фрейзер 2001.

9 Morales, Fitzsimons 2007.

10 С. Д., м., 1996 г. р., Пермь, Санкт-Петербург (личное сообщение).

11 А. А. ж., 1968 г. р., Москва (личное сообщение на Facebook).

12 Лебина 2018: 372.

13 Зощенко, Радлов 1928: 20.

14 Об этом подробнее см.: Глущенко 2015: 120–123.

15 Лебина 2018: 369.

16 Ритцер 2011.

17 Кормина 2015: 145.

18 Там же.

19 Подробнее об этом см.: Bell 1976; Fine 1979; 1980; Koenig 1985; Kapferer 1989.

20 Henken 2002: 262–264.

21 Campion-Vincent 1976.

22 Асмолова 2014.

23 А. Р., ж., 1973 г. р., Санкт-Петербург: со слов бабушки 1916 г. р. из Орловской губернии. То же самое слышал И. К., м., 1974 г. р., Красноярск (сообщение на Facebook).

24 ЧКВ, информант проекта postandnow.ru.

25 Н. С., ж., 1972 г. р., Москва (сообщение на Facebook).

26 А. Е., ж., 1970 г. р., Ленинград (сообщение на Facebook).

27 О. Ф., ж., 1980 г. р., Кишинев (опрос).

28 И. Л., ж., 1967 г. р., Москва (опрос).

29 А. В., м., 1963 г. р., Москва (личное сообщение) — от дедушки 1907 г. р.

30 К. К., м., 1968 г. р., Москва (интервью).

31 К. К., м., 1968 г. р., Москва (интервью).

32 О. Б., ж., 1957 г. р., Москва. Слышала эту историю в середине 1960-х годов на коммунальной кухне (сообщение на Facebook).

33 О. Б., ж., 1957 г. р., Москва (интервью).

34 В. Д., ж., 1975 г. р., Самара (личное сообщение).

[35] М. Т., м., 1969 г. р., Москва (опрос).

[36] А. Ш., ж., 1989 г. р., Минск (личное сообщение на Facebook).

[37] В. Д., ж., 1960 г. р., Москва (личное сообщение на Facebook).

[38] Д. Д., ж., 1964 г. р., Кривой Рог, сейчас — Рига (личное сообщение на Facebook).

[39] Fine 1985a.

[40] И. С., ж., 1967 г. р., Пушкин Ленинградской области (личное сообщение на Facebook).

[41] А. Е., ж., 1970 г. р., Санкт-Петербург (личное сообщение на Facebook).

[42] Fine 1985a.

[43] Ф. Л., м., 1973 г. р., Тула, Бердянск (опрос).

[44] Н. Б., ж., 1979 г. р., Москва (опрос).

[45] И. П., м., 1980 г. р., Тюмень (опрос).

[46] С. О., ж., 1987 г. р., Киев (опрос).

[47] ЛА ВФ. № 4-87-11.

[48] И. М., м., г. р. и город неизвестны (комментарий на Facebook).

[49] К. К., м., 1959 г. р., Москва (письменное сообщение).

[50] Н. Б., ж., 1979 г. р., Москва (опрос).

[51] Е. И., ж., 1980 г. р., Москва (опрос).

[52] Л. О., м., 1987 г. р., Москва (личное сообщение).

[53] Подробнее об этом см.: Леденева 1999.

[54] Д. Ф., м., 1951 г. р., Санкт-Петербург (интервью).

[55] Н. Р., ж., 1983 г. р., от брата 1970 г. р., Красноярский край (личное сообщение).

[56] Левицкий 2006: дневниковая запись от 14 марта 1979 года.

[57] Там же.

[58] Д. Ш., ж., 1986 г. р., Санкт-Петербург (опрос).

[59] С. Б., ж., 1968 г. р., Иваново (сообщение на Facebook).

[60] Гагарина 2007: дневниковая запись от 24 апреля 1831 года.

[61] Там же.

[62] Kerr 2010.

[63] Goldshtein 2004.

[64] Карпунина 2018.

[65] Д. Ш., ж., 1986 г. р., Санкт-Петербург (опрос).

[66] М. С., ж., 1984 г. р., Москва (опрос).

[67] И. Б., м., 1973 г. р., Сидней, Канада (личное сообщение).

[68] А. Ж., ж., 1972 г. р., воспитатель детского сада в городе Бремен, Германия (интервью).

[69] По наблюдениям одного из авторов этой книги Александры Архиповой, так делали немецкие коллеги и друзья в городе Бремен, в то время, когда она там жила (2008–2011).

[70] Pocius 1991: 221.

[71] Фильцер 2018: 161–200.

[72] Там же: 184.

[73] Там же: сноска 92.

[74] Цит. по: Фильцер 2018: 82.

[75] Фильцер 2018: 377.

[76] Foster 1965.

[77] Н. Г., ж., 1947, Сызрань (личное сообщение).

[78] А. К., ж., 1981 г. р., Екатеринбург (самозапись).

[79] Лебина 2015: 73–90.

[80] Н. К., ж., 1937 г. р., Москва (интервью).

[81] К. К., м., 1979 г. р., Москва (опрос).

[82] М., ж., 1961 г. р., Москва (опрос).

[83] Афанасьев б. д.: дневниковая запись за 1979 год, с. 8.

[84] Так исследует слухи, например, Юлия Хмелевская (Хмелевская 2011).

85 Bennet, Smith 2007: 274–276.

86 Ibid.

87 Burke 1998.

88 Domowitz 1979.

89 Allport, Postman 1947: 202.

90 Хмелевская 2011: 52–53.

91 Там же: 58.

92 Кнорринг 2009–2013: дневниковая запись от 27 мая 1922 года.

93 Хмелевская 2011: 55.

94 Хмелевская 2011.

95 Кладищева б. д.: дневниковая запись от 7 мая 1922 года.

96 К. К., м., 1969 г. р., Москва (личное сообщение в Facebook).

97 ГА Актюбинской области. Ф. 3.

98 РГАСПИ. Ф. 17. Оп. 3. Д. 248. Л. 1.

99 РГАСПИ. Ф. 17. Оп. 3. Д. 259. Л. 1, 12.

100 РГАСПИ. Ф. 17. Оп. 3. Д. 258. Л. 1.

101 Chamberlin 1935.

102 Ломагин 2000.

103 Машкова 2005: дневниковая запись от 11 марта 1943 года.

104 Б. И., ж., 1936 г. р., Петербург (интервью).

105 Краткие сведения об Анне Кашириной можно найти на сайте «Прожито»: http://prozhito.org/person/1825 (дата обращения 10.09.2019).

106 Каширина б. д.: дневниковая запись от 17 августа 1942 года.

107 Д. Ф., м., 1951 г. р., Санкт-Петербург (интервью).

108 Пришвин 2012: дневниковая запись от 16–18 марта 1943 года.

109 Шефнер 2004: дневниковая запись от 31 октября 1942 года.

110 Хмелевская 2011.

111 Мендельсон б. д.: дневниковая запись от 4 июня 1919 года.

112 Савич 2008: дневниковая запись от 22 июля 1922 года.

113 К. К., м., 1979 г. р., Москва (опрос).

114 Кладищева б. д.: дневниковая запись от 7 мая 1922 года.

115 Хмелевская 2011: 59.

116 Борисенко и др. 2008.

117 Пилкин 2005: дневниковая запись от 1919 года.

118 Г. С., м., 1945 г. р., Москва (интервью).

119 Шапорина 2011: дневниковая запись от 20 июня 1950 года.

120 М. Г., ж., 1961 г. р., Киев (опрос).

121 Kalmre 2013; Kõiva 1998.

122 М. Т., м., 1969 г. р., Москва (опрос).

123 ЛА ВФ. Зотова.

124 Лойтер 2001: сюжет № IV-1.

125 ЛА ВФ. 3-11-89.

126 ЛА ВФ. Тимошечкина.

127 ОГА СБУ. Ф. 16. Д. 559. 565–1946. Л. 241–248. Воспроизводится по копии Архива истории еврейского народа (Иерусалим).

128 Фильцер 2018: 82.

129 Дятлова 2001: дневниковая запись от 29–31 июля 1941 года.

130 Здесь и далее фрагменты румынской статьи цитируются по переводу, приложенному сотрудниками НКГБ к спецсообщению. ОГА СБУ. Ф. 16. Д. 559. 565–1946. Л. 241–248.

131 ОГА СБУ. Ф. 16. Д. 559. 565–1946. Л. 248.

132 Weber 1991.

133 Neander 2016: 23–40.

134 Историю вопроса см.: Weber 1991; Neander 2006.

135 Hutman 1990.

136 Дуглас 2000.
137 Littlefield 1925.
138 Ponsonby 1928: 17.
139 Neander 2010: 67–68.
140 Neander 2013: 48–53.
141 Littlefield 1925.
142 Neander 2013: 50–51.
143 Ibid.: 53.
144 Ibid.: 59–62.
145 Ibid.: 80.
146 Стронин 1925: 69.
147 Показание бывшего британского военнопленного на Нюрнбергском процессе: Weber 1991.
148 Weber 1991: 217
149 Свидетельство Петреску из румынской газеты, цитированной выше.
150 Neander 2004.
151 Neander 2006: 69.
152 Ibid.: 76.
153 Ibid.: 74.
154 Лофтус, Кетчем 2018; Murphy, Loftus et al. 2019.
155 German Soap 1946: 5.
156 Neander 2016: 23–40.
157 Santino 2004.
158 Zeltser 2018.
159 РГАСПИ. Ф. 17. Оп. 125. Д. 438. Л. 216–218.
160 Kalmre 2013.
161 А. А., ж., 1976 г. р., Москва (самозапись).
162 Работнов б. д.: дневниковая запись от 23 апреля 1978 года.
163 А. Ю., м., 1953 г. р., Москва (опрос).
164 Н. Р., ж., 1963 г. р., Москва (опрос).
165 Ф. Л., м., 1973 г. р., Москва (опрос).
166 Тихомирова 2004.
167 О разных формах такого взаимодействия с вещью см.: Утехин 2004; Смоляк 2011.
168 Орлова 2004.
169 Деготь 2000.
170 И. К., м., 1971 г. р., Москва (интервью).
171 Ю. Ч., ж., 1975 г. р., Москва (опрос).
172 Аджубей 1989.
173 Байбурин 1981: 216.
174 А. С., ж., 1976 г. р., Москва (самозапись).
175 Опрос авторов статьи 2016 года о внесловарных значениях слов.
176 Неклюдов 2008.
177 Юрчак 2014: 383–385.
178 Иванова 2017: 151.
179 Д. Ф., м., 1951 г. р., Санкт-Петербург (интервью).
180 О. Б., ж., 1950 г. р., Москва (интервью).
181 А. Т., м., 1969 г. р., Реутов (интервью).
182 А. М.-Р., м., 1963 г. р., Рига (интервью).
183 А. А., м., 1968 г. р., Одесса (интервью).
184 Гурова 2005: 20; Лебина 2015.
185 А. Ю., м., 1964 г. р., Воронеж (опрос).
186 Такую историю рассказал нам наш информант А. В., участник Афганской войны из с. Аргуново Никольского района Тотемской области, 1960 г. р.
187 Д. Г., м., 1968 г. р., Москва (личное сообщение).
188 Н. С., ж., 1961 г. р., Москва (интервью).
189 К. К., м., 1979 г. р., Москва (опрос).
190 Ю. Ч., ж., 1975 г. р., Москва (опрос).

Глава 5. Чужак в советской стране

1 Терц 1992: 147–148.

2 Ю. Е., ж., 1977 г. р., Москва (опрос).

3 А. Ж., ж., 1979 г. р., Москва (опрос).

4 Белова 2005: 54–61.

5 Там же: 61–64.

6 Neulander 2006.

7 https://rehmat2.wordpress.com/2010/07/08/study-is-mental-illness-a-jewish-disease/ (дата обращения 20.09.2019).

8 Henken 2002: 262–264.

9 Mayor 1995.

10 Arnold 2015: 111–130.

11 Briggs, Mantini-Briggs 2003.

12 Вишневский 2002: дневниковая запись от 31 августа 1942 года.

13 Рачева, Артемьева 2018: 67–68.

14 Fine, Ellis 2010: 75–77.

15 Panczová 2017: 56.

16 Шах 2018: 173.

17 Шах 2018.

18 РГАНИ. Ф. 5. Оп. 67. Д. 133. Л. 24.

19 Цит. по: Вайль, Генис 2001: 59.

20 Кузнецов 1973: дневниковая запись от 7 мая 1971 года.

21 Foster 1965.

22 Багдасарян и др. 2007: 204.

23 РГАНИ. Ф. 5. Оп. 67. Д. 133. Л. 23.

24 Выражаем искреннюю признательность нашему чешскому коллеге, фольклористу Петру Яначеку за сообщение этого примера.

25 В. М., ж., 1966 г. р., Москва (опрос).

26 Н. Н., м., 1967 г. р., Москва (опрос).

27 К. К., м., 1961 г. р., Санкт-Петербург (интервью).

28 Попов 2018: 197.

29 Н. С., ж., 1973 г. р., Москва (опрос).

30 Попов 2018; Багдасарян и др. 2007.

31 Пять колец 2011: 700.

32 Там же.

33 Т. М., ж., 1956 г. р., Москва (опрос).

34 Н. Б., ж., 1979 г. р., Москва (опрос).

35 Н. С., ж., 1973 г. р., Москва (опрос).

36 Там же.

37 М. Т., м., 1969 г. р., Москва (опрос).

38 Афанасьев б. д.: дневниковая запись от 1980 года. С. 9.

39 М., ж., 1961 г. р., Москва (опрос).

40 Афанасьев б. д.: запись от 1979 года. С. 10.

41 Об этом нам сообщили, в частности, О. З., ж., 1972 г. р., Москва (опрос). О. В., ж., 1969 г. р., Москва (опрос) и многие другие.

42 Миротворская 2010: дневниковая запись от 15 (2) июля 1915 года.

43 Cohn 2007.

44 Шейн 1902: 292–293.

45 Тихомиров 2005: дневниковая запись от 14 июня (1 июня) 1915 года.

46 Орешников 2010: дневниковая запись от 13 октября 1916 года.

47 Рассказ И. С., м., 1958 г. р., Севастополь, о своей бабушке, М. С., жившей в Одессе и Херсоне в 1920-е годы.

48 Дневник одессита Владимира Швеца за 1942 год в книге: Смирнов 2013.

49 Weber 1991: note 2.

50 Lockwood 2010.

51 Garrett 1996: 2–3.

52 Ibid.: 3.

53 Ibid.

54 РГАЭ. Ф. 7486. Оп. 47. Д. 35. Л. 145–148.

55 Panczová 2017: 62–63.

[56] Halt Amikäfer. Berlin: Amt für Information der Regierung der DDR, 1950.

[57] РГАЭ. Ф. 7486. Оп. 47. Д. 35. Л. 145–148.

[58] Смена. 1952. 6 мая.

[59] Смена. 1952. 5 апреля.

[60] Смена. 1952. 29 марта. Выражаем благодарность нашему коллеге, историку Дмитрию Козлову за предоставленные газетные материалы.

[61] Lockwood 2010: 160–163.

[62] Ibid.: 167–168.

[63] Об этом: Leitenberg 1998: 167; Lockwood 2010: 173–174.

[64] Lockwood 2010: 173–174.

[65] Leitenberg 1998: 187.

[66] Ibid.: 195.

[67] Там же: 196.

[68] А. А., ж., 1976 г. р., Москва (опрос).

[69] П. Л., м., СПб. (сообщение на Facebook).

[70] Рассказал наш коллега, фольклорист Владимир Кляус.

[71] Афанасьев б. д.: 9.

[72] А. Б., ж., 1976 г. р., Чапаевск Куйбышевской обл. (сообщение на Facebook).

[73] А. С., жен, 1985, Москва (интервью).

[74] К., м., 1975 г. р., Ульяновск (интервью).

[75] М. К., 1976 г. р., Стокгольм, швед (личное сообщение).

[76] Гамов 2016.

[77] Филиппович 2000: дневниковая запись от 7 июля 1957 года.

[78] Назиров 2015.

[79] Совершенно секретно. 1995. № 10.

[80] Дандарон 1997: письмо 53.

[81] Е. Б., ж., 1973 г. р., Москва (интервью).

[82] ЛСА. Ф. К-1. Оп. 44. Д. 4. Л. 8–9. Цит. по копии Архива истории еврейского народа в Иерусалиме.

[83] Правда. 1953. 13 января.

[84] ЛСА. Ф. К-1. Оп. 44. Д. 4. Л. 7.

[85] Там же.

[86] Там же.

[87] Фильцер 2018.

[88] ЛСА. Ф. К-1. Оп. 44. Д. 4.

[89] Там же.

[90] Там же.

[91] Там же.

[92] Мицель 2004; Митрохин 2003: 70–72.

[93] Костырченко 2003.

[94] ОГА СБУ. Ф. 16. Оп. 871. Л. 19. Копия из Архива истории еврейского народа в Иерусалиме.

[95] ОГА СБУ. Ф. 16. Оп. 92. Д. 858–867. Л. 126.

[96] ОГА СБУ. Ф. 16. Оп. 92. Л. 116.

[97] Там же.

[98] ОГА СБУ. Ф. 16. Оп. 92. Л. 115.

[99] ЛСА. Ф. РА-101. ОП. 66. Д. 88. Л. 52–53. Копия Архива Истории еврейского народа в Иерусалиме.

[100] Bemporad 2012.

[101] Зеленина 2016.

[102] Покровская 2011: дневниковая запись от 16 января 1953 года.

[103] Дмитриев 2000–2001: дневниковая запись от 13 января 1953 года.

[104] Зеленина 2016: 34.

[105] Там же: 121.

[106] Асташкин 2015: 35.

[107] Bemporad 2012: 356.

[108] Brunvand 2012.

[109] Медведев б. д.: дневниковая запись от 2 марта 1953 года.

[110] ЛСА. Ф. К-1. Оп. 44. Д. 4.

[111] Раппопорт 1988: 70.

[112] Bemporad 2012: 357.

[113] Cohn 2007.

[114] Шейн 1902: 292–293. Выражаем сердечную благодарность О. В. Беловой за указание на эту цитату.

115 ЛСА. Ф. К-1. Оп. 44. Д. 4.

116 Зеленина 2016: 129.

117 Шапорина 2011: дневниковая запись от 22 марта 1953 года.

118 Медведев б. д.: дневниковая запись от 2 марта 1953 года

119 ЛСА. Ф. К-1. Оп. 44. Д. 4.

120 Шапорина 2011: дневниковая запись от 22 марта 1953 года.

121 Messana 2011: 64.

122 Асташкин 2015: 34.

123 ОГА СБУ. Ф. 16. Оп. 871. Л. 150.

124 ОГА СБУ. Ф. 16. Оп. 871. Л. 180.

125 Горелик 1997: 183.

126 Draitser 2008: 273–275.

127 И. З., м., 1961 г. р., Ленинград — Иерусалим.

128 Кимерлинг 2011: 124.

129 Раппопорт 2004: 25.

130 Асташкин 2015.

131 Покровская 2011: дневниковая запись от 16 января 1953 года.

132 Пролейко 2013: дневниковая запись от 17 января 1953 года.

133 ЛСА. Ф. 101. Оп. 66. Д. 88. Л. 52.

134 ОГА СБУ. Ф. 1. Оп. 24. Д. 2773. Л. 44; копия ЦАИЕН. RU 1605.

135 Амальрик 1970.

136 Hayward 2002.

137 Там же.

138 Орешников 2010: дневниковая запись от 7 октября 1916.

139 Воробьева б. д.: дневниковая запись от 1942 год.

140 Тимофеев 2003: дневниковая запись от 12 апреля 1942 года.

141 Н. К., м., 1963 г. р., Никольский район Вологодской области (интервью).

142 Бюллетень «В»: запись № 53-35/2 (июнь 1981 года).

143 Д. Г., м., 1968 г. р., Москва (личное сообщение).

144 Попков 1955.

145 ГАРФ. Ф. Р-9415. Оп. 1. Д. 315. Л. 99. Выражаем признательность нашему коллеге, историку Алексею Попову из Симферополя, за эту цитату.

146 Ю. Л., м., ок. 1970 г. р., Москва (ссобщение на Facebook).

147 Афанасьев б. д.: дневниковая запись от 1979 год. С. 9.

148 Об этом подробнее см.: Богданов 2015.

149 Л. П., ж., 1973 г. р., Москва (опрос).

150 Ф. Л., м., 1973 г. р., Москва (опрос).

151 Н. Р., ж., 1963, Москва (опрос).

152 Мосс 1996.

153 Mayor 1995.

154 Briggs, Mantini-Briggs 2003.

155 Campion-Vincent 2005a; 2005b.

156 Иванова 2017: 50–52.

157 А. Р-М., м., 1963 г. р., Рига (интервью).

Глава 6. Взрослые страхи и детские легенды

1 С. И., м., 1978 г. р., Москва (опрос).

2 Siegelbaum 2009; Сигельбаум 2011.

3 Герман 2006: 29.

4 Солженицын 1996: 94.

5 Ахматова 2005: 352.

6 Гинзбург 2011; Солженицын 1990.

7 Горустович 1999: 216.

8 Роскина 2015.

9 Аксенов 2009: 151.

10 Рябикова 2016.

11 news.siteua.org/Мир/509012/ТОП_50_нелепых_городских_легенд_СССР (дата обращения 22.08.2019).

12 Там же.

13 Белоусов 1998: № 60.
14 А. А., ж., 1976 г. р., Москва (личное сообщение).
15 Гриль 2004.
16 Дело Лаврентия Берии 2015: 86.
17 Там же.
18 Федорова, Фрэнкл 1997: 37.
19 Т. М., ж., 1956 г. р., Москва, со слов мамы 1933 г. р. (интервью).
20 Дело Лаврентия Берии 2015: 33–35.
21 Богданов 2009; Вайс 2008.
22 Шепилов 1998: 18–19.
23 А. С., м., 1957 г. р., Москва (интервью).
24 Г. С., м., 1943 г. р., Москва (e-mail).
25 С. Н., м., 1941 г. р., Москва (интервью).
26 Алексеева, Гольдберг 2006: 257.
27 Т. М., ж., 1956 г. р., Москва, со слов мамы 1933 г. р. (интервью).
28 Кашницкий 2011.
29 Петров 2015: № 43.
30 Орхидея 2015.
31 М. Т., м., 1969 г. р., Москва (опрос).
32 Н. Б., м., 1979 г. р., Москва (опрос).
33 Успенский, Усачев 1998.
34 А. Л., ж., 1976 г. р., Москва (письменное сообщение).
35 Гембик 2010.
36 К. С., ж., 1980 г. р., Донецк (опрос).
37 Д. Р., ж., 1978 г. р., Свердловск (опрос).
38 В. К., ж., 1976 г. р., Москва (личное сообщение).
39 Архипова 2015: 91–94.
40 Зиновьев 2008: 25.
41 Мандельштам 1999: 433.
42 Эткинд 2016: 25.
43 Гинзбург 2011: 47.
44 Н. К., ж., 1979 г. р. Владимир (опрос).
45 С. Р., м., 1988 г. р., Тотьма Вологодской обл. (интервью).
46 Фрейд 1999.
47 О. С., ж., 1960 г. р., Екатеринбург (интервью).
48 Я. В., ж., 1978 г. р., Москва (опрос).
49 Ушакин 2009: 15.
50 Brunvand 2012: 498.
51 Гренбецка 2013; Czubala 1991.
52 Kalmre 2013; Kõiva 1998, 2005.
53 Czubala 1991: 2.
54 Kalmre 2013: 55.
55 Панченко 2014.
56 Панченко 2014; Campion-Vincent 2005a; Regamey 2012.
57 Scott 1985.
58 Kalmre 2015: 46–47.
59 Подробнее об этом см.: Capion-Vincent 2005: 13–22; Панченко 2014: 26.
60 Hirsch 1993.
61 В. К., м., 1971 г. р., Ухта (опрос).
62 М. С., ж., 1955 г. р., Ленинград (опрос).
63 ЛА ВФ. 10-03-1992. Шк. № 286, 5а класс.
64 https://bozi.livejournal.com/103640.html (дата обращения 16.10.2019).
65 Борисов 2008.
66 Фуко 1999.
67 Lyon 1994.
68 Wright 2008.
69 Behrend 2003.
70 Kalmre 2007.
71 Campion-Vincent, Renard 2014: 283–292.
72 https://tjournal.ru/tech/103852-sozdateli-prilozheniya-deepnude-kotoroe-razdevaet-cheloveka-na-foto-obyavili-o-zakrytii-servisa (дата обращения 22.09.2019).
73 Brunvand 2012.
74 Ibid.: 235–236.
75 Best, Horiuchi 1985.
76 Архипова и др. 2017.

77 Tierney 2003; https://www.theage.com.au/national/urban-legends-thrive-in-military-occupation-of-iraq-20030809-gdw6kt.html (дата обращения 16.10.2019).

78 Pisik 2003; Hanley 2003. Благодарим Александра Панченко и Брайана Чапмена за указание на некоторые из этих источников.

79 Kelly 2003.

80 Christenson 2004.

81 Ward 2009.

82 https://www.theage.com.au/national/urban-legends-thrive-in-military-occupation-of-iraq-20030809-gdw6kt.html (дата обращения 16.10.2019).

83 Голубев 2018.

84 Цыбов, Чистяков 1968: 153.

85 Лякин и др. 1963: 196.

86 Там же: 77.

87 Пострелова 1959: 14.

88 С. С., ж., 1981 г. р., Москва (интервью).

89 Н. К., ж., 1994 г. р., услышано от бабушки 80 лет, Москва (Facebook)

90 Балашова 2013.

91 А. А., ж., 1976 г. р., Москва (самозапись).

92 Гурова 2008: 77.

93 По сообщению Глеба Павловского, который видел ее в самиздате в 1970-х годах.

94 Деготь, Демиденко 2000: 93. Мы благодарим Габриэля Суперфина за указание на источник.

95 Цыбов, Чистяков 1968: 108.

96 Аксенов 1972. Спасибо Дмитрию Козлову за указание на этот источник.

97 Д. А., м., 1979 г. р., Москва (Facebook).

98 https://76-82.livejournal.com/5579826.html (дата обращения 22.08.2019).

99 Там же.

100 Лебина 2015: 44, 68.

101 А. Р., м., 1955 г. р., Ленинград (интервью).

102 Кирзюк 2017.

103 Astapova 2017.

104 В. Д., м., 1957 г. р., Петербург (интервью).

105 Мельниченко 2014: № 1670.

106 Цыбов, Чистяков 1968: 108.

107 А. Н., ж. (Facebook).

108 http://back-in-ussr.com/2013/04/sovetskie-gorodskie-legendy.html (дата обращения 22.08.2019).

109 Ю. К., м., 1944 г. р., Москва (интервью).

110 А. П., м., 1953 г. р., Петербург (интервью).

111 Ю. К., м., 1944 г. р., Москва (интервью).

112 М. О., ж., 1973 г. р., Москва (опрос).

113 Гердт 2010.

114 Мельниченко 2014: № 1668а.

115 https://from-ua.com/articles/268420-sekretnii-vodoprovod-i-drugie-sovetskie-baiki.html (дата обращения 16.10.2019)

116 И. С., ж., 1977 г. р., Москва (опрос).

117 И. К., ж., 1981 г. р., Йошкар-Ола (интервью).

118 Борисов 2008: 174–175.

119 М., 1979 г. р., Москва (Facebook).

120 Елизаров 2005.

121 https://bozi.livejournal.com/103640.html (дата обращения 22.08.2019).

122 Остин 1999.

123 Astapova 2017.

124 Е. Л., ж., 1955 г. р., Москва (интервью).

125 Гладков 2015: дневниковая запись от 12 января 1964 года.

126 Ракитин 2016.

127 А. Е., ж., 1968 г. р., до 1984 — Ташкент, с 1984 — Москва (опрос).

128 С. Ч., ж., 1968 г. р., до 1992 — Новосибирск, Академгородок (опрос).

129 Корнеев 1974.

130 Феофанов 1974.

131 Д. Ф., м., 1951 г. р., Санкт-Петербург (интервью).

132 Л. К., ж., 1971 г. р., Москва (интервью).

133 Н. К., ж., 1971 г. р., Москва (интервью).

134 А. Ж., ж., 1979 г. р., Москва (опрос).

135 А. К., ж., 1994 г. р., Москва (личное сообщение).

136 https://boards.straightdope.com/sdmb/showthread.php?t=270887 (дата обращения 16.10.2019).

137 Д. Д., м., 1977 г. р., Нижний Новгород (личное сообщение).

138 Н. Р., ж., 1983 г. р., Красноярский край (интервью).

139 И. К., м., 1982 г. р., Львовская область (личное сообщение).

140 К. В., ж., 1949 г. р., Москва (интервью).

141 А. В., м., 1963 г. р., Москва (интервью).

142 Д. Ф., м., 1951 г. р., Ленинград (интервью).

143 С. Ч., ж., 1968 г. р., до 1992 года — Новосибирск, Академгородок (опрос).

144 Fine 1980.

145 Campion-Vincent 1976.

146 ЛА ВЛ. 24.12.88. Шк. № 108. 5б класс. Смирнова.

147 Д. Ф., м., 1951 г. р., Санкт-Петербург (интервью).

148 А. Б., ж., 1968 г. р., Симферополь (личное сообщение).

149 Пономарев 2013: 145.

150 А. Е., ж., 1970 г. р., Санкт-Петербург (личное сообщение на Facebook).

151 О. М., ж., 1971 г. р., Санкт-Петербург (личное сообщение).

152 Е. Д., ж., [без года], Рига (комментарий на Facebook).

153 А. И., м., [без года], Москва (комментарий на Facebook).

154 Е. Р., ж., 1975 г. р., Химки (комментарий на Facebook).

155 И. К., ж., 1981 г. р., Йошкар-Ола (личное сообщение).

156 Нагибин 2010: дневниковая запись от 17 июня 1975 года.

157 А. М., м., 1955 г. р., Санкт-Петербург (интервью).

158 Зубок 2012.

159 Из опубликованных архивов СБУ (Андрющенко 2019).

160 РГАСПИ. Ф. 591. Оп. 1. Д. 101. Л. 38. О перебоях в торговле хлебом на селе [Обзор писем в газету «Сельская жизнь»]. 26 июля 1971 г.

161 Там же.

162 Подробнее о кампаниях «борьбы за мир», в которых участвовали позднесоветские школьники, см.: Орлова 2007.

163 Е. Н., ж., 1975 г. р., Москва (личное сообщение).

164 А. М., м., 1980 г. р., до 1987 — Кемерово, с 1988 — Москва (опрос).

165 И. Б., ж., 1968 г. р., Симферополь (личное сообщение).

166 Ю. В., ж., 1975 г. р., Москва (интервью).

167 Л. П., 1970 г. р., Омск (личное сообщение).

168 Ю. Ш., ж., 1968 г. р., Москва (интервью).

169 И. С., ж., 1968 г. р., Санкт-Петербург (личное сообщение).

170 Ю. Ш., ж., 1968 г. р., Москва (интервью).

171 Ю. Л., м., 1971 г. р., Санкт-Петербург (личное сообщение).

172 А. С., м., 1971 г. р., Санкт-Петербург (личное сообщение).

173 Б. К., м., 1971 г. р., Москва (личное сообщение).

174 Н. П., Москва (личное сообщение).

175 Е. М., ж., 1965 г. р., Москва (личное сообщение).

176 Л. П., ж., 1975 г. р., Омск (сообщение на Facebook).

177 В. Д., ж., 1975 г. р., Самара (сообщение на Facebook).

178 Тарковский 2008: запись от 15 июня 1982 года.

179 Об американских страхах ядерной войны см.: Lifton 1987; Wojcik 1996: 297–330.

180 Такой сон приснился Д. В., м., 1960 г. р., Москва (интервью).

181 В частности, Н. К., ж., 1937 г. р., Москва (интервью).

182 Е. К., ж., 1958 г. р., Екатеринбург (интервью).

183 Kuiper et al. 1993.

184 Этот термин ввел Дэвид Андерсен в своей статье 1974 года (Andersen 1974: 331–336).

185 Ellis 2002.

186 Ibid.

187 McCauley et al. 1983.

188 Yovetich et al. 1990.

189 Варианты переделок можно найти на сайте фольклориста Рустама Фахретдинова «Песенник анархиста-подпольшика» http://a-pesni.org/army/licazelt.php (дата обращения 22.08.2019).

190 Самозапись А. С. Архиповой. Мы пели эту песню во второй половине 1980-х годов.

191 Мельниченко 2014: № 2897.

192 Б. К., м., 1971 г. р., Москва (интервью).

193 Самозапись А. С. Архиповой. Так пели эту песню примерно в 1983–1984 годах.

194 https://turtaniat.livejournal.com/2862878.html (дата обращения 31.07.2019).

195 Николаев 2014.

196 Е. М., ж., 1970 г. р., Одесса (личное сообщение). Эту песню пели в Одессе в конце 1970-х.

197 Е. М., ж., 1970 г. р., Одесса (личное сообщение).

198 В. Г., м., 1974 г. р., Москва (личное сообщение).

199 М. Т., м., 1969 г. р., Москва (опрос).

200 Л. О., м., 1987 г. р., Москва (личное сообщение).

201 Посетители страницы в «Живом журнале» в 2010 году обсуждали эту песню и вспоминали множество вариантов, этот вариант привел анонимный посетитель 28 июля 2010 года со ссылкой, что он слышал его от своего покойного отца. https://www.liveinternet.ru/users/alexrus/post61353009/page1.html (дата обращения 31.07.2019).

202 Такое обсуждение со множеством вариантов развернулось, например, на сайте «Интересные факты о песнях»: https://music-facts.ru/song/Rarely_Known/16_tons/ (дата обращения 31.07.2019).

203 Окландер 2019.

Послесловие. Что было советского в советской легенде?

1 Murphy et al. 2019.

2 Дандес 2003b.

СОКРАЩЕНИЯ

АММ — Архив Международного Мемориала (Москва)

ГАЛО — Государственный архив Львовской области / Державний архів Львівської області (Львов, Украина)

ГАРФ — Государственный архив Российской Федерации (Москва)

Зикарон — израильский интернет-проект «Зикарон» (иврит — «Память») — электронный архив исторической документации о репрессивной политике Советского государства в отношении своих граждан-евреев. https://zikaron.nadavfund.org.il (Израиль)

ЛА ВЛ — Личный архив детского фольклора 1980–1990-х годов фольклориста и специалиста по визуальной антропологии Вадима Лурье (Санкт-Петербург)

ЛМТ — Архив Литературного музея Тарту (Тарту, Эстония)

ЛСА — Литовский специальный архив / Lietuvos ypatingasis archyvas (Вильнюс, Литва)

ОГА СБУ — Отраслевой государственный архив Службы безопасности Украины / Галузевий державний архів Служби безпеки України (Киев, Украина)

РГАНИ — Российский государственный архив новейшей истории (Москва)

РГАСПИ — Российский государственный архив политической истории России (Москва)

РГАЭ — Российский государственный архив экономики (Москва)

СОГАСПИ — Самарский областной государственный архив социально-политической истории (Самара)

ЦА ФСБ — Центральный архив Федеральной службы безопасности (Москва)

ЦАИЕН (CAHJP) — Центральный архив истории еврейского народа / The Central Archive for the History of the Jewish People (Иерусалим)

ЛИТЕРАТУРА И ИСТОЧНИКИ

Allport, Postman 1947 — *Allport G. W, Postman L.* The psychology of rumor. Oxford, England: Henry Holt, 1947.

Andersen 1974 — *Andersen D.* The Los Angeles Earthquake and the Folklore of Disaster // Western Folklore. 1974. Vol. 33. No. 4. P. 331–336.

Arnold 2015 — *Arnold D.* Disease, rumour and panic in India's plague and influenza epidemics, 1896–1919 // Empires of panic: epidemics and colonial anxieties. Ed. by R. Peckham. Hong Kong: Hong Kong University Press, 2015. P. 111–130.

Astapova 2017 — *Astapova A.* In Search for Truth: Surveillance Rumors and Vernacular Panopticon in Belarus // Journal of American Folklore. 2017. Vol. 130. No. 517. P. 276–304.

Baker 1982 — *Baker R.* Hoosier Folk Legends. Bloomington: Indiana University Press, 1982.

Baughman, Holaday 1944 — *Baughman E., Holaday C.* Tall Tales and «Sells» from Indiana University Students // Hoosier Folklore Bulletin. 1944. Vol. 3. No. 4. P. 59–71.

Bauer, Gleicher 1953 — *Bauer R. A., Gleicher D. B.* Word-of-mouth Communication in the Soviet Union // Public Opinion Quarterly. 1953. Vol. 17. P. 297–310.

Beardsley, Hankey 1943 — *Beardsley R., Hankey R.* A History of the Vanishing Hitchhiker // California Folklore Quarterly. 1943. No. 2. P. 13–25.

Behrend 2003 — *Behrend H.* Photo magic: Photographs in practices and healing and harming in East Africa // Journal of Religion in Africa. 2003. Vol. 33. No. 2. P. 129–145.

Bell 1976 — *Bell L.* Cokelore // Western Folklore. 1976. No. 35. P. 59–64.

Bemporad 2012 — *Bemporad E.* Empowerment, Defiance, and Demise: Jews and the Blood Libel Specter under Stalinism // Jewish History. 2012. Vol. 26. № 3/4. P. 343–361.

Bennet 1991 — *Bennett G.* Contemporary Legend: An Insider's View // Folklore. 1991. Vol. 102. No. 2. P. 187–191.

Bennet 1997 — *Bennett G.* Bosom Serpents and Alimentary Amphibians: A Language for Sickness // Illness and Healing Alternatives in Western Europe / Ed. by M. Gijswijt-Hofstra and H. Marland. London: Routledge, 1997. P. 224–242.

Bennet 2005 — *Bennet G.* Bodies: Sex, violence, decease, and death in contemporary legend. Jackson: University Press of Mississippi, 2005.

Bell 1976 — *Bell L.* Cokelore // Western Folklore. 1976. No. 35. P. 59–64.

Best, Horiuchi 1985 — *Best J., Horiuchi G.* The Razor Blade in the Apple: The Social Construction of Urban Legends // Social Problems. 1985. Vol. 32. No. 5. P. 488–499.

Boyd , Richerson 1985 — *Boyd R., Richerson P.* Culture and the Evolutionary Process. Chicago: The University of Chicago Press, 1985.

Briggs, Mantini-Briggs 2003 — *Briggs C., Mantini-Briggs C.* Stories in the time of cholera: Racial profiling during a medical nightmare. University of California Press, 2003.

Brunvand 1980 — *Brunvand J. H.* Urban Legends: Folklore for Today // Psychology Today. 1980 (June). P. 50–62.

Brunvand 1981 — *Brunvand J. H.* The Vanishing Hitchhiker. American Urban Legends and Their Meanings. New York; London: Norton & Company, 1981.

Brunvand 1986 — *Brunvand J. H.* The Mexican Pet: More «New» Urban Legends and Some Old Favorites. New York: Norton, 1986.

Brunvand 1993 — *Brunvand J. H.* The Baby Train and Other Lusty Urban Legends. New York: Norton Company, 1993.

Brunvand 2012 — *Brunvand J. H.* Encyclopedia of Urban Legends. 2th ed. Santa Barbara, CA: ABC-CLIO, 2012.

Burke 1998 — *Burke T.* Cannibal Margarine and Reactionary Snapple: A Comparative Examination of Rumors about Commodities // International Journal of Cultural Studies. 1998. Vol. 1 (2). P. 253–270.

Campion-Vincent 1976 — *Campion-Vincent V.* Les histoires exemplaires // Contrepoint. 1976. No. 22/23. P. 217–232.

Campion-Vincent 2005a — *Campion-Vincent V.* Organ Theft Legends. Jackson: University Press of Mississippi, 2005.

Campion-Vincent 2005b — *Campion-Vincent V.* From Evil Others to Evil Elites: A Dominant Pattern in Conspiracy Theories Today // Rumor Mills: The Social Impact of Rumor and Legend / Ed. by G. Fine, V. Campion-Vincent and C. Heath. New Brunswick, NJ: Aldine Transaction, 2005. P. 103–122.

Campion-Vinsent, Renard 2002 — *Campion-Vinsent V., Renard J.-B.* De source sur: Nouvelles rumeurs d`aujourd`hui. Paris: Éditions Payot, 2002.

Carpenter 1976 — *Carpenter A.* Cobras at K-Mart: Legends of Hidden Danger // Publications of the Texas Folklore Society. 1976. No. 40. P. 36–40.

Cavalli-Sforzna 1981 — *Cavalli-Sfornza L., Feldman M.* Cultural Transmission and Evolution: A Quantitative Approach. Princeton, New Jersey: Princeton University Press, 1981.

Champion 2011 — *Champion M.* Scourging the Temple of God: Towards an Understanding of Nicolas Jacquier's Flagellum haereticorum fascinariorum (1458) // Parergon. 2011. Vol. 28. No. 1.

Chamberlin 1935 — *Chamberlin W.* Soviet Taboos // Foreign Affairs. 1935. April.

Chivers 2006 — *Chivers J. C.* Secrets and Lies Shroud Origins of Giant Swastika // The New York Times. 2006. September 16. https://www.nytimes.com/2006/09/16/world/asia/16swastika.html (дата обращения 17.01.2018).

Christenson 2004 — *Christenson J.* Iraq diary, part eight. Lompoc Record. 2004. April 8.

Cleaver 2000 — *Cleaver H.* Berlin forest swastika to go but its image may remain // Daily Telegraph. 2000. November 30.

Cohen 2011 — *Cohen S.* Folk Devils and Moral Panics: The creation of the Mods and Rockers. 3rd ed. London; New York: Routledge, 2011.

Cohn 2007 — *Cohn S.* The Black Death and the Burning of Jews // Past & Present. 2007. No. 196. P. 3–36.

Cunningham 1979 — *Cunningham K.* Hot Dog! Another Urban Belief Tale // Southwest Folklore. 1979. Vol. 3. P. 27–28.

Czubala 1991 — *Czubala D.* The «Black Volga»: Child Abduction Urban Legends in Poland in Russia // FOAFtale News. 1991. No. 21. P. 1–7.

Dégh 1968a — *Dégh L.* The Hook // Indiana Folklore. 1968. Vol. 1. No. 1. P. 92–100.

Dégh 1968b — *Dégh L.* The Runaway Grandmother // Indiana Folklore. 1968. Vol. 1. No. 1. P. 68–77.

Dégh 1971 — *Dégh L.* The «Belief Legend» in Modern Society: Form, Function and Relationship to Other Genres // American Folk Legend: A Symposium / Ed. by W. Hand. Berkeley; Los-Angeles: University of California Press, 1971. P. 55–68.

Dégh, Vázsonyi 1983 — *Dégh L., Vázsonyi A.* Does the Word «Dog» Bite? Ostensive Action: A Means of Legend // Journal of Folklore Research. 1983. Vol. 20. No. 1. P. 5–34

DiFonzo, Bordia 2007 — *DiFonzo N., Bordia P.* Rumor, Gossip and Urban Legends // Diogenes. 2007. No. 213. P. 19–35.

Dixon 1980 — *Dixon N.* Humor: a cognitive alternative to stress? // Stress and anxiety. Vol. 7. Ed. by G. Sarason & C. D. Spielberger. Washington, DC: Hemisphere, 1980. P. 281–289.

Domowitz 1979 — *Domowitz S.* Foreign Matter in Food: A Legend Type // Indiana Folklore. 1979. No. 12. P. 86–95.

Donaghey 1978 — *Donaghey B.* The Chinese Restaurant Story Again: An Antipodean Version // Lore and Language. 1978. Vol. 2. No. 8. P. 24–26.

Dorson 1959 — American Folklore / Ed. by R. M. Dorson. Chicago: University of Chicago Press, 1959.

Dorson 1976 — *Dorson R.* Folklore and Fakelore: Essays toward a Discipline of Folk Studies. Cambridge, Mass.: Harvard University Press, 1976.

Draitser 2008 — *Draitser E.* Shush! Growing Up Jewish Under Stalin: A Memoir. Oakland: University of California Press, 2008.

Dundes 1971 — *Dundes A.* On the Psychology of Legend // American Folk Legend: A Symposium / Ed. by W. Hand. Berkeley; Los-Angeles: University of California Press, 1971. P. 21–36.

Dundes 1985 — *Dundes A.* Nationalistic Inferiority Complexes and the Fabrication of Fakelore: A Reconsideration of Ossian, the Kinder- und Hausmärchen, the Kalevala, and Paul Bunyan // Journal of Folklore Research. 1985. Vol. 22. No. 1. P. 5–18.

Dundes 1997 — *Dundes A.* Texture, Text, and Context of the Folklore Text vs. Indexing // Journal of Folklore Research. 1997. Vol. 34. No. 3. P. 221–225.

Edgerton 1968 — *Edgerton W.* The Ghost in Search of Help for a Dying Man // Journal of the Folklore Institute. 1968. Vol. 5. No. 1. P. 31–41.

Ellis 1983 — *Ellis B.* De Legendis Urbis: Modern Legends in Ancient Rome // Journal of American Folklore. 1983. No. 96. P. 200–208.

Ellis 1987 — *Ellis B.* Why are Verbatim Transcripts of Legends Necessary? // Perspectives on Contemporary Legend / Ed. by G. Bennette and P. Smith. Sheffield: Sheffield Academic Press, 1987. P. 31–60.

Ellis 1989 — *Ellis B.* Death by Folklore: Ostension, Contemporary Legend, and Murder // Western Folklore. 1989. Vol. 48. No. 3 (Jul.). P. 201–220.

Ellis 1994 — *Ellis B.* «The Hook» Reconsidered: Problems in Classifying and Interpreting Adolescent Horror Legends // Folklore. 1994. No. 105. P. 61–75.

Ellis 1997 — *Ellis B.* Legend, Urban // Folklore: An Encyclopedia of Beliefs, Customs, Tales, Music, and Art / Ed. by Thomas A. Green. Santa Barbara, CA: ABC-CLIO, 1997. P. 495–497.

Ellis 2002 — *Ellis B.* Making a Big Apple Crumble: The Role of Humor in Constructing a Global Response to Disaster // New Directions in Folklore. 2002.

Ellis 2003 — *Ellis B.* Aliens, Ghosts, and Cults. Legends We Live. Jackson: University Press of Missisipi, 2003.

Ellis 2005 — *Ellis B.* Legend/anti-legend: humor as an integral part of the contemporary legend process // Rumor Mills. The social impact of rumor and legend / Ed. by G.A. Fine, V. Campion-Vincent, Ch. Heath. New Brunswick, NJ: Aldine Transaction, 2005.

Ellis 2018 — *Ellis B.* Hitler's Birthday: Rumor-Panics in the Wake of the Columbine Shootings // Children's Folklore Review. 2018. P. 21–23.

Ellis, Fine 2010 — *Ellis B., Fine G.* The Global Grapevine: Why Rumors of Terrorism, Immigration, and Trade Matter. Oxford: Oxford University Press, 2010.

Eriksson, Coultas 2014 — *Eriksson K., Coultas J. C.* Corpses, Maggots, Poodles and Rats: Emotional Selection Operating in Three Phases of Cultural Transmission of Urban Legends. Journal of Cognition and Culture. 2014. Vol. 14 (1–2). P. 1–26.

Fialkova 2001 — *Fialkova L.* Chornobyl's Folklore: Vernacular Commentary on Nuclear Disaster // Journal of Folklore Research. 2001. Vol. 38. No. 3 (Sep. — Dec.). P. 181–204.

Fine 1979 — *Fine G.* Cokelore and Coke Law: Urban Belief Tales and the Problem of Multiple Origins // The Journal of American Folklore. 1979. Vol. 92. No. 366. P. 477–482.

Fine 1980 — *Fine G.* The Kentucky Fried Rat: Legends and Modern Society // Journal of the Folklore Institute. 1980. Vol. 17. No. 2–3. P. 222–243.

Fine 1985a — *Fine G.* The Goliath Effect: Corporate Dominance and Mercantile Legends // Journal of American Folklore. 1985. No. 98. P. 63–84.

Fine 1985b — *Fine G.* Rumors and Gossiping // Handbook of Discourse Analysis. London: Academic Press, 1985. Vol. 3. P. 223–237.

Finn 1954 — *Finn A.* Experiences of a Soviet Journalist. New York. 1954.

Flood 2019 — *Flood A.* Turkish government destroys more than 300,000 books // The Guardian. 2019. August 6.

Foster 1965 — *Foster G.* Peasant Society and the Image of Limited Good // American Anthropologist New Series. 1965. Vol. 67. No. 2. P. 293–315.

Galinsky, Whitson 2008 — *Galinsky A., Whitson J.* Lacking Control Increases Illusory Pattern Perception // Science. 2008. No. 322. P. 115–117.

Garrett 1996 — *Garrett B.* The Colorado Potato Beetle Goes to War // Chemical Weapons Convention Bulletin. 1996. No. 33. P. 2–3.

German Soap 1946 — German Soap Made from Bodies of Jews Distributed to Jewish Inmates of UNRRA Camps // Jewish Telegraphic Agency. 1946. November 26. P. 5.

Goldstein 2004 — *Goldstein D.* Once Upon A Virus: AIDS Legends and Vernacular Risk Perception. Logan: Utah State University Press, 2004.

Goode, Ben-Yehuda 1994 — *Goode E., Ben-Yehuda N.* Moral Panics: The Social Construction of Deviance. Oxford: Wiley-Blackwell, 1994.

Grzesiak-Feldman 2013 — *Grzesiak-Feldman M.* The Effect of High-Anxiety Situations on Conspiracy Thinking // Current Psychology. 2013. Vol. 32. No. 1. P. 100–118.

Hall et al. 1978 — *Hall S., Critcher C., Jefferson T., Clarke J. Roberts B.* Policing the Crisis: Mugging, the State and Law and Order. London: Macmillan, 1978.

Harvey 1980 — *Harvey R.* To Moscow — by way of Warsaw // Boston Globe. Boston, Mass., 1980. July 19. P. 1–2.

Hayward 2002 — *Hayward J.* Myths and Legends of the First World War. Sutton Publishing, Stroud, 2002.

Heath et al. 2001 — *Heath Ch., Bell Ch., Sternberg E.* Emotional Selection in Memes: The Case of Urban Legends // Journal of Personality and Social Psychology. 2001. Vol. 81. No. 6. P. 1028–1041.

Hanley 2003 — *Hanley C.* U.S. Troops, religion a fiery mix in Iraq // Kansas City Star. 2003. May 1.

Henken 2002 — *Henken E.* Escalating Danger in Contemporary Legends // Western Folklore. 2002. Vol. 61. No. 3/4. P. 259–276.

Hilberg 1985 — *Hilberg R.* The Destruction of the European Jews: The Revised and Definitive Edition. Holmes & Meier, 1985.

Hirsh 1993 — *Hirsh M.* Family Pictures: Maus, Mourning, and Post-Memory // Discourse. 1992–93. Vol. 15. No. 2. Special Issue: The Emotions, Gender, and the Politics of Subjectivity. P. 3–29.

Hutman 1990 — *Hutman B.* Nazis never made human-fat soap // The Jerusalem Post. International Edition. 1990. May 5.

Imhoff, Lamberty 2017 — *Imhoff R., Lamberty P. K.* Too Special to Be Duped: Need for Uniqueness Motivates Conspiracy Beliefs // European Journal of Social Psychology. 2017. No. 6 (47). P. 724–34.

Ingemark 2008 — *Ingemark C.* The Octopus in the Sewers: An Ancient Legend Analogue // Journal of Folklore Research. Vol. 45. № 2. P. 145–170.

Ings et al. 2012 — *Ings T., Wang M., Chittka L.* Colour-independent shape recognition of cryptic predators by bumblebees // Behavioral Ecology and Sociobiology. 2012. Vol. 66. No. 3. P. 487–496.

Kalmre 2007 — *Kalmre E.* Two Legends from Estonia. FOAFTALE News. 2007. No. 69. http://www.folklore.ee/FOAFtale/ftn69.htm (дата обращения 20.07.2019).

Kalmre 2013 — *Kalmre E.* The Human Sausage Factory: A Study of Post-War Rumour in Tartu. Amsterdam: Rodopi, 2013.

Kapferer 1987 — *Kapferer J.-N.* Rumeurs. Le plus vieux média du monde. Paris: Editions du Seuil, 1987.

Kapferer 1989 — *Kapferer J.-N.* A Mass Poisoning Rumor in Europe // The Public Opinion Quarterly. 1989. Vol. 53. No. 4. P. 467–481.

Kapferer 1993 — *Kapferer J.-N.* The Persuasiveness of an Urban Legend: The Case of Mickey Mouse Acid // Contemporary Legend. 1993. No. 3. P. 85–102.

Kelly 2003 — *Kelly J.* Psychological operations unit urges Iraqis to go back to work. U. S. specialists keep the natives informed // Pittsburgh Post-Gazette. 2003. May 14.

Kerr 2010 — *Kerr M.* «Perambulating fever nests of our London streets»: Cabs, Omnibuses, Ambulances, and Other «Pest-Vehicles» in the Victorian Metropolis // Journal of British Studies. 2010. Vol. 49. No. 2. P. 283–310.

Klemperer 1998 — *Klemperer V.* Ich will Zeugnis ablegen bis zum letzten: Tagebüch 1933–1941. Darmstadt, 1998.

Koenig 1985 — *Koenig F.* Rumor in the Marketplace: The Social Psychology of Commercial Hearsay. Dover, Mass.: Auburn House Publishing Company, 1985.

Kõiva 1998 — *Kõiva M.* Bloodsuckers and Human Sausage Factories // FOAFtale News. 1998. No. 43. P. 141–150.

Kõiva 2005 — *Kõiva M.* Fear, Honour and Shame: Horror Fictions of the 1950s and 1960s // Folklore. 2005. Vol. 29. P. 123–152.

Kuiper et al. 1993 — *Kuiper N., Martin R., Olinger L.* Coping humour, stress, and cognitive appraisals // Canadian Journal of Behavioural Science / Revue canadienne des sciences du comportement. 1993. No. 25 (1). P. 81–96.

Leitenberg 1998 — *Leitenberg M.* New Russian evidence on the Korean War biological warfare allegations: background and analysis // Cold War International History Project Bulletin. 1998. Vol. 11. P. 185–199.

Lifton 1987 — *Lifton R. J.* The Future of Immortality and Other Essays for a Nuclear Age. New York: Basic Books, 1987.

Littlefield 1925 — *Littlefield W.* How «Corpse factory» Story Started // The New York Times. 1925. November 29.

Lockwood 2010 — *Lockwood J.* Six-Legged Soldiers: Using Insects as Weapons of War. New York: Oxford University Press, 2010.

Lyon 1994 — *Lyon D.* The electronic eye: The rise of surveillance society. Minneapolis: University of Minnesota Press, 1994.

Macdonald 2006 — *Macdonald S.* Words in stone? Agency and identity in a Nazi landscape // Journal of Material Culture. 2006. Vol. 11. No. 1/2. P. 105–226.

Mayor 1995 — *Mayor A.* The Nessus Shirt in the New World: Smallpox Blankets in History and Legend // The Journal of American Folklore. 1995. Vol. 108. No. 427. P. 54–77.

McCauley et al. 1983 — *McCauley C., Woods K., Coolidge C., Kulick W.* More Aggressive Cartoons Are Funnier // Journal of Personality and Social Psychology. 1983. Vol. 44. No. 4. P. 817–823.

Messana 2011 — *Messana P.* Soviet Communal Living. An Oral History of the Kommunalka. New York: Palgrave Macmillan, 2011.

Miller 1991 — *Miller F.* Folklore for Stalin: Russian Folklore and Pseudofolklore of the Stalin Era. New York: M. E. Sharps, 1991.

Mircu 1945 — *Mircu M.* R. J. F. (Rein Jüdisches Fett) // Unirea. Bucharest. 1945. Vol. 1. No. 4. P. 1–2.

Morales, Fitzsimons 2007 — *Morales A. C., Fitzsimons G. J.* Product contagion: Changing consumer evaluations through physical contact with «disgusting» products // Journal of Marketing Research. 2007. Vol. 44. No. 2. P. 272–283.

Mullen 1970 — *Mullen P.* Department Store Snakes // Indiana Folklore. 1970. No. 3. P. 214–228.

Murphy et al. 2019 — *Murphy G., Loftus E., Grady R., Levine L., Greene C.* False Memories for Fake News During Ireland's Abortion Referendum // Psychological Science. 2019.

Murphy, Loftus et al. 2019 — *Murphy G., Loftus E. F., Grady R. Hofstein, Levine L. J., Greene C. M.* False Memories for Fake News During Ireland's Abortion Referendum // Psychological Science. 2019. August.

Neander 2004 — *Neander J.* «Seife aus Judenfett» — Zur Wirkungsgeschichte einer urban legend // Vortrag auf der 28. Konferenz der German Studies Association. Washington, DC, 2004. Oktober.

Neander 2006 — *Neander J.* The Danzig Soap Case: Facts and Legends around «Professor Spanner» and the Danzig Anatomic Institute 1944–1945 // German Studies Review. 2006. Vol. 29. No. 1. P. 63–86.

Neander 2010 — *Neander J.* Media and Propaganda: The Northcliffe Press and the Corpse Factory Story of World War I // Global Media Journal. 2010. Vol. 3. No. 2. P. 67–82.

Neander 2013 — *Neander J.* The German Corpse Factory: The Master Hoax of British Propaganda in the First World War. Saarbrücken: Saarland University Press, 2013.

Neander 2016 — *Neander J.* «Symbolically burying the six million»: post-war soap burial in Romania, Bulgaria and Brazil // Human Remains and Violence. 2016. Vol. 2. No. 1. P. 23–40.

Neulander 2006 — *Neulander J.* Folk taxonomy, prejudice and the human genome: using disease as a Jewish ethnic marker // Patterns of Prejudice. 2006. Vol. 40. No. 4–5. P. 381–398.

Oring 2014 — *Oring E.* Memetics and Folkloristics: The Applications // Western Folklore. 2014. Vol. 4. No. 73. P. 455–492.

Panczová 2017 — *Panczová Z.* The Image of the West in Conspiracy Theories in Slovakia and Its Historical Context // Folklore (Estonia). 2017. No. 69 (Oct.). P. 49–68.

Parsons et al. 1999 — *Parsons S., Simmons W., Shinhoster F., Kilburn J.* A test of the grapevine: an empirical examination of conspiracy theories among African Americans // Sociological Spectrum. 1999. Vol. 19. No. 2. P. 201–222.

Peirce 1868 — *Peirce C.* New List of Categories // Proceedings of the American Academy of Arts and Sciences. 1868. No. 7. P. 287–298.

Pike 1967 — *Pike K. L.* Language in Relations to a Unified Theory of Human Behavior. 2 ed. The Hague: Mouton & Co, 1967. P. 37–72.

Pisik 2003 — *Pisik B.* Rumors become insidious in Iraq // Washington Times. 2003. June 9.

Plamper 2001 — *Plamper J.* Abolishing Ambiguity: Soviet Censorship Practices in the 1930s // Russian Review. 2001. Vol. 60. No. 4. P. 526–544.

Pocius 1991 — *Pocius G. L.* It's from Place to Belong: Community Order and Everyday Space in Calvert, Newfoundland. McGill Queen's University Press, 1991.

Ponsonby 1928 — *Ponsonby A.* Falsehood in war-time: Containing an assortment of lies circulated throughout the nations during the great war. New York: E. P. Dutton & Co, 1928.

Ramachandran, Hirstein 1999 — *Ramachandran V., Hirstein W.* The Science of Art: A Neurological Theory of Aesthetic Experience // Journal of Consciousness Studies. 1999. Vol. 6. № 6–7. P. 15–51.

Regamey 2012 — *Regamey A.* Comparing Violence: Organ Theft Rumours in Chechnya and Latin America // Laboratorium. 2012. Vol. 4. No. 3. P. 42–66.

Riekki et al. 2012 — *Riekki T., Lindeman M., Aleneff M., Halme A., Nuortimo A.* Paranormal and religious believers are more prone to illusory face perception than skeptics and non-believers // Applied Cognitive Psychology. 2012. Vol. 27. 2. P. 150–155.

Roberts 1994 — *Roberts W.* The Tale of the Kind and the Unkind Girl. Detroit: Wayne State University Press, 1994.

Ross 2015 — *Ross R. S.* Contagion in Prussia, 1831: The Cholera Epidemic and the Threat of the Polish Uprising. McFarland, 2015.

Rozin et al. 1986 — *Rozin P., Millman L., Nemeroff C.* Operation of the laws of sympathetic magic in disgust and other domains // Journal of Personality and Social Psychology. 1986. No. 50 (4). P. 703–712.

Rutjens et al. 2010 — *Rutjens B. T., Harreveld F., Pligt J.* Yes We Can: Belief in Progress as Compensatory Control // Social Psychological and Personality Science. 2010. Vol. 1. No. 246. P. 246–252.

Santino 2004 — *Santino J.* Performative Commemoratives, the Personal, and the Public: Spontaneous Shrines // The Journal of American Folklore. 2004. Vol. 117. № 466. P. 363–372.

Scott 1985 — *Scott J.* Weapons of the Weak: Everyday Forms of Peasant Resistance. Yale University Press, 1985.

Scott 1991 — *Scott J.* Domination and the Arts of Resistance. Hidden Transcripts. Yale University Press, 1991.

Siegelbaum 20009 — *Siegelbaum L. H.* Car Culture in the USSR, 1960s–1980s // Technology and Culture. 2009. Vol. 50. No. 1. P. 1–23.

Smith 1997 — *Smith P.* Contemporary Legend // Encyclopedia of Beliefs, Customs, Tales, Music and Art / Ed. by A. T. Green. Santa Barbara, CA: ABC-CLIO, 1997. P. 493–495.

Stokker 1996 — *Stokker K.* Hurry Home, Haakon: The Impact of Anti-Nazi Humor on the Image of the Norwegian Monarch // The Journal of American Folklore. 1996. Vol. 109. No. 433. P. 289–307.

Sullivan et al. 2010 — *Sullivan D., Landau M., Rothschild Z.* An Existential Function of Enemyship: Evidence That People Attribute Influence to Personal and Political Enemies to Compensate for Threats to Control // Journal of Personality and Social Psychology. 2010. Vol. 98. No. 3. P. 434–449.

Thurston 1991 — *Thurston R. W.* Social Dimensions of Stalinist Rule: Humor and Terror in the USSR, 1935–1941 // Journal of Social History. 1991. Vol. 24. No. 3. P. 541–562.

Tierney 2003 — *Tierney J.* The rumor mill. G. I.'s Have X-Ray Vision. Of Course // New York Times. 2003. August 7. https://www.nytimes.com/2003/08/07/world/after-the-war-therumor-mill-gi-s-have-x-ray-vision-of-course.html (дата обращения 10.07.2018).

Turner 1993 — *Turner P.* I Heard it through the Grapevine: Rumor in African-American Culture. Berkeley: University of California Press, 1993.

Victor 1993 — *Victor J.* Satanic Panic. The Creation of a Contemporary Legend. Chicago; La Salle, Illinois: Open Court, 1993.

Vosoughi et al. 2018 — *Vosoughi S., Roy D., Aral S.* The Spread of True and False News Online // Science. 2018. Vol. 359. No. 6380. P. 1146–1151.

Walker 2014 — *Walker E.* Grassroots for Hire: Public Affairs Consultants in American Democracy. Cambridge; New York: Cambridge University Press, 2014.

Ward 2009 — *Ward B.* Giant blimp has Kandaharis on edge // Calgary Gerald. 2009. October 7. http://www.pressreader.com/canada/calgary-herald/20091009/281891589331109 (дата обращения 10.07.2019).

Weber 1991 — *Weber M.* the Jewish soap // The Journal of Historical Review. 1991. Vol. 11. No. 2. P. 217–227.

Wojcik 1996 — *Wojcik D.* Embracing Doomsday: Faith, Fatalism, and Apocalyptic Beliefs in the Nuclear Age // Western Folklore. 1996. Vol. 55. No. 4. Explorations in Folklore and Cultural Studies. P. 297–330.

Wright 2008 — *Wright C.* «A devil's engine»: Photography and spirits in the Western Solomon Islands // Visual Anthropology: Published in cooperation with the Commission on Visual Anthropology. 2008. No. 21. P. 364–380.

Yanagizawa-Drott 2014 — *Yanagizawa-Drott D.* Propaganda and Conflict: Evidence from the Rwandan Genocide // The Quarterly Journal of Economics. 2014. Vol. 129. No. 4. P. 1947–1994.

Yovetich et al. 1990 — *Yovetich N., Dale J., Hudak M.* Benefits of Humor in Reduction of Threat-Induced Anxiety // Phycological reports. 1990. Vol. 66. No. 1. P. 51–58.

Zeltzer 2018 — *Zeltser A.* Unwelcome Memory: Holocaust Monuments in the Soviet Union. Jerusalem: Yad Vashem Publications, 2018.

Аблазов б. д. — *Аблазов В.* Дневник военного советника // Art Of War: Творчество ветеранов последних войн. http://prozhito.org/person/331 (дата обращения 01.07.2019).

Аджубей 1989 — *Аджубей А.* Те десять лет. М.: Советская Россия, 1989.

Аксенов 1972 — *Аксенов В.* Мой дедушка — памятник: Повесть об удивительных приключениях ленинградского пионера Геннадия Стратофонтова, который хорошо учился в школе и не растерялся в трудных обстоятельствах. М.: Детская литература, 1972.

Аксенов 2009 — *Аксенов В.* Таинственная страсть. Роман о шестидесятниках. М.: Семь дней, 2009.

Акульшин 1924 — *Акульшин Р.* Заклятие Лениным и Троцким. (История появления одного заговора) // Перевал: Сб. 2. 1924. С. 281–287.

Акцынов, Акцынова 1992 — *Акцынов А. В., Акцынова Л. М.* По стерне босиком. Чебоксары: Чувашия, 1992.

Алексеева, Гольдберг 2006 — *Алексеева Л., Гольдберг П.* Поколение оттепели. М., 2006.

Амальрик 1970 — *Амальрик А.* Нежеланное путешествие в Сибирь. New York: Harcourt Brace Jovanovich, 1970.

Андрющенко 2019а — *Андрющенко Э.* «Придут китайцы — повесим коммунистов». Что советские граждане думали о возможной войне с КНР // Настоящее время. 2019. 15 марта. https://www.currenttime.tv/a/kgb-archives-damansky-conflict-in-gossips-and-rumors/29821945.html (дата обращения 15.07.2019).

Андрющенко 2019b — *Андрющенко Э.* Панки, Кисс и Чингисхан. Некоторые из вопросов, которые люди задавали работникам КГБ УССР во время лекций по повышению политической бдительности. 1982. Запись от 12 августа 2019 года. t.me/kgbfiles_rus.

Аноним 2010 — Запись пользователя «Аноним» на ресурсе LiveInternet от 28 июля 2010. https://www.liveinternet.ru/users/alexrus/post61353009 (дата обращения 10.07.2019).

Архипова 2015 — *Архипова А.* Радио ОБС, птица Обломинго и другие языковые игры в современном фольклоре. М.: Форум, 2015.

Архипова, Кирзюк 2016a — *Архипова А., Кирзюк А.* Лайк, репост, арест: фольклор в суде советском и современном // ШАГИ/Steps. 2016. Т. 2. № 4. С. 251–264.

Архипова, Кирзюк 2016b — *Архипова А., Кирзюк А.* Границы опасного: советские карательные органы в поисках «скрытых транскриптов» // Городские тексты и практики. Т. 1: Символическое сопротивление / Сост. А. Архипова, Д. Радченко, А. Титков. М.: Издательский дом «Дело», 2016. С. 24–46.

Архипова, Козьмин 2009 — *Архипова А.С., Козьмин А.В.* Сказка и социальный контекст // А.В. Козьмин. Сюжетный фонд сказок: структура и система. М.: РГГУ, 2009. С. 23–38.

Архипова, Мельниченко 2011 — *Архипова А., Мельниченко М.* Анекдоты о Сталине: тексты, комментарии, исследования. М.: ОГИ, 2011.

Архипова, Михайлик 2017 — *Архипова А., Михайлик Е.* Опасные знаки и советские вещи. Новое литературное обозрение. 2017. № 143 (1). С. 130–153.

Архипова, Неклюдов 2010 — *Архипова А., Неклюдов С.* Фольклор и власть в закрытом обществе // Новое литературное обозрение. 2010. № 101. С. 84–103.

Архипова, Кирзюк, Титков 2017 — *Архипова А., Кирзюк А., Титков А.* Чужие отравленные вещи // Новое литературное обозрение. 2017. № 143 (1). С. 154–166.

Архипова, Кирзюк, Югай 2017 — *Архипова А., Кирзюк А., Югай Е.* Скрыть опасное имя: поэтика политической формулы // Вестник РГГУ. Серия «Фольклористика». 2017. № 12. С. 102–119.

Архипова и др. 2017 — *Архипова А., Волкова М., Кирзюк А., Малая Е., Радченко Д., Югай Е.* «Группы смерти»: от игры к моральной панике. М.: РАНХиГС, 2017.

Асмолова 2014 — *Асмолова В.* В память о ресторане «Пекин» в Москве (1957–1997) // Магазета. [2014.] https://magazeta.com/beijing-restaurant/ (дата обращения 10.07.2019).

Асташкин 2015 — *Асташкин Д.* Антисемитская реакция советского общества на «Дело врачей» (по материалам Новгородского управления МГБ) // Каспийский регион: политика, экономика, культура. 2015. № 1 (42). С. 32–39.

Ахматова 2005 — *Ахматова А.* Стихотворения и поэмы. М: Эксмо, 2005.

Афанасьев б.д. — *Афанасьев М.* [Тетрадь с записями сюжетов слухов, 1978–1985]. Рукопись. Личный архив М.А. Афанасьева.

Багдасарян и др. 2007 — *Багдасарян В.Э., Орлов И.Б., Шнайдген Й.Й., Федулин А.А., Мазин К.А.* Советское зазеркалье. Иностранный туризм в СССР в 1930–1980-е годы: Учеб. пособие. М.: Форум, 2007.

Байбурин 1981 — *Байбурин А.* Семиотический статус вещей и мифология // Материальная культура и мифология. Сб. МАЭ. Т. XXXVII. Л.: Наука, 1981. С. 215–226.

Байкова 1931 — *Байкова Л.* «Лирика» в Донбассе // На литературном посту. 1931. № 29.

Бакланов 2004 — *Бакланов Г.* Июль 41 года. М.: Терра — Книжный клуб, 2004.

Балашова 2013 — *Балашова З.* А Вам не стыдно? Однажды я перестала уважать кумира [письмо в редакцию] // Советская Россия. 2013. 1 августа. http://www.sovross.ru/articles/945/16010 (дата обращения 10.07.2018).

Басилов 1992 — *Басилов В.* Шаманство у народов Средней Азии и Казахстана. М.: Наука, 1992.

Белоусов 1998 — *Белоусов А.* Русский школьный фольклор: от вызываний «Пиковой дамы» до семейных рассказов / Сост. А.Ф. Белоусов. М.: Ладомир, 1998.

Белова 2005 — *Белова О.* Этнокультурные стереотипы в славянской народной традиции. М.: Индрик, 2005.

Березюк и др. 2012 — *Березюк Е. Пантелеева Е., Толкач А.* Пролетая над страной, не забывайте читать гигантские надписи // Новости TYT.BY. 17 мая 2012 года. https://news.tut.by/kaleidoscope/289462.html?crnd=2974 (дата обращения 20.04.2019).

Бехтерев 1908 — *Бехтерев В.* Внушение и его роль в общественной жизни. СПб.: Издание К.Л. Риккера, 1908.

Блюм 2004 — *Блюм А.* Цензура в Советском Союзе. 1917–1991: Документы / Сост. А.В. Блюм. М.: РОССПЭН, 2004. С. 178 (сн. 1).

Богданов 1972 — *Богданов В.* Этикетки спичечных фабрик Северо-запада РСФСР. М.: Связь, 1972.

Богданов 2009 — *Богданов К.* О чистоте и нечисти: Совполитгигиена // Политическая лингвистика. 2009. № 3 (29). С. 39–46.

Богданов 2015 — *Богданов К.* Жевательная резинка, ленинградские подростки и товарный фетишизм в условиях развитого социализма // Антропологический форум. 2015. № 25. С. 69–90.

Бойм 2002 — *Бойм С.* Общие места: Мифология повседневной жизни. М.: Новое литературное обозрение, 2002.

Борисенко и др. 2008 — Розсекречена память. Голодомор 1932–1933 років в Україні в документах ҐПУ-НКВД / Публ. В. Борисенко, В. Даниленко, С. Кокін, О. Стасюк, Ю. Шаповал. К.: Державна архівна служба України, 2008.

Борисов 2008 — *Борисов С.* Энциклопедический словарь русского детства: В 2 т. Шадринск: ШГПИ, 2008. Т. 1: А–Н.

Вайль, Генис 2001 — *Вайль П., Генис А.* 60-е: мир советского человека. М.: Новое литературное обозрение, 2001.

Вайс 2008 — *Вайс Д.* Паразиты, падаль, мусор: Образ врага в советской пропаганде / Пер. с англ. Л.В. Быковой // Политическая лингвистика. 2008. № 1 (24). С. 16–22.

Ватлин 2012 — *Ватлин А.* «Ну и нечисть»: Немецкая операция НКВД в Москве и Московской области 1936–1941 гг. М.: РОССПЭН, 2012.

Винокуров 1937 — *Винокуров П.* О некоторых методах вражеской работы в печати // О некоторых методах и приемах иностранных разведывательных органов и их троцкистско-бухаринской агентуры: Сборник. М.: Партиздат ЦК ВКПБ, 1937. С. 203–215.

Волкова 2016 — *Волкова М.* «Я везде вижу украинские флаги»: невербальный код и игровая форма сопротивления // Символическое сопротивление. Городские тексты и практики. Т. 1. М., 2017. С. 85–95.

Воробьева б.д. — *Воробьева М.* Дневник // Корпус электронных дневников «Прожито». http://prozhito.org/person/931.

Воротников 1995 — *Воротников В.И.* А было это так… Из дневника члена Политбюро ЦК КПСС. М.: Совет ветеранов книгоиздания, СИ-МАР, 1995.

Вронский б.д. — *Вронский Б.* Дневник за 1935–1978 годы // Корпус электронных дневников «Прожито». http://prozhito.org/person/386.

Вишневский 2002 — *Вишневский В.В.* Ленинград: Дневники военных лет: В 2 кн. М.: Воениздат, 2002.

Вышенков 2014 — *Вышенков Е.* Vodka tour: Кекконен-пурукуми // Фонтанка. 21.07.2014.

Вышинский 1937 — *Вышинский А.* Некоторые методы вредительско-диверсионной работы троцкистско-фашистских разведчиков // О некоторых методах и приемах иностранных разведывательных органов и их троцкистско-бухаринской агентуры: Сборник. М.: Партиздат ЦК ВКПБ, 1937. С. 16–39.

Гаврилова 2018 — *Гаврилова М.* Поэтика традиционных восточнославянских игр. М.: Изд-во РГГУ, 2018.

Гагарина 2017 — Дневник княгини Марии Алексеевны Гагариной, урожденной графини Бобринской (1829–1835) // Дамы императорского двора: Графиня Строганова и княгиня Гагарина. Рукописное наследие. 1809–1835 / Сост., вступ. ст., коммент., пер. с фр. Т. Петерс. М.: Кучково поле; Журнал «Русская история», 2017.

Гамов 2016 — *Гамов А.* Геннадий Онищенко: военные микробиологи США в Грузии могут намеренно заражать комаров вирусом Зика // Комсомольская правда. 2016. 6 марта. https://www.kp.ru/daily/26493/3362692/.

Гембик 2010 — *Гембик О.* Черная «Волга» // Газета.ua. 2010. 12 октября. http://gazeta.ua/ru/articles/gembik/_cernaya-quotvolgaquot/357255.

Гердт 2010 — *Гердт З.* Рыцарь совести. М.: АСТ Зебра Е, 2010.

Герман 2006 — *Герман М.* Сложное прошедшее. Passé composé. СПб.: Печатный двор, 2006.

Гинзбург 2011 — *Гинзбург Е.* Крутой маршрут: Хроника времен культа личности. М.: АСТ; Астрель, 2011.

Гладков 2015 — *Гладков А.* Дневник / Публ., вступ. и коммент. М. Михеева // Звезда. 2015. № 1–3, 5, 6.

Глазунов 2008 — Илья Глазунов. Придворный художник Коминтерна: (Глава из книги «Россия распятая») // Новая газета. 2008. № 23. https://www.novayagazeta.ru/articles/2008/04/03/38626-ilya-glazunov-pridvornyy-hudozhnik-kominterna (дата обращения 19.09.2019).

Глущенко 2015 — *Глущенко И.* Общепит. Микоян и советская кухня. М.: ВШЭ, 2015.

Голубев 2018 — *Голубев А.* Западный наблюдатель и западный взгляд в эффективном менеджменте советской субъективности // После Сталина: позднесоветская субъективность (1953–1985) / Под ред. В. Пинского. СПб.: Издательство Европейского университета, 2018. С. 219–253.

Горбачев 2018 — *Горбачев А.* Берегись слендермена // Meduza. 2018. 14 февраля. https://meduza.io/feature/2018/01/14/beregis-slendermena (дата обращения 19.09.2019).

Горелик 1997 — *Горелик В.* «...Терпением изумляющий народ» / В. Горелик // Знамя. 1997. № 3.

Горустович 1999 — *Горустович А.* Сквозь песок времени // Мы из ГУЛАГа / Сост. Р.Б. Иванова, Л.С. Рыбак. Одесса: Одесский Мемориал, 1999. С. 215–219.

Гребнев 2006 — *Гребнев А.* Дневник последнего сценариста 1945–2002. М.: Русский импульс, 2006.

Гренбецка 2013 — *Гренбецка З.* Черная «Волга» и голые негритянки: Современные мифы, городские легенды и слухи о временах Польской Народной Республики // Лабиринт: Журнал социально-гуманитарных исследований. 2013. № 3. С. 3–21.

Гриль 2004 — *Гриль С.* Черная машина // Стихи.ру. 2004. https://www.stihi.ru/2004/09/12-295 (дата обращения 01.09.2019).

Громов 2011 — *Громов Д.* «Советские неофашисты» и их мифологизация в общественном сознании (1980 — нач. 1990-х годов) // Традиционная культура. 2011. № 1. С. 156–168.

Громов 2014 — *Громов Д.* Места древних поселений Москвы и их фольклорная судьба // Живая старина. 2014. № 1.

Гуревич 1990 — *Гуревич А.* Средневековый мир: Культура безмолвствующего большинства. М.: Искусство, 1990.

Гурова 2005 — *Гурова О.* Вещи в советской культуре // Люди и вещи в советской и постсоветской культуре. Новосибирск: Новосибирский государственный университет, 2005. С. 35–48.

Гурова 2008 — *Гурова О.* Советское нижнее белье: между идеологией и повседневностью. М.: Новое литературное обозрение, 2008.

Давыдов 2018 — *Давыдов В.* В Москве жильцы захотели выселить из дома детей с онкологическими заболеваниями, так как «рак заразен» // Meduza. 12 декабря 2018. https://meduza.io/feature/2018/12/12/v-moskve-zhiltsy-zahoteli-vyselit-iz-doma-detey-s-onkologiey-tak-kak-rak-zarazen-ob-etom-im-rasskazali-po-televizoru.

Дандарон 1997 — *Дандарон Б.Д.* Письмо 53 // Письма о буддийской этике. СПб.: Алетейя, 1997.

Дандес 2003a — *Дандес А.* Проекция в фольклоре. В защиту психоаналитической семиотики // Дандес А. Фольклор: семиотика и/или психоанализ. Сб. статей / Сост. А.С. Архипова. М.: Восточная литература, 2003. С. 72–107.

Дандес 2003b — *Дандес А.* «Кровавый навет», или Легенда о ритуальном убийстве: антисемитизм сквозь призму проективной инверсии // Дантес А. Фольклор: семиотика и/или психоанализ. М.: Восточная литература, 2003.

Дарнтон 2016 — *Дарнтон Р.* Поэзия и полиция. Сеть коммуникаций в Париже XVIII века. М.: Новое литературное обозрение, 2016.

Дедков 2005 — *Дедков И.* Дневник. 1953–1994 / Сост. Т.Ф. Дедковой. М.: Прогресс-Плеяда, 2005.

Дедков 2012 — *Дедков И.* Холодная рука циклопа: Из дневниковых записей 1983–1984 годов (окончание) / Публ. и примеч. Т.Ф. Дедковой // Новый мир. 2000. № 11.

Деготь 2000 — *Деготь Е.* От товара к товарищу // Логос. 2000. № 5/6.

Деготь, Демиденко 2000 — *Деготь Е., Демиденко Ю.* Память тела: нижнее белье советской эпохи. Каталог выставки. М.: Государственный музей истории Санкт-Петербурга, 2000.

Дело Берии 2015 — Дело Лаврентия Берии / Общ. ред. О.Б. Мозохина. М.: Кучково поле, 2015.

Дмитриев 2000 — Из дневников историка С.С. Дмитриева / Публ. и коммент. Р.Г. Эймонтовой // Отечественная история. 2000. № 1–3. Корпус электронных дневников «Прожито». http://prozhito.org/person/225 (дата обращения 19.09.2019).

Долматовский 1939 — *Долматовский Е.* Пуговка. М.; Л.: Детгиз, 1939.

Достоевский 2005 — *Достоевский Ф.* Братья Карамазовы: роман. СПб.: Азбука-классика, 2005.

Дуглас 2000 — *Дуглас М.* Чистота и опасность: Анализ представлений об осквернении и табу. М.: Канон-пресс-Ц; Кучково поле, 2000.

Дятлова 2001 — *Дятлова Н.* В тот год мне было двадцать лет… Студенческий блокадный дневник. Иркутск, 2001.

Егоров 2016 — *Егоров А.* «Это, видно, Польша подкупила докторов так морить…»: к вопросу об источниках возникновения агрессивных слухов во время эпидемии холеры 1830/1831 гг. в России // Научный журнал. 2016. № 8.

Екатеринбург 2015 — Екатеринбург. Архитектурный путеводитель. 1920–1940. Екатеринбург, TATLIN, 2015.

Елизаров 2005 — *Елизаров М.* Красная пленка: рассказы. М.: Ad Marginem, 2005.

Елин 2008 — *Елин Г.* Книжка с картинками. М.: Парад, 2008.

Жирнов 2001 — *Жирнов Е.* Зараза липового типа // Коммерсантъ Власть. 13.11.2001. № 45. С. 58.

Жуковский 2002 — *Жуковский В.* Москвич с улицы Грановского: жизнь и политика. М.: Вече, 2002.

За новую Россию 1952 — В юбилейные дни… из не забытого прошлого // За новую Россию. 1952. Февраль.

Загянская 1992 — Стенограмма экстренного заседания правления МОССХ [от 23 января 1935 года] / Публ., примеч. и коммент. Г. Загянской // Континент. 1992. № 3 (73).

Зеленина 2016 — *Зеленина Г.* «Отравленная вата» и «привитая гипертония»: источники и функции слухов вокруг «дела врачей» // Антропологический форум. 2016. № 31. С. 119–154.

Зиновьев 2008 — *Зиновьев А.* Зияющие высоты. М.: Эксмо, 2008.

Зощенко, Радлов 1928 — *Зощенко М., Радлов Н.* Веселые проекты (Тридцать счастливых идей). Л.: Изд-во «Красная газета», 1928. Электронная библиотека E-libra. https://e-libra.ru/read/476167-veselye-proekty.html (дата обращения 19.09.2019).

Зубок 2012 — *Зубок В.* Как нас всех чуть не убили // Новая газета. 12 октября 2012. https://www.novayagazeta.ru/articles/2012/10/12/51867-kak-nas-vseh-chut-ne-ubili (дата обращения 19.09.2019).

Иванов 1996 — *Иванов С.* «Адописные иконы» в контексте позднесредневековой русской культуры // Чудотворная икона в Византии и Древней Руси / Ред.-сост. А. М. Лидов. М.: Мартис, 1996. С. 385–391.

Иванова 2017 — *Иванова А.* Магазины «Березка». Парадоксы потребления в позднем СССР. М.: Новое литературное обозрение, 2017.

История Гулага 2004 — История сталинского Гулага. Конец 1920-х — первая половина 1950-х годов: Собр. документов: В 7 т. Т. 1: Массовые репрессии в СССР / Отв. ред. Н. Верт, С. В. Мироненко. Отв. сост. И. А. Зюзина. М.: РОССПЭН, 2004.

Калмре 2018 — *Калмре Э.* Фольклор разделенного общества: слухи о каннибализме в послевоенной Эстонии // Фольклор и антропология города. 2018. № 1. С. 108–129.

Каменская 2014 — *Каменская Е.* «Культурная революция» в Китае во второй половине 1960-х годов на страницах советской прессы и в восприятии населения // Вестник Пермского университета. 2014. Вып. 4 (24). С. 159–167.

Канторович 2014 — *Канторович Э.* Два тела короля. Исследование по средневековой политической теологии. М.: Изд-во Института Гайдара, 2014.

Карпунина 2018 — *Карпунина А.* «Добро пожаловать в мир СПИДа»: легенды о зараженных иглах с 1980-х годов до наших дней // Фольклор и антропология города. 2018. № 1. С. 284–297.

Каширина б. д. — *Каширина А.* Дневник // Корпус электронных дневников «Прожито». http://prozhito.org/notes?date=%221942-01-01%22&diaries=%5B1835%5D (дата обращения 19.09.2019).

Кашницкий 2011 — *Кашницкий С.* Крематорий Берии. Жертв наркома-насильника уничтожали в усадьбе // АиФ. 2011. 30 ноября.

Кимерлинг 2011 — *Кимерлинг А.* Террор на излете. «Дело врачей» в уральской провинции. Пермь, 2011.

Кладищева б. д. — Дневник Елизаветы Александровны Кладищевой / Публ. С. Попова // сайт «Русская народная линия» (http://ruskline.ru/) (часть 1, 2).

Кодин 2003 — *Кодин Е.* Гарвардский проект. М.: Росспэн, 2003.

Конрад 2015 — *Конрад К.* Начинающаяся шизофрения. Опыт гештальт-анализа бреда. М.: Грифон, 2015.

Кирзюк 2017 — *Кирзюк А.* Три черных «Волги»: молчание и страх в советских городских легендах // Новое литературное обозрение, 2017. № 143 (1). С. 167–177.

Кириков 2003 — *Кириков Б.* Архитектурные памятники Санкт-Петербурга. Стили и мастера. СПб, 2003.

Кнорринг 2009–2013 — *Кнорринг И.* Повесть из собственной жизни. Дневник. В 2 т. М.: Аграф, 2009–2013.

Кормина 2015 — *Кормина Ж.* Дрожжи-убийцы: Гастрономическая конспирология и культура недоверия в современной России // Антропологический форум. 2015. № 27. С. 142–175.

Корнеев 1974 — *Корнеев В.* Длинный язык болтуна [Интервью с начальником московского уголовного розыска В. Ф. Корнеевым] // Вечерняя Москва. 5 ноября 1974. С. 3.

Костырченко 2003 — *Костырченко Г. В.* Тайная политика Сталина: власть и антисемитизм. М.: Международные отношения, 2003.

Крамола 2005 — Крамола: инакомыслие в СССР во времена Н. Хрущева и Л. Брежнева / Под ред. В. Козлова и С. Мироненко, сост. О. Эдельман. М.: Материк, 2005.

Краснов-Левитин 1977 — *Краснов-Левитин А.* Лихие годы, 1925–1941: Воспоминания. Paris: YMCA-Press, 1977.

Кузнецов 1973 — *Кузнецов Э.* Дневники. Paris: Les Editeurs Reunis, 1973.

Лакан 1999 — *Лакан Ж.* Семинары. «Я» в теории Фрейда и технике психоанализа. Кн. 2. (1954–1955). М.: Логос, 1999.

Лаптева 2001 — *Лаптева Л.* Краледворская и Зеленогорская рукописи и их русские переводы // Рукописи, которых не было. Подделки в области славянского фольклора. Составители: Т. Г. Иванова, Л. П. Лаптева, А. Л. Топорков. М.: Ладомир, 2001.

Лебина 2015 — *Лебина Н.* Повседневность эпохи космоса и кукурузы: Деструкция большого стиля. Ленинград, 1950–1960-е годы. СПб.: Победа, 2015.

Лебина 2019 — *Лебина Н.* Пассажиры колбасного поезда. Этюды к картине быта российского города: 1917–1991. М.: Новое литературное обозрение, 2019.

Левенштейн 2007 — *Левенштейн В.* За Бутырской каменной стеной // Континент. 2007. № 132. С. 208–316.

Левицкий 2006 — *Левицкий Л.* Термос времени. Дневник. 1978–1997 гг. СПб.: Изд-во Сергея Ходова, 2006.

Леденева 1999 — *Леденева А. В.* Блат и рынок: трансформация блата в постсоветском обществе // Неформальная экономика. Россия и мир / Под ред. Т. Шанина. М.: Логос, 1999. С. 111–125.

Лойтер 2001 — *Лойтер С.* Русский детский фольклор и детская мифология. Исследования и тексты. Петрозаводск, 2001.

Локшин 2003 — Из истории кровавого навета в Советском Союзе. Вступительная статья и публикация А. Локшина // Лехаим. 2003. № 11 (139). https://lechaim.ru/ARHIV/139/139.html (дата обращения 01.10.2019).

Ломагин 2000 — *Ломагин Н.* В тисках голода: Блокада Ленинграда в документах германских спецслужб и НКВД. Европейский дом, 2000.

Лофтус, Кетчем 2018 — *Лофтус Э., Кетчем К.* Свидетель защиты: шокирующие доказательства уязвимости наших воспоминаний. М.: Колибри, 2018.

Лубянка 2003 — Лубянка: Сталин и ВЧК–ГПУ–ОГПУ–НКВД. Январь 1922 — декабрь 1936 / Сост. В. Хаустов, В. Наумов, Н. Плотникова. М.: Международный фонд «Демократия», 2003.

Лукашук 1997 — *Лукашук А.* «За кіпучай чэкисткой работай»: З жыцьця катаў. Минск: Наша Ніва, 1997.

Лякин и др. 1963 — *Лякин В., Петров П., Рогов К., Чурсинов Н.* Враг не достигнет цели. Л.: Лениздат, 1963.

Майер 2008 — *Майер А.* Московские городские легенды как исторический источник: историческая память и образ города. Автореферат дисс. … канд. ист. наук. М., 2008.

Мандельштам 1999 — *Мандельштам Н.* Вторая книга: К столетию со дня рождения. М.: Согласие, 1999.

Машкова 2005 — *Машкова М.* [Дневник] // Публичная библиотека в годы войны, 1941–1945 / Сост. П. Вахтина, М. Свиченская. СПб.: РНБ, 2005.

Мельниченко 2014 — *Мельниченко М.* Советский анекдот. Указатель сюжетов. М.: Новое литературное обозрение, 2014.

Менделеев 1969 — *Менделеев А.* Козни «мадам молвы»: как возникают слухи // Литературная газета. 1969. 3 декабря. С. 11.

Мендельсон б. д. — *Мендельсон Н.* Дневник // Электронный корпус дневников «Прожито». http://prozhito.org/person/158.

Мёрдок 2004 — *Мёрдок Дж.* Социальная структура / Пер. и коммент. А. Б. Коротаева. М.: ОГИ, 2004.

Медведев б. д. — *Медведев Н.* Дневник за 1953 год (рукопись) // Корпус электронных дневников «Прожито». http://prozhito.org/notes?date=%221953-01-01%22&diaries=%5B1020%5D.

Минц 2007 — *Минц И. И.* «Из памяти выплыли воспоминания…»: Дневниковые записи, путевые заметки, мемуары академика АН СССР И. И. Минца. М.: Собрание, 2007.

Митрохин 2003 — *Митрохин Н.* Русская партия. Движение русских националистов в СССР. 1953–1985. М.: Новое литературное обозрение, 2003.

Мицель 2004 — *Мицель М.* Евреи Украины в 1943–1953 гг. Очерки документированной истории. Киев: Дух и литера, 2004.

Миротворская 2010 — Две тетради. Дневник Н. А. Миротворской / Публ. Д. Иванов. М.: «Галерея СТО», 2010.

Могилевкин 2005 — *Могилевкин В.* Вспоминая прошлое: Мы жили на 3-й Красноармейской. Светлой памяти моих родителей // Годы (Смоленск). 2005. № 3/4. С. 144–162.

Морозов 1991 — *Морозов А.* Девять ступеней в небытие. Саратов: Приволжское книжное издательство, 1991.

Мосс 1996 — *Мосс М.* Очерк о даре. форма и основание обмена в архаических обществах // Мосс М. Общества. Обмен. Личность. М.: Восточная литература, 1996.

Мошенцева 1998 — *Мошенцева П.* Тайны кремлевской больницы. М.: Коллекция «Совершенно секретно», 1998.

Нагибин 2010 — *Нагибин Ю.* Дневник. М.: Рипол-классик, 2010.

Назиров 2015 — *Назиров Р.* Дневниковые записи / Публ. Б. Орехова // Назировский архив. 2015. № 1. С. 155–158.

Нарский 2011 — Слухи в России XIX–XX вв. Неофициальная коммуникация и «крутые повороты» российской истории: Сборник статей / Ред. И. В. Нарский и др. Челябинск: Каменный пояс, 2011.

Наумов 2015 — *Наумов Е.* Хлеб бедности нашей // Лехаим. 2015. № 276. https://lechaim.ru/academy/hleb-bednosti-nashey/ (дата обращения 01.10.2019).

Неклюдов 2008 — *Неклюдов С.* Русский горожанин поет о далеких странах: «Филоэкзотический» слой городской баллады // Геополитика и русские диаспоры в Балтийском регионе / Сост. Г. И. Берестнев. Ч. 1: Гуманитарные аспекты проблемы: Русские глазами русских. Калининград: РГУ им. И. Канта, 2008. С. 158–171.

Нестеров 2018 — *Нестеров О.* Небесный Стокгольм. М.: Рипол-классик, 2018.

Николаев 1985 — *Николаев М. И.* Детдом / Лит. запись В. Швейцер. New York: Russica Publishers, 1985.

Николаев 2014 — *Николаев И.* Песня Фантом в контексте эпохи Холодной войны. Магистерская диссертация на соискание степени «магистр филологии». М.: РГГУ, 2014.

Новичкова 2001 — *Новичкова Т.* Эпос и миф. СПб.: Наука, 2001.

Норильский 1998 — *Норильский С.* Сталинская премия: Повести. Тула: Филиппок, 1998.

Общество и власть 1998 — Общество и власть. 1930-е годы: Повествование в документах / Отв. ред. А.К. Соколов; сост. С.В. Журавлев, Л.П. Кошелева, Л.А. Роговая, А.К. Соколов, В.Б. Тельпуховский. М.: РОССПЭН, 1998.

Окландер 2019 — *Окландер Я.* Память о репрессиях в семейных нарративах. Магистерская диссертация. М.: РГГУ, 2019.

Орлова 2004 — *Орлова Г.* Апология странной вещи: «Маленькие хитрости» советского человека // Неприкосновенный запас. 2004. № 34.

Орлова 2007 — *Орлова Г.* «Трактор в поле дыр-дыр-дыр / Все мы боремся за мир»: советское миролюбие в брежневскую эпоху // Неприкосновенный запас. 2007. № 4.

Орлов, Попов 2018 — *Орлов И., Попов А.* See the USSR!: иностранные туристы и призрак потемкинских деревень. 2018.

Орешников 2010 — *Орешников А.В.* Дневник. 1915–1933: в 2 кн. / Сост. П.Г. Гайдуков, Н.Л. Зубова, М.В. Катагощина, Н.Б. Стрижова, А.Г. Юшко; отв. ред. П.Г. Гайдуков. М.: Наука, 2010.

Орхидея 2015 — *Орхидея И.* Дом Берия // Загадочные места, достопримечательности России и мира. http://rusmystery.ru/dom-berii/.

Осетрова 2011 — *Осетрова Е.* Слухи в современной социокультурной среде: историографический обзор // Антропологический форум. № 15 Online. 2011. http://www.intelros.ru/pdf/Antropo_Forum_online/2011_15/osetrova.pdf.

Остин 1999 — *Остин Д.* Избранное: как производить действие при помощи слов. М.: Идея-Пресс, 1999.

Палладин 1984 — *Палладин А.* Наставники террористов // Известия. 1984. 19 октября. С. 5

Панченко 2014 — *Панченко А.* «Спасибо за почку!»: Власть и потребление в *organ theft legends* // Этнографическое обозрение. 2014. № 6. С. 22–42.

Панчин 2018 — *Панчин А.* Защита от темных искусств. М.: Альпина-Пабликейшен, 2018.

Паперный 2016 — *Паперный В.* Культура Два. М.: Новое литературное обозрение, 2016.

Пелленк 1967 — *Пелленк П.* Личная жизнь под лучами рентгена. Смена. 1967. 13 апреля. С. 4.

Петров 2015 — *Петров Н.* Современный мегаполис в устных рассказах и институционализированных ритуалах («фольклорная карта Москвы») // Ситуация постфольклора: тексты и практики. М.: Форум, 2015. С. 64–88.

Пилкин 2005 — *Пилкин В.* В Белой борьбе на Северо-Западе: Дневник 1918–1920. М.: Русский путь, 2005.

Покровская 2011 — *Покровская Н.* Дневник русской женщины. 1945–1966 гг. Т. 2. М.: Культурно-просветительский центр «Преображение», 2011.

Пользование лупой 1996 — «Чаще прибегая к пользованию лупой» // Вестник Архива Президента Российской Федерации. 1996. № 3. С. 166.

Пономарев 2013 — Детство «эпохи застоя» или «развитого социализма» (1965–1985 гг.) / Отв. ред. Е.Г. Пономарев. Ставрополь, 2013.

Попков 1955 — *Попков А.* Тайна голубого стакана: Приключенческая повесть. Красноярск: Книжное изд-во, 1955.

Попов 2018 — *Попов А.* Олимпиада-80: внутренние и внешние проекции советского мегасобытия // Советская культурная дипломатия в условиях Холодной войны. 1945–1989. Под ред. О.С. Нагорной. М.: Политическая энциклопедия, 2018.

Попова 2018 — *Попова А.* Формирование образа советской милиции в общественном сознании в годы «оттепели» // Новейшая история России. 2018. Т. 8. № 1. С. 178–194.

Поппер 1983 — *Поппер К.* Логика и рост научного знания. М.: Прогресс, 1983.

Кострелова 1959 — *Пострелова Т.* Выставка сатирических плакатов ленинградских художников «Боевой карандаш». Каталог. Л.: Художник РСФСР, 1959.

Правда 1953 — Подлые шпионы и убийцы под маской профессоров-врачей // Правда. 1953. 13 января.

Пришвин 2012 — *Пришвин М.* Дневники. 1942–1943 / Подгот. текста Я. Гришиной, А. Киселевой, Л. Рязановой; статья, коммент. Я. Гришиной. М.: РОССПЭН, 2012.

Пролейко 2013 — *Пролейко И.* Из станицы в столицу // Валентин Михайлович Пролейко. Созидатели отечественной электроники. Выпуск 4. М.: Техносфера, 2013.

Пропп 2001 — *Пропп В.* Морфология волшебной сказки. М.: Лабиринт, 2001.

Пыльцын 2003 — *Пыльцын А.* Штрафной удар, или Как офицерский штрафбат дошел до Берлина. СПб.: Знание: ИВЭСЭП, 2003.

Пять колец 2011 — Пять колец под кремлевскими звездами. Документы. М.: Международный фонд «Демократия», 2011.

Работнов б. д. — *Работнов Н.* Дневник // Корпус электронных дневников «Прожито». http://prozhito.org/person/57.

Разумова 2003 — *Разумова И.* Несказочная проза провинциального города // Современный городской фольклор. М.: РГГУ, 2003.

Ракитин 2016 — *Ракитин А.* Социализм не порождает преступности. Серийная преступность в СССР: историко-криминалистический анализ. Екатеринбург; М.: Кабинетный ученый, 2016.

Рапопорт 1988 — *Рапопорт Я.* На рубеже эпох: Дело врачей 1953 года. М.: Книга, 1988.

Раппопорт 2004 — *Рапопорт Н.* То ли быль, то ли небыль: о времени и о себе. Ростов н/Д.: Феникс, 2004.

Рачева, Артемьева 2018 — *Рачева Е., Артемьева А.* 58-я. Неизъятое. 2-е дополненное издание. М.: АСТ, 2018.

Ритцер 2011 — *Ритцер Дж.* Макдональдизация общества. М.: Праксис, 2011.

Рогоза 2016 — *Рогоза А.* Как чиновники «легализовали» интернет-фейк про «жвачки с наркотиками» // Комсомольская правда. 2016. 17 октября. https://www.kp.ru/daily/26595.5/3611324/.

Романий 2011 — *Романий Г.* Региональные городские названия детской игры «сифа» (по материалам Интернета) // Живая старина. 2011. № 3. С. 40–43.

Романов, Ярская-Смирнова 2005 — *Романов П., Ярская-Смирнова Е.* Фарца: Подполье советского общества потребления // Неприкосновенный запас. 2005. № 5 (43). С. 62–68.

Роскина 2015 — *Роскина Н.* Детство и любовь: Фрагменты повести // Звезда. 2015. № 6. magazines.russ.ru/zvezda/2015/6/4ros.html (дата обращения 25.11.2016).

Русаков 1983 — *Русаков Е.* Тропою психологической войны // Правда. 1983. 16 августа.

Рыжакова 2001 — *Рыжакова С.* «Третий пол» (hijra, гермафродиты) в индийском обществе: культурно-антропологический анализ // Мифология и повседневность: Гендерный подход в антропологических дисциплинах / Сост. А. Панченко, К. Богданов. СПб.: Алетейя, 2001.

Рябикова 2016 — *Рябикова Е.* Словно мухи, ходят слухи // Слобода (Тула). 06.04.2016. https://myslo.ru/city/tula/nostalji/slovno-muhi-hodyat-sluhi.

Савин 1996 — «Лопасти маслобоек имеют вид свастики»: Из протокола Бюро Комиссии партийного контроля при ЦК ВКП(б) № 50, п. 54г от 15 декабря 1937 г. / Публ. В. Савина // Источник. 1996. № 1. С. 97–98.

Савич 2008 — *Савич Н.* После исхода: Парижский дневник. 1921–1923 / Публ. Н. Рутыч-Рутченко и В. Цветкова. М.: Русский путь, 2008.

Сигельбаум 2011 — *Сигельбаум Л.* Машины для товарищей: Биография советского автомобиля. М.: Фонд «Президентский центр Б. Н. Ельцина»; РОССПЭН, 2011.

Сидоров 1994 — У кого на лбу свастика? / Публ. Н. Сидорова // Источник. 1994. № 3. С. 127.

Синдаловский 2002 — *Синдаловский Н.* Санкт-Петербург — история в преданиях и легендах. СПб.: Норинт, 2002.

Ситдиков 2008 — *Ситдиков Р.* Десять лет за колючей проволокой // Бельские просторы. 2008. № 1 (www.hrono.ru/text/2008/sitd01_08.html (дата обращения: 11.11.2016).

Слонов 2010 — *Слонов В.* Мао в гробу… // Интернет-журнал Василия Слонова. Запись от 06.11.2010. http://artslonov.blogspot.com/2010/11/blog-post_06.html.

Смирнов 2013 — *Смирнов В.* Реквием XX века: в 5 ч. Ч. 2 / В. А. Смирнов. Изд. 2-е, доп. и испр. Одесса: Астропринт, 2013.

Смоляк 2011 — *Смоляк О.* Сделай сам: Несколько замечаний о комфорте и изобретательности советского человека в 1960-е годы // Ab Imperio. 2011. № 4. С. 236–260.

Солдатов 1980 — *Солдатов В.* Как фабрикуются слухи // Известия. 1980. № 89.

Советская деревня 2000 — Советская деревня глазами ВЧК–ОГПУ–НКВД 1918–1939. Документы и материалы. В 4 т. Под ред. А. Береловича и В. Данилова. М.: РОССПЭН, 2000.

Солженицын 1990 — *Солженицын А.* Архипелаг ГУЛАГ, 1918–1956: Опыт художественного исследования: в 2 т. Т. 1. М.: Центр «Новый мир», 1990.

Солженицын 1996 — *Солженицын А.* Бодался теленок с дубом: Очерки литературной жизни. М.: Согласие, 1996.

Сомов 2001 — *Сомов Е.* Обыкновенная история в необыкновенной стране: Документальный роман. СПб.: Журнал «Нева», 2001.

Сталин 1936 — *Сталин И.* Доклад о проекте Конституции Союза ССР. Конституция (основной закон) Союза Советских Социалистических Республик. [М.]: Партиздат, 1936.

Стронин 1925 — *Стронин М.* Васка // Ковш: литературно-художественные альманахи. Л.: Гиз, 1925.

Тарковский 2008 — *Тарковский А.* Мартиролог. Дневники 1970–1986. Флоренция: Международный институт имени Андрея Тарковского, 2008.

Терц 1992 — *Терц А.* Квартиранты // Абрам Терц (Андрей Синявский). Собрание сочинений в двух томах. М.: СП «Старт», 1992. Том I.

Тимофеев 2003 — *Тимофеев Л.* Дневник военных лет / Публ. и примеч. О. Л. Тимофеевой // Знамя. 2003. № 12.

Тихомиров 2005 — *Тихомиров Л.* Из дневника за 1915 г. / Публ., предисл. и примеч. А. Репникова // Философская культура. Журнал русской интеллигенции. 2005. № 1 (Январь — июнь). С. 105–148.

Тихомирова 2004 — *Тихомирова А.* В 280 километрах от Москвы: особенности моды и практик потребления одежды в советской провинции (Ярославль, 1960–80-е гг.) // Неприкосновенный запас. 2004. № 5 (37). С. 101–109.

Топоров 1965 — *Топоров В. Н.* К семиотике предсказаний у Светония // Труды по знаковым системам. Тарту, 1965. Вып. II. (УЗ ТГУ. Вып. 181.)

Тумшис 2004 — *Тумшис М.* ВЧК: Война кланов. М.: Эксмо; Яуза, 2004.

Хлевнюк 1992 — *Хлевнюк О.* 1937-й: Сталин, НКВД и советское общество. М.: Республика, 1992.

Хмелевская 2011 — *Хмелевская Ю.* О некоторых аспектах неформальной коммуникации. О каннибализме в Советской России во время голода 1921–1923 гг. // Слухи в истории России XIX–XX веков. Неформальная коммуникация и крутые повороты российской истории / Сб. статей под ред. И. Нарского и др. Челябинск: Каменный пояс, 2011.

Холмогоров 1997 — *Холмогоров М.* Воины и мародеры: (Заметки о прозе Г. Бакланова) // Вопросы литературы. 1997. № 1. С. 3–25.

Хрипун 2010 — *Хрипун В.* Иностранный туризм в Ленинграде в 1950–1960-е годы // Исторический ежегодник. 2010. С. 110–118.

Успенский, Усачев 1998 — *Успенский Э., Усачев А.* Жуткий детский фольклор. М.: Росмэн, 1998.

Утехин 2004 — *Утехин И.* Очерки коммунального быта. М.: ОГИ, 2004.

Ушакин 2009 — *Ушакин С.* «Нам этой болью дышать?»: О травме, памяти и сообществах // Травма: Пункты / Под ред. С. Ушакина и Е. Трубиной. М.: Новое литературное обозрение, 2009. С. 5–41.

Уши ЦРУ 1976 — Уши ЦРУ // Литературная газета. 1976. 4 февраля. № 8. С. 15.

Федорова, Фрэнкл 1997 — *Федорова В., Фрэнкл Г.* Дочь адмирала: Документальная повесть / Пер. с англ. Г. Шахова. Смоленск: Русич, 1997.

Феофанов 1974 — *Феофанов Ю.* «За язык да на солнышко», или Рассказ об истинном происшествии // Вечерняя Москва. 1974. 2 ноября.

Филиппов 1938 — *Филиппов Н.* Руководство по книжной корректуре. М.: Гизлегпром, 1938.

Филиппович 2000 — *Филиппович Э.* От советской пионерки до челнока-пенсионерки: (Мой дневник). Кн. 1: (1944–1972). Подольск: Сатурн, 2000.

Фильцер 2018 — *Фильцер Д.* Опасности городской жизни в СССР в период позднего сталинизма. М.: Росспэн, 2018.

Фрейд 1989 — *Фрейд З.* Введение в психоанализ: лекции. М.: Наука, 1989.

Фрейд 1999 — *Фрейд З.* По ту сторону принципа удовольствия // Фрейд З. Очерки по психологии сексуальности. Харьков: Фолио, 1999. С. 299–358.

Фрид 1996 — *Фрид В.* 58 1/2. Записки лагерного придурка. М.: Русанов, 1996.

Фрэзер 2001 — *Фрэзер Дж.* Золотая ветвь: Исследование магии и религии. М.: ТЕРРА-Книжный клуб, 2001.

Фуко 1999 — *Фуко М.* Надзирать и наказывать: Рождение тюрьмы. М.: Ad Marginem, 1999.

Цыбов, Чистяков 1968 — *Цыбов С.И., Чистяков Н.Ф.* Фронт тайной войны. М.: Изд-во Министерства обороны СССР, 1968.

Чарный 2004 — *Чарный С.* Нацистские группы в СССР в 1950–1980-е годы // Неприкосновенный запас. 2004. № 5 (37).

Черняев 2008 — *Черняев А.* Совместный исход. Дневник двух эпох. 1972–1991 годы. М.: РОССПЭН, 2008.

Чуковский 2003 — *Чуковский К.* Эпохи и судьбы: Дневник. 1901–1969. В 2 т. М.: ОЛМА-ПРЕСС, 2003.

Чуксеев 1965 — *Чуксеев В.* «Агент 007» продолжает убивать // Смена. 1965. 16 апреля.

Шапорина 2011 — *Шапорина Л.* Дневник: В 2 т. Вступ. ст. В. Сажина; подгот. текста, коммент. В. Петровой и В. Сажина. М.: Новое литературное обозрение, 2011.

Шах 2018 — *Шах С.* Пандемия. Всемирная история смертельных вирусов. М.: АПФ, 2018.

Шевченко 2004 — *Шевченко О.* Органи державної безпеки Київщини (1919–1991) у фотографіях і документах / Органы государственной безопасности Киевщины (1919–1991) в фотографиях и документах. Киев: Книга, 2004.

Шейн 1902 — *Шейн П.В.* Матеріалы для изученія быта и языка русскаго населенія Сѣверо-Западнаго края. Т. 3: Описаніе жилища, одежды, пищи, занятій. СПб., 1902.

Шепилов 1998 — *Шепилов Д.* Воспоминания // Вопросы истории. 1998. № 8. С. 5–25.

Шерман 2012 — *Шерман С.* Вокально-инструментальный ансамбль Чингиз Хан — народные артисты СССР [Запись на форуме «ВсеТутОнлайн» от 20.08.2012]. http://vsetutonline.com/forum/showthread.php?t=46060.

Шефнер 2004 — Военные дневники Вадима Шефнера / Публ. Д.В. Шефнера и И.С. Кузьмичева // Звезда. 2004. № 1. С. 108–145.

Шитц 1991 — *Шитц И.* Дневник «великого перелома»: март 1928 — август 1931. Paris: YMCA-Press, 1991.

Щербаківський 1991 — *Щербаківський Д.М.* Сторінка з української демонології (вірування про холеру) // Українці: народні вірування,повір'я, демонологія. Київ, 1991. С. 540–553.

Эдельман 1999 — 58–10: Надзорные производства Прокуратуры СССР по делам об антисоветской агитации и пропаганде. Аннотированный каталог. 1953–1991 / Сост. О. Эдельман. М.: Демократия, 1999.

Эйдельман 2003 — Дневник Натана Эйдельмана / Публ. Ю. Мадоры-Эйдельман. М.: Материк, 2003.

Эткинд 2016 — *Эткинд А.* Кривое горе: память о непогребенных. М.: Новое литературное обозрение, 2016.

Юзефович 2017 — *Юзефович Г.* «Стыдливый консюмеризм»: Потребительский невроз в «потребительском раю» советской Прибалтики // Новое литературное обозрение. 2017. № 143 (1). С. 178–190.

Юрчак 2014 — *Юрчак А.* Это было навсегда, пока не кончилось: Последнее советское поколение. М.: Новое литературное обозрение, 2014.

Янковская 2011 — *Янковская Г.* Архивный фонд К.Е. Ворошилова как источник по социальной истории советского изобразительного искусства // Вестник Пермского университета. Серия «История». 2011. Вып. 3 (17). С. 108–113.

СПИСОК ИЛЛЮСТРАЦИЙ

Ил. 1. Перечеркнутая фотография арестованного наркома Ежова с надписью «Гад!». Журнал «Молодая гвардия» (1938, № 7, с. 13). Личный архив С. Ю. Неклюдова (с. 77).

Ил. 2a. М. Смородкин. Рисунок по картине В. Васнецова «Прощание Олега с конем». Иллюстрация к «Песне о вещем Олеге» А. С. Пушкина. Обложка тетради (1937) Личный архив М. А. Мельниченко (с. 78).

Ил. 2b. П. Малевич. Рисунок по иллюстрации И. Н. Крамского к прологу поэмы А. С. Пушкина «Руслан и Людмила». Обложка тетради (1937). Архив Международного Мемориала (с. 78).

Ил. 3. Муляж спичечного коробка фабрики «Демьян Бедный» (этикетка оригинальная). Изготовлен П. Пастернаком. Фото А. Булгаковой. Международный Мемориал (с. 110).

Ил. 4. Зажим для пионерского галстука с предполагаемой аббревиатурой ТЗШ: «троцкистско-» (перевернутый костер), «зиновьевская» (костер на боку), «шайка» (костер в обычном положении) (с. 114).

Ил. 5. Иллюстрация Николая Радлова к фельетону «Машинизация хлебопечения» из книги: «Веселые проекты: тридцать счастливых идей». Л., 1928. С. 20 (с. 218).

Ил. 6. Иллюстрация к газетной статье о бактериологическом оружии, которое США якобы применяют в Корее. Рис. А. Рика. Газета «Смена». 18 марта 1952 года (с. 332).

Ил. 7. Черный автомобиль ГАЗ-24 «Волга»в Мирном, Якутия. Фото Ю. Ильенко. © Ильенко Юрий / Фотохроника ТАСС (с. 379).

Ил. 8. Новички на детской фотостудии Киргизской республиканской станции юных техников. 1983. Фото Е. Петрийчука. © Петрийчук Евгений / Фотография ТАСС (с. 414).

Ил. 9. Житомирская средняя школа № 20. Школьники на уроке начальной военной подготовки. 1971. Фото П. Бойко. © Бойко П. / Фотография ТАСС (с. 446).

Ил. 10. Школьник в противогазе на уроке начальной военной подготовки. Архив школы № 7 г. Рубежное Луганской области, 1970-е годы. Фотография из проекта «Донбасс — семейный фотоархив» Арт-резиденции «плюс/минус» (Украина). Обработка и архивация — Вадим Лурье (с. 447).

ОГЛАВЛЕНИЕ

Предисловие. О чем эта книга? 5

Благодарности 12

Глава 1. Что такое городская легенда и зачем ее изучать? 14

Новое рядом: как открыли городскую легенду 14

Интерпретативный подход: легенда как симптом или лекарство 25

Меметический подход: легенда как вирус и возбудитель эмоций 36

Операциональный подход: как воздействует легенда 49

Как мы анализируем советскую городскую легенду 61

Как мы собирали городские слухи и легенды 62

Был ли плач по Сталину? Как мы воспринимаем истории о советском прошлом 70

Глава 2. Опасные знаки и советские вещи 74

Невидимый враг, скрытый знак и семиотическое вредительство 75

В поисках профиля Троцкого: эпидемия гиперсемиотизации 1930-х 101

Дома со свастиками: опасные гиперзнаки после Большого террора 125

Мао из гроба встает: светящиеся ковры и «китайская угроза» 145

«Москау, Москау, закидаем бомбами!»: последний всплеск гиперсемиотизации 152

Когда мы видим знаки там, где их нет? 157

Глава 3. Как легенда стала идеологическим оружием 160

О распятых мальчиках и подделках «под фольклор» 160

Пересборка «государственного контроля»: от уничтожения носителей к коррекции содержания 169

Первая агитлегенда: кто автор анекдотов о Чапаеве? . . . 177
Вторая агитлегенда: борьба с двойной лояльностью 185
Третья агитлегенда: борьба с унижающим и обманчивым даром 190
Новая агитлегенда и старый страх 208
Глава 4. Свои чужие опасные вещи 211
Чистота и опасность по-советски, или Зачем играть в сифака 211
Крыса в колбасе: как возникает культура недоверия . . . 217
«Сифилизатор»: городская ипохондрия и опасные общественные места 238
Ноготок в пирожке, или Свой и чужой каннибал 250
Ужасное мыло: геноцид и военные страхи в одном куске . . 270
Откуда пошел «джинсовый дерматит», или Опасное обаяние западной вещи 292
Глава 5. Чужак в советской стране 307
Зубные черви: тело чужака и колониализм наоборот . . . 307
Жуки и холера: техники скрытого заражения 323
Смерть вместо прививки: коварная услуга врачей-убийц 341
Отравленная жвачка: опасный дар иностранцев 364
Заразное тело, опасная услуга и коварный дар: эволюция внешней угрозы и типов чужаков 372
Глава 6. Взрослые страхи и детские легенды 375
Чем опасна черная «Волга», или Загадочное исчезновение навсегда 375
Почему дети играли в «красную пленку»: паноптикон в школьном коридоре 399
Если ты в красном, это опасно: слухи о маньяках . . . 428
Фольклор в ожидании катастрофы: страхи, слухи и песни о будущей войне 438
О власти и смерти глазами детей 465
Послесловие. Что было советского в советской легенде? . . . 467

Сюжеты городских советских легенд об опасных вещах 474
1. Легенды о пророчествах и проклятых местах 475
2. Легенды о тайных знаках, оставленных врагами 475
3. Легенды об иностранцах и иностранных вещах 476
4. Легенды об опасных действиях со стороны представителей власти и спецслужб 480
5. Внутренние враги вредят советскому человеку 481
6. Опасная еда, одежда и продукты гигиены 485
Краткий указатель терминов 487
Примечания 488
Сокращения 506
Литература и источники 507
Список иллюстраций 532

Александра Архипова, Анна Кирзюк
ОПАСНЫЕ СОВЕТСКИЕ ВЕЩИ
Городские легенды и страхи в СССР

Редактор *Н. Рычкова*
Дизайнер обложки *С. Тихонов*
Корректор *С. Крючкова*
Верстка *Д. Макаровский*

Налоговая льгота — общероссийский
классификатор продукции ОК-005-93, том 2;
953000 — книги, брошюры

ООО Редакция журнала «Новое литературное обозрение»

Адрес редакции:
123104, Москва,
Тверской бульвар, 13, стр. 1
тел./факс: (495) 229-91-03
e-mail: real@nlobooks.ru
сайт: http://www.nlobooks.ru

Формат 84×108 1/32. Бумага офсетная №1.
Офсетная печать. Печ. л. 16,75. Тираж 2000. Зак. № 7473.
Отпечатано в АО «Первая Образцовая типография»
филиал «Ульяновский Дом печати»
432980, Россия, г. Ульяновск, ул. Гончарова, 14